杨新洪　编著

科学度量 Two

一年四季（上卷）

中国社会科学出版社

图书在版编目（CIP）数据

科学度量 Two：一年四季：全二卷 / 杨新洪编著 . —北京：中国社会科学出版社，2019.9
ISBN 978 – 7 – 5203 – 4926 – 0

Ⅰ.①科… Ⅱ.①杨… Ⅲ.①统计资料—深圳 Ⅳ.①C832.653

中国版本图书馆 CIP 数据核字（2019）第 184030 号

出 版 人	赵剑英
责任编辑	王 茵 马 明
责任校对	郝阳洋
责任印制	王 超

出　　版	中国社会科学出版社
社　　址	北京鼓楼西大街甲 158 号
邮　　编	100720
网　　址	http://www.csspw.cn
发 行 部	010 – 84083685
门 市 部	010 – 84029450
经　　销	新华书店及其他书店

印刷装订	北京君升印刷有限公司
版　　次	2019 年 9 月第 1 版
印　　次	2019 年 9 月第 1 次印刷

开　　本	787×1092　1/16
印　　张	62.75
字　　数	1116 千字
定　　价	280.00 元（全二卷）

凡购买中国社会科学出版社图书，如有质量问题请与本社营销中心联系调换
电话：010 – 84083683
版权所有　侵权必究

序一　统计，致敬一年四季

六月同[*]

2019年3月12日，在每年一次的植树节，作为环保主义者的我，特意一早从广州东站乘坐地铁1号线转2号线。路上有个20分钟，我一直沉浸在一年四季的思忖中，而错过了公园前下站到了陈家祠站，才恍然大悟。

当自己赶紧下站又折回公园前出站后，因未走出对一年四季的思索而"晕了菜"。询问几个好心青年人之后，才得了从中间上到1号线，挤入地铁站下一个站在纪念堂下，沿着扶手电梯走地面，方回过神来走进现实世界。

回到办公室，掩卷思考，头脑风暴，启迪致远。虽有些发散，却见一年四季之不容易之难得。

不论时光如何，年轮留下的痕迹终有数量留下的周期印律。

每一段历史都是由无数个甲子组成，甲子又由一个又一个年轮构成，每一年又都由四季而成。

1/观史，亦可数见律。

俗话说，得民心者得天下，统治者的制度，民心向背，决定了统治的太平与动乱，从秦至清，历朝历代统治者遂借鉴前朝的兴盛与衰败，但中央集权却在不断加强，越来越束缚人民，并没有改变根本的封建制度，成为历朝历代灭亡的最主要原因。

兴衰周期率。中国历史上出现过多次朝代更替：夏亡于桀的暴虐；商亡于纣的暴虐；周亡于幽王无道（荒淫无耻，暴虐）；秦亡于暴政；西汉灭于王莽之乱；东汉灭于曹丕；然后入晋，进入了中国历史上最糜烂，最不思进取的时代；接着是长

---

[*] 六月同，作者笔名。

久的分裂；统一天下的隋朝因多次征战和暴政灭亡；唐朝是中华民族历史上的盛世，最终因安史之乱造成国力衰弱，国家分裂而亡；宋朝亡于外敌入侵；元朝亡于朱元璋的农民起义；明朝亡于外族入侵。

在中国的历史长河中，先后经历秦、汉、隋唐、宋、元、明、清这几个主要的朝代，然而，他们却都没有跳出周期率，在一番兴盛过后都相继灭亡。几乎，每个朝代的原因都因暴政，不得人心造成。但其原因还有哪些重要的因素呢？

做一个统计，可见于次数之律。

亡于诸侯叛乱（3次）：夏朝、商朝、东周；亡于农民起义（4次）：秦朝、新朝、元朝、明朝；亡于权臣篡夺（14次）：西汉、东汉、曹魏、东晋、刘宋、北魏、西魏、东魏、南齐、南梁、隋朝、唐朝、后汉、后周；亡于兼并战争（6次）：北齐、南陈、后梁、辽朝、金朝、南明；亡于革命（1次）：清朝。

2/数矣，远久而来。

统计的故事，缘起奥林匹克运动会。希腊文明是一个特殊的存在，有别于四大文明古国，因为他自己的地域和环境，所以并没有发展成所谓的领土国家，而是成为城邦国家。

城邦之间，战火纷乱不可避免。但是整个希腊有共同的信仰，那就是他们的神话，好色的宙斯就是典型的代表。而正因为这个共同的信仰，才会有缔结和平的手段，那就是奥林匹克运动会。奥运会4年一届，为了和平，为了神明，一直延续下来。

直到公元前450年，一个国王突发奇想，派他的一个大臣去搞明白第一届奥林匹克运动会的年份。

那个时候的历史是口口相传，不会有明确的记载，也就是举办几届奥运会是不可查的，那这个问题对于那个大臣来说就是有点难度的问题了。

这个大臣叫做希庇亚（HIPPIAS），他把国王的问题解决，历史只记载一句话，说希庇亚通过计算得出第一届奥运会在公元前776年举办，也就是他那个时代的326年前。至于算法却没怎么详谈，我们可大胆猜测，利用统计的手法怎么做？

很简单，他可通过调查得出在他的时代之前有多少个国王在任，然后通过已知最近的国王在任的时间，算出平均数，作为平均国王在任的时间，乘以国王数，这个326年也就能得出来。

公元前431年，希腊和波斯之间打响普拉提亚战役，战争中攻城方需要建造攻打城池的云梯，但是云梯的长度需要被测量，而城墙每块砖的高度已知，城池可是有多少块砖呢？将军就让所有士兵去数砖的数目，所有数中出现次数最多的就作为砖的数目。众数的概念也就被提出。

随着国家的人口越来越大，所谓国家的首领的胃口就会越来越大，不再是统计一些小数目，而是统计一些大数目，比如人口普查。中国西汉的时候进行了第一次全国的人口普查，全国5千多万人，普查的方法不是一个个数人头，是分地方上报，然后累加。

之所以列举早期统计例子，为的是窥见已有统计量的思想，平均数、众数的应用，而如何进行人口的统计对于分层的统计思想也已经渐渐有所端倪，但这时的统计还是停留在国家层面，更多的是解决军事、天文、国家管理等重大问题。

3/数学里，见诸大数定律。

统计进入平民百姓家是16世纪，那时的人们喜欢赌博。当然这和历史发展有关，当人们过上较为富裕的生活，有了相对稳定的收入以后，不再满足现有的娱乐，于是赌博就产生了，最开始就是投骰子。

而和投骰子诞生的就是运气，或者说的官方一些就是，概率。

1560年，吉罗拉莫计算投掷骰子不同情况的各种概率。比如，投掷一个骰子一次投到5的概率与投掷两次和为8的概率是多少？

现在看来，这个问题比较简单。比如，如果骰子是6面的话，投到1的概率就是1/6，这里的概率又有什么现实意义？

试想一种情况，晓得赌博赢的概率大于50%，但仍然输了，那概率在这里有什么作用？或者说，投到1的概率是1/6，但投6次骰子，可能一次都不出现1，那么概率的意义又是什么？

1713年，贝努里提出大数定理，解决这个问题。他利用试验的结果作为频数，从而计算出频率。所谓大数定理，就是试验次数足够大时，频率和概率相同。

比如，掷硬币，掷到1万次，那么正面和反面出现的次数大致是相同的，频率都在1/2附近，和概率相同。从而，频率与概率之间建立了联系，也就是在大的试验次数下，频率可以去估计概率，或者说频率的极限就是概率。

那这里面的问题是，到底多少次试验次数可以有足够的信心去相信满足大数定理，还有就是频率和概率之间到底有多大的差别？

抽样的思想便从这里衍生出来。我们跳脱出来，来想象一下抽样的例子。假如我回到希腊伯里克利时代，那个直接民主的时代，每个人都有一票投出自己的国王，但是我们的城市人口，不再是5000人，而是3000万人，每4年所有符合条件的人们投出自己的一票，那现在要进行前期的民意调查该怎么做？

显然，每次抽取3000万人实在太浪费，不得不进行抽样调查。从3000万人中抽出一部分作为样本代表整个总体，那这个问题就成了这个样本和总体有多像？调查出来的民意和真正的民意直接的差别又是什么？这个问题背后的支撑就是统计学的抽样调查，起源无疑就是大数定理。但是这好像仍旧没有解决问题，赌徒对于结果会有一个预期，只知道概率是不够的，那赌徒的预期是怎样的？

17世纪中期的时候，帕斯卡和惠更斯等人给出了一个答案，那就是期望值，即平均情况下一个赌徒下注可以赢得多少钱。

但是，有的赌徒不死心，就拿着一个问题去问一个数学家棣莫佛，问他有两个赌徒，A获胜的概率是p，B获胜的概率是$1-p$，赌博N局，然后规定一些赌注金额，最后赌场挣钱的期望是多少？棣莫佛就算啊算，算出所谓的二项分布，利用二项分布的公式去求出这个问题的期望。可他在对二项分布求极限时犯了难，对于式子中的n的阶乘一项无法进行化解。当时的另一个数学家叫做斯特林，也是棣莫佛的好友告诉他一个关于n的阶乘的约等式子，从而求出了二项分布的极限的表达式，而这个表达式就是著名的正态分布的表达式。而斯特林提出的这个约等公式也是著名的斯特林公式。

对于这段历史，可看出统计学的历史，从某种程度上来看由赌博一步步推动，从赌博中遇到的很现实的问题抛向当时所谓的"数学家"，要解决这样的现实问题，数学家不得不提出新的概念，不得不竭尽全力去做数学推导，而这也正是人类需求不断提出和学科发展之间的循环推动。

4/统计从诞生渗透到实际，是一部精彩绝伦的发现史。

而这个故事从天文学开始。从很早开始，人们就开始观星，开始想象自己的天空。随着观测设备的不断改进，经过人类世界的积累，从单纯的看天空转变成了测量天空，对星系轨道等测量数据不断地出现，但是每次测量的结果都不尽相同，哪个测量值才是真实的数据呢？

1570年，天文学家第谷和他的团队就遇到了类似的疑问，第谷利用算术平均数来解决这个问题，把测量的所有数据加起来做平均数作为对真实值的估算。

经过实证的检验，这个所谓的"真实值"有很好的估算效果。但是人们就开始提出疑问，为什么可以这么做呢？

  1632年，伽里略在《关于两个主要世界系统的对话》里第一次提出"观测误差"的说法，所谓观测误差就是测量值与真实值之间的差别。而且他对这个误差进行了研究，并总结了三条性质：一是所有观测值都有误差；二是观测误差对称分布在0的两侧；三是小误差出现的频率比大误差的频率大。这个结论是跨时代的，但是仍旧没有解决算术平均数为什么可以预测真实值？他的优良性在什么地方？

  直到18世纪初期，一个叫做辛普森的天文学家，对这个问题尝试着进行了解答。他认为平均值可以进行"谨慎的选择"，也就是选择一些测量比较准确的值更好。为了验证他的结论，他对误差的分布图进行研究。

  同一阶段，数学家拉普拉斯也对误差分布进行了一些研究。他的思想比较"贝叶斯"，首先假设了误差服从某种分布，然后计算出了误差的分布函数。但是这个函数，零点是不可导的，这让他陷入困境，直到最后也没能解出，所以误差分布的问题就被悬置起来，直到高斯的出现。

5/高斯，与正态曲线。

  1808年，高斯发现了误差的分布呈现的是正态分布。而正态分布的表达式正是二项分布的极限式。而高斯的伟大之处不仅仅是扎实的数学功底，还有他的创造性与挑战性。

  在解决这个问题的时候，高斯首先提出一种通过测量值估算真实值的手法，把所有的测量值与真实值的误差以某种形式结合起来，然后令其最大化，求此时的估计值。这种手法被费希尔发展成了后来的极大似然估计法。

  有了这个手法，高斯就开始猜想"上帝的意图"。因为这个手法需要首先知道误差的分布，但是高斯反其道为之，他提出了伟大的猜想：误差分布导出的极大似然估计＝算术平均值。

  这个假设十分惊人。通过这个猜想他计算出了误差的分布恰恰就是所谓的正态分布。之后，通过分布再次验证了当时盛行的最小二乘估计的优良性。

  也许正如数学家波利亚说的："要成为一个好的数学家……你必须首先是一个好的猜想家。"

  至此，误差分布曲线终于被找到，正态分布在误差分析中确立了自己的地位。由此引起的大样本理论的盛行，拉普拉斯借此对中心极限定理进行了深入的研究，都有赖于正态分布。而中心极限定理更是统计史上最为重要的定理，即从任何分布抽出的样本平均呈现正态分布。

6/当然，正态分布是优美的。

在发现正态分布之后大家疯狂的去认知，什么的东西都往正态上去套，结果出现了很大的偏差。因为正态分布的一个前提是大样本，当我们试验次足够多时，才能采用正态的手法，那小样本时呢？所以人们就开始怀疑，是不是还有其他的分布呢？

1838年，泊松发现了新的分布在论文发表，命名为泊松分布。到了1898年，伯茨盖特兹发现了泊松分布的现实意义，那就是在战争中每天被马踢死的士兵的数目服从泊松分布，并把他称为"小数分布的法则"。

1894年，皮尔逊发现了标准差，来描述正态分布的离散程度。为了探究抽取的样本和总体是否符合一类分布，皮尔逊提出拟合优度检验。手法就是导出一个值作为判别二者的差异，如果这个差异可以接受那么就认为样本与总体服从同一分布。而由此导出著名的卡方分布。

1908年，一个英国的酿酒工叫做戈塞特在工作时发现了一些好玩的东西。他发现，供酿酒的每批麦子质量相差很大，而同一批麦子中能抽样供试验的麦子又很少，每批样本在不同的温度下做实验，其结果相差很大。

这样一来，实际上取得的麦子样本，不可能是大样本，只能是小样本．可是，从小样本来分析数据是否可靠？误差有多大？

因为刻画小样本抽出值的平均值，他提出一种新的分布，就是t分布，而这个平均值就服从t分布。但是他比较谦逊一点，用student的笔名发表了这一发现，"学生T分布"由此被发现。

7/从数见情，以季明数，无不令人感动。

由大数定律出现，看待这一年四季，虽没有数字应用这么抽象，却有着特定的视角与情怀。

宁吉喆国家发改委副主任兼国家统计局局长便是一位这样的大格局、大视角与对一年四季的大情怀之令人敬重的长者和智者。今年7月23日，宁吉喆对杨新洪一年四季的2019年第二季《目标区间运行：上半年广东全省经济"几面观"》作出批示："请祖德、有丰、来运、志宏、兼武同志阅。此报告虽长，但有一个特色是以企业等微观数据支撑行业、产业、区域和省级宏观经济分析。国家局有关司也掌握'四上'企业联网直报数据，但在分析中都抽象掉了。可请工业、服务、贸经司带个头，从下月经济分析会起尝试引入重点企业分析，综合司也可考虑相应企业数据应用。"这是一个十分宝贵而又难得的中国最高统计管理者所作出的值得顶层学研借鉴的批示。

也正因吉喆局长在一年四季的敏锐把握和鼓励指引，杨新洪同志从任深圳市统计局局长到任广东省统计局局长，以中国统计改革创新落地深圳为己任，以一年四季担当为切入，带领南粤统计人构建经济大省之统计强省，为数据需求者服务。

的确，这是一部值得让人走近走进、散发着统计年轮与季节的一年四季。

序二　雨润

罙充十*

2016年的此时,是深圳新一届市委产生之"红五月",记得那时来了一场及时喜雨。

2018年5月10日凌晨卯时,鹏城又来了一场瓢泼而下的大雨,完全驱走了昨夜一宿的闷躁,雨至而润。

这个晨祥之雨,让我记住雨的个样而欢喜起来。

建成深圳现代化国际化创新之城,须学为先,学无止境,统计部门也不例外,责无旁贷,及时汲取养分,不停地学习是深圳统计的另一种软实力。

若把这次赴京津之学比作阳光雨露,那么对这次16个部门的"领头羊"而言,就是一次充电之行,雨润之程。

我从小就喜欢雨,现今年过半百依然喜欢,也说不出为什么,总是觉得下雨天很浪漫。尤其是春天的雨,不急不慢,无声无息,如歌似酒,美在天际,醉在心里。

喜欢雨天——喜欢下雨时听雨打窗棂的声音。雨,其实是一种心情,是清新、自然,还有一份感动。那凉意,是一种温暖,也是一种思念;雨,为心飘落而淡然、从容;雨,静静飘洒,不是沉醉,而是沧桑;雨,是一种优雅,是一种穿透岁月的美丽。在我们北方,只有下雨,道路旁的树叶才会被冲洗得干干净净;只有下雨,被沙尘暴刮得灰蒙蒙的天空,才会被洗得蔚蓝;只有下雨,空气才会变得湿润、清新;只有下雨,人们才会清爽许多。

绵绵的春雨就像永不断线的珍珠,看着它,让人沉思,让人心动。下雨的时候,若是在上下班的路上,聆听雨点打在雨伞上滴滴答答的声音和那淅淅沥沥的雨

---

* 罙充十,作者笔名。

声，简直就是浑然而成的一种交响曲。一路上慢悠悠地欣赏着，倾听着，怎一个美字了得！若是闲在家中，坐在窗前，用心听，会听到清风轻抚心坎，有心事、有清爽、有眼泪；用心听，会听到细雨轻捻时光，有沉默有淡然有思念。雨，只为有心的人飘洒，只为用心的人释然。其实，有时候听雨而不去赏雨，为的就是一种心情——听风听雨，听涌过我们心上的潮汐，也听雨点落在伞上的"叮咚"乐曲。每一场雨，都给了我们一片悠远的境地。

下雨的日子，有的人认为很无聊，忧心忡忡，无所事事。然而，有的人则认为是最浪漫的日子，白娘子和许仙不就是因为下雨借伞相识相爱的吗？才有了千古流传的"断桥故事"。

可是，对于今天忙忙碌碌的深圳统计人而言，没有太多的人去享受雨天的悠闲。

满街都是川流不息的车辆和举伞的行人，那一支支撑开的花伞，像是一朵朵流动的彩霞，和五颜六色的车辆交相辉映着，烘托出了人们的一种心情。是的，喜欢什么样的天气只是一种心情而已，就像世界上的万物，都有它自己独到的一面。只要我们以积极的情绪投入生活，用心去欣赏，总可以发现它的美。

我喜欢雨，是因为它给人们带来更多的思想空间，让红尘混沌、忙乱心灵得到暂时的安定，让我们拥有一颗更澄明的心。

下雨的时候，听着雨，哼首老歌，填满长长的记忆，许下心愿，兑现久违的诺言，留段往事装点寂寞的心思，找个理由修补牵挂的遗憾。听雨，把依稀的过往珍藏在尘封的等待中，让听雨的心情去独酌永不褪色的思念。

雨润之后，面对周而复始的繁重统计任务，深圳统计人如何是好？

雨润，给我阳光心态，牵引向上的力量。

这里的答案只有一个："知行合一。"

2018 年 5 月

前言（1+4）

作为一个数据工作者，如何科学度量，描述一年四季数据背后的经济及其他，显得尤为重要。

这三年，进入每一年的每一季，都是一种何等既幸福又焦虑的期待。然而，又是一种何等欣然融入的心情，于无声处地一年四季的变与不变之中。

每当伫立在北京西城月坛南一街，望见南一巷胡同里的一组"8.8·419"数字，那是自己的深居简出之处。虽不能远离喧嚣，倒也闹中取静，去研发那一串串神秘存储着的数据，也能不断感受到一缕缕透进阳光的春暖。

当然，这不仅仅是一抹阳光的照射存在，而是代表一个个季节采集到数据所昭示出的经济变化，叙说着一串又一串数据背后的逻辑与故事。

伴随着一季又一季，花开又花落，收获了一些新的感悟。

原来，世间的万物万事皆有定数，均有因果联系，存在乃最高理由。

对于一位数据守候者而言，采集与应用于一体，知冷暖、读变化、留最忆，一直有着讲述数据背后真相与变化的诉衷情怀。

用数据说话，说出它的存在、变化与关联，谁都可能成为数据故事里的主角，那是一种非凡的数据感觉。

近两年来，深圳统计的"领头羊"一直领着一班人，马不停蹄、义无反顾地度过一季又一季，一年又一年。多少蹉跎岁月，多少交织矛盾，又有多少决断，痛苦并快乐着，一起营造新环境，打造新素养，奋进新时代。

一切的一切，仿佛在昨天，却见证今天，为的不只明天，而是祈愿未来。

因为，一年四季周而复始，数据遇见每季，一发不可收拾。

总 目 录

上卷目录

跨串羊猴鸡三个轮年，绽放季节变化规律

A. 羊年夏初，2015年7月20日　深圳市第二季度经济形势分析会 …………（3）

B. 夏过秋凉，2015年10月16日　前三季度经济形势分析会 ……………（31）

C. 大约冬季，2015年12月14日　深圳市年度经济形势分析会 …………（49）

D. 猴年来春，2016年4月11日　深圳市第一季度经济形势分析会 ………（77）

E. 盛夏如约，2016年7月18日　深圳市第二季度经济形势分析会 ……（113）

F. 多事之秋，2016年10月16日　深圳市第三季度经济形势分析会 ……（145）

G. 冬季高企，2016年12月13日　深圳市委书记专题会议 ……………（185）

H. 金鸡早春，2017年1月22日　经济形势分析会 ………………………（239）

I. 闻鸡起舞，2017年4月21日、24日、25日　深圳市第一季度经济
形势分析会 ……………………………………………………………（265）

J. 盛夏时雨，2017年7月24日、30日和8月4日的经济形势分析，
比任何往季都来得迟些，但这并不影响她的精彩 ……………………（319）

K. 春华秋实，2017年10月27日、11月2日的经济形势分析会…………（379）

下卷目录

跨越12个生肖年轮，回味无穷分析沉香

A. 短平快，简明反映 ………………………………………………………（447）

B. 度量衡，综合描述 …………………………………………（469）
C. 热难疑，深度分析 …………………………………………（567）
D. 新实简，研究报告 …………………………………………（727）
E. 繁从简，案例分析 …………………………………………（765）
F. 七彩人，青涩统计 …………………………………………（883）
G. 开明开放，与统计同行 ……………………………………（919）
H. 承上启下，脚踏实地统计再向前 …………………………（937）

作为科学的统计（代后记） ……………………………………（977）

上卷目录

跨串羊猴鸡三个轮年，绽放季节变化规律

A. **羊年夏初，2015年7月20日　深圳市第二季度经济形势分析会** ………… (3)
　　发言稿　2015年上半年深圳经济运行简况 ………………………… (5)
　　新闻通稿　2015年上半年深圳经济运行简况 …………………… (21)
　　新闻报道　深圳市委召开上半年全市经济形势分析会 ……………… (25)
　　第三视角　参加深圳市委2015年上半年经济形势分析会略纪 ……… (26)

B. **夏过秋凉，2015年10月16日　前三季度经济形势分析会** ………… (31)
　　发言稿　2015年1—3季度深圳经济运行情况 ……………………… (33)
　　新闻通稿　2015年1—3季度深圳经济运行情况 …………………… (39)
　　新闻报道　深圳前三季度经济增速打脸"倒闭潮" ………………… (43)
　　第三视角　参加深圳市委2015年三季度经济形势分析会感想 ……… (45)

C. **大约冬季，2015年12月14日　深圳市年度经济形势分析会** ……… (49)
　　发言稿　2015年1—11月深圳经济运行情况及全年预计与研判 …… (51)
　　新闻通稿　2015年深圳经济运行稳中有进、逐季向好 …………… (62)
　　新闻报道　深圳市2015年经济发展情况综述 ……………………… (75)
　　第三视角　深圳市委召开2015年全市经济形势分析会，深圳市
　　　　　　　统计局的情况汇报得到市领导充分肯定 …………… (76)

D. **猴年来春，2016年4月11日　深圳市第一季度经济形势分析会** … (77)
　　发言稿　经济开局稳进 ………………………………………… (79)

新闻通稿　2016 年第一季度深圳市经济开局稳进⋯⋯⋯⋯⋯⋯⋯⋯（95）
新闻报道　市统计局：2016 年一季度深圳经济开局稳进　⋯⋯⋯⋯（105）
第三视角　参加深圳市委 2016 年上半年经济形势分析会略纪⋯⋯（106）

E. **盛夏如约**，2016 年 7 月 18 日　深圳市第二季度经济形势分析会⋯⋯（113）
发言稿　深圳市经济保持稳进运行　⋯⋯⋯⋯⋯⋯⋯⋯⋯⋯⋯⋯（115）
新闻通稿　深圳市 2016 年上半年经济保持稳进运行⋯⋯⋯⋯⋯（129）
新闻报道　2016 上半年深圳 GDP 同比增长 8.6% 增速高于全省全国 ⋯（135）
第三视角　参加深圳市委 2016 年上半年经济形势分析会略纪⋯⋯（137）

F. **多事之秋**，2016 年 10 月 16 日　深圳市第三季度经济形势分析会 ⋯⋯（145）
发言稿 -1　如何看待与把握当下深圳市经济运行中的新变化⋯⋯（147）
发言稿 -2　如何看待与把握当下深圳市经济运行中的几个问题⋯⋯（157）
新闻通稿　2016 年 1—3 季度深圳市经济稳进增长⋯⋯⋯⋯⋯⋯（166）
新闻报道　深圳 GDP 稳定增长 2016 年前三季度同比增长 8.7% ⋯⋯（176）
第三视角　参加深圳市委 2016 年第三季度经济形势分析会略纪⋯⋯（177）

G. **冬季高企**，2016 年 12 月 13 日　深圳市委书记专题会议⋯⋯⋯⋯⋯（185）
发言稿　谁能安我一季数：唯以经济稳进上行⋯⋯⋯⋯⋯⋯⋯（187）
新闻通稿 -1　2016 年深圳市经济实现逐季走强向好新增长⋯⋯⋯（196）
新闻通稿 -2　2016 年深圳市国民经济和社会发展统计公报⋯⋯⋯（205）
新闻报道　2016 年深圳市经济运行情况分析：GDP 同比增长 9% ⋯（227）
第三视角　参加 2016 年深圳市委书记专题会议（第七次）略纪⋯（229）

H. **金鸡早春**，2017 年 1 月 22 日　经济形势分析会⋯⋯⋯⋯⋯⋯⋯⋯（239）
发言稿　盯住指标长短"开门红"⋯⋯⋯⋯⋯⋯⋯⋯⋯⋯⋯⋯（241）
新闻通稿　2017 年 1—2 月深圳经济运行简况⋯⋯⋯⋯⋯⋯⋯⋯（257）
新闻报道　振奋精神　开足马力　努力实现一季度"开门红"⋯⋯（259）
第三视角　参加 2017 年 1 月 22 日经济形势分析会略纪　⋯⋯⋯（260）

I. 闻鸡起舞，2017年4月21日、24日、25日 深圳市第一季度经济形势分析会 ……………………………………………………………（265）

    发言稿-1　2017年第一季度深圳市经济运行分析 ……………………（267）

    发言稿-2　深圳市统计局汇报材料 ……………………………………（271）

    发言稿-3　补充汇报三点 ………………………………………………（276）

    新闻通稿　2017年第一季度深圳市经济实现"开门红" ……………（297）

    新闻报道　王伟中主持召开深圳一季度经济形势分析会 ……………（306）

    第三视角-1　参加深圳市委2017年第一季度小范围经济形势
               分析会略纪 ……………………………………………（308）

    第三视角-2　参加深圳市委2017年第一季度大范围经济形势
               分析会略纪 ……………………………………………（311）

J. 盛夏时雨，2017年7月24日、30日和8月4日的经济形势分析，比任何往季都来得迟些，但这并不影响她的精彩 ……………………（319）

    发言稿-1　稳进向好亦存隐忧 …………………………………………（323）

    发言稿-2　上半年经济·"七看" ………………………………………（329）

    发言稿-3　补充汇报三句 ………………………………………………（345）

    新闻通稿　2017年上半年全市经济稳进向好 ………………………（356）

    新闻报道　上半年深圳经济稳进向好 …………………………………（365）

    第三视角-1　杨新洪接受深圳卫视访谈时对经济形势的
               分析与研判 ……………………………………………（370）

    第三视角-2　参加深圳市政府2017年上半年经济形势分析会
               略纪 ……………………………………………………（371）

    第三视角-3　杨新洪在深圳市委常委会上研判经济运行献计
               未来发展，精彩发言得到与会同志一致好评 …………（377）

K. 春华秋实，2017年10月27日、11月2日的经济形势分析会 ………（379）

    会议通知 ……………………………………………………………………（381）

    发言稿-1　2017年前三季度深圳市经济运行情况 …………………（387）

    发言稿-2　"三个在哪里"：数据背后的经济及其他 ………………（398）

    新闻通稿　2017年1—3季度深圳市经济运行稳定增长 ……………（429）

新闻报道　深圳特汇报 …………………………………………… (439)
第三视角-1　杨新洪接受深圳卫视采访，解读2017年1—9月
　　　　　　全市经济形势 ……………………………………… (441)
第三视角-2　杨新洪在深圳市委常委会议上宣讲统计违纪违法
　　　　　　责任人处分处理建议办法 ………………………… (442)

跨串羊猴鸡三个轮年，绽放季节变化规律

　　因经济分析而生的一年四季，对我来说刻骨铭心；又因经济洞见而出的季节分析，对我而言轻车熟路；再因草根起底而来的蹉跎岁月，对我人生于无声处。

A. 羊年夏初，2015年7月20日　深圳市第二季度经济形势分析会

从"红五月"诞生引发了一个年轮季节的到来，是从炎夏步入的。大约两年前的这个时候，还任副局长的我差不多要升任局长的关口，是初夏也是盛夏之际，在毫无准备的情况下遭遇了一次"黑天鹅"。

那天下午，在市民中心C区的5022会议室，我主动申请启用播放设备。为了避免冗长，我精心准备了PPT。轮到我发言，刚开始几分钟，就被主政者提出声声质问，且不让辩解。那时候我的狼狈相，可形容为若有地洞恨不得就钻进去。

仅仅过了一个星期，同样的人、同样的主题，却在不同的主场赢得了不一样的感受，获得了不一样的评价。

于是，我发现不是自己的问题，而是主场者的变化，因为自己始终还是那个人。

用数据说话，以专业为基。

发言稿

2015 年上半年深圳经济运行简况

2015 年上半年，统计数据显示：初步核算，全市生产总值 7550.11 亿元，比上年同期（下同）增长 8.4%；规模以上工业增加值 3006.53 亿元，增长 7.8%；固定资产投资 1294.38 亿元，增长 22.5%；社会消费品零售总额 2364.00 亿元，增长 1.2%；进出口总额 12058.40 亿元，下降 3.5%，其中出口总额 7224.30 亿元，下降 1.6%；公共财政预算收入 1409.47 亿元，增长 27.9%；居民消费价格平均上涨 1.8%。全市经济在有质量的稳定增长和可持续的全面发展中呈现"稳中趋升、结构优化、总体质量向好"的发展态势。

一 地区生产总值稳中趋升，增速高于全国和全省

经济运行稳中趋升。2015 年上半年，全市生产总值 7550.11 亿元，增长 8.4%，比一季度的 7.8% 加快 0.6 个百分点，比上年同期提高 0.4 个百分点，比全国（7.0%）和全省（7.7%）分别高出 1.4 个、0.7 个百分点。第一产业增加值 2.87 亿元，下降 6.5%（占比和贡献率可忽略不计）；第二产业增加值 3142.90 亿元，增长 7.2%，占比 41.7%，对 GDP 增长的贡献率为 39.2%；第三产业增加值 4404.34 亿元，增长 9.4%，占比 58.3%，贡献率 60.8%。

从城市对比看，全国主要大中城市中，上海 11887.00 亿元，增长 7.0%；北京 10578.30 亿元，增长 7.0%；天津 7884.04 亿元，增长 9.4%；重庆 7237.90 亿元，增长 11.0%（全国增长 7.0%，全省增长 7.7%）。与天津比较，一是 2015 年上半年深圳与天津的差距近四年最小。2012 年上半年与天津差距是 390.84 亿元，2013 年上半年是 565.24 亿元，2014 年上半年是 724.68 亿元，2015 年上半年是 333.93 亿元。

表1　2011年至2015年上半年深圳、广州、天津、重庆、苏州GDP增长情况

单位：亿元，%

年份	季度累计	深圳 总量	深圳 增速	广州 总量	广州 增速	深圳—广州	天津 总量	天津 增速	深圳—天津	重庆 总量	重庆 增速	深圳—重庆	苏州 总量	苏州 增速	深圳—苏州
2011	一季度	2350.10	10.8	2640.79	11.2	-290.69	2256.51	16.5	93.59	2061.11	16.3	288.99	2370.98	11.6	-20.88
2011	上半年	5015.22	10.6	5700.79	11.0	-685.57	5098.65	16.6	-83.43	4450.37	16.5	564.85	5309.96	11.6	-294.74
2011	前三季度	8250.16	9.8	8918.54	11.0	-668.38	8006.26	16.5	243.90	7003.73	16.5	1246.43	8046.11	11.6	204.05
2011	全年	11505.53	10.0	12303.12	11.0	-797.59	11190.99	16.4	314.54	10011.13	16.4	1494.40	10716.99	12.0	788.54
2012	一季度	2507.37	5.8	2856.25	7.3	-348.88	2582.60	14.7	-75.23	2523.87	14.4	-16.50	2589.92	9.1	-82.55
2012	上半年	5474.10	8.0	6213.75	8.3	-739.65	5864.94	14.1	-390.84	5307.19	14.0	166.91	5850.98	9.5	-376.88
2012	前三季度	9123.37	9.0	9823.31	9.2	-699.94	9188.45	13.9	-65.08	8158.00	13.8	965.37	8783.65	9.8	339.72
2012	全年	12950.06	10.0	13551.21	10.5	-601.15	12885.18	13.8	64.88	11459.00	13.6	1491.06	12011.65	10.1	938.41
2013	一季度	2750.91	9.0	3261.11	12.9	-510.20	2915.85	12.5	-164.94	2725.90	12.5	25.01	2821.40	9.6	-70.49
2013	上半年	6013.77	9.5	7052.42	12.4	-1038.65	6579.01	12.5	-565.24	5840.51	12.4	173.26	6363.78	9.5	-350.01
2013	前三季度	10083.34	9.7	11127.89	12.0	-1044.55	10223.04	12.6	-139.70	8637.1	12.4	1446.24	9420.13	9.5	663.21
2013	全年	14500.23	10.3	15420.14	11.6	-919.91	14370.16	12.5	130.07	12656.69	12.3	1843.54	13015.7	9.6	1484.53
2014	一季度	2953.25	7.3	3507.93	7.4	-554.68	3190.30	10.6	-237.05	2982.71	10.9	-29.46	2911.34	8.5	41.91
2014	上半年	6460.78	8.0	7666.18	8.3	-1205.40	7185.46	10.3	-724.68	6440.51	10.9	20.27	6848.63	8.7	-387.85
2014	前三季度	10895.22	8.5	11976.61	8.5	-1081.39	11101.31	10.0	-206.09	9500.83	10.8	1394.39	10037.47	8.4	857.75
2014	全年	16001.98	8.8	16706.87	8.6	-704.89	15722.47	10.0	279.51	14265.40	10.9	1736.58	13760.89	8.3	2241.09
2015	一季度	3494.42	7.8	3768.40	7.5	-273.98	3709.03	9.3	-214.61	3306.69	10.7	187.73	3014.29	7.0	480.13
2015	上半年	7550.11	8.4	8285.00	8.1	-734.89	7884.04	9.4	-333.93	7237.90	11.0	312.21	7088.43	7.2	461.68

A. 羊年夏初，2015年7月20日 深圳市第二季度经济形势分析会

二是深圳与天津的2015年上半年差距与一季度差距相比扩大幅度是四年最小。2012年上半年与一季度差距相比扩大315.61亿元，2013年上半年与一季度差距相比扩大400.30亿元，2014年上半年与一季度差距相比扩大487.63亿元，今年上半年与一季度差距相比扩大119.32亿元。与重庆比较，一是上半年深圳超重庆的超越幅度是近四年最大的。2012年上半年超越幅度是166.91亿元，2013年上半年是173.26亿元，2014年上半年是20.27亿元，2015年上半年是312.21亿元。二是深圳超重庆上半年与一季度相比的扩大幅度达到近四年平均水平。2012年上半年超越幅度与一季度相比扩大183.41亿元，2013年上半年与一季度相比扩大148.25亿元，2014年上半年与一季度相比扩大49.73亿元，2015年上半年与一季度相比扩大124.48亿元，近四年每年上半年与同年一季度相比扩大幅度平均水平为126.48亿元（见表1）。

从"三驾马车"看，上半年按GDP支出法初步测算，最终消费支出对经济增长的贡献率为32.5%，拉动经济增长2.7个百分点；资本形成对经济增长的贡献率为41.4%，拉动经济增长3.5个百分点；货物和服务地区间净流出（净出口）对经济增长的贡献率为26.2%，拉动经济增长2.2个百分点。

从主要行业增速、结构、贡献率看，工业增加值2957.23亿元，增长7.5%，占比39.2%，贡献率38.4%；建筑业增加值193.33亿元，增长2.9%，占比2.6%，贡献率0.9%；金融业增加值1160.51亿元，增长18.7%，占比15.4%，贡献率30.4%；房地产业增加值646.16亿元，增长18.2%，占比8.6%，贡献率14.2%；批发和零售业增加值870.22亿元，增长2.0%，占比11.5%，贡献率2.8%；住宿和餐饮业增加值146.33亿元，增长4.2%，占比1.9%，贡献率0.9%；交通运输、仓储和邮政业232.95亿元，增长7.5%，占比3.1%，贡献率3.0%；其他服务业增加值1340.33亿元，增长4.6%，占比17.8%，贡献率9.4%。具体如表2、图1所示。

表2　　　　　2015年上半年深圳生产总值及各行业情况

生产总值及各项经济指标	绝对量（亿元）	同比增速（%）	占GDP比重（%）	占GDP比重同比增减（百分点）	对GDP贡献率（%）
地区生产总值	7550.11	8.4	100.0	—	100
农林牧渔业	3.06	-2.7	0	0	0
工业	2957.23	7.5	39.2	-1.2	38.4

续表

生产总值及各项经济指标	绝对量（亿元）	同比增速（%）	占GDP比重（%）	占GDP比重同比增减（百分点）	对GDP贡献率（%）
建筑业	193.33	2.9	2.6	-0.1	0.9
批发和零售业	870.22	2.0	11.5	-0.8	2.8
交通运输、仓储和邮政业	232.95	7.5	3.1	-0.1	3.0
住宿和餐饮业	146.33	4.2	1.9	-0.1	0.9
金融业	1160.51	18.7	15.4	1.6	30.4
房地产业	646.16	18.2	8.6	0.9	14.2
其他服务业	1340.33	4.6	17.8	-0.2	9.4
营利性服务业	814.11	9.8	10.8	0.5	11.8
非营利性服务业	526.22	-3.0	7.0	-0.6	-2.5
第一产业	2.87	-6.5	0	0	0
第二产业	3142.90	7.2	41.7	-1.3	39.2
第三产业	4404.34	9.4	58.3	1.3	60.8

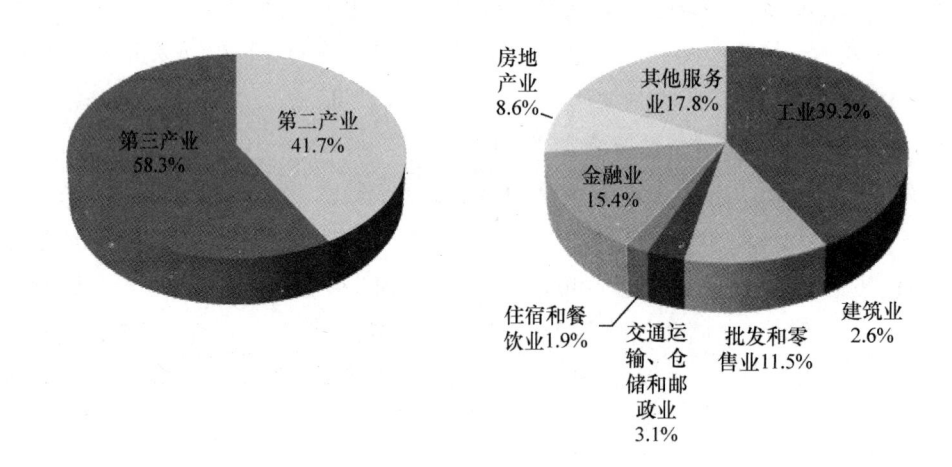

图1 2015年上半年深圳国内生产总值的二、三产业构成和各行业构成

分月度看，GDP月度累计增量由1—2月的2074.85亿元增加到1—6月的7550.11亿元，月均增量为1258亿元，呈现前低后高走势；增速由1—2月的7.6%提到1—6月的8.4%，月度累计增速逐月提升，特别是由1—4月的7.9%提升到1—6月的8.4%，两个月提升了0.5个百分点，如表3、图2所示。

A. 羊年夏初，2015年7月20日 深圳市第二季度经济形势分析会

表3　　　　　　　2015年上半年深圳各月累计生产总值和增速情况

月份	1—2月	1—3月	1—4月	1—5月	1—6月
GDP（亿元）	2074.85	3494.42	4850.26	6175.12	7550.11
累计增速（%）	7.6	7.8	7.9	8.0	8.4

注：季度GDP总量和增速已由省统计局核定，月度GDP为预计数未经省局核定。

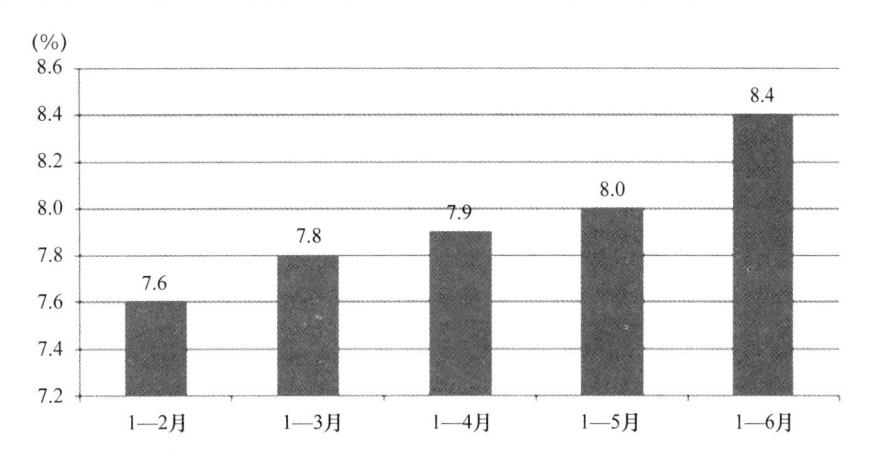

图2　2015年上半年深圳各月GDP累计增速情况

分区看，福田区GDP为1416.28亿元，增长8.5%；南山区1633.20亿元，增长8.8%；新宝安区1140.92亿元，增长8.6%；新龙岗区1115.11亿元，增长10.8%；光明新区288.95亿元，增长9.4%；坪山新区196.27亿元，增长9.8%，以上各区GDP增速高于全市。盐田区209.85亿元，增长8.4%，与全市持平。罗湖区749.08亿元，增长7.8%；龙华新区682.41亿元，增长7.1%；大鹏新区118.04亿元，增长0.1%，以上各区增速低于全市，如表4所示。

表4　　　　　　　2015年上半年深圳生产总值分区增速情况　　　　　单位：亿元，%

	地区生产总值		第一产业		第二产业		第三产业	
	总量	增速	总量	增速	总量	增速	总量	增速
全市	7550.11	8.4	2.87	-6.5	3142.90	7.2	4404.34	9.4
福田区	1416.28	8.5	1.00	39.7	100.40	6.6	1314.87	8.6
罗湖区	749.08	7.8	0.26	30.0	38.94	0.5	711.88	8.5

续表

	地区生产总值		第一产业		第二产业		第三产业	
	总量	增速	总量	增速	总量	增速	总量	增速
盐田区	209.85	8.4	0.01	-81.5	31.44	-1.9	178.41	10.6
南山区	1633.20	8.8	0.30	-43.4	894.16	8.0	738.74	10.0
新宝安区	1140.92	8.6	0.14	-0.5	583.03	8.3	557.75	8.9
新龙岗区	1115.11	10.8	0.09	-11.1	709.84	13.0	405.17	7.0
光明新区	288.95	9.4	0.47	-1.0	188.42	7.2	100.05	14.8
坪山新区	196.27	9.8	0.20	-10.6	133.46	11.2	52.80	6.2
龙华新区	682.41	7.1	0.18	0.5	393.23	4.0	289.00	12.4
大鹏新区	118.04	0.1	0.21	-10.2	71.97	-3.5	45.85	7.4

二 经济运行主要特点

（一）规模以上工业生产平稳增长，重点行业和百强企业地位更加突出，质量和效益有所提高

1. 工业生产平稳增长。2015年上半年深圳市规模以上工业增加值增长7.8%（平台数为8.4%），比1—5月和一季度分别加快0.3个、0.2个百分点，比全国（6.3%）和全省（7.4%）分别高1.5个、0.4个百分点，如表5、图3所示。

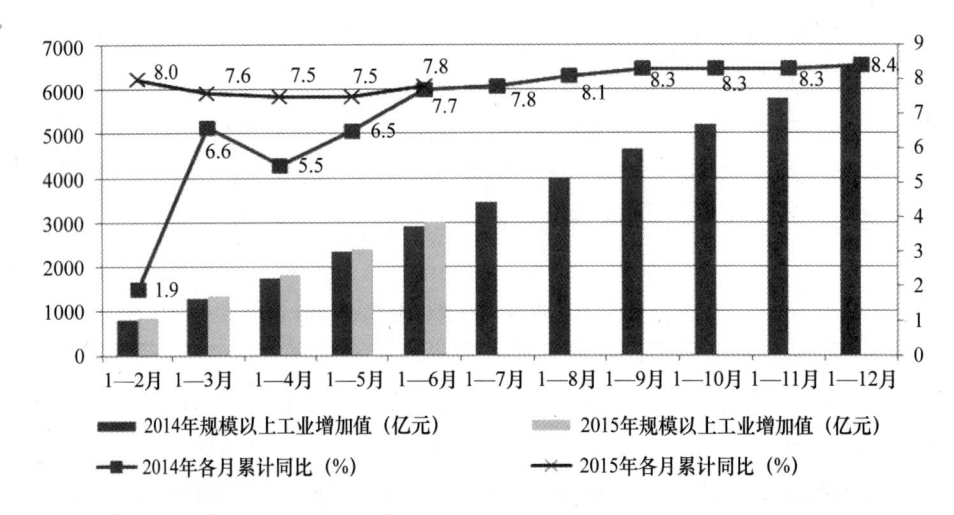

图3 2014—2015年上半年深圳各月规模以上工业累计增速对比

表5　　　　　　　2015年1—6月深圳市规模以上工业增加值增长情况

月份	2月	1—2月累计	3月	1—3月累计	4月	1—4月累计	5月	1—5月累计	6月	1—6月累计
规模以上工业增加值（亿元）	360.92	828.77	499.30	1341.67	472.50	1811.40	548.95	2379.62	623.30	3006.53
累计同比涨幅（%）	—	8.0	—	7.6	—	7.5	—	7.5	—	7.8

2. 先进制造业和高技术制造业快速发展。2015年上半年全市规模以上工业中先进制造业增加值2272.49亿元，增长11.9%，增速比全市规模以上工业增加值增速高4.1个百分点，比上年同期加快3.0个百分点；占全市规模以上工业增加值的比重为75.6%，比上年同期提高1.9个百分点。高技术制造业增加值1916.75亿元，增长9.5%，比全市规模以上工业增加值增速高1.7个百分点；占全市规模以上工业增加值的比重为63.8%，比上年同期提高2.9个百分点。

3. 重点行业和百强企业地位突出。2015年上半年，深圳市计算机、通信和其他电子设备制造业实现增加值1809.67亿元，增长10.2%，占比60.2%，对GDP的贡献率为26.8%，直接拉动GDP 2.25个百分点；全市百强工业企业增加值1831.61亿元，增长11.1%，同比提高2.0个百分点，占比达60.9%，对GDP的贡献率为9.9%，拉动GDP 0.83个百分点。

4. 工业经济效益逐步好转。2015年1—5月，全市规模以上工业企业实现利税总额794.21亿元，增长13.2%，增速比1—4月提高2.5个百分点。其中，利润总额482.92亿元，增长5.2%（比全国水平高6.0个百分点，比1—4月提高6.8个百分点），剔除因国际油价下跌导致中海油利润大幅回落因素后增长16.2%。此外，工业产品销售率、工业资本保值增值率分别为98.5%和115.1%，比上年同期分别提高1.4个和7.0个百分点。工业经济效益综合指数为202.5%，比上年同期提高6.2个百分点。

（二）战略性新兴产业保持良好发展势头，龙头企业贡献大，网上商品销售快速增长

1. 战略性新兴产业实现两位数增长，增加值达2889.17亿元，增长11.6%。其中，新一代信息技术产业增加值1287.02亿元，增长13.0%，占比44.5%；文化创意产业增加值736.63亿元，增长9.2%，占比25.5%；互联网产业增加值

330.40亿元，增长21.1%，占比11.4%；新能源产业增加值171.48亿元，增长8.6%，占比5.9%；节能环保产业增加值130.80亿元，增长8.5%，占比4.5%；新材料产业增加值120.32亿元，增长2.6%，占比4.2%；生物产业增加值112.52亿元，增长8.5%，占比3.9%，如表6所示。

表6　　　　　　　2015年上半年深圳市七大战略性新兴产业增加值

指标名称	增加值（亿元）	可比价增长速度（%）	占比（%）
新一代信息技术产业	1287.02	13.0	44.5
互联网产业	330.40	21.1	11.4
新材料产业	120.32	2.6	4.2
生物产业	112.52	8.5	3.9
新能源产业	171.48	8.6	5.9
节能环保产业	130.80	8.5	4.5
文化创意产业	736.63	9.2	25.5
七大产业合计	2889.17	11.6	100.0

注：表中各产业之间存在交叉重复情况。

2. 新兴产业中的龙头企业地位突出。2015年上半年，作为战略性新兴产业的龙头企业华为增加值540.05亿元，增长41.6%，对规模以上工业增长贡献率为67.2%；中兴增加值276.03亿元，同比增长5.8%，对规模以上工业增长贡献率为6.4%；比亚迪汽车公司增加值40.53亿元，增长93.4%，对规模以上工业增长贡献率为7.9%；腾讯增加值135.63亿元，增长35.2%，对服务业增长贡献率为8.3%。

3. 网络消费保持高速增长。2015年上半年，纳入统计的通过互联网实现的商品销售额243.43亿元，增长187.6%；通过互联网实现的商品零售额36.7亿元，增长41.9%。按商品销售额排名前三位的网购企业分别是：深圳中农网股份有限公司，互联网商品销售额40.9亿元；联想（深圳）电子有限公司，互联网商品销售额37.9亿元；中国石油化工股份有限公司深圳石油分公司，互联网商品销售额19.0亿元。按照商品零售额排名前三位的网购企业分别是：优购科技有限公司，商品零售额4.68亿元，增长30.6%；富讯通贸易有限公司，商品零售额3.79亿元，增长1916.5%；走秀网络科技有限公司，商品零售额3.47亿元，增长22.0%。

(三）金融业增速最快，对 GDP 增长贡献率超三成

2015 年上半年，全市金融业增加值为 1160.51 亿元，增长 18.7%，占 GDP 比重为 15.4%，对 GDP 增长贡献率为 30.4%，拉动 GDP 增长 2.56 个百分点。其中，货币金融服务及其他金融业对金融业增长贡献率为 40.2%，对 GDP 增长贡献率为 12.2%，拉动 GDP 增长 1.03 个百分点；资本市场服务对金融业增长贡献率为 49.4%，对 GDP 增长的贡献率为 15.0%，拉动 GDP 增长 1.26 个百分点；保险业对金融业增长贡献率为 10.4%，对 GDP 增长贡献率为 3.2%，拉动 GDP 增长 0.27 个百分点。

金融业前 30 强中，一是金融业前五强占金融业增加值比重半壁江山，达到 48.8%。二是证券业实现三位数的超高速增长，如招商证券增长 509.2%，中信证券增长 578.8%，深交所增长 414.6%，国信证券增长 277.9%，中投证券增长 347.2%，中证登记增长 309.1%，长城证券增长 246.8%，中山证券增长 410.0%。三是股份制银行增加值快速增长，国有控股银行保持平稳增长，如招商银行（深圳地区）增长 66.5%，平安银行增加值现价增长 230.8%，中信银行增长 33.6%，民生银行增长 69.5%，北京银行增长 33.3%，建行深圳分行增长 9.1%，工行深圳分行增长 13.7%，中行深圳分行增长 0.2%，农行深圳分行增长 7.6%。如表 7 所示。

表 7　　　　　　　2015 年上半年深圳市金融业前 30 强增加值情况

序号	单位名称	增加值（亿元）	增加值现价增速（%）	占金融业比重（%）
1	招商银行股份有限公司（深圳地区）	133.10	66.5	11.5
2	平安银行股份有限公司	127.04	230.8	10.9
3	招商证券股份有限公司	116.76	509.2	10.1
4	中国建设银行股份有限公司深圳市分行	96.73	9.1	8.3
5	中信证券股份有限公司	92.66	578.8	8
6	深圳证券交易所	76.21	414.6	6.6
7	中国工商银行股份有限公司深圳市分行	72.62	13.7	6.3
8	中国银行股份有限公司深圳市分行	65.51	0.2	5.6

续表

序号	单位名称	增加值（亿元）	增加值现价增速（%）	占金融业比重（%）
9	国信证券股份有限公司	61.33	277.9	5.3
10	中国农业银行股份有限公司深圳市分行	57.75	7.6	5
11	中国中投证券有限责任公司	42.32	347.2	3.6
12	中国证券登记结算有限责任公司深圳分公司	35.88	309.1	3.1
13	安信证券股份有限公司	34.27	227	3
14	中信银行股份有限公司信用卡中心	31.27	33.6	2.7
15	平安证券有限责任公司	25.48	434	2.2
16	国家开发银行深圳市分行	24.22	28.9	2.1
17	中国民生银行股份有限公司深圳分行	23.90	69.5	2.1
18	兴业银行股份有限公司深圳分行	21.10	21.2	1.8
19	深圳农村商业银行股份有限公司	19.56	-1.8	1.7
20	长城证券股份有限公司	15.23	246.8	1.3
21	中信银行股份有限公司深圳分行	14.80	12.7	1.3
22	国银金融租赁有限公司	13.60	18.9	1.2
23	上海银行股份有限公司深圳分行	9.55	7.9	0.8
24	平安信托有限责任公司	8.67	-6.5	0.7
25	广发银行股份有限公司深圳分行	8.50	-21.1	0.7
26	北京银行股份有限公司深圳分行	8.16	33.3	0.7
27	中山证券有限责任公司	8.07	410	0.7
28	南方基金管理有限公司	8.03	27.2	0.7
29	国泰君安证券股份有限公司深圳分公司	7.72	—	0.7
30	博时基金管理有限公司	7.61	56.2	0.7

（四）商品房投资和销售迅猛，房地产业贡献突出

2015年上半年，全市房地产业实现增加值646.16亿元，占GDP比重为8.6%，增长18.2%，占GDP比重同比提高0.9个百分点，对GDP增长贡献率为14.2%。全市房地产开发投资额为546.55亿元，增长26.5%。商品房销售额

983.24亿元，增长101.3%（全国为34259亿元，增长10%）；商品房销售面积317.33万平方米，增长61.2%（全国为50264万平方米，增长3.9%），增速逐月提高，如表8所示。

表8　　　　　　　　2015年上半年深圳市房地产相关指标情况

	指标	1—2月	1—3月	1—4月	1—5月	1—6月
房地产开发投资	总量（亿元）	118.74	207.55	293.93	405.07	546.55
	增速（%）	21.2	29.3	26.2	25.2	26.5
	占比（%）	45.8	45.1	43.1	42.4	42.2
商品房销售面积	总量（万平方米）	46.96	106.22	170.41	222.16	317.33
	增速（%）	-12.5	13.5	28.3	40.2	61.2
商品房销售额	总量（亿元）	127.77	283.66	464.27	636.14	983.24
	增速（%）	-17.2	14.7	33.2	54.6	101.3

（五）固定资产投资大幅增长

1. 固定资产投资增速高出全国同期11.1个百分点。2015年上半年，全市固定资产投资1294.38亿元，增长22.5%，比一季度加快5.7个百分点，同比提高10.2个百分点，比全国（名义增速11.4%）高11.1个百分点，如图4所示。

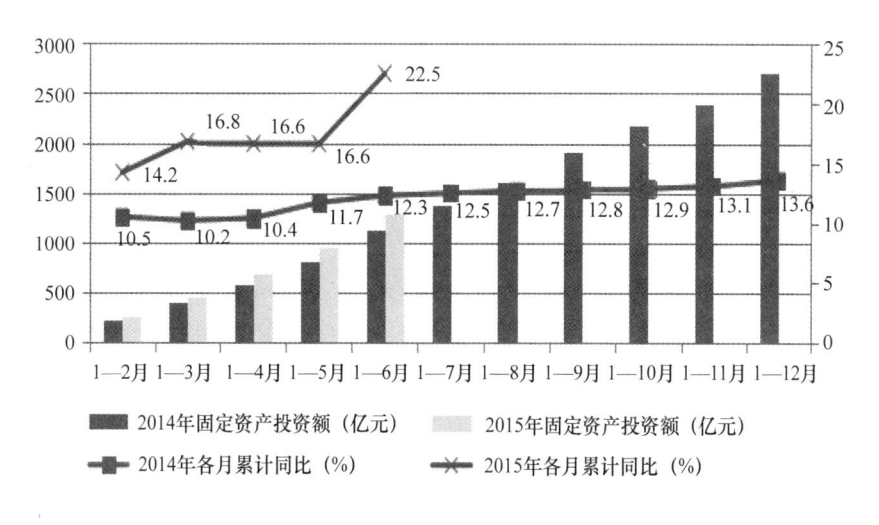

图4　2014—2015年上半年深圳各月固定资产投资累计增速对比

2. 非房地产开发投资占固定资产投资比重超过五成。2015年上半年全市非房地产开发投资747.84亿元，增长19.7%，占全市固定资产投资比重57.8%。非房地产开发投资中，基本建设投资660.79亿元，增长21.4%，占比51.1%；更新改造投资87.05亿元，增长8.2%，占比6.7%。

3. 第三产业投资增长迅速。从产业来看，2015年上半年，深圳市第二产业投资203.26亿元，增长19.0%，占比15.7%，其中工业投资203.26亿元，增长19.5%。第三产业投资1090.90亿元，增长23.2%，占比84.3%，其中房地产投资674.88亿元，增长19.6%；运输、邮电、仓储投资164.82亿元，增长43.0%；批发、零售、餐饮投资21.57亿元，增长2.4%。

4. 城市更新改造投资增长超过五成。2015年上半年，深圳市城市更新改造投资219.99亿元，增长51.3%，占固定资产投资比重达17.0%。

（六）社消零总额保持一定增速，重点商业企业拉动作用明显

1. 社消零总额保持一定增速。2015年上半年，深圳市社会消费品零售总额2364.00亿元，增长1.2%，扣除一次性政策因素后增长10.1%，比一季度提高0.2个百分点，如图5、表9所示。

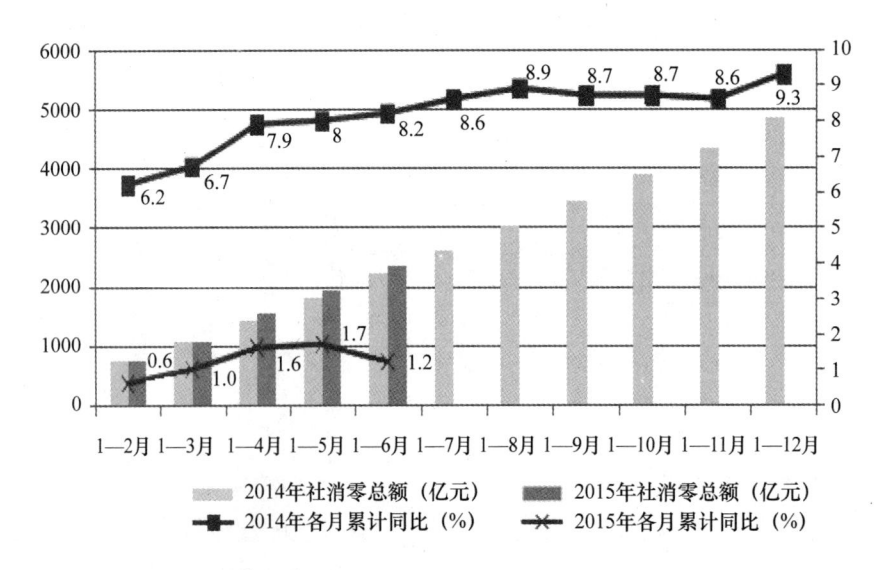

图5 2014—2015年上半年深圳各月社消零总额累计增速对比

A．羊年夏初，2015年7月20日　深圳市第二季度经济形势分析会

表9　　　　　2015年1—6月深圳市社会消费品零售总额增长情况

月份	1月	2月	1—2月累计	3月	1—3月累计	4月	1—4月累计	5月	1—5月累计	6月	1—6月累计
社会消费品零售总额（亿元）	—	359.86	745.34	332.77	1078.10	381.28	1540.81	411.19	1952.00	412.01	2364.00
累计同比（%）	—	—	0.6	—	1.0	—	1.6	—	1.7	—	1.2

2．商业辐射能力进一步提升。2015年上半年深圳市批发销售额8518.97亿元，占商品销售总额（10637.36亿元）比重达到80.1%，同比提高0.4个百分点，比1—5月提高0.4个百分点。

3．零售业前30强拉动作用明显。2015年上半年，深圳市零售业前30强商品零售额增长8.8%，高出全市平均水平7.6个百分点，占全市社会消费品零售总额比重19.2%；前30强销售额增长12.1%，高出全市平均水平12.6个百分点。其中华润万家零售额增长40.0%，顺电增长18.3%，岁宝增长15.5%，沃尔玛百货增长29.5%，宜家增长19.7%。具体如表10所示。

表10　　　　2015年上半年深圳零售业前30强企业情况　　　　单位：亿元，%

序号	零售业前三十强公司	销售额	销售额增速	零售额	零售额增速
1	华润万家有限公司	145.52	34.5	120.67	40.0
2	天虹商场股份有限公司	78.75	-5.6	78.75	-5.6
3	沃尔玛深国投百货有限公司	31.27	4.1	31.27	4.1
4	中海油销售深圳有限公司	28.37	5.6	13.87	-38.8
5	深圳茂业商厦有限公司	25.90	-5.4	25.66	-6.2
6	深圳市恒波商业连锁股份有限公司	20.91	109.7	4.97	58.0
7	深圳百丽商贸有限公司	19.65	15.5	19.65	15.5
8	深圳市顺电连锁股份有限公司	19.43	11.9	19.27	18.3
9	深圳市国美电器有限公司	16.96	1.5	16.96	1.5
10	深圳市苏宁云商销售有限公司	16.86	-0.8	16.86	-0.8
11	深圳市人人乐商业有限公司	13.48	-6.0	13.48	-6.0
12	深圳市亨吉利世界名表中心有限公司	12.06	18.2	12.06	18.2

续表

序号	零售业前三十强公司	销售额	销售额增速	零售额	零售额增速
13	百朗商贸（深圳）有限公司	10.94	10.2	9.82	20.2
14	深圳市宝创汽车贸易有限公司	10.41	81.9	10.28	80.5
15	深圳汇洁集团股份有限公司	10.31	11.7	10.31	11.7
16	深圳酷动数码有限公司	10.16	-1.7	0.20	-18.5
17	深圳岁宝百货有限公司	9.31	15.5	9.31	15.5
18	深圳市百佳华百货有限公司	9.07	2.3	9.07	2.3
19	深圳市国有免税商品（集团）有限公司	8.73	11.7	8.73	11.7
20	沃尔玛（深圳）百货有限公司	8.51	29.5	8.51	29.5
21	永旺华南商业有限公司	8.34	4.8	7.78	3.6
22	深圳市大兴宝德汽车销售服务有限公司	8.20	-3.9	8.20	-3.9
23	新一佳超市有限公司	7.82	-19.6	6.46	-10.8
24	深圳岁宝连锁商业发展有限公司	6.64	0.4	6.64	0.4
25	深圳市南北医药有限公司	6.48	37.2	2.35	22.4
26	深圳家乐福商业有限公司	6.22	-4.9	6.22	-4.9
27	深圳市利联太阳百货有限公司	5.48	7.2	5.48	7.2
28	深圳市海王星辰医药有限公司	5.12	10.0	0	
29	深圳市捷成汽车销售服务有限公司	5.05	-19.7	5.05	-19.7
30	深圳宜家家居有限公司	4.89	20.6	4.85	19.7
	合计	570.84	12.1	492.73	8.8

（七）规模以上服务业稳步增长

据对深圳市4286家规模以上服务业企业调查数据显示，2015年1—5月共实现营业收入2531.6亿元，增长11.6%，其中营利性服务业实现营业收入1028.1亿元，增长13.6%；共实现营业利润428亿元，增长6.9%。分行业情况如表11所示。

表11　　2015年1—5月深圳规模以上服务业营业收入和利润情况　　单位：亿元，%

规模以上服务业各行业	营业收入	同比增速	营业利润	同比增速
交通运输、仓储和邮政业	942.8	13.9	41.8	62.4
信息传输、软件和信息技术服务业	691.1	11.6	212.4	19.5
房地产业	105.8	18.7	5.3	-13.5

续表

规模以上服务业各行业	营业收入	同比增速	营业利润	同比增速
租赁和商务服务业	437.8	9.7	155.8	-14.6
科学研究和技术服务业	235.2	5.2	7.8	20.3
水利、环境和公共设施管理业	28.7	15.3	3	27
居民服务、修理和其他服务业	21.6	9.8	0.3	10
教育	12.5	1.7	-0.1	-108.2
卫生和社会工作	14.4	15.2	0.4	402.2
文化、体育和娱乐业	41.6	6.7	1.3	206.9
总计	2531.6	11.6	428	6.9

三　需关注的问题及下半年经济走势研判

2015年上半年尽管深圳市经济取得了显著成绩，但也存在一些不足，主要表现在：一是出口持续下滑，低位徘徊（上半年深圳市出口下降1.6%，全国出口增长0.9%），工业品出口对工业增长的拉动有所弱化，上半年深圳市工业出口交货值下降0.8%，我国港澳台及外商投资企业工业增加值增速仅为2.4%，且这两个指标今年以来各月累计增速均出现持续回落态势（2—6月工业出口交货值累计各月累计增速分别为：3.4%、2.8%、0.6%、-0.5%、-0.8%；2—6月我国港澳台及外商投资企业工业增加值各月累计增速分别为：6.8%、4.3%、4.2%、2.6%、2.4%）。二是受国际市场价格波动因素影响，工商业一些重点企业同比增幅回落影响企业总体增长，须积极拓展国内外市场，加大对工商企业的扶持力度，发挥大型企业的优势，带动全市工商业发展。三是房地产市场和证券市场的火爆及华为等龙头企业的超速发展的同时，须注意加强较低速增长的大中小型企业、实体经济与虚拟经济、原特区内外之间的协调发展；另一方面，上半年深圳市房价超速增长，特别是上半年深圳市商品房竣工面积为96.09万平方米（下降28.5%），远低于销售面积317万平方米（增长61.2%），加之施工面积4121.65万平方米（增长11.9%），供需矛盾将更加激化，势必造成房价大幅上涨。四是固定资产更新改造投资缓慢和消费率低的现象将长期存在，也在一定程度上制约了深圳市经济发展，须引起有关部门重视。

2015年下半年，尽管国内外环境仍然错综复杂，但总体来说我国经济仍然保持了中高速增长的动力和潜力。结合深圳市多年来下半年高于上半年经济增长的特征，特别是随着深圳市一系列稳增长促发展政策和措施的落实，以及改革的深入和红利的释放，深圳市经济延续缓中趋稳、稳中向好、质量提高的势头应会增强，有望实现全年GDP增长预期目标。

新闻通稿

2015年上半年深圳经济运行简况

2015年上半年,统计数据显示:初步核算,全市生产总值7550.11亿元,比上年同期(下同)增长8.4%;规模以上工业增加值3006.53亿元,增长7.8%;固定资产投资1294.38亿元,增长22.5%;社会消费品零售总额2364.00亿元,增长1.2%;进出口总额12058.40亿元,下降3.5%,其中出口总额7224.30亿元,下降1.6%;公共财政预算收入1409.47亿元,增长27.9%;居民消费价格平均上涨1.8%。全市经济在有质量的稳定增长和可持续的全面发展中呈现"稳中趋升、结构优化、总体质量向好"的发展态势。

一 地区生产总值稳中趋升,增速高于全国和全省

经济运行稳中趋升。2015年上半年,全市生产总值7550.11亿元,增长8.4%,比一季度的7.8%加快0.6个百分点,比上年同期提高0.4个百分点,比全国(7.0%)和全省(7.7%)分别高出1.4个、0.7个百分点。第一产业增加值2.87亿元,下降6.5%(占比和贡献率可忽略不计);第二产业增加值3142.90亿元,增长7.2%,占比41.7%;第三产业增加值4404.34亿元,增长9.4%,占比58.3%。

二 经济运行主要特点

(一)规模以上工业生产平稳增长,重点行业和百强企业地位更加突出,质量和效益有所提高

1. 工业生产平稳增长。2015年上半年深圳市规模以上工业增加值增长7.8%,

比1—5月和一季度分别加快0.3个、0.2个百分点，比全国（6.3%）和全省（7.4%）分别高1.5个、0.4个百分点。

2. 先进制造业和高技术制造业快速发展。2015年上半年全市规模以上工业中先进制造业增加值2272.49亿元，增长11.9%，增速比全市规模以上工业增加值增速高4.1个百分点，比去年同期加快3.0个百分点；占全市规模以上工业增加值的比重为75.6%，比上年同期提高1.9个百分点。高技术制造业增加值1916.75亿元，增长9.5%，比全市规模以上工业增加值增速高1.7个百分点；占全市规模以上工业增加值的比重为63.8%，比上年同期提高2.9个百分点。

3. 重点行业和百强企业地位突出。2015年上半年，深圳市计算机、通信和其他电子设备制造业实现增加值1809.67亿元，增长10.2%，占比60.2%；全市百强工业企业增加值1831.61亿元，增长11.1%，同比提高2.0个百分点，占比达60.9%。

4. 工业经济效益逐步好转。2015年1—5月，全市规模以上工业企业实现利税总额794.21亿元，增长13.2%，增速比1—4月提高2.5个百分点。其中利润总额482.92亿元，增长5.2%（比全国水平高6.0个百分点，比1—4月提高6.8个百分点）。此外，工业产品销售率、工业资本保值增值率分别为98.5%和115.1%，比上年同期分别提高1.4个和7.0个百分点。工业经济效益综合指数为202.5%，比上年同期提高6.2个百分点。

（二）战略性新兴产业保持良好发展势头，网上商品销售快速增长

1. 战略性新兴产业实现两位数增长，增加值达2902.65亿元，增长10.5%。其中新一代信息技术产业增加值1287.02亿元，增长10.6%，占比44.3%；文化创意产业增加值736.63亿元，增长9.9%，占比25.4%；互联网产业增加值330.40亿元，增长22.9%，占比11.4%；新能源产业增加值180.07亿元，增长6.0%，占比6.2%；节能环保产业135.69亿元，增长7.2%，占比4.7%；新材料产业增加值120.32亿元，与上年同期持平，占比4.1%；生物产业增加值112.52亿元，增长5.0%，占比3.9%。

2. 网络消费保持高速增长。2015年上半年，纳入统计的通过互联网实现的商品销售额243.43亿元，增长187.6%；通过互联网实现的商品零售额36.7亿元，增长41.9%。

（三）金融业增速最快，对 GDP 增长贡献大

2015 年上半年，全市金融业增加值为 1160.51 亿元，增长 18.7%，占 GDP 比重为 15.4%，对 GDP 增长贡献大。

（四）商品房投资和销售迅猛，房地产业贡献突出

2015 年上半年，全市房地产业实现增加值 646.16 亿元，占 GDP 比重为 8.6%，增长 18.2%，占 GDP 比重同比提高 0.9 个百分点。全市房地产开发投资额为 546.55 亿元，增长 26.5%。商品房销售额 983.24 亿元，增长 101.3%（全国为 34259 亿元，增长 10%）；商品房销售面积 317.33 万平方米，增长 61.2%（全国为 50264 万平方米，增长 3.9%），增速逐月提高。

（五）固定资产投资大幅增长

1. 固定资产投资增速高出全国同期 11.1 个百分点。2015 年上半年，全市固定资产投资 1294.38 亿元，增长 22.5%，比一季度加快 5.7 个百分点，同比提高 10.2 个百分点，比全国（名义增速 11.4%）高 11.1 个百分点。

2. 非房地产开发投资占固定资产投资比重超过五成。2015 年上半年全市非房地产开发投资 747.84 亿元，增长 19.7%，占全市固定资产投资比重 57.8%。非房地产开发投资中，基本建设投资 660.79 亿元，增长 21.4%，占比 51.1%；更新改造投资 87.05 亿元，增长 8.2%，占比 6.7%。

3. 第三产业投资增长迅速。从产业来看，2015 年上半年，深圳市第二产业投资 203.26 亿元，增长 19.0%，占比 15.7%，其中工业投资 203.26 亿元，增长 19.5%。第三产业投资 1090.90 亿元，增长 23.2%，占比 84.3%，其中房地产投资 674.88 亿元，增长 19.6%；运输、邮电、仓储投资 164.82 亿元，增长 43.0%；批发、零售、餐饮投资 21.57 亿元，增长 2.4%。

4. 城市更新改造投资增长超过五成。2015 年上半年，深圳市城市更新改造投资 219.99 亿元，增长 51.3%，占固定资产投资比重达 17.0%。

（六）社消零总额保持一定增速，重点商业企业拉动作用明显

1. 社消零总额保持一定增速。2015 年上半年，深圳市社会消费品零售总额 2364.00 亿元，增长 1.2%，扣除一次性政策因素后增长 10.1%，比一季度提高 0.2 个百分点。

2. 商业辐射能力进一步提升。2015年上半年深圳市批发销售额8518.97亿元，占商品销售总额（10637.36亿元）比重达到80.1%，同比提高0.4个百分点，比1—5月提高0.4个百分点。

（七）规模以上服务业稳步增长

据对深圳市4286家规模以上服务业企业调查数据显示，2015年1—5月共实现营业收入2531.6亿元，增长11.6%，其中营利性服务业实现营业收入1028.1亿元，增长13.6%；共实现营业利润428亿元，增长6.9%。

深圳市委召开上半年全市经济形势分析会

深圳市委召开上半年全市经济形势分析会
2015年07月23日08:11 来源：深圳特区报

原标题：加快转变政府职能 找准工作着力点 确保完成全年目标任务

7月20日晚，广东省委副书记、深圳市委书记马兴瑞主持召开上半年全市经济形势分析会，研究部署下半年经济工作。会议强调，要按照中央和省委的决策部署，正确认识、科学把握当前深圳市经济稳中趋好的形势，进一步解放思想、真抓实干，加快转变政府职能，找准工作着力点，确保完成全年目标任务。市长许勤、市人大常委会主任丘海、市政协主席戴北方等出席会议。

会议认为，今年以来，全市认真贯彻中央和省关于经济工作的各项决策部署和市第六次党代会精神，坚持稳中求进工作总基调，经济保持平稳健康发展，主要指标稳中趋升、好于预期，质量效益持续改善。初步核算，上半年全市实现生产总值7550.1亿元，增长8.4%。

会议强调，当前深圳市经济发展面临的外部环境仍然复杂，完成全年预定目标必须找准工作着力点。要加大政府职能转变力度，深化行政审批制度改革，提高政府服务效能，充分释放市场的活力和动力。要突出抓好工业生产，优化全市工业布局，不断增强实体经济核心竞争力。要毫不动摇做人做强金融业，加快培育和壮大专业服务业，进一步增强服务业的支撑作用。要着力抓好重大项目建设，加快重大交通基础设施和医院、学校等重大民生工程建设，切实发挥投资对稳增长的关键作用。

会议提出，要推动"三驾马车"共同发力，进一步释放消费潜力，支持企业开拓"一带一路"等新兴市场，加快发展跨境电商等外贸新业态。要着力服务重点企业和重点行业发展，有针对性加强对创新型企业、工业百强企业、战略性新兴产业等服务，支持其不断做大做强。要着力抓好重点区域建设，推动广东自贸区前海蛇口片区、15个城市重点片区等尽快成为新的区域增长极，不断增强发展后劲。

会议要求，全市各级各部门要进一步解放思想、真抓实干，大力弘扬"五破五立"的精神，真干事、干成事。要加大督促检查力度，以更高的标准、更严的要求、更实的作风，千方百计抓好各项工作的落实，确保完成全年目标任务。（记者 綦伟）

延伸阅读：
深圳楼市升温 5月部分片区房价同比上涨85%
深圳加快建设国际创客中心
深圳迈向国际化创新型城市
北京市委组织部发布崔述强任前公示（图/简历）
深圳广电集团：推动传统媒体和新兴媒体融合发展

（责编：陈育柱、李慧玮）

> 第三视角

参加深圳市委2015年上半年经济形势分析会略纪

2015年7月19日,接深圳市委办通知,市委第二季度经济形势分析会定于7月20日(星期一)晚上8:00在市委后楼常委会议室召开,参会人员主要包括市委常委、市人大政协主要领导、副市长、两办及主要经济部门(19个)负责同志、各区(新区)主要负责同志,会议将由马兴瑞书记主持。

经过紧锣密鼓、夜以继日的准备,特别是在杨新洪局长的精心指导下,20日下午5:00我局的汇报材料终于付梓,6:00左右我将印刷好的60份汇报材料并同20多套我局先前精心组织编印的《主要行业前10—30名(按增加值排名)企业情况》送至市委办,然后返回单位简单用餐,7:20左右我和李俊文处长便陪同杨新洪局长出发,约十分钟后到达了市委后楼常委会议室。

临近8:00,市委常委等主要领导陆续进场,会场气氛也由先前的略显热闹变得庄重肃静,接着马兴瑞书记开始主持会议,说看到大家平时太忙,所以这次会议放在晚上举行,按照会议议程,发改委主汇报,统计局、国税局、财政委、经信委、科创委、金融办补充汇报。

8:30左右,发改委汇报完毕,杨新洪局长便起身前往汇报席,正对着马书记坐下。杨新洪局长首先表达了尽管全市上半年取得了亮丽的成绩单,但成果来之不易,尤其是大企业发展支持了深圳经济,并说书记及各位领导手中的《主要行业前10—30名(按增加值排名)企业情况》有大企业对深圳经济贡献的翔实数据,这是我们统计局前几天加班加点按照书记的指示完成的。马书记接着回应对大家说,这是统计局的殷勇和老杨梳理做出来的,这些大企业才是深圳经济发展的支撑,我今天特地让他加印20份,常委等主要领导人手一份,要大家好好学习。其

A. 羊年夏初，2015年7月20日 深圳市第二季度经济形势分析会

实早在前几天，当马兴瑞书记拿到我局精心组织编印的《主要行业前10—30名（按增加值排名）企业情况》时，就于7月17日批示常委及主要领导人手一册，册中的大企业是深圳经济的支撑，建议大家好好研究学习，作为以后工作的抓手。在今晚的会议上，徐安良副市长汇报到金融问题特别是石油期货平台问题的时候，马兴瑞书记就摇着手里的册子说不要只说一些表面的，要拿出实际的数据，就像统计局的殷勇和老杨做出来的这厚厚的东西一样。在整个会议期间，马书记几次提到我局的《主要行业前10—30名（按增加值排名）企业情况》，几次说到"殷勇和老杨"，我想这不仅是对我局统计工作的认可和肯定，更是对殷勇局长和杨新洪局长工作的认可和肯定。

接着，杨新洪局长便以"深圳市经济稳中趋升，增速高于全国和全省"为起始句正式开始了汇报工作，并把今年以来全市的GDP增速和2014年上半年的做了个简单对比，使大家对近两年上半年GDP增速有个大概的印象。此时会场非常安静，杨新洪局长稳重而响亮的声音充满了会场的每个角落，大家都在认真倾听他对上半年全市经济发展的详细解读。

当杨新洪局长说到城市对比时，特别是说到"上半年全市与天津的差距，2012年是390.84亿元，2013年是565.24亿元，2014年是724.68亿元"时，马书记貌似神色凝重地望着坐在自己对面的杨新洪局长，但当杨新洪局长接着说道，"今年上半年的差距是333.93亿元"，我注意到马书记不住地点头。我想，这点头既是对未来工作充满信心的肯定，更是对深圳未来发展充满信心的肯定。其实，在之前发改委汇报的时候，马书记就问道，"统计局老杨，今年上半年深圳与广州的差距是多少"，此刻大家都望着杨新洪局长，这时他马上就答道："上半年深圳与广州的差距是734.89亿元。"马书记接着问："去年上半年的时候差距是多少？"杨新洪局长便接着说："去年上半年的时候差距是1200多亿。"马书记听后点了点头说，这就对了，我们的增速比广州高，总量差距理应减少，否则省里开会他坐不住啊。

接着杨新洪局长开始汇报"三驾马车"对经济增长的贡献率及对GDP的拉动力。马书记认真倾听，虽然没有即刻做出回应，但是在后来谈到自己对经济发展的看法时，几次提到了"三驾马车"，也是按照"三驾马车"的思路来阐述自己观点的。在消费方面，马书记说，即使消费增速偏低，不要怕，翻不了天，不会影响整个经济，怕就怕经济发展的空心化，没有实业，像香港一样，光靠房地产是不行的，要针对赴港消费问题，大力发展前海自贸区，让大家都来深圳买东西；在投资方面，马书记说要大力进行技术改造投资，要对企业好一些，要舍得花钱，留住企业，可能花几个亿，企业就留下来了，真留下来了，创造的效益和利税可不是几个亿的问题了，还能增加GDP，否则就像华为终端一样，搬到东莞去了，还有中海油，可能我们批点地就能留住，它主要在海上，发展又不占我们的地，又能创造GDP和效益，多好的事，并当场点名张虎、发改委主任、科创委主任、财政委主任，要办好企业技术改造投资这件事；出口方面，马书记表达了对完成全年目标的担忧，后有详述。

在简略汇报GDP的主要行业增速、结构、贡献率之后，杨新洪局长便开始汇报分月度看GDP净增量及累计增速，指出全市GDP总量前小后大，第二季度GDP净增量达到4000亿元，GDP增速前低后高，特别是1—4月才增长7.9%，到上半年的时候已经提高到8.4%，这两个月速度提升较快。这时候，马书记又是不住地点头。

当汇报完GDP分区情况后，杨新洪局长就顺便插了一句话说，不好意思啊肖主任，分区数也是来之前刚刚算出来的，没有来得及报给您。

接着，杨新洪局长开始汇报工业、战略性新兴产业、网络消费、金融业、房地产业、固定资产投资、社消零、规模以上服务业，有的行业汇报比较简略，有的行业汇报则比较详细。汇报过程中，我注意到马书记几次点头，表示对杨新洪局长观点的认可。针对金融业，马书记对我局17日提交的《上半年深圳经济运行简况》批示要我局在本次经济形势分析会材料上加上金融业前30强企业名单，由此可见马书记对金融业和大企业的重视程度。马书记在会议最后总结时说，对发展金融业，要大张旗鼓、当仁不让、无所顾虑，能发展多好就发展多好。

最后，杨新洪局长汇报需要关注的问题及下半年经济走势研判，共汇报了四个方面的问题，一是出口持续下滑，二是加大对工商企业的扶持力度，三是房地产问题，四是企业技术改造投资问题。在汇报出口下滑问题之前，杨新洪局长首先向马书记汇报了去年上半年全市月均进出口总额是340.56亿美元，下半年月均进出口总额是472.37亿美元。马书记然后问全年月均多少，杨新洪局长回答是406.47亿美元，马书记然后自问自答说，今年上半年是328亿美元，如果要完成全年与上年持平的增长目标，下半年月均进出口总额需要达到484亿美元，将近500亿美元，任务艰巨。其实，在发改委汇报时，马书记就给统计局抛出了进出口总额上年度月均数据问题，由于准备材料时觉得这是经信委的数据，没有引起足够重视，也没有提前准备，于是当时赶快用手机上网登录我局网站，找到上年度进出口总额数据，

▌A. 羊年夏初，2015 年 7 月 20 日　深圳市第二季度经济形势分析会 ▌

快速计算出结果，并在杨新洪局长起身前往汇报席之时递给了他。由此，可以总结一条经验，准备数据要全面，特别对市领导关心的敏感问题，务必要引起足够重视。

尽管我局作为补充发言，但杨新洪局长的汇报效果是十分令人满意的。从汇报语速上看，杨新洪局长说话稳重、大方、响亮、清晰，让听众能够听得进、听得懂；从汇报内容上看，杨新洪局长汇报时详略得当，如重点详细解读 GDP，这是我局的强项，也是市领导所关注的重点；从会场氛围来看，汇报时会场庄重肃穆，大家都在认真听、用心记；从马书记的反应以看，马书记对杨新洪局长的汇报多次点头，多次提起我局编印的《主要行业前 10—30 名（按增加值排名）企业情况》，多次发话喊"老杨"或"殷勇和老杨"，这是其他参会部门主要负责人所没有得到的"殊遇"，表明我局统计工作成果是得到马书记认可的，杨新洪局长在马书记心目中是能干的。从和一季度经济形势分析会对比来看，本次汇报效果强于一季度，明显地证明就是对统计工作、对统计局及局领导的认可力度明显加大。在一季度经济形势分析会上，马书记还对统计局进行半开玩笑的委婉批评，即指出我局材料没有写经济运行过程中存在的问题。

B. 夏过秋凉，2015 年 10 月 16 日　前三季度经济形势分析会

秋雨，在那一夜本可下得小些，也可以下得很大。

虽有了夏季的煎熬，但仍旧未形成抵挡无方向问题的功底，在忐忑不安中进入市委后楼常委会议室。

首个主发言者，既为大家投石问路、冲锋陷阵，也让后者提心吊胆。因为经济的复杂性，须由数据的多样性去表达与描述，这隐藏着怎样的功夫需要我们去磨炼。

尚未轮到我时，即被一号人物拎出提问答题。多数时候，自己总能对答如流，基本合格。

正式上阵报告时，没有照葫芦画瓢，而是冷静沉着应对，透过数据寻找其背后的经济逻辑。

离开发言席回到座位时，随去的同事悄悄朝我竖拇指，我知道这是又一次的成功破冰之旅。

走出会议室上洗手间时，又有几个重量级人物朝我点赞。

结束时，秋雨淅沥，这个雨季来了个淋漓尽致。

发言稿

2015年1—3季度深圳经济运行情况

2015年,在全国经济增速下行的背景下,深圳经济总体平稳增长,增速保持在高于国家经济运行的合理增长区间。经济发展中的积极因素不断累积,转型升级成效逐步显现。

一 前三季度经济运行的主要表现

(一)主要经济指标运行情况

2015年1—3季度主要统计数据显示:全市生产总值12376.66亿元,比上年同期(下同)增长8.7%;规模以上(下同)工业增加值4827.68亿元,增长7.8%;固定资产投资2211.16亿元,增长22.9%;社会消费品零售总额3672.79亿元,增长2.0%,扣除一次性不可比因素增长9.5%;进出口总额18734.80亿元,下降9.5%,其中出口总额11325.99亿元,下降6.4%;公共财政预算收入2096.69亿元,增长32.8%。全市经济在有质量的稳定增长和可持续的全面发展中,呈现"稳中趋升、结构优化、总体质量向好"的发展态势。

(二)GDP主要情况

1. GDP分产业、行业情况。

2015年1—3季度,第一产业增加值4.04亿元,下降5.5%;第二产业增加值5065.29亿元,增长7.3%,占GDP比重40.9%,对经济增长的贡献率为37.8%;第三产业增加值7307.32亿元,增长9.9%,占GDP比重59.1%,比一季度提高1.2个百分点,比上半年提高0.8个百分点,同比提高了1.8个百分点。第三产业对经济增长的贡献率为62.2%。具体如表1所示。

在GDP各行业中,工业、金融业、房地产业是推动经济增长的主要动力,这三个行业增加值合计占GDP比重达62.3%,对经济增长的贡献率达75.7%。其中,工业增加值4755.08亿元,增长7.6%,占GDP比重38.4%,对经济增长的贡献率为37.0%;金融业增加值1828.56亿元,增长15.8%,占GDP比重达14.8%,对GDP增长的贡献率为24.0%;房地产业增加值1130.00亿元,增长18.8%,增加值占GDP比重9.1%,对GDP增长的贡献率为14.7%。

表1　　　　　　　2015年1—3季度深圳GDP各行业增加值及增速

	绝对值（亿元）			构成（%）			增长速度	贡献率（%）
	本年当季	本年累计	上年同期累计	本年累计	上年同期累计	累计比上年同期增减		
地区生产总值	4826.55	12376.7	11330.48	100	100	—	8.7	100.0
第一产业	1.17	4.04	4.13	0	0	0	-5.5	0
第二产业	1922.39	5065.29	4839.24	40.9	42.7	-1.8	7.3	37.8
第三产业	2902.98	7307.32	6487.10	59.1	57.3	1.8	9.9	62.2

2. GDP增速高于全国全省平均水平。

2015年1—3季度GDP增长8.7%,比上半年提高0.3个百分点,比一季度提高0.9个百分点。从最近五年GDP增长看,今年以来经济保持在高于合理区间运行,各季度累计增速均比去年同期提高,1季度、上半年、1—3季度GDP增速同比分别提高0.5个、0.4个、0.2个百分点。具体如表2所示。

表2　　　　　　2011—2015年深圳各季度GDP累计增速　　　　　　单位:%

年份	1季度	2季度	3季度	4季度
2011	10.8	10.6	9.8	10.0
2012	5.8	8.0	9.0	10.0
2013	9.0	9.5	9.7	10.5
2014	7.3	8.0	8.5	8.8
2015	7.8	8.4	8.7	—

B. 夏过秋凉，2015年10月16日　前三季度经济形势分析会

3. GDP增速比广州快，与天津距离缩短。

2014年深圳GDP增速比广州高0.2个百分点，近八年来首次高于广州，GDP总量比广州少704.89亿元。深圳GDP增速自去年超过广州后，2015年以来保持超越态势，上半年比广州高0.3个百分点。同时，深圳GDP增速与天津差距不断缩小。去年深圳GDP增速比天津低1.2个百分点，2015年上半年缩小到低1.0个百分点，1—3季度只比天津低0.7个百分点。

二　经济运行主要特点

（一）经济措施加强带来积极变化

2014年全国各地经济普遍下行，经济发展步入新常态，深圳GDP增长8.8%，开启个位数增长时期。2015年，面对复杂严峻的经济形势，深圳在稳实体经济上下功夫，注重发挥投资、消费、净出口的协调拉动作用，出台了一系列推动经济持续健康发展的措施，安排市领导挂点服务业企业205家，积极帮助解决企业生产经营中的困难和问题，成效逐渐显现，涉及增加值共1168亿元，其中工业企业549亿元，金融企业407亿元，其他212亿元。2015年1—3季度全市经济实现平稳增长，增速逐季提高。

（二）全市GDP总量的主要亮点支撑

1. 战略性新兴产业的支撑。

预计2015年1—3季度七大战略性新兴产业合计4898.13亿元，增长16.0%，占GDP比重39.6%。其中，新一代信息技术产业增加值增长18.2%，文化创意产业增长13.2%，互联网产业增长19.3%，新能源产业增长12.0%，节能环保产业增长12.0%，新材料产业增长13.4%，生物产业增长14.4%。

1—8月，四大支柱产业中，除金融业外，物流业增加值1025.70亿元，增长9.8%，占GDP比重9.6%；高新技术产业增加值3348.06亿元，增长12.8%，占比31.2%；文化产业增加值643.93亿元，增长10.3%，占GDP比重6.0%。

2. 重点骨干企业的支撑。

工业百强企业：2015年1—3季度百强工业企业增加值2966.28亿元，增长12.2%，同比提高2.3个百分点，增加值占全市工业的61.4%，占GDP的24.0%。

大型连锁零售企业：2015年1—3季度商品销售总额16874.33亿元，增长

0.3%，增速由上半年的负增长转为正增长。其中，大型连锁零售企业前30强销售额719.27亿元，增长11.1%，占全市GDP比重4.3%。

规模以上服务业重点企业：据对深圳市4272家规模以上服务业企业调查数据显示，1—3季度共实现营业收入4345.15亿元，增长12.9%。其中，互联网和相关服务营业收入增长15.2%；软件和信息技术服务业营业收入增长11.4%；租赁和商务服务业营业收入增长9.4%；居民服务、修理和其他服务业营业收入增长7.9%；文化、体育和娱乐业营业收入增长7.8%。

3. 先进制造业、高技术制造业和现代服务业保持快速增长。

2015年1—3季度先进制造业增加值3655.42亿元，增长11.9%，高于全市工业平均增幅4.1个百分点，增加值占全市工业的75.7%，比上半年提高0.1个百分点，同比提高2.1个百分点。高技术制造业增加值3134.43亿元，增长10.2%，比全市工业增速高2.4个百分点，增加值占全市工业的64.9%，比上半年提高1.1个百分点，同比提高3.4个百分点。现代服务业增加值5064.73亿元，增长11.4%，比第三产业增速高1.5个百分点，增加值占第三产业比重69.4%，比上半年提高0.2个百分点，同比提高1.2个百分点。

4. 固定资产投资保持较高增速。

2015年，各月累计投资均保持两位数增长。今年2月累计固定资产投资增长14.2%，比2014年全年增幅（13.6%）高出0.6个百分点；3—5月累计增长稳定在16.6%左右；6月开始进入高增长时期，达22.5%以上；9月累计增长22.9%，为2015年以来最高。

从产业类别看，第三产业贡献率最高。第三产业投资1821.50亿元，增长24.0%，占全市固定资产投资比重82.4%，对全市固定资产投资增长的贡献率达到85.6%。其中，房地产业贡献率为51.1%，信息传输、计算机服务和软件业贡献率为23.8%，租赁和商务服务业贡献率为6.6%；第二产业投资389.24亿元，比上年增长17.9%，占全市固定资产投资比重17.6%，对全市固定资产投资增长的贡献率为14.4%。其中，工业投资389.24亿元，增长17.9%，对全市固定资产投资增长的贡献率为14.5%。

（三）经济发展质量效益继续提升

1. 财政金融形势良好。

2015年1—3季度，公共财政预算收入2096.69亿元，增长32.8%；公共财政预算支出2344.79亿元,增长68.7%。今年下半年以来,财政预算八项支出增速逐渐提高,由上半年的下降18.2%、1—7月的下降15.6%、1—8月的下降6.8%,上升到1—3季度的增长18.9%,有力地推动了GDP增长。

9月末,金融机构(含外资)人民币存款余额52330.60亿元,比年初增长12.0%;贷款余额26854.41亿元,比年初增长12.6%。

2. 工业企业经济效益逐步好转。

2015年1—8月,工业企业实现利税总额1428.37亿元,增长7.6%。其中,利润总额921.22亿元,增长6.2%,比全国平均水平高8.1个百分点。此外,工业产品销售率、工业资本保值增值率分别为97.8%和112.3%,同比分别提高0.6个和0.6个百分点。工业经济效益综合指数为207.8%,同比提高5.0个百分点。

3. 节能降耗成效显著。

2015年1—3季度,预计深圳市单位GDP能耗下降3%,单位GDP电耗下降3.5%,可望完成全年和"十二五"节能降耗目标。工业用电量增长2.1%,分别比一季度、上半年减少1.1、2.0个百分点,同比减少5.6个百分点。

三 经济运行中需高度关注的问题及四季度走势判断

(一)经济下行压力仍然较大

全球经济温和复苏弱于预期,尽管美日欧增长预计略好于去年,但是也面临美国加息预期增强、德国和新兴经济体增速放缓等新的不确定性因素,世行、IMF均下调了2015年全球经济增长率,其中IMF将预测值从3.5%下调至3.3%。全国经济下行压力仍然较大,新旧动力转换尚未完成,产业、行业、地区分化和差异化发展明显,特别是工业增速是近年来最低,预计2015年后几个月货币政策会略微宽松灵活,财政政策会更加积极主动。

(二)出口持续下滑

2015年以来深圳市外贸出口持续下滑,降幅不断加深。2015年1—3季度深圳市外贸出口下降6.4%,比全国出口增速低4.6个百分点。深圳进出口总额自从2012年超过上海以来,已经连续三年蝉联全国大中城市第一名。从目前的情况看,1—8月上海进出口总额17993.64亿元,下降3.1%,月均进出口2249.21亿元,8月单月进出口2296.02亿元,下降2.9%;深圳2015年1—9月进出口总额

18734.80亿元，下降9.5%，9月单月进出口2300.47亿元，下降34.3%。若以目前的增速来看，今年深圳进出口继续蝉联全国内地大中城市第一，较难实现。

（三）行业、企业发展仍不平衡

2015年1—3季度金融、房地产快速增长，两个行业增加值合计占GDP比重达到23.9%，这有股市、楼市短期快速增长效应释放的特殊因素影响。今后几个月预计金融业和房地产业增速可能会放缓，将影响财税收入的快速增长和经济稳定增长。此外，重点企业、大型企业与小、微企业之间，原特区内外之间的协调发展，也需要高度重视。

（四）主要核算指标整体向好，但须警惕全年高位回落

实体经济中规模以上工业增加值增速保持稳定，规模以下工业增速略有提高；电信、邮政快递业发展迅猛，业务总量增速均超过30%；高铁发展助力铁路运输总周转量进一步加快，但深圳市公路运输总周转量和水路运输总周转量增速较低。房地产销售面积、财政八项支出增长增幅明显，本外币存款增速回落9.5个百分点，全年须警惕房地产销售面积、证券业交易额指标增速高位回落对经济增长的影响。

今后几个月，国内外经济环境仍然错综复杂，经济下行压力依然存在。结合深圳市多年来经济增长前低后高的特点，特别是随着深圳市一系列稳增长促发展政策和措施的落实，深圳市经济延续缓中趋稳、稳中向好、质量提高的势头应会增强。先行指标制造业PMI指数近几个月保持在51%—52%，非制造业商务活动PMI指数保持在56.3%左右。全年预计本地生产总值增长8.8%左右，有望实现GDP年度增长预期目标，全市经济总量可望在内地大中城市中继续保持第四位。

新闻通稿

2015年1—3季度深圳经济运行情况

2015年以来，在全国经济增速下行的背景下，深圳经济总体平稳增长，增速保持在高于国家经济运行的合理增长区间。经济发展中的积极因素不断累积，转型升级成效逐步显现，全市经济在有质量的稳定增长和可持续的全面发展中，呈现"稳中趋升、结构优化、总体质量向好"的发展态势。

一 总体经济稳中趋升

据初步核算并经广东省统计局核定，2015年1—3季度全市生产总值12376.66亿元，按可比价格计算，比上年同期（下同）增长8.7%，同比提高0.2个百分点，比上半年提高0.3个百分点，比一季度提高0.9个百分点，增速分别比全国、全省平均水平高1.8和0.8个百分点。分产业看，第一产业增加值4.04亿元，下降5.5%；第二产业增加值5065.29亿元，增长7.3%；第三产业增加值7307.32亿元，增长9.9%。

二 工业生产平稳

2015年1—3季度，全市规模以上（下同）工业增加值4827.68亿元，增长7.8%。从经济类型看，股份制企业增加值2690.72亿元，增长13.4%；外商及我国港澳台商投资企业增加值2104.37亿元，增长1.7%。从行业看，通信设备、计算机及其他电子设备制造业增加值2968.86亿元，增长11.1%；电气机械和器材制造业增加值245.59亿元，下降2.1%；石油和天然气开采业增加值200.53亿元，增长26.5%。1—3季度，工业销售产值17351.84亿元，增长1.4%，其中出口交货值7953.47亿元，下降3.6%。工业企业产销率97.6%，同比提高0.3个百分点。

三　固定资产投资保持较高增速

1—3季度，固定资产投资2211.16亿元，增长22.9%，为2015年以来最高增速。2015年各月累计投资均保持两位数增长。2月累计固定资产投资增长14.2%，比2014年全年增幅（13.6%）高出0.6个百分点；3—5月累计增速稳定在16.6%左右；6月开始进入高增长时期，达到22.5%以上。在投资中，房地产开发项目投资934.09亿元，增长29.4%；非房地产开发项目投资1277.07亿元，增长18.6%。在投资中，城市更新改造投资372.35亿元，增长30.8%。

从产业类别看，第三产业贡献率最高。第三产业投资1821.50亿元，增长24.0%，占固定资产投资比重82.4%，对全市固定资产投资增长的贡献率达到85.6%。其中，房地产业贡献率为51.1%，信息传输、计算机服务和软件业贡献率为23.8%，租赁和商务服务业贡献率为6.6%。第二产业投资389.24亿元，增长17.9%，占固定资产投资比重17.6%，对全市固定资产投资增长的贡献率为14.4%。其中，工业投资389.24亿元，增长18.2%，对全市固定资产投资增长的贡献率为14.5%。

2015年1—3季度商品房施工面积4641.98万平方米，销售面积539.60万平方米，增长70.5%。

四　商品销售稳中有增

2015年1—3季度，社会消费品零售总额3672.79亿元，增长2.0%，比上半年提高0.8个百分点。其中，批发和零售业零售额3270.19亿元，增长1.4%；住宿和餐饮业零售额402.60亿元，增长7.9%。1—3季度商品销售总额16874.33亿元，增长0.3%，比上半年提高0.8个百分点。

十大类商品销售中，食品饮料烟酒类增长10.6%，服装鞋帽针织类增长10.1%，体育娱乐用品类增长18.0%，书报杂志类下降0.9%，日用品类增长19.9%，家用电器和音响器材类下降0.5%，通信器材类下降6.8%，文化办公用品类下降14.0%，金银珠宝类增长15.2%，汽车类下降21.0%。

五　外贸进出口同比下降

据海关统计，2015年1—3季度全市进出口总额18734.80亿元，下降9.5%。其中，出口总额11325.99亿元，下降6.4%；进口总额7408.81亿元，下降13.9%。

六　财政金融形势良好

2015年1—3季度，公共财政预算收入2096.69亿元，增长32.8%；公共财政预算支出2344.79亿元，增长68.7%。9月末，金融机构（含外资）本外币存款余额52330.60亿元，比年初增长12.0%；贷款余额26854.41亿元，比年初增长12.6%。

七　经济发展质量效益继续提升

产业结构继续优化。2015年1—3季度，第三产业发展快于第二产业，第二产业增加值占GDP比重40.9%，同比下降1.8个百分点，对经济增长的贡献率为37.8%；第三产业增加值占GDP比重59.1%，同比提高了1.8个百分点，对经济增长的贡献率为62.2%。其中，金融业增加值1828.56亿元，增长15.8%，占GDP比重14.8%；房地产业增加值1130.00亿元，增长18.8%，占GDP比重9.1%。

战略性新兴产业快速发展。2015年1—3季度七大战略性新兴产业合计4898.13亿元，增长16.0%，占GDP比重39.6%。其中，新一代信息技术产业增加值增长18.2%，文化创意产业增长13.2%，互联网产业增长19.3%，新能源产业增长12.0%，节能环保产业增长12.0%，新材料产业增长13.4%，生物产业增长14.4%。

工业继续向高端化发展。2015年1—3季度先进制造业增加值3655.42亿元，增长11.9%，高于全市工业平均增幅4.1个百分点，增加值占全市工业的75.7%，比上半年提高0.1个百分点，同比提高2.1个百分点。高技术制造业增加值

3134.43 亿元，增长 10.2%，比全市工业增速高 2.4 个百分点，增加值占全市工业的 64.9%，比上半年提高 1.1 个百分点，同比提高 3.4 个百分点。

工业企业经济效益逐步好转。2015 年 1—8 月工业企业实现利税总额 1428.37 亿元，增长 7.6%。其中，利润总额 921.22 亿元，增长 6.2%，比全国平均水平高 8.1 个百分点。工业经济效益综合指数为 207.8%，同比提高 5.0 个百分点。

节能降耗成效显著。预计 2015 年 1—3 季度深圳市单位 GDP 能耗下降 3%，单位 GDP 电耗下降 3.5%。1—3 季度工业用电量增长 2.1%，分别比一季度、上半年减少 1.1、1.9 个百分点，同比减少 5.6 个百分点。

总的来看，今年以来面对复杂严峻的经济形势，深圳应在稳实体经济上下功夫，注重发挥投资、消费、净出口的协调拉动作用，并出台一系列推动经济持续健康发展的措施，安排市领导挂点服务业企业，积极帮助解决企业生产经营中的困难和问题，成效逐渐显现。今后几个月，随着深圳市一系列稳增长促发展政策和措施的落实，全市经济延续缓中趋稳、稳中向好、质量提高的势头应会增强，有望实现年度增长预期目标。

深圳前三季度经济增速打脸"倒闭潮"

2015年10月24日 07:29 深圳晚报

深圳晚报记者 梁丽 佟艳婷

近日,一些媒体报道称珠三角出现工厂"倒闭潮"。作为经济特区的深圳市的现状如何呢?深晚记者23日从有关部门获悉,2015年,深圳前三季度生产总值达12376.66亿元,较上年同期(下同)增长8.7%,增速分别比全国、全省平均水平高1.8和0.8个百分点。

"在经济形势复杂严峻的背景下,我们搞好'冬训',苦练内功,在经济回暖的'春天'到来时才能取得比赛的好成绩。"深圳市市长许勤如此概括深圳经济转型升级之路的体会。

培育"新引擎"

第三产业成重要动力

数据显示,深圳今年前三季度GDP达12376.66亿元,其中,工业企业实现利润总额达921.22亿元,比全国平均水平高8.1个百分点。工业经济效益综合指数为207.8%,同比提高5.0个百分点。

目前,深圳产业结构更加合理,在第二产业已然保持雄厚实力的基础上,第三产业尤其是高端服务业成为拉动经济增长的重要动力。今年前三季度,深圳第三产业增加值占GDP比重达59.1%,同比提高了1.8个百分点,对经济增长的贡献为62.2%。

集聚新技术、新知识、新创意、新业态的现代服务业,已成为拉动深圳经济持续发展的强力"引擎"。其中,作为高端服务业龙头的金融业,近两年来亮点频出。平安保险、招商银行(18.700,0.10,0.54%)、中信证券(15.930,-0.10,-0.62%)等一大批知名金融机构总部设在深圳,南方、博时等10余家基金公司在深设立总部,形成蔚为壮观的金融"深圳现象"。

坚持创新驱动

引领深圳经济跨越发展

深圳经济之所以能逆势上扬,得益于创新驱动以及不断涌现的经济新增长点。近年来,在华为、中兴通讯(17.020,0.17,1.01%)等龙头企业带领下,深圳每万人口发明专利拥有量达到66.7件,居全国各大中城市首位。尤其是PCT国际专利申请量在去年达到11646件,同比增长15.9%,连续11年居全国各大中城市之首。

不仅如此,深圳基础创新实现重大突破,社会研发投入占GDP比重从2009年的3.6%增长到今年前三个季度的4.03%,相当于全国平均水平的两倍。深圳还积极主动顺应全球新一轮科技革命和产业变革趋势,特别是建成了国家超算中心和国家基因库等重大科技基础设施。据初步统计,截至目前,深圳国家、省、市级重点实验室、工程实验室、工程(技术)研究中心和企业技术中心等创新载体累计达1146家,覆盖了国民经济社会发展主要领域。

当前,深圳新的经济增长极和产业园区正在涌现,发展后劲十足。前海作为"特区里的

· 43 ·

特区"和"三化一平台"载体，已成为现代服务业的聚集地。截至今年8月底，入驻前海的企业已超过4.5万家，注册总资金达23369.16亿元。除了金融业依旧占据半壁江山，领跑局势明显外，科技及服务业总企业数即将破万，占比达21.80%。

支持小微企业

福田搭建"点线世界"

与此同时，深圳也积极支持小微企业，鼓励更大范围的创新发展。据悉，在经济步入新常态形势下，福田区创新工作，区企业发展服务中心将投入580万元新建"点线世界"专业服务交易中心，为企业提供会计、人力资源、法律服务、展示等从源头到末端的全产业链服务，打造国内具有示范引领作用的现代化专业服务业集聚区。这将解决中小微企业发展的专业服务问题，不仅可以有效地降低企业发展成本，促进现代化专业服务业发展，还能吸引国际国内专业服务要素资源集聚福田，引领产业向价值链高端提升。

福田区区长肖亚非表示，创业者和创业企业都是福田发展的重要支撑，福田发展不仅要有顶天立地的龙头企业，更希望涌现一批充满热情的创业者和铺天盖地的中小微企业。"政府有责任为创业者、中小微企业提供一个从源头到末端全方位的生态服务体系。"

第三视角

参加深圳市委2015年三季度经济形势分析会感想

按照深圳市委办通知，2015年10月17日（周六）20:00将在市委后楼常委会议室召开三季度经济形势分析会，参会人员主要包括市委常委、市人大政协主要领导、副市长、两办及主要经济部门负责同志、各区（新区）区委书记，会议将由马兴瑞书记主持。

以往在每季度市委召开经济形势分析会之前，市政府都要提前召开经济形势分析会，一般第一次由分管经济工作的副市长主持，第二次由许勤市长亲自主持。本次经济形势分析会和以前差不多，10月15日（周四）上午、10月16日（周五）晚上徐安良副市长连续召开两次分析会，10月17日上午许勤市长亲自过了各发言单位的稿子。

会前材料准备工作确实比较紧张。在徐安良副市长召开的两次分析会后，在杨新洪局长的领导和指示下，我们对材料进行认真修改，从16日晚上一直加班到17日凌晨四五点，特别是杨新洪局长更是加班到17日凌晨五点多，在仅仅休息了两个多小时的情况下，又赴市民中心参加外贸方面的会议，其敬业精神令人敬佩。17日10:00，我将我局准备的《2015年前三季度主要行业前10—30名（按增加值排名）企业情况》和《2015年前三季度深圳200家上市公司情况》送到马书记的秘书李光路办公室，并告知他这是以前马书记指示统计局做的各大企业的情况表，在我们杨局的精心组织下，昨晚加班到凌晨四五点刚赶出来的，另外新增了200家上市公司的情况，并请他转交给马书记。18:00，我将印刷好的60份会议材料送到市委会议处；19:20，我和杨新洪局长、麦绮玲处长、刘萌萌向市委出发；19:30，到达常委会议室，我和麦绮玲处长坐在杨新洪局长后面，刘萌萌坐在播放

PPT 的位置，并做好了播放 PPT 的准备。

与以往不同，本次马书记也是早早到达会场，并翻看各单位的发言材料。麦处还说，马书记的风格就是和其他领导不一样，其他一把手一般是最后才入场的。根据会议安排，本次也是由发改委主汇报，统计、经信、科创、财政、金融办做补充发言。

马兴瑞书记对其他单位的汇报情况可能有些不太满意。当听到其他单位汇报"社消零扣除一次性汽车因素后，同比增长 9.5%"时，马书记就说这种分析没啥意思，是多少就是多少，社消零扣除汽车，进出口怎么没有扣除以前的融资性贸易因素？其实，在一季度市委经济形势分析会上，马书记已经就社消零的这种分析方式批评过了；当听到"财政质量持续提高，整体税收收入达到 3362.4 亿元，增长 24.9%"时，马书记就说里面含有免抵调，这是国家政策，老杨你说是不是？不要在这里唬大家，这是国家的，这是国家政策，关键是深圳实现多少，这才有价值；当听到"企业经营效益提升，1—8 月规模以上工业企业实现利润总额 921.2 亿元，增长 6.2%，比全国高 8.1 个百分点"时，马书记就问亏损面是多少？扣除一个华为大家伙利润增长多少？这样分析不能分析透，省里搞经济形势分析，都是扣掉深圳后增长多少；当听到"创新驱动作用增强……PCT 国际专利申请量增长 20.8%，达 10019 件"时，马书记就说 PCT 前几家是多少？怎么能这样算？当听到"高新技术产业实现增加值 3946.9 亿元，增长 12.8%"时，马书记就说只给不懂行的看，只看脸蛋，不洗洗；当听到"战略性新兴产业快速增长，1—9 月七大战略性新兴产业增加值达到 4898.1 亿元，增长 16%……"时，马书记就说只要统计新兴业态增速就高，扣除重复没有？他说，互联网产业和文化创意产业一定会有重复。这时候马书记拿起我局送达给他的两本《2015 年前三季度主要行业前 10—30 名（按增加值排名）企业情况》和《2015 年前三季度深圳 200 家上市公司情况》，在大家面前晃了晃，说老杨干的这才是关键，然后继续总结说，你们写的东西，第一次就指出你们的分析方式不对，结果这次还是没有进步。当听到"1—9 月，深圳市纳入社消零统计的网上零售额仅为 60.6 亿元，同比增长 25.3%，仅占全市社消零的 1.6%，与上半年比例持平，而全国比例则从上半年的 9.7% 提高到目前的 11.7%……主要是因为大部分尚未纳入统计，统计不上来"时，马书记回应说，这个反而不用担心，主要抓工业投资不足、技术改造、重点企业；当听到"前三季度，深圳市高新技术实现产值 12030.7 亿元，同比增长 11.4%，实现增加值 3946.9 亿元，同比增长 12.8%"时，马书记当即打断，说都是些表面的东西，

▌B. 夏过秋凉，2015 年 10 月 16 日　前三季度经济形势分析会▐

就像舞台上看下去一群人穿戴很整齐，近看没穿裤子的都有，扣掉华为是多少，还有出口，扣掉华为是多少，你回去以后要对高新技术产业进行分类，企业增加值情况，专利情况，PCT 情况，前 10 强、前 30 强等，好好整理整理，然后又叫了声老杨，你给他好好指导指导。其他诸如企业应收账款等问题，马书记均对这种分析方式提出了批评。

接着杨新洪局长开始汇报。与其他单位汇报的开场白不同，杨新洪局长一开始并未直奔主题汇报经济形势，而是先向大家表示歉意，指出现在有些统计数据还没有出来，未能及时提供给大家。杨新洪局长这样向各单位道歉，是因为各单位汇报的大部分数据是统计局提供的，统计局在背后默默无闻地做了大量的工作。然后，杨新洪局长开始对三季度 GDP 数据进行解读，指出深圳经济总体平稳增长，增速保持在高于国家经济运行的合理增长区间，经济发展中的积极因素不断累积，转型升级成效逐步显现。当汇报到 GDP 增速高于全国全省平均增速时，马书记就问全国是多少，杨新洪局长并没有直接回答，而是说"这是国家机密"。顿时大家大笑，马书记也笑了，气氛顿时活跃。杨新洪局长这样回答确实非常幽默和机智，因为在国家未公布前，GDP 数据确实是国家机密，既然国家没有公布，我们也不好擅加揣测 GDP 增速是多少。但杨新洪局长随后又解释，估计再过几天国家就要公布，随后大家又在 6.9% 和 7.0% 这两个数据上讨论，尤其是徐市长一句"国家估计是 6.9%，公布是 7.0%"时，大家又是一笑。

杨新洪局长又汇报了金融业略有回落，GDP 增速比广州快，与天津距离缩短，马书记表示肯定。随后杨新洪局长总结道，深圳转型升级成效显著，近五年在广东省占全国比重持续下降的情况下，深圳占全国全省的比重持续提升，马书记听了后也表示肯定，说这就对了，应该是这样。接着杨新洪局长在汇报"经济措施加强带来积极变化时……出台一系列推动经济持续健康发展的措施，安排市领导挂点服务业企业 205 家，积极帮助解决企业生产经营中的困难和问题，成效逐渐显现，涉及增加值共 1168 亿元，其中工业企业 549 亿元，金融企业 407 亿元，其他 212 亿元。1—3 季度全市经济实现平稳增长，增速逐季提高"时，对马书记说自己每天都在电视上看深圳新闻，留意马书记视察哪些大项目，然后追踪统计该项目，马书记听后点了点头。随后，马书记和杨新洪局长交流了一些项目统计问题，当他一句"说得我有点发毛"引起大家大笑，气氛顿时热烈，同时他指出统计要做到"真实、准确、科学"。

这时候，杨新洪局长接着说，记得您去调查队视察工作的时候，他在门口和您握手,您就这样说,统计要真实,然后不失时机地继续说,您说要来我们统计局,我们都准备着,您来看看我们的中控室数据报送系统,这时候马书记爽快地连忙答应,好好好,这时候会场气氛达到一个小高潮。随后杨新洪局长继续汇报,说马书记挂点的企业增长由负转正,由-6.5%转到1.6%,马书记接着说,由负转正好,并说怡亚通、住房、人才、退税,他准备到它们那里看看,退税到位没有,主要是看退税没有。随后,杨新洪局长汇报了固定资产投资、八项支出,并指出八项支出由负转正,由上半年的-18.2%转正到前三季度的18.9%,马书记听了之后说,转正了好。接着,杨新洪局长汇报了经济运行中需要高度关注的问题及四季度走势判断,当举了卡斯基石油公司这一典型事例来阐述经济下行压力仍然较大时,马书记也回应说华为终端转走销售收入600亿元,税收几个亿,并讨论比亚迪大巴计入统计的问题。之后,杨新洪局长汇报了出口持续下滑可能被上海超过,行业企业发展仍不平衡,并从影响GDP数据的主要核算指标完成情况看主要核算指标整体向好,但须警惕全年高位回落。最后,他汇报了PMI指标以及预计全年有望实现全年预期目标,总量可望在内地大中城市保持第四位。

综观整个过程,杨新洪局长把宏观数据和微观企业情况相结合,同时融合自己对经济和企业的切身感受和实际了解的情况,以交谈的方式向马书记和市领导做脱稿汇报,整个会场气氛热烈,互动性高,反响特别好。我也注意到许勤市长一直非常认真地听杨新洪局长的汇报和解读,并不住点头。

与上半年经济形势分析会一样,在本次分析会的所有发言单位中,唯有统计局得到马书记的肯定和表扬,其他发言单位均被马书记不同程度地批评。马书记又多次喊到"老杨",由此看来,"老杨"在马书记心目中非常重要,可以说已经是"信赖"的代名词了,"老杨"也俨然成为统计局的"品牌"了。

综观本次、结合上次经济形势分析会,马书记经济工作的主要观点是:(1)经济新常态是全国,深圳应该高点,质量好些,结构优些;(2)社消零要实事求是,即使暂时低点不必担心;(3)进出口尽管面子难看,但里子好,结构好,出口负增长小一点,进口往上拉一点;(4)落实企业出口退税,该补贴企业的要到位,财政降温,增速争取降到30%以内;(5)重视工业投资、企业技术改造投资;(6)重视八项支出;(7)全年GDP按照8.8%落实;(8)最担心的是深圳以后发展制造业缺失,像香港一样,依靠金融、地产、消费,经济空心化。

C. 大约冬季，2015年12月14日　深圳市年度经济形势分析会

比以往任何时候的年度分析都来得早。

研判一年经济，描述经济成绩单，谋划来年的主要指标，看似简单常规，实则充满挑战与机遇。

在这一季，我没有因前两季旗开得胜、马到成功而沾沾自喜，相反更为凝重，其不仅仅是为分析而分析。

当大家对来年很悲观、目标预期很低时，我却成为一个理性数据工作者，清晰地呈现出经济的利弊得失，提出现实存在的可能与努力实现的路径。

因为经济增长路径廓清而受欢迎，因为敢于直面而得以肯定，统计得以直接进入决策，服务企业。

这是一年季，丰收厚实，预期笃定，开启统计受器重之路。

发言稿

2015年1—11月深圳经济运行情况及全年预计与研判

一 主要经济指标完成情况及表现

2015年以来,全市经济持续保持有质量的增长态势。统计数据显示:1—11月全市生产总值15785.70亿元(测算),比上年同期(下同)增长8.8%(其中,1—3季度全市生产总值12376.66亿元,增长8.7%);规模以上(下同)工业增加值6028.22亿元,增长7.7%;固定资产投资2915.52亿元,增长21.8%;社会消费品零售总额4581.63亿元,增长2.3%,扣除一次性不可比因素增长9.5%;进出口总额23842.00亿元,下降10.1%,其中出口14350.70亿元,下降7.2%,进口9491.30亿元,下降14.3%;公共财政预算收入2557.68亿元,增长31.4%。

(一)GDP增速逐季走高,总体好于预期

在全国经济下行的背景下,深圳经济增长逐季走高,2015年一、二、三季度累计GDP增速分别为7.8%、8.4%和8.7%,1—11月累计GDP增速为8.8%(测算)。其中,1—3季度GDP增速分别比全国、全省高1.8和0.8个百分点,预计全年将延续此态势。

1—11月,第二产业增加值6456.52亿元,增长7.2%;第三产业增加值9324.22亿元,增长10.1%。具体如表1所示。

表1　　　　　　　　　　2015年深圳GDP分季度情况

	1季度		1—2季度		1—3季度		1—11月	
	总量（亿元）	增速（%）	总量（亿元）	增速（%）	总量（亿元）	增速（%）	总量（亿元）	增速（%）
GDP	3494.42	7.8	7550.11	8.4	12376.66	8.7	15785.7	8.8
第二产业	1469.54	7.1	3142.9	7.2	5065.29	7.3	6456.52	7.2
第三产业	2023.97	8.4	4404.34	9.4	7307.32	9.9	9324.22	10.1

1—11月GDP分行业测算如下：工业（全口径）6045.55亿元，增长7.5%；批发和零售业1813.26亿元，增长2.1%；交通运输、仓储和邮政业479.52亿元，增长7.6%；金融业2329.76亿元，增长16%；房地产业1466.81亿元，增长17.4%；其他服务业2910.78亿元，增长9.3%。具体如表2所示。

表2　　　　　　　　2015年1—11月深圳GDP分行业情况

	绝对值（亿元）			构成（%）		累计比上年增减（%）	
	本年当月	本年累计	上年同期累计	本年累计	上年累计	构成	增长速度
地区生产总值	1759.01	15785.7	14444.71	100	100	—	8.8
农林牧渔业	0.5	5.25	5.3	0	0	0	-3.1
工业	656.88	6045.55	5753.98	38.3	39.8	-1.5	7.5
建筑业	52.12	426.57	415.36	2.7	2.9	-0.2	3
批发和零售业	193.95	1813.26	1773.99	11.5	12.3	-0.8	2.1
交通运输、仓储和邮政业	58.19	479.52	451.9	3	3.1	0.1	7.6
住宿和餐饮业	33.3	308.2	286.98	2	2	0	4.1
金融业	267.91	2329.76	1980.93	14.8	13.7	1.1	16
房地产业	171.24	1466.81	1183.25	9.3	8.2	1.1	17.4
其他服务业	324.92	2910.78	2593.01	18.4	18	0.4	9.3
营利性服务业	174.09	1668.1	1494.28	10.6	10.3	0.3	8.2
非营利性服务业	150.83	1242.68	1098.74	7.9	7.6	0.3	10.8

（二）工业增速平稳

1—11月，全市工业增加值6028.22亿元，增长7.7%，比全国平均水平高1.6

个百分点，较一季度提高0.1个百分点，较上半年和前三季度均下降0.1个百分点，增速总体平稳。预计全年工业增加值为6628.00亿元，增长7.7%。

从重点行业看，通信设备、计算机及其他电子设备制造业增加值3731.72亿元，增长11.4%；石油和天然气开采业增加值239.52亿元，增长27.0%，分别比全市工业平均水平高3.7和19.3个百分点。

从工业结构看，1—11月先进制造业和高技术制造业增加值分别为4566.47亿元和3931.34亿元，分别增长11.6%和10.3%。其中，先进制造业增加值占工业比重的75.8%，高技术制造业增加值占工业比重的65.2%，同比分别提高2.1个和3.5个百分点，工业继续向高端化发展。

从企业来看，工业百强企业增加值3709.78亿元，增长12.7%，增加值占全市工业的61.5%，对工业增长的贡献率为99.3%。另外，新增企业贡献明显，今年新纳入规模以上一套表定报工业企业648家，1—11月实现增加值168.75亿元，增长29.8%，对工业的贡献率为8.6%，拉动工业增长0.7个百分点。

表3　　　　　　　　　　　2015年1—11月深圳工业前20强情况

序号	单位名称	增加值本月止累计（亿元）	增长（％）	占规模以上工业增加值比重（％）	对规模以上工业贡献率（％）
1	华为技术有限公司	1212.89	40.1	20.12	72.5
2	中兴通讯股份有限公司	479.85	4.8	7.96	4.6
3	富泰华工业（深圳）有限公司	392.47	16.5	6.51	11.6
4	中海石油深圳分公司	237.62	29.5	3.94	19.5
5	深圳供电局有限公司	92.66	-1.1	1.54	-0.2
6	鸿富锦精密工业（深圳）有限公司	92.05	-2.2	1.53	-0.4
7	比亚迪汽车工业有限公司	68.39	48.5	1.13	4.4
8	深圳烟草工业有限责任公司	48.54	-4.8	0.81	-0.5
9	深圳创维-RGB电子有限公司	40.25	8.7	0.67	0.7
10	深圳富泰宏精密工业有限公司	39.34	27.7	0.65	1.8
11	宇龙计算机通信科技（深圳）有限公司	36.49	-51.5	0.61	-8.1
12	联想信息产品（深圳）有限公司	35.78	25.3	0.59	1.5
13	深圳市华讯方舟科技有限公司	32.39	102.1	0.54	3.4
14	深圳市华星光电技术有限公司	28.95	-1.1	0.48	-0.1
15	广东核电合营有限公司	28.76	4.5	0.48	0.3

续表

序号	单位名称	增加值本月止累计（亿元）	增长（%）	占规模以上工业增加值比重（%）	对规模以上工业贡献率（%）
16	岭东核电有限公司	28.32	-0.3	0.47	0
17	富葵精密组件（深圳）有限公司	27.02	27.3	0.45	1.2
18	岭澳核电有限公司	26.32	-2.9	0.44	-0.2
19	康佳集团股份有限公司	24.96	-7.1	0.41	-0.4
20	天珑移动技术有限公司	22.17	-12.7	0.37	-0.7

（三）市场商品销售稳中趋升

1—11月，全市社消零总额4575.33亿元，增长2.1%，比上半年及前三季度分别提高0.9个和0.1个百分点。其中，扣除汽车类实现4064.99亿元，增长9.5%。限额以上单位实现消费品零售额3068.30亿元，占社消零比重67.1%，下降3.7%，比上半年及前三季度降幅分别收窄1.5个和0.3个百分点。预计全年社消零总额为5018亿元，增长2.0%。

按行业类型分，1—11月批发业、零售业、住宿业和餐饮业分别实现消费品零售额839.96亿元、3222.5亿元、37.94亿元、474.92亿元，分别增长7.0%、持平、0.8%、8.9%。其中，前20强零售企业实现消费品零售额839.36亿元，占零售业比重26.0%。

汽车及石油制品类零售降幅较大，但幅度已逐步收窄。一季度、上半年、前三季度及1—11月汽车类零售额分别为89.86亿元、232.18亿元、395.76亿元和510.34亿元，同比增幅分别下降48.9%、41.9%、34.7%和33.4%，降幅由一季度的48.9%收窄为1—11月的33.4%，回升15.5个百分点。1—11月石油及制品类实现零售额265.82亿元，同比下降17.1%。

（四）固定资产投资持续高速增长

1—11月，全市固定资产投资2915.52亿元，增长21.8%。2015年以来，全市固定资产投资一直保持较高增速，2月累计固定资产投资增长14.2%，6月步入高增长，每月增速达20.0%以上。随着前海等重点区域投资力度的加大，12月固定资产投资有进一步扩大的空间，预计全年增长21.0%。

分产业看，第三产业贡献率最高。第三产业投资2402.13亿元，增长24.0%，占全市固定资产投资比重82.4%，对全市固定资产投资增长的贡献率高达88.9%。其中，房地产业贡献率为54.8%，交通运输、仓储和邮政业贡献率为21.0%，租赁和商务服务业贡献率为6.1%。第二产业投资512.87亿元，增长12.7%，占全市固定资产投资比重17.6%，对全市固定资产投资增长的贡献率为11.1%。其中，工业投资512.62亿元，增长12.8%，对全市固定资产投资增长的贡献率为11.1%。

分区来看，南山区贡献率最大。1—11月，南山区固定资产投资559.65亿元，增长54.7%，对全市固定资产投资增长的贡献率达43.0%，拉动投资增长9.5个百分点。其中，前海贡献率为18.8%，拉动投资增长4.1个百分点；新南山贡献率为24.9%，拉动投资增长5.5个百分点。新宝安区投资474.98亿元，增长13.9%，对全市固定资产投资增长的贡献率为12.6%，拉动投资增长2.8个百分点。具体如表4所示。

表4　　　　　2015年1—11月深圳分区固定资产投资情况

	固定资产投资		贡献	
	绝对值（亿元）	比上年增长（%）	贡献率（%）	拉动点数（%）
全市	2915.52	21.8	113.6	25.1
1. 福田区	209.88	24.9	9.1	2.0
2. 罗湖区	107.70	26.0	4.8	1.1
3. 盐田区	92.43	8.0	1.5	0.3
4. 南山区	559.65	54.7	43.0	9.5
（1）新南山	319.2	56.0	24.9	5.5
（2）前海	191.82	81.8	18.8	4.1
（3）蛇口	48.63	-5.8	-0.7	-0.1
5. 新宝安区	474.98	13.9	12.6	2.8
6. 光明新区	239.33	23.1	9.1	2.2
7. 龙华新区	375.38	17.4	12.1	2.7
8. 新龙岗区	570.74	10.7	12.0	2.7
9. 坪山新区	225.84	19.9	8.2	1.8
10. 大鹏新区	48.25	12.3	1.2	0.3

注：南山区含新南山、前海和蛇口，新宝安区不含光明、龙华新区，新龙岗区不含坪山、大鹏新区。

分项目看，已完成投资的最大 30 个非房地产项目的贡献率达到 65.6%，合计投资 633.91 亿元，对全市固定资产投资增长的贡献率达到 65.6%。其中，华星光电第 8.5 代 TFT–LCD 项目贡献率为 15.2%。

（五）服务业较快增长

1—11 月深圳市 4258 家规模以上服务业企业共实现营业收入 5651.50 亿元，增长 14.6%（现价），比 1—9 月上升 0.6 个百分点。从 9+2 个行业门类营收增速看，所有行业均呈现正增长，基本保持或超过上月增长水平，增幅排名前三的是物业管理和房地产中介服务业，交通运输、仓储和邮政业，水利、环境和公共设施管理业，同比增速分别为 26.3%、20.3% 和 20.9%。其中，其他营利性服务业营业收入达到 2242.3 亿元，同比增长 13.0%，高于上月增速 0.5 个百分点。具体情况如表 5 所示。

表 5　　　　　2015 年 1—11 月深圳规模以上服务业前 20 强企业情况

序号	单位名称	营业收入（亿元）	增速（%）	营业利润（亿元）	增速（%）
1	深圳市飞马国际供应链股份有限公司	313.25	41.2	1.84	43.3
2	深圳市信利康供应链管理有限公司	233.97	16.5	0.51	-35.9
3	腾讯科技（深圳）有限公司	227.98	14.7	150.49	4.3
4	深圳市腾讯计算机系统有限公司	223.15	22.1	24.18	60.0
5	深圳航空有限责任公司	182.09	5.0	9.05	645.4
6	中国移动通信集团广东有限公司深圳分公司	134.75	-2.2	67.25	3.7
7	深圳市朗华供应链服务有限公司	132.24	106.5	0.02	-67.1
8	广深铁路股份有限公司	129.12	5.4	14.49	50.7
9	中国电信股份有限公司深圳分公司	92.23	1.1	42.70	0.7
10	中广核工程有限公司	88.87	-12.9	1.93	32.9
11	深圳市怡亚通供应链股份有限公司	85.78	82.5	1.55	42.5
12	深圳市创捷供应链有限公司	63.14	46.7	0.18	1.6
13	顺丰速运有限公司	57.51	34.7	13.95	529.6
14	深圳市中兴软件有限责任公司	54.69	20.1	2.79	-90.7
15	深圳市腾邦物流股份有限公司	51.84	13.2	0.80	75.4
16	普惠信息科技（深圳）有限公司	50.25	41.1	-0.68	-468.7

C. 大约冬季，2015年12月14日 深圳市年度经济形势分析会

续表

序号	单位名称	营业收入（亿元）	增速（％）	营业利润（亿元）	增速（％）
17	盐田国际集装箱码头有限公司	49.17	6.3	29.63	10.3
18	中国联合网络通信有限公司深圳市分公司	43.73	-7.3	12.52	5.1
19	深圳市中兴通讯技术服务有限责任公司	41.52	81.5	2.14	-50.3
20	航天科工深圳（集团）有限公司	37.17	37.8	0.50	-63.9

二　经济运行质量继续提升

2015年以来，市委、市政府多管齐下，不断加强经济措施，实行市领导挂点服务重点企业，全市经济出现积极变化：经济结构进一步优化，战略性新兴产业快速发展，企业经济效益稳步提高，财政收入大幅增长，节能减排成效显著，质量明显提高。

（一）产业结构继续优化

经测算，1—11月全市生产总值15785.70亿元，增长8.8%，第二产业增加值6456.52亿元，第三产业增加值9324.22亿元，二、三产业结构比为40.9∶59.1，与2014年42.6∶57.4的结构相比，第三产业占比提高1.7个百分点。其中，1—3季度，第三产业增加值占GDP比重的59.1%，同比提高1.8个百分点，对经济增长的贡献率为62.2%。现代服务业占服务业比重的69.5%，同比提高1.3个百分点，比上半年提高0.3个百分点。其中，金融业增加值1828.56亿元，增长15.8%，占GDP比重14.8%；房地产业增加值1130.00亿元，增长18.8%，占GDP比重9.1%。具体如表6所示。

表6　　　　　　　　　　2015年1—11月深圳GDP构成情况

	绝对值（亿元）	构成（％）	累计比上年增减（％）	
	本年累计	本年累计	构成	增速
GDP	15785.7	100	—	8.8
第一产业	4.96	0	0	-5.6
第二产业	6456.52	40.9	-1.7	7.2
第三产业	9324.22	59.1	1.7	10.1

(二) 战略性新兴产业保持快速增长势头

预计2015年深圳市七大战略性新兴产业增加值6972.20亿元,增长16.1%。其中,1—10月为5576.49亿元,增长15.8%。从各产业来看,新一代信息技术增加值为2555.78亿元,增长18.7%;文化创意产业增加值为1399.80亿元,增长13.1%;互联网产业增加值为603.22亿元,增长19.3%;新能源产业增加值333.22亿元,增长11.0%;新材料产业增加值为247.48亿元,增长10.0%;节能环保产业增加值为232.66亿元,增长11.0%;生物产业增加值为204.33亿元,增长10.2%。具体如表7所示。

表7　　　　　2015年1—10月深圳市战略性新兴产业增加值情况

	增加值(亿元)	现价增长速度(%)
新一代信息技术产业	2555.78	18.7
互联网产业	603.22	19.3
新材料产业	247.48	10.0
生物产业	204.33	10.2
新能源产业(低碳办)	333.22	11.0
节能环保产业(低碳办)	232.66	11.0
文化创意产业	1399.80	13.1
七大产业合计	5576.49	15.8

(三) 工业企业经济效益逐步好转

1—10月,工业企业实现利税总额1912.19亿元,增长13.4%,比前三季度提高3.6个百分点。其中,利润总额1262.61亿元,增长12.7%,比前三季度提高4.7个百分点,比全国平均水平高14.7个百分点。工业经济效益综合指数为215.82%,同比提高9.2个百分点,比前三季度提高0.4个百分点。

(四) 财政收入和存款大幅上升

1—11月,公共财政预算收入2557.68亿元,增长31.4%;公共财政预算支出2982.41亿元,增长68.9%。今年下半年以来,财政预算八项支出增速逐渐提高,由上半年的下降18.2%到第三季度实现负转正,增长18.9%。1—11月,财政预算八项支出增速为 25.0%。

11 月末,金融机构(含外资)本外币存款余额 59259.04 亿元,增长 21.6%;贷款余额 31984.07 亿元,增长 15.2%。

(五)节能降耗成效显著

1—11 月,工业用电量增长 1.3%,增速分别比第一季度、上半年和三季度减少 1.9 个、2.7 个、0.8 个百分点,同比减少 6.5 个百分点。

1—3 季度,深圳市单位 GDP 能耗下降 3.1%,单位工业增加值能耗下降 7.0%,单位 GDP 电耗下降 4.4%,预计全年单位 GDP 能耗同比下降 3.1%,可望完成全年和"十二五"节能降耗目标。

三 值得关注的几个问题

当前,全球经济温和复苏弱于预期,全国经济下行压力仍然较大,新旧动力转换尚未完成,产业、行业、地区分化和差异化发展明显。在此大环境下,深圳市经济运行同样面临较大压力,须重点关注以下问题。

(一)外贸进口和出口均持续负增长

2015 年以来深圳市外贸进口和出口持续负增长,1—11 月全市进出口总额为 23842.00 亿元,下降 10.1%。其中,出口 14350.70 亿元,进口 9491.30 亿元,分别下降 7.2%、14.3%。出口降幅较 1—10 月回升 0.5 个百分点,但仍比前三季度加深 0.8 个百分点;进口降幅较 1—10 月回升 2.5 个百分点,比前三季度加深 0.4 个百分点。

(二)股市和楼市高位增长难以保持

由于股市、楼市短期快速增长效应,今年深圳市金融、房地产快速增长,前三季度两个行业增加值合计占 GDP 比重达到 23.9%。第四季度以来,房地产业和金融业增速有所回落,商品房销售面积从前三季度的增长 70.5% 回落到 1—11 月的 57.6%,金融业也面临一定的回调压力。据测算,证券交易额和商品房屋销售面积若回落 10 个百分点,将分别拉低 GDP 0.067 个和 0.19 个百分点,对深圳市经济持续稳定增长形成一定压力。

（三）工业增速创近三年新低

重点大型骨干企业对深圳市经济增长贡献很大，特别是"一枝独秀"的华为今年对全市工业增长的贡献率一直保持在60%以上，掩盖了多数企业增长乏力甚至负增长的影响。统计数据显示，1—11月深圳市工业增加值增速7.7%（若不考虑华为40.1%的增速，则全市工业增速降为3.8%），为近三年来最低增速；1—11月全市百强工业企业中，累计增加值正增长的企业仅有48家，其余52家企业负增长。

四　2015年全年预计及2016年GDP核算主要指标研判

（一）2015年全年预计

2015年所剩时间已不足一个月，结合深圳市多年来经济增长前低后高的特点，特别是随着深圳市一系列稳增长促发展政策措施的落实，深圳市经济缓中趋稳、稳中向好的势头不变。预计深圳市全年GDP增长可达8.9%，经济总量在内地大中城市将继续保持第四位，为"十三五"深圳经济行稳致远奠定良好的基础。

（二）影响2016年GDP核算主要指标的因素

面对国内外错综复杂的经济环境，习总书记提出了四个"没有变"的判断，预计新的一年我国将继续保持较为宽松的货币政策，推进供给侧的结构性改革和创新驱动。这些稳增长措施以及创新创业大潮带来的积极因素，为深圳市明年经济发展提供了有利的宏观环境。从GDP核算有关指标考虑，2016年影响深圳GDP核算的因素主要有以下几个方面。

有利因素方面。随着市委、市政府经济措施的不断加强，必将加快深圳市经济的转型升级和结构优化，这将为全市GDP核算的主要指标带来有力支撑。2016年，深圳市因汽车限购因素的消除及外贸进出口增速的可能回升，与GDP核算有关的零售业商品销售额和批发业商品销售额增速指标将会较今年有一定程度的提高，若其增速都达13%左右，可抬高GDP增速约0.9个百分点。同时，在快速发展的互联网、软件和信息技术服务业的带动下，及全市对教育、医疗卫生、社会保障、环保、科学技术等领域的加大投入，其他营利性服务业营业收入与财政八项支出增速均有望继续保持两位数的增长。

C. 大约冬季，2015年12月14日 深圳市年度经济形势分析会

超常规因素影响方面。2015年影响深圳市GDP的超常规因素主要有证券资本市场、房地产市场和华为技术有限公司的超常增长。证券交易额增速和商品房销售面积增速2015年达到六年以来最高值，证券交易额2015年预计增长比前五年平均值（11.6%）高出148.4个百分点，商品房销售面积增速预计较前四年（因2010年数据异常，未计入）平均值（4.6%）高出45.6个百分点。据测算，此两项指标超常规增长（大于平均值），部分合计抬高2015年GDP增速1.86个百分点。此外，华为的增加值增速超过40%，对全市GDP增速的拉动超过2个百分点，这些超常增长形成了历史基数，对规模以上工业增加值的增速存在客观影响因素。而规模以上工业增加值增速每降低一个百分点，将拉低全市GDP增速约0.39个百分点。

以上这些因素，将成为影响深圳市制定2016年GDP增长目标的不可忽视因素，供制定新一年增长目标时参考。

新闻通稿

2015年深圳经济运行稳中有进、逐季向好

2015年，面对复杂多变的内外部环境，在深圳市委、市政府的坚强领导下，深圳以"四个全面"战略布局为统领，坚持解放思想，真抓实干，着力抓改革、促转型、稳增长、惠民生，突出质量引领、创新驱动，主动适应引领经济发展新常态，保持了经济稳中有进、逐步向好的发展态势，实现了有质量的稳定增长和可持续的全面发展。

一 总体经济稳中趋升

初步核算并经广东省统计局核定，2015年全市生产总值达17502.99亿元，按可比价格计算，比上年（下同）增长8.9%，增幅分别比全国和全省高2.0和0.9个百分点。分季度累计增幅看，一季度增长7.8%，上半年增长8.4%，前三季度增长8.7%，全年增长8.9%，增速逐季提高。分产业看，第一产业增加值5.66亿元，下降1.7%；第二产业增加值7205.53亿元，增长7.3%；第三产业增加值10291.80亿元，增长10.2%。分区域看，龙岗区生产总值2636.79亿元，增长10.5%；光明新区生产总值670.66亿元，增长9.4%；坪山新区生产总值458.07亿元，增长9.4%；南山区生产总值3714.57亿元，增长9.3%；福田区生产总值3256.24亿元，增长9.0%；宝安区生产总值2640.92亿元，增长9.0%；盐田区生产总值487.23亿元，增长8.9%；罗湖区生产总值1728.39亿元，增长8.0%；龙华新区生产总值1635.59亿元，增长8.0%；大鹏新区生产总值274.53亿元，增长4.0%。

二 工业增速平稳

全年全市规模以上（下同）工业增加值6785.01亿元，按可比价格计算，同比

增长7.7%，分别高出全国和全省1.6个和0.5个百分点。从主要经济类型看，股份制企业增加值3743.60亿元，增长12.2%；外商及我国港澳台商投资企业增加值2996.45亿元，增长2.9%。从主要行业看，计算机、通信和其他电子设备制造业增加值4214.95亿元，增长10.6%；电气机械和器材制造业增加值355.77亿元，增长2.4%；石油和天然气开采业增加值257.62亿元，增长27.1%；专用设备制造业增加值213.75亿元，增长6.9%；汽车制造业增加值139.79亿元，增长32.2%。分区域看，龙岗区规模以上工业增加值1623.75亿元，增长16.2%；坪山新区规模以上工业增加值265.36亿元，增长10.6%；宝安区规模以上工业增加值1200.24亿元，增长9.0%；南山区规模以上工业增加值2000.66亿元，增长8.5%；福田区规模以上工业增加值175.44亿元，增长8.0%；光明新区规模以上工业增加值351.82亿元，增长8.0%；龙华新区规模以上工业增加值891.07亿元，增长6.0%；罗湖区规模以上工业增加值56.75亿元，下降4.2%；大鹏新区规模以上工业增加值159.96亿元，增长1.1%；盐田区规模以上工业增加值59.95亿元，增长1.0%。

三 固定资产投资增幅创17年新高

全年全市固定资产投资3298.31亿元，增长21.4%，增速创自1999年以来连续17年新高，分别高出全国和全省11.4和5.6个百分点，其中城市更新改造投资573.02亿元，增长43.1%，占固定资产投资比重17.4%，同比提高2.7个百分点。从投资主体看，国有经济投资1023.93亿元，增长35.1%；我国港澳台及外资投资582.47亿元，增长106.4%；民间投资1691.91亿元，增长0.9%。从投资渠道看，房地产开发项目投资1331.03亿元，增长24.5%；非房地产开发项目投资1967.27亿元，增长19.4%。分产业看，第二产业投资591.05亿元，增长13.4%；第三产业投资2706.64亿元，增长23.3%。分区域看，南山区固定资产投资633.99亿元，增长52.4%（其中前海片区投资203.95亿元，增长74.0%；蛇口片区投资64.84亿元，增长9.3%）；罗湖区投资125.90亿元，增长32.4%；福田区投资235.38亿元，增长29.9%；宝安区投资545.72亿元，增长18.5%；光明新区投资269.28亿元，增长16.5%；龙华新区投资411.34亿元，增长15.2%；坪山新区投资246.82亿元，增长15.2%；龙岗区投资658.09亿元，增长9.3%；盐田区投资99.59亿元，增长8.1%；大鹏新区投资72.19亿元，增长6.2%。

全年商品房屋施工面积4978.41万平方米,增长10.8%,其中住宅施工面积3156.99万平方米,增长10.0%;商品房竣工面积360.21万平方米,下降15.3%,其中住宅竣工面积202.37万平方米,下降24.8%;商品房屋销售面积831.46万平方米,增长56.1%,同比提高65.6个百分点;商品房屋销售额2822.17亿元,增长114.3%。

四　消费增速稳中有升

全年全市社会消费品零售总额5017.84亿元,增长2.0%(扣除汽车限购一次性政策因素后社会消费品零售总额4429.61亿元,增长9.7%),其中限额以上社会消费品零售总额3436.35亿元,下降4.5%。从消费类别看,批发与零售业零售额4448.14亿元,增长1.3%,其中限额以上商业零售额3055.66亿元,下降5.7%,限额以下和个体户零售额1392.48亿元,增长21.2%;住宿餐饮业零售569.69亿元,增长7.7%。分区域看,大鹏新区社会消费品零售总额52.02亿元,增长8.1%;盐田区社会消费品零售总额61.90亿元,增长8.0%;光明新区社会消费品零售总额99.70亿元,增长6.0%;龙华新区社会消费品零售总额235.60亿元,增长3.3%;龙岗社会消费品零售总额549.56亿元,增长3.0%;宝安区社会消费品零售总额721.69亿元,增长2.5%;坪山新区社会消费品零售总额59.34亿元,增长2.4%;罗湖区社会消费品零售总额1033.75亿元,增长2.2%;南山区社会消费品零售总额670.90亿元,增长1.2%;福田区社会消费品零售总额1533.38亿元,增长0.8%。

全年全市商品销售总额23490.77亿元,增长0.5%。其中,批发销售总额19042.69亿元,增长0.3%,占商品销售总额比重81.1%;通过互联网实现的商品销售额568.21亿元,增长36.4%。在十大类主要商品销售中,日用品类增长18.8%,食品饮料烟酒类增长9.6%,金银珠宝类增长9.6%,服装鞋帽针织类增长7.5%,家用电器和音响器材类下降2.0%,通信器材类下降2.9%,书报杂志类下降4.9%,文化办公用品类下降9.5%,汽车类下降20.0%,体育娱乐用品类下降51.3%。

五　外贸进出口降幅有所收窄,出口23年连冠

全年全市进出口总额27516.58亿元,下降8.2%。其中,出口总额16415.39

亿元，下降6.0%，出口规模连续23年居全国内地城市首位；进口总额11101.19亿元，下降11.1%。12月，全市进出口总额3684.19亿元，增长7.5%。其中，出口总额2067.03亿元，增长3.1%；进口总额1617.16亿元，增长13.8%。

六　财政金融大幅增长

全年全市公共财政预算收入2727.06亿元，增长30.9%；公共财政预算支出3519.95亿元，增长62.5%。

12月末，金融机构（含外资）本外币存款总额57778.90亿元，增长15.6%；金融机构（含外资）本外币贷款总额32449.04亿元，增长15.4%。

七　经济发展质量不断提高

工业高端化发展势头良好。全年全市先进制造业增加值5165.57亿元，增长11.3%，增速高于全市规模以上工业3.6个百分点，占规模以上工业增加值比重76.1%，比上年提高1.9个百分点；高技术制造业增加值4491.36亿元，增长9.6%，增速高于全市规模以上工业1.9个百分点，占全市规模以上工业增加值比重66.2%，比上年提高3.0个百分点。其中，计算机、通信和其他电子设备制造业增加值占规模以上工业增加值比重突破六成，达到62.1%，同比提高3.6个百分点。

第三产业比重继续上升，现代服务业快速发展。第二、第三产业结构由上年的42.6:57.4调整为41.2:58.8，服务业占比提高了1.4个百分点。现代服务业快速发展，其中房地产业增加值1627.77亿元，增长16.8%，占GDP比重9.3%，同比提高1.0个百分点；其他服务业（主要是信息传输、软件和信息服务业，租赁和商务服务业，科学研究和技术服务业，水利、环境和公共设施管理业，居民服务、修理和其他服务业，教育、卫生和社会工作，文化、体育和娱乐业，公共管理、社会保障和社会组织等现代服务业）增加值3229.53亿元，增长9.5%，占GDP比重18.5%，同比提高0.6个百分点。

四大支柱产业稳定增长。全年全市四大支柱产业增加值合计11194.59亿元。其中，金融业增加值2542.82亿元，增长15.9%，占GDP比重14.5%；物流业增加值1782.70亿元，增长9.4%，占GDP比重10.2%；文化产业增加值1021.16亿元,增长 7.4%,占 GDP 比重 5.8%;高新技术产业增加值 5847.91 亿元,增长 13.0%,占 GDP 比重 33.4%。

七大战略性新兴产业快速发展。全年全市战略性新兴产业增加值 7003.48 亿元,增长 16.1%,占全市 GDP 比重 40.0%。其中,生物产业增加值 254.68 亿元,增长 12.4%;新能源产业增加值 405.87 亿元,增长 10.1%;新材料产业增加值 329.24 亿元,增长 11.3%;新一代信息技术产业增加值 3173.07 亿元,增长 19.1%;互联网产业增加值 756.06 亿元,增长 19.3%;文化创意产业增加值 1757.14 亿元,增长 13.1%;节能环保产业增加值 327.42 亿元,增长 12.0%。

工业企业效益总体向好。全年全市规模以上工业企业利税总额 2466.25 亿元,增长 12.3%,其中利润总额 1619.46 亿元,增长 9.6%,高于全国 11.5 个百分点。工业企业主营业务收入增长 1.3%,财务费用成本下降 6.5%,工业经济效益综合指数达到 225.19,同比提高 9.4 个百分点。

八 居民消费价格运行平稳

全年全市居民消费价格总水平(CPI)同比上涨 2.2%,涨幅较上年提升 0.2 个百分点,分别比全国和全省平均水平高 0.8 个和 0.7 个百分点。其中,消费品价格指数上涨 1.4%,服务项目价格指数上涨 3.8%。分类别看,八大类价格"七升一降",食品价格上涨 3.2%,烟酒价格上涨 1.6%,衣着价格上涨 4.6%,家庭设备用品及维修服务上涨 3.1%,医疗保健和个人用品上涨 2.0%,交通和通信下降 3.4%,娱乐教育文化用品及服务上涨 1.1%,居住上涨 3.4%。

九 先行指数景气走势

PPI 和 IPI 持续负增长区间运行。全年工业生产者出厂价格(PPI)同比下降 2.4%,降幅比全国小 2.8 个百分点,比全省小 0.8 个百分点,12 月同比下降 1.7%,环比下降 0.1%;全年工业生产者购进价格(IPI)同比下降 3.5%,降幅分别比全国、全省小 2.6 和 1.2 个百分点,12 月同比下降 4.1%,环比下降 0.3%。制造业采购经理指数(PMI)呈筑稳迹象,但下行压力仍存。12 月,全市制造业 PMI 为 51.5%,为年内次低点,同比下降 0.5 个百分点,环比下降 0.1 个百分点,生产及三个订单分项延续上月筑稳迹象,但指数较历史同期均值偏弱,下行压力较大。非制造业商务活动指数运行平稳。12月,全市非制造业商务活动指数为56.3%,环比上升0.1个百分点,高于全年均值0.1个百分点,指数翘尾微升,为2016年经济开局打下良好基础。

十　经济发展后劲较足

全年全市上报广东省统计局并通过初审的新增"四上"单位1948家,占全省比重22.4%,实现新增入库总量和增长总数全省"双第一"。分专业看,工业717家,建筑业5家,批发业555家,零售业56家,住宿业23家,餐饮业52家,房地产开发业16家,其他服务业499家,其他有5000万以上在建投资项目25家;分区域看,福田区319家,罗湖区245家,盐田区63家,南山区297家,宝安区332家,龙岗区282家,光明新区116家,龙华新区215家,坪山新区71家,大鹏新区8家。这些企业将成为2016年新的经济增长点,为全市经济实现有质量的稳定增长和可持续的全面发展提供有力保障。

总的来看,2015年深圳经济稳中有进、逐季向好,创新强、结构优、速度稳、质量高成为深圳发展的新常态。与此同时,国内外环境仍然错综复杂,风险和困难不断增多,深圳正处于建成现代化国际化创新型城市的关键时期,面临的改革发展任务依然艰巨。新的一年,要深入贯彻落实党中央国务院、省委省政府和市委、市政府的决策部署,以"四个全面"战略布局为统领,紧紧围绕"三个定位、两个率先"目标,适应和引领新常态,坚持质量引领、创新驱动、转型升级、绿色低碳不动摇,着力供给侧结构性改革,为"十三五"起好步、开好头,向"创新更强、结构更优、质量更高"目标发展。

附注:

(1) 国内生产总值、规模以上工业增加值及其分类项目增长速度按可比价计算,为实际增长速度;其他指标除特殊说明外,按现价计算,为名义增长速度。

(2) 2012年起,执行新的国民经济行业分类标准(GB/T 4754—2011),具体内容请参见国家统计局网站。

(3) 规模以上工业统计范围为年主营业务收入2000万元及以上的工业企业。

(4) 社会消费品零售总额统计中限额以上单位是指年主营业务收入2000万元及以上的批发业企业(单位)、500万元及以上的零售业企业(单位)、200万元及以上的住宿和餐饮业企业（单位）。

"通过互联网实现的商品销售额"是按现行国家贸易统计制度的统计口径，即深圳市限额以上批发、零售企业通过互联网实现的商品销售额，其统计范围仅为限额以上批发零售业，不包括工业、服务业、建筑业等行业的电子商务交易额。

（5）固定资产投资统计范围为计划总投资500万元以上的固定资产项目投资及所有房地产开发项目投资。

（6）进出口数据来源于深圳海关；公共财政预算收入/支出数据来源于市财政委；人民币存贷款数据来源于中国人民银行深圳中心支行；高新技术产业增加值数据来源于市科技创新委；CPI、PPI、IPI数据来源于国家统计局深圳调查队；深圳市制造业PMI调查样本共525家，非制造业PMI调查样本共418家。

（7）"四上"单位，是指规模以上工业、有资质的建筑业、限额以上批发和零售业、限额以上住宿和餐饮业、全部房地产开发经营业、规模以上服务业的法人单位。

（8）部分数据因四舍五入，存在总计与分项合计不等的情况。

附图：

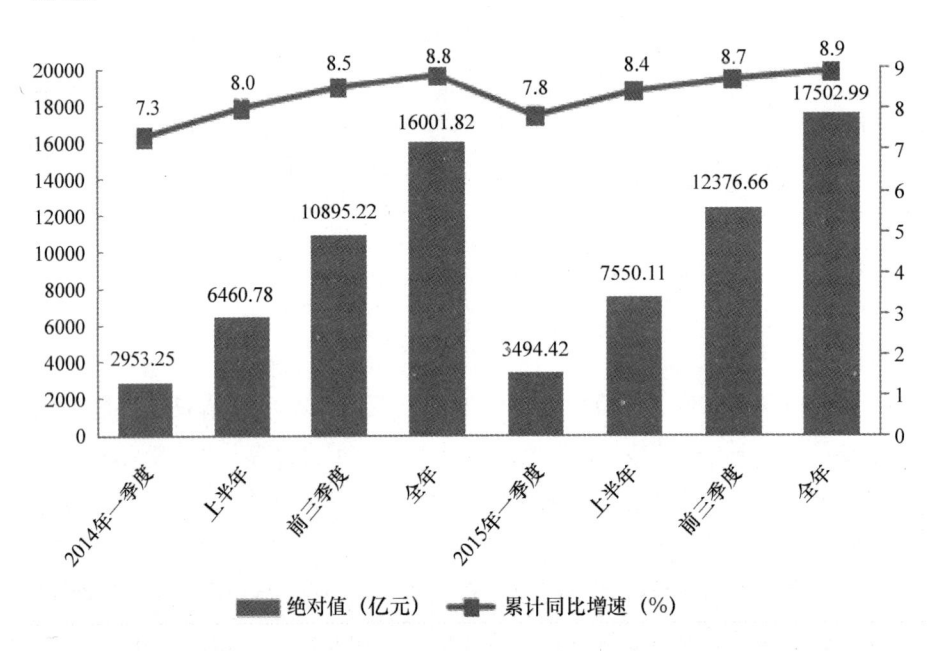

附图1　2014—2015年深圳GDP各季度累计总量及累计同比增速走势

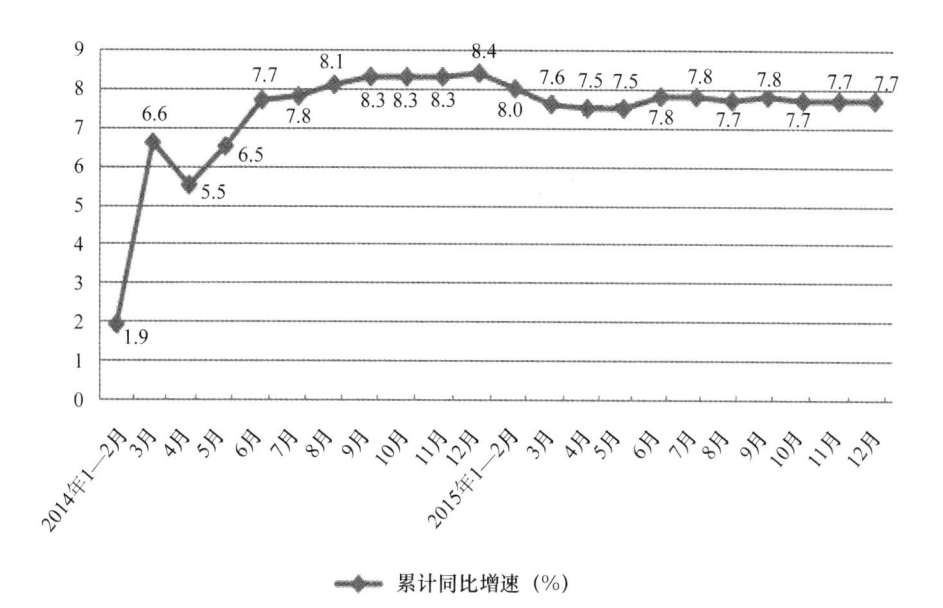

▌C. 大约冬季，2015 年 12 月 14 日　深圳市年度经济形势分析会 ▌

附图 2　2014—2015 年深圳规模以上工业增加值各月累计同比增速走势

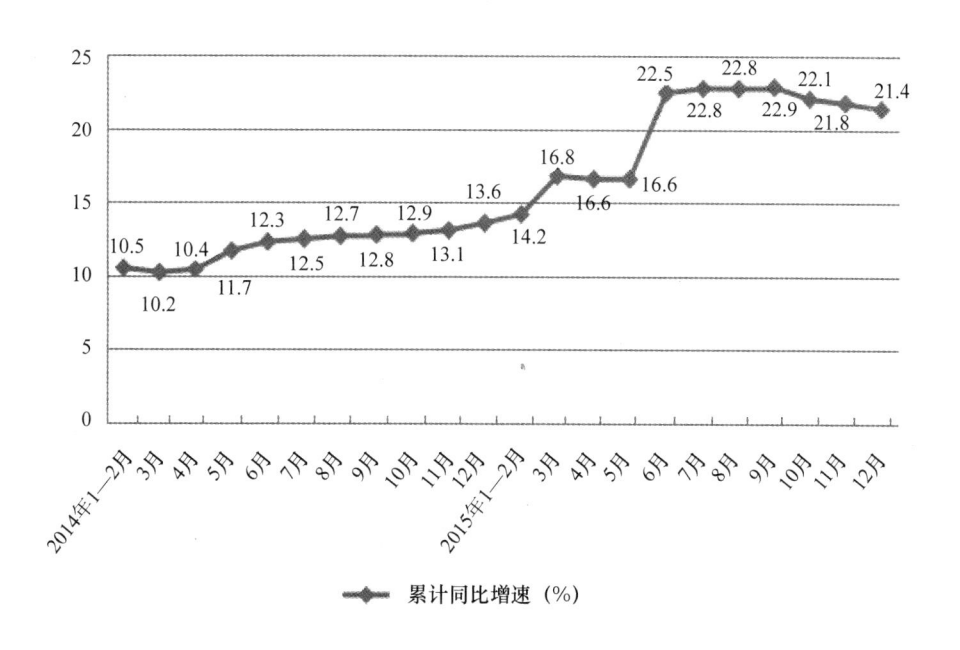

附图 3　2014—2015 年深圳固定资产投资各月累计同比增速走势

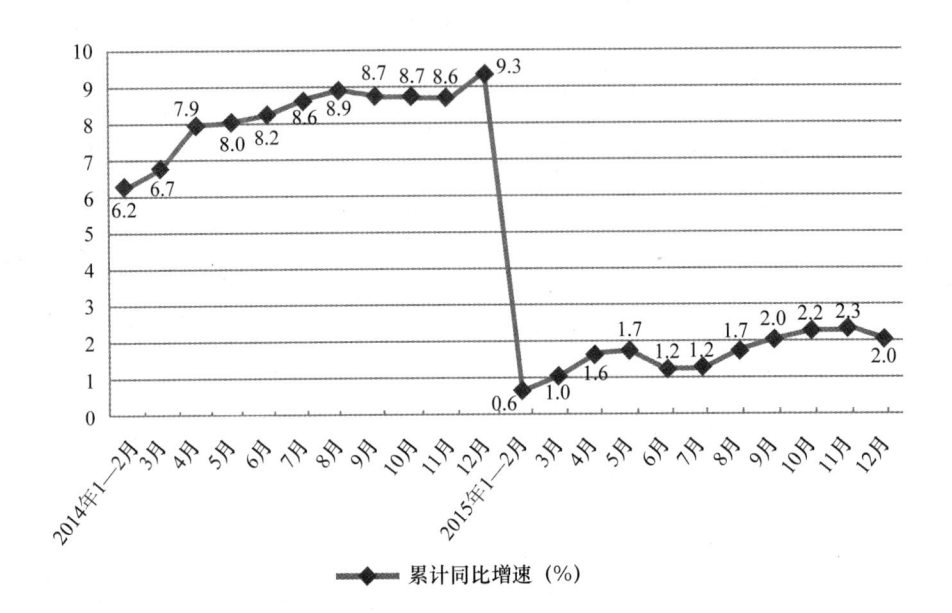

附图4　2014—2015年深圳社会消费品零售总额各月累计同比增速走势

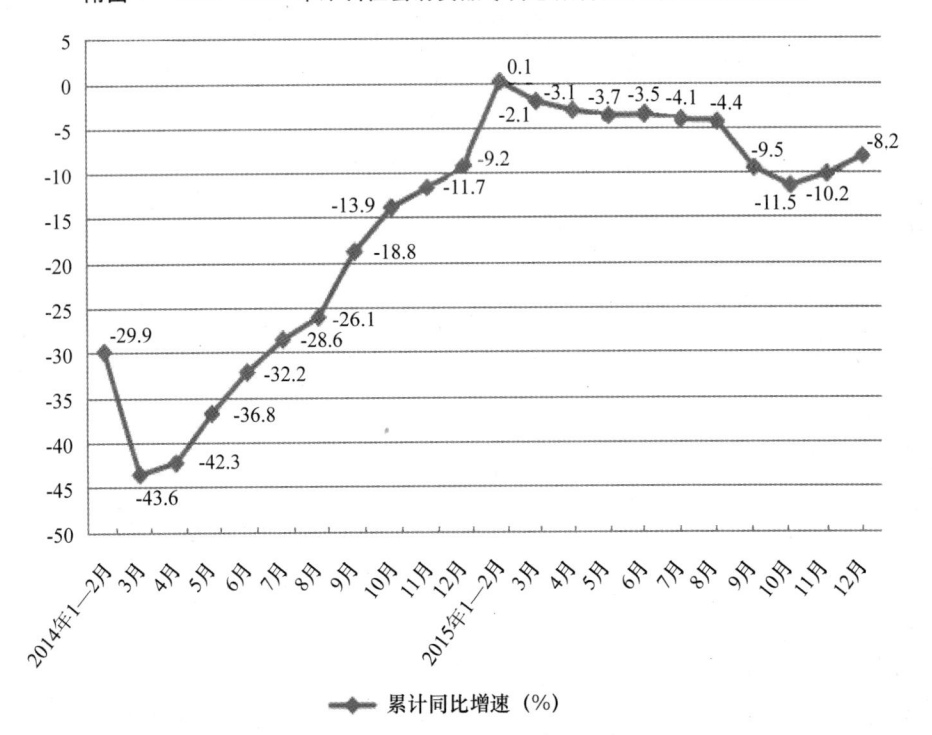

附图5　2014—2015年深圳进出口总额各月累计同比增速走势

C. 大约冬季，2015年12月14日 深圳市年度经济形势分析会

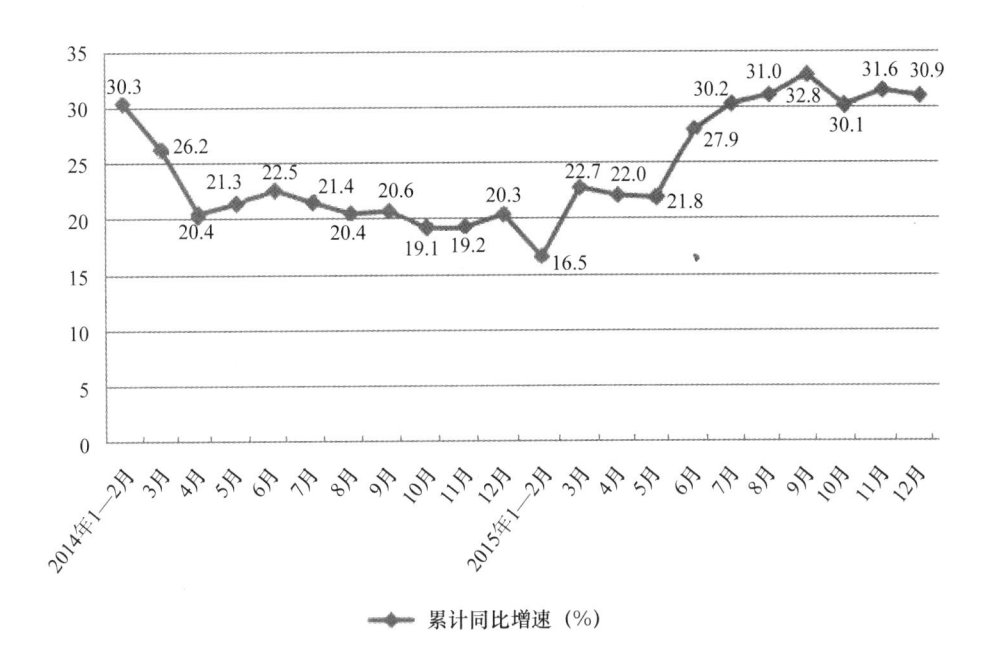

附图6 2014—2015年深圳公共财政预算收入各月累计同比增速走势

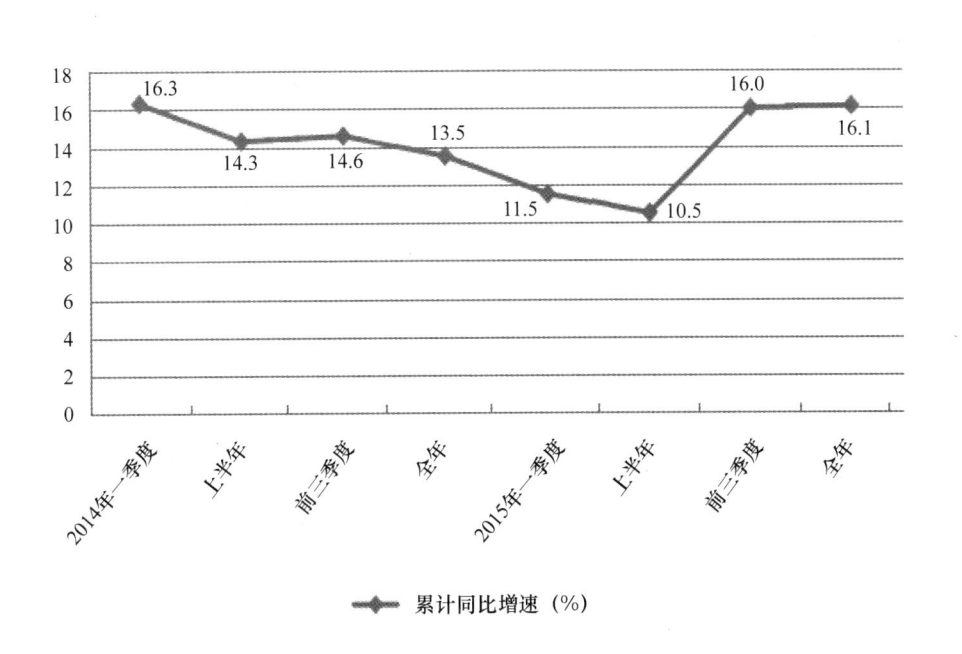

附图7 2014—2015年深圳战略性新兴产业各季度累计同比增速走势

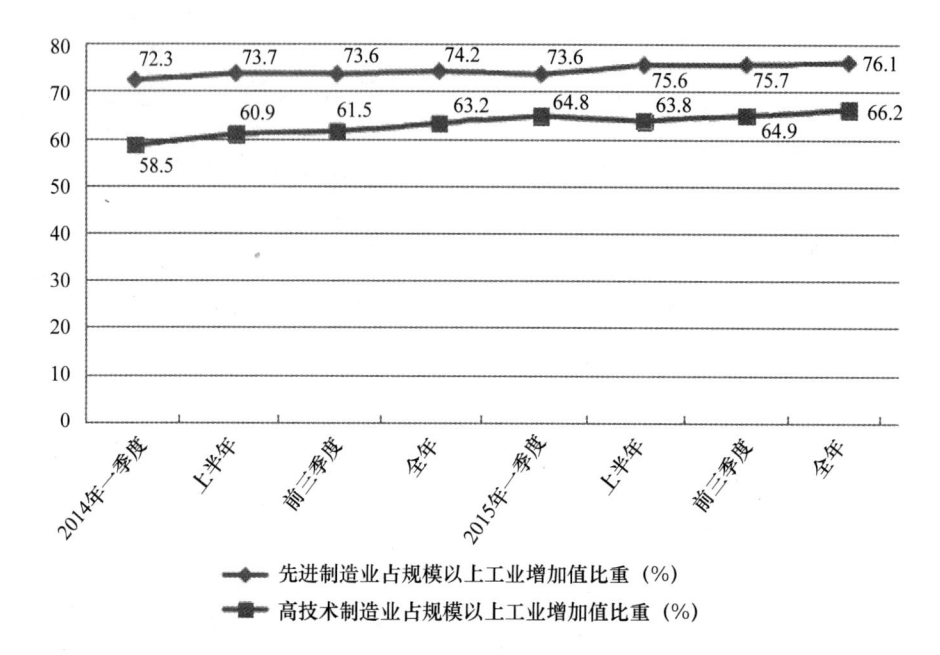

附图8　2014—2015年深圳先进制造业和高技术制造业占规模以上工业增加值比重走势

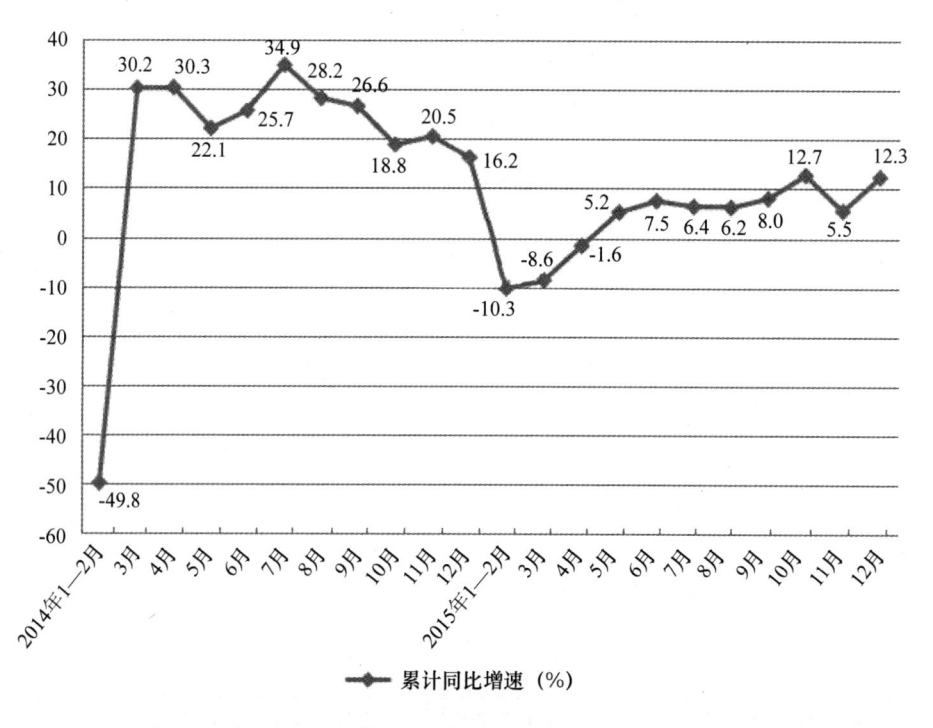

附图9　2014—2015年深圳工业企业利润各月累计同比增速走势

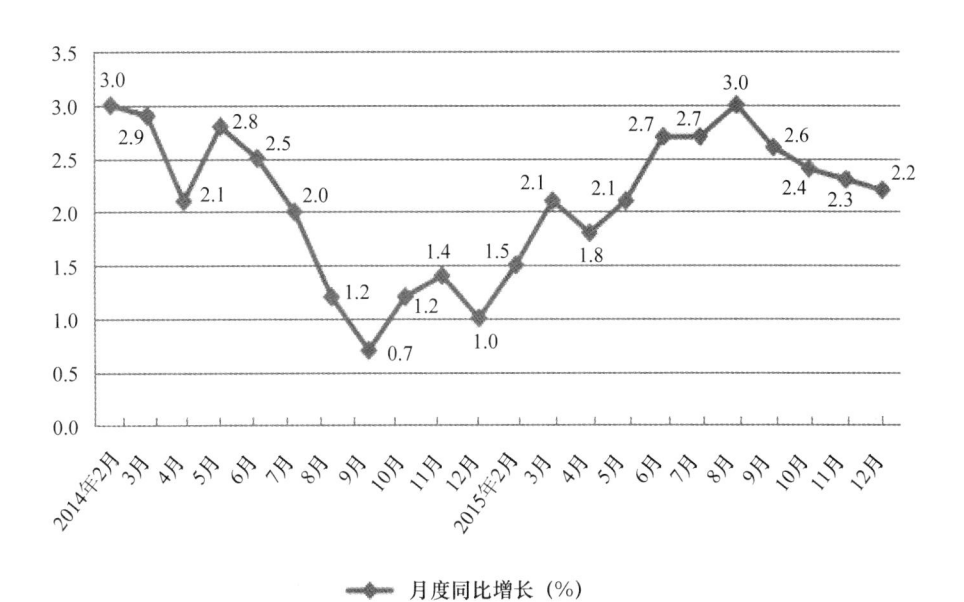

| C. 大约冬季，2015年12月14日　深圳市年度经济形势分析会 |

附图10　2014—2015年深圳居民消费价格上涨情况

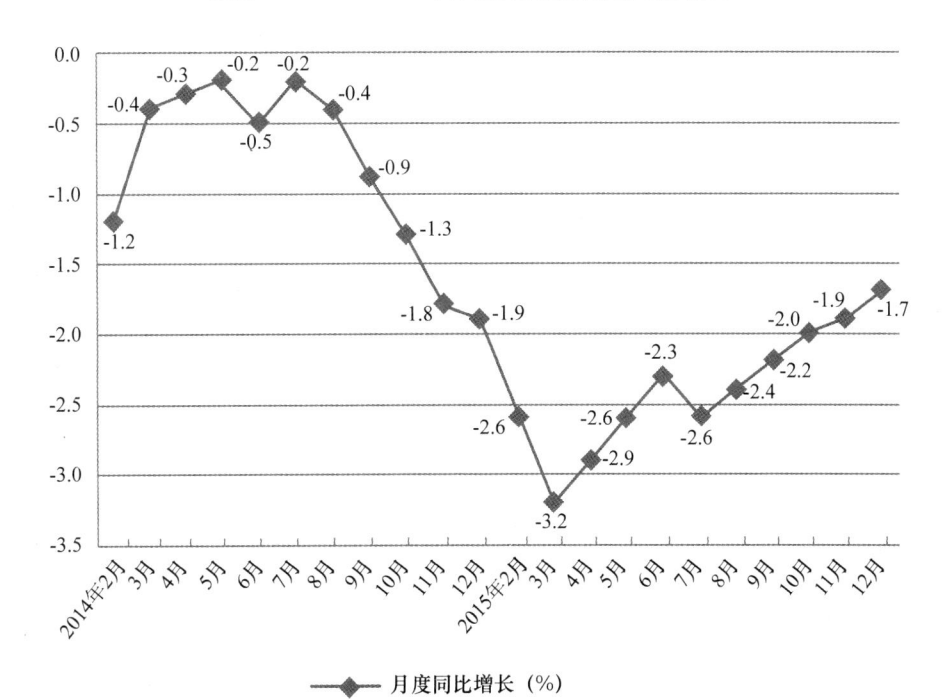

附图11　2014—2015年深圳工业品出厂价格涨跌情况

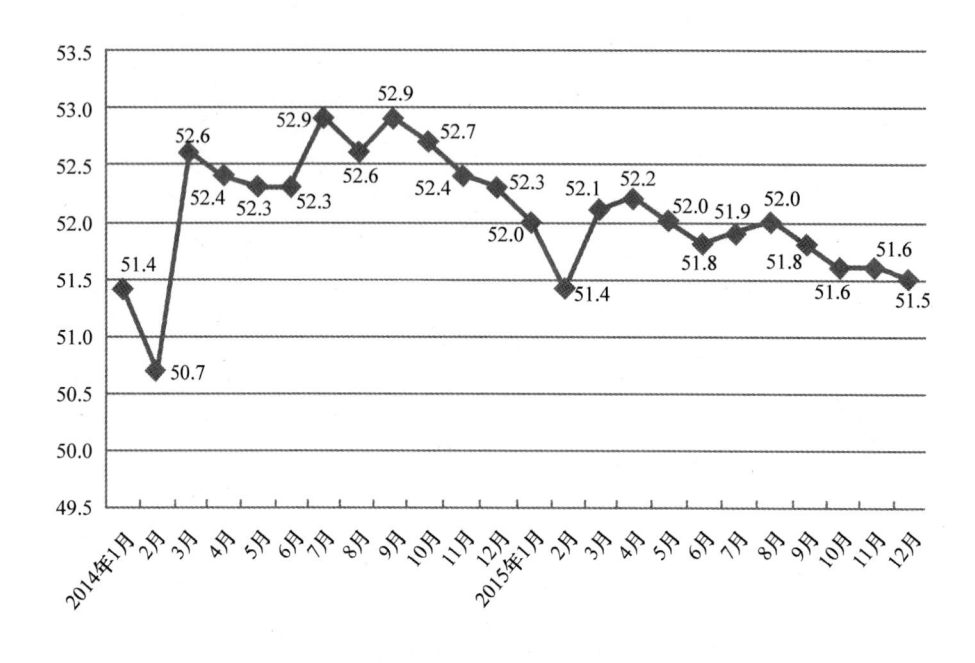

附图12　2014—2015年深圳制造业PMI指数涨跌情况

深圳市 2015 年经济发展情况综述

第三视角

深圳市委召开2015年全市经济形势分析会，深圳市统计局的情况汇报得到市领导充分肯定

2015年12月14日下午，深圳市委书记马兴瑞主持召开了2015年经济形势分析会，深圳市市委、市政府、市人大和市政协主要领导以及各区、各职能部门主要负责人参加了会议。

会上，深圳市统计局杨新洪局长就今年以来深圳经济运行情况及明年经济预判做了汇报。关于今年以来的经济形势，杨新洪局长概括为：好于预期；高于全国全省平均水平；体现深圳不同。2015年，在全国经济下行的背景下，深圳生产总值增速逐季走高，高于全国、全省平均水平，预计全年将延续此态势。杨新洪局长还结合GDP核算指标，深入剖析了2016年深圳市经济运行中的利弊因素，既充分估计经济发展中的困难，做到早谋划早行动，又充分认识深圳市经济发展的有利因素，达成共识，增强信心，为市委、市政府科学制定2016年深圳市经济发展目标做好参谋。与此同时，杨新洪局长还提出了加强深圳市统计工作的两项建议：一是请各区高度重视做好今年新增"四上"企业的清查入库工作，做到应统尽统，以全面客观反映深圳市经济发展实貌；二是大力充实深圳市基层统计力量，夯实深圳市统计基础，更好地为深圳市经济社会发展提供统计服务。

杨新洪局长的汇报得到了市委马兴瑞书记的表扬和市有关领导的肯定，认为我局的情况分析不仅总结了深圳市全年经济发展的特点，指出了问题，同时还提出了2015年、2016年有利于深圳市经济社会发展的各种因素，特别是近年来市委、市政府所采取的一系列稳增长调结构措施的效用，为较好完成今年计划和制定明年目标增强了信心。会上，马兴瑞书记要求市统计局尽快拿出充实基层统计人员的措施意见，各区要大力配合市统计局做好统计基层工作，特别是新增"四上"企业入库工作。

D. 猴年来春，2016 年 4 月 11 日　深圳市第一季度经济形势分析会

　　伴随着马不停蹄的春天脚步，马上就办，办就办好。
　　经济增长率"开门红"不低于 8.4%，这是一个了不起的挑战，因为它将高于全国平均水平近两个点。
　　那时，我看到了经济中的脊梁与大块头的变化，加深了我的产业情结，直书核心管理层，说出经济不安全感，获得重视而被采纳，以数据说话，支撑决策。
　　这是一个马年经济开局年。
　　苦尽甘来。

发言稿

经济开局稳进

——2016年首季深圳市经济运行统计分析

2016年第一季度,全市经济开局稳进。主要经济指标初步预计:全市生产总值3807.36亿元,比上年同期(下同)增长8.2%;规模以上工业增加值1426.49亿元,增长7.0%;固定资产投资568.00亿元,增长23.4%;社会消费品零售总额1196.00亿元,增长8.8%;进出口总额5385.2亿元,下降6.4%,其中出口总额3235.7亿元,下降5.8%,进口总额2149.5亿元,下降7.4%;公共财政预算收入890.49亿元,增长29.6%;居民消费价格指数(CPI)上涨3.0%。

一 全市GDP首季总体表现"开门红"

(一)保持去年增长势头,创近五年来的四年同期新高

在外部环境复杂多变的形势和全国经济持续下行的背景下,第一季度全市经济继续保持上年良好增势,开局稳进。预计全市生产总值3807.36亿元,按可比价增长8.2%,增速分别比2014年、2015年同期加快0.9个、0.4个百分点,也高出2012—2015年四年同期平均增速0.7个百分点,实现"十三五"首年首季"开门红",如图1。

分产业看,第二产业增加值1539.83亿元,增长6.7%;第三产业增加值2266.60亿元,增长9.4%;第二、第三产业结构由上年同期的42.1:57.9调整为40.5:59.5,第二、第三产业构成此消彼长1.6个百分点。其中,先进制造业和现代服务业增加值合计2627.77亿元,增速均高于9.0%,占GDP比重达到69.0%,同比提高1.5个百分点,对GDP增长的贡献率达到76.5%,拉动经济增长6.3个百分点。现代服务业中,金融业、房地产业、以信息传输软件和信息技术服务业为主营利性服务业、以八项支出拉动为主的非营利性服务业增加值增速均超10.0%,对经济增长

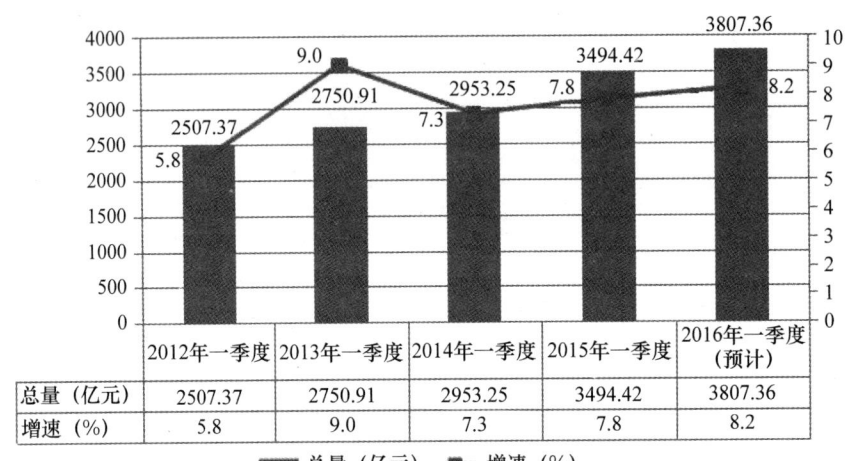

图 1 2012—2016 年第一季度深圳 GDP 总量及增速

贡献率和拉动力作用明显，是推动产业结构优化调整的重要力量，见表1。

表 1 2016 年第一季度深圳 GDP 及分行业情况（预计）

	指标名称	绝对值（亿元）	增长（%）	构成（%）	构成同比增减（百分点）	对 GDP 增长贡献率（%）	拉动 GDP 点数（百分点）
	地区生产总值（GDP）	3807.36	8.2	100	—	100	8.2
分产业	第一产业	0.93	-6.9	0	0	0	0
	第二产业	1539.83	6.7	40.5	-1.6	37.3	3.1
	#先进制造业	1055	9	27.7	—	32.5	2.7
	第三产业	2266.6	9.4	59.5	1.6	62.7	5.1
	#现代服务业	1572.77	9.6	41.3	1.5	44	3.6
分行业	农林牧渔业	1.02	-6.5	0	0	0	0
	工业	1427.79	6.8	37.5	-1.5	35.7	2.9
	建筑业	115.74	5.8	3	-0.1	1.9	0.2
	金融业	613.52	10.2	16.1	0.4	18.6	1.5
	批零住餐业	502.99	3.9	13.2	-0.6	6	0.5
	营利性服务业	432.44	12.4	11.3	0.6	16.1	1.3
	#信息传输、软件和信息技术服务业	256.42	16.4	6.7	0.6	10.7	0.9
	房地产业	324.74	14.1	8.5	1	11.1	0.9
	非营利性服务业	276.45	10.4	7.3	0.3	7.5	0.6
	交通运输、仓储和邮政业	112.69	6.4	3	-0.1	3.2	0.3

D. 猴年来春，2016 年 4 月 11 日　深圳市第一季度经济形势分析会

（二）强于全国全省增长，有望高出 1 个百分点左右

从 1—2 月主要经济指标看，除进出口总额和证券交易负增长以及社会消费品零售总额指标外，有关深圳主要核算指标增速均优于全国全省，如规模以上"3＋2"门类的营利性服务业营收增速达到 26.7%，高出全省近 5 个百分点；固定资产投资增速高达 29.4%，分别高出全国全省 19.2 个和 16.4 个百分点；本外币存、贷款余额增速高出全国全省 5 个百分点左右；1—3 月全市财政"八项支出"增长 55.9%，与去年同期相比，不仅由负转正，而且大幅度增长。初步研判一季度全市经济增速可望继续高于全国全省水平 1 个百分点左右，如图 2。

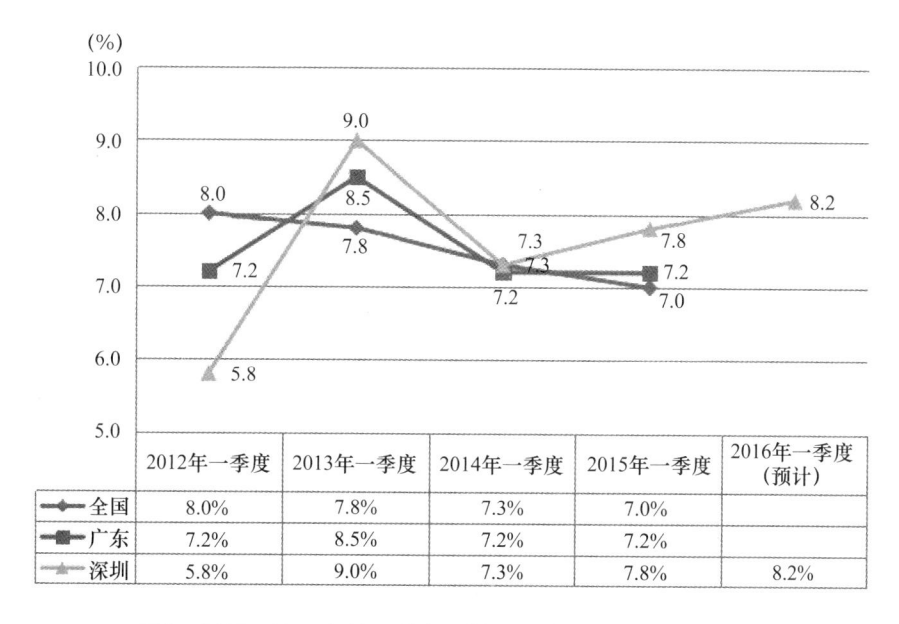

	2012年一季度	2013年一季度	2014年一季度	2015年一季度	2016年一季度（预计）
全国	8.0%	7.8%	7.3%	7.0%	
广东	7.2%	8.5%	7.2%	7.2%	
深圳	5.8%	9.0%	7.3%	7.8%	8.2%

图 2　2012—2016 年第一季度深圳 GDP 增速与全国全省对比

（三）弱化"前低后高"走势，可能出现季度经济增长平稳上升新变化

受深圳产业结构、人口结构及外向型经济等诸多因素影响，历年深圳经济均呈现较为明显的前低后高走势（2011 年除外）。但随着世界经济持续深度调整和国内经济步入"三期叠加"新常态，深圳经济也将可能出现波动值（全年四个季度 GDP 累计增速中最高值与最低值的差）越来越小，经济走势逐季趋于平稳向上运行状态。

根据近几年全国全省与深圳GDP逐季增长观察分析,全国2010—2012年季度GDP波动均值为0.9个百分点,而2013—2015年则为0.1个百分点,波动均值降低了0.8个百分点;广东省季度GDP波动均值则从2010—2012年的0.9个百分点降到2013—2015年的0.5个百分点,降低了0.4个百分点;同期深圳季度GDP波动均值则由2.0个百分点降低到1.4个百分点,降低了0.6个百分点。

2015年深圳经济总量已达1.75万亿元,GDP每增长0.1个百分点,难度将加大,尤其在去年上半年以来主要核算指标的较快增长垒高今年同期基数的情况下,今年首季经济增速高开,在某种程度上将弱化全年前低后高走势,可能出现季度经济增长平稳上升新变化。

从深圳产业结构变化看,选取第二产业中的工业对GDP近10年分季走势影响,以2006—2015年各季度规模以上工业增加值增速与GDP增速数据为基础,对规模以上工业增加值增速与GDP增速之间关系做回归分析,得出二者呈现强正相关关系($R^2=0.8356$)。鉴于规模以上工业与GDP增速之间的强相关性,可推断深圳市GDP走势会受到工业前低后高走势的影响。

再由规模以上工业所占GDP比重看(见图3),近10年工业占GDP比重呈下降态势。比重的下降势必削弱工业对整体经济的影响,即工业对GDP影响因子减

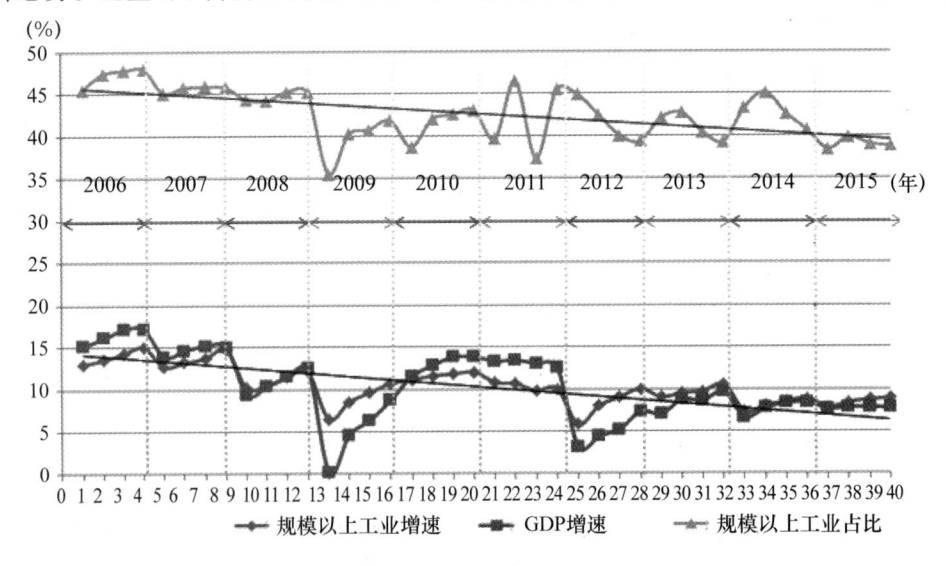

图3 近10年各季度规模以上工业、GDP增长以及规模以上工业占比情况

注:以2006年第一季度起计为"1",2006年第二季度计为"2",依此类推,到2015年第四季度计为"40"。

弱。与此同时，三产占GDP比重不断上升，对GDP影响效应不断增强，将可能弱化过去年度"前低后高"的走势，出现全年季度经济增长平稳上升新变化。具体如表2所示。

表2　2006—2015年各季度规模以上工业、GDP增速以及规模以上工业占比情况

时间	规模以上工业增速（%）	GDP增速（%）	规模以上工业占比（%）	时间	规模以上工业增速（%）	GDP增速（%）	规模以上工业占比（%）
2006年1季度	13.0	15.1	45.5	2011年1季度	10.8	13.3	39.6
2006年2季度	13.5	16.1	47.4	2011年2季度	10.6	13.4	46.4
2006年3季度	14.3	17.2	47.8	2011年3季度	9.8	13.0	37.3
2006年4季度	15.0	17.2	47.9	2011年4季度	10.0	12.6	45.5
2007年1季度	12.7	13.9	45.1	2012年1季度	5.8	3.1	44.8
2007年2季度	13.2	14.6	45.7	2012年2季度	8.0	4.4	42.4
2007年3季度	13.7	15.2	45.8	2012年3季度	9.0	5.2	40.0
2007年4季度	14.7	15.0	45.7	2012年4季度	10.0	7.3	39.3
2008年1季度	10.2	9.4	44.3	2013年1季度	9.0	7.0	42.1
2008年2季度	10.5	10.3	44.2	2013年2季度	9.5	8.7	42.7
2008年3季度	11.5	11.5	45.2	2013年3季度	9.7	8.6	40.4
2008年4季度	12.1	12.5	45.2	2013年4季度	10.5	9.6	39.3
2009年1季度	6.5	0.2	35.5	2014年1季度	7.3	6.6	43.2
2009年2季度	8.5	4.6	40.2	2014年2季度	8.0	7.7	45.1
2009年3季度	9.6	6.3	40.7	2014年3季度	8.5	8.3	42.6
2009年4季度	10.7	8.7	41.8	2014年4季度	8.8	8.4	40.6
2010年1季度	11.1	11.5	38.7	2015年1季度	7.8	7.6	38.4
2010年2季度	11.6	12.8	42.0	2015年2季度	8.4	7.8	39.8
2010年3季度	11.8	13.8	42.5	2015年3季度	8.7	7.8	39.0
2010年4季度	12.0	13.8	43.0	2015年4季度	8.9	7.7	38.8

二　"大、新、后"支撑全市经济增长

（一）大型骨干企业成为"顶梁柱"

1. 工业。第一季度381家大型骨干企业实现增加值984.13亿元，增长

10.2%，同比提高 1.5 个百分点；对工业增长贡献率为 97.1%，同比提高 23.0 个百分点。其中，工业百强实现增加值 919.24 亿元，增长 11.0%，同比提高 0.5 个百分点；对工业增长贡献率为 100.6%，同比提高 17.3 个百分点。其中，工业前 30 强实现增加值 785.67 亿元，增长 15.0%，同比提高 2.3 个百分点；对工业增长贡献率为 107.1%，同比提高 24.2 个百分点。具体情况如表 3 所示。

表3　　　　　　　　2016 年第一季度深圳工业前 30 强情况

序号	单位名称	增加值（亿元）	占规模以上工业比重（%）	同比增长（%）	对工业增长贡献率（%）	对GDP增长贡献率（%）
1	华为技术有限公司	337.95	22.8	56.9	102.6	34.6
2	中兴通讯股份有限公司	118.19	8.0	12.9	11.3	3.8
3	富泰华工业（深圳）有限公司	72.51	4.9	-15.9	-11.5	-3.9
4	中海石油（中国）有限公司深圳分公司	45.32	3.1	11.4	5.8	1.9
5	深圳供电局有限公司	20.22	1.4	0	0	0
6	鸿富锦精密工业（深圳）有限公司	19.41	1.3	2.6	0.4	0.1
7	比亚迪汽车工业有限公司	17.43	1.2	-2.1	-0.3	-0.1
8	深圳烟草工业有限责任公司	14.39	1.0	7.3	0.8	0.3
9	深圳创维－RGB 电子有限公司	10.75	0.7	27.3	2.0	0.7
10	联想信息产品（深圳）有限公司	9.86	0.7	10.7	0.8	0.3
11	广东核电合营有限公司	9.52	0.6	29.3	1.8	0.6
12	宇龙计算机通信科技（深圳）有限公司	7.91	0.5	-33.8	-3.4	-1.1
13	深圳市华星光电技术有限公司	7.40	0.5	-7.9	-0.5	-0.2
14	岭东核电有限公司	7.27	0.5	-7.2	-0.5	-0.2
15	深圳市华讯方舟科技有限公司	7.00	0.5	28.7	1.3	0.4
16	深圳迈瑞生物医疗电子股份有限公司	6.78	0.5	36.9	1.5	0.5
17	岭澳核电有限公司	6.36	0.4	-16.9	-1.1	-0.4
18	广东粤港供水有限公司	6.13	0.4	16.4	0.7	0.2
19	深圳市共进电子股份有限公司	6.02	0.4	13.0	0.6	0.2
20	康佳集团股份有限公司	5.48	0.4	8.3	0.4	0.1
21	富葵精密组件（深圳）有限公司	5.44	0.4	-3.0	-0.1	0
22	比亚迪精密制造有限公司	5.42	0.4	79.1	2.1	0.7
23	广东大鹏液化天然气有限公司	5.13	0.3	-2.8	-0.1	0

续表

序号	单位名称	增加值（亿元）	占规模以上工业比重（%）	同比增长（%）	对工业增长贡献率（%）	对GDP增长贡献率（%）
24	深圳市天珑移动技术有限公司	4.97	0.3	-5.9	-0.3	-0.1
25	深圳市长盈精密技术股份有限公司	4.93	0.3	144.0	2.4	0.8
26	深圳富泰宏精密工业有限公司	4.86	0.3	-68.1	-8.7	-2.9
27	艾默生网络能源有限公司	4.81	0.3	94.4	2.0	0.7
28	深圳长城开发科技股份有限公司	4.77	0.3	-4.9	-0.2	-0.1
29	业成光电（深圳）有限公司	4.75	0.3	5.6	0.2	0.1
30	嘉实多（深圳）有限公司	4.71	0.3	16.2	0.5	0.2

2. 商业。第一季度全市批发和零售业共实现商品销售额3436.97亿元，增长1.4%，其中百强企业实现商品销售额2046.62亿元，增长4.0%，高出全市平均增速2.6个百分点，对全市批发和零售业实现商品销售额增长的贡献率为165.9%；全市住宿和餐饮业共实现营业额75.01亿元，增长1.2%，其中前50强企业实现营业额38.27亿元，增长8.3%，高出全市平均增速7.1个百分点，对全市住宿和餐饮业共实现营业额增长贡献率为361.7%。具体见表4。

表4　　　　　　　　　　2016年第一季度批零业销售额30强

序号	单位名称	销售额（亿元）	同比增减（%）
1	沃尔玛（中国）投资有限公司	178.30	2.5
2	深圳市爱施德股份有限公司	116.41	14.1
3	天音通信有限公司	92.04	-57.4
4	华润万家有限公司	85.56	1.8
5	深圳市飞马国际供应链股份有限公司	70.32	50.4
6	深圳江铜营销有限公司	67.07	-7.3
7	深圳市信利康供应链管理有限公司	66.38	16.8
8	比亚迪汽车销售有限公司	65.82	-16.5
9	深圳市富森供应链管理有限公司	55.16	46.0
10	深圳中电投资股份有限公司	46.59	-6.8
11	中国烟草总公司深圳市公司	44.91	-0.2
12	天虹商场股份有限公司	42.06	-5.0

续表

序号	单位名称	销售额（亿元）	同比增减（%）
13	深圳景天勤业商贸有限公司	41.96	3.1
14	深圳市中农网股份有限公司	40.16	134.9
15	恒力（深圳）投资集团有限公司	38.06	33.9
16	深圳市怡亚通供应链股份有限公司	35.90	38.1
17	深圳市朗华供应链服务有限公司	34.94	14.4
18	中国石化销售有限公司广东深圳石油分公司	34.09	1.6
19	深圳市金立通信设备有限公司	32.61	122.2
20	沃尔玛深国投百货有限公司	32.11	58.8
21	深圳市华富洋供应链有限公司	29.41	16.8
22	华润水泥投资有限公司	27.04	35.7
23	北方联合铝业（深圳）有限公司	26.57	-13.0
24	深圳嘉晟供应链股份有限公司	26.45	41.5
25	深圳港睿贸易有限公司	26.31	-8.0
26	乐金显示贸易（深圳）有限公司	22.56	-13.9
27	深圳市大生农业集团有限公司	21.20	616.2
28	深圳融禾资源科技有限公司	20.74	13.8
29	深圳华润三九医药贸易有限公司	19.15	10.3
30	深圳市年富实业发展有限公司	19.03	11.7

3. 服务业。第一季度全市4470家规模以上服务业企业共实现营业收入968.88亿元，增长18.0%。其中，营业收入在1000万元以上的企业1106家，共实现营业收入854.98亿元，增长24.9%，高于全市平均水平5.9个百分点，对全市规模以上服务业企业营业收入增长的贡献率为115.1%；共实现营业利润144.65亿元，增长106.7%，高于全市平均水平39.2个百分点，对全市规模以上服务业企业营业利润增长的贡献率为156.5%。具体见表5。

表5　　　　　　　　2016年第一季度深圳规模以上服务业营业收入前10强

序号	单位名称	营业收入（亿元）	同比增长（%）	占规模以上服务业比（%）	对营收增长贡献率（%）
1	深圳市腾讯计算机系统有限公司	61.59	33.0	6.4	10.3
2	腾讯科技（深圳）有限公司	61.27	60.6	6.3	15.6

D. 猴年来春，2016年4月11日 深圳市第一季度经济形势分析会

续表

序号	单位名称	营业收入（亿元）	同比增长（％）	占规模以上服务业比（％）	对营收增长贡献率（％）
3	深圳航空有限责任公司	38.87	13.5	4	3.1
4	中国移动通信集团广东有限公司深圳分公司	28.45	7.2	2.9	1.3
5	广深铁路股份有限公司	26.98	12.9	2.8	2.1
6	中国电信股份有限公司深圳分公司	18.75	6.4	1.9	0.8
7	深圳市光汇（集团）股份有限公司	14.15	181.4	1.5	6.2
8	深圳市财付通科技有限公司	13.45	375.5	1.4	7.2
9	中广核工程有限公司	13.41	-5.7	1.4	-0.5
10	深圳市腾邦物流股份有限公司	12.46	56.8	1.3	3.1

（二）新经济（"三新"）展现发展活力

1. 新（兴）产业。全市新一代信息技术、互联网、新材料、生物、新能源（低碳办）、节能环保（低碳办）、文化创意七大战略性新兴产业和海洋经济，航空航天、机器人、可穿戴设备和智能装备、生命健康等四大未来产业，保持较好增长势头，共实现增加值1522.94亿元，增长12.1%，分别高于GDP和规模以上工业3.9个和5.1个百分点，占GDP比重达到40.0%。

2. 新业态。在新经济业态中，全市供应链企业整体向好。第一季度全市72家商业供应链企业共实现销售额448.09亿元，增长24.9%。其中，销售额超过10亿元的供应链企业有11家，累计实现销售额367.44亿元，同比增长25.9%；销售额1亿—10亿元（不含1亿元）的有20家，累计实现销售额69.78亿元，同比增长25.2%；销售额在1亿元以下的有42家，累计实现销售额10.87亿元，同比下降2.3%。具体见表6。

表6　　　　　2016年第一季度销售额超亿元供应链企业情况

序号	单位名称	商品销售额（亿元）	同比增减（％）
1	深圳市飞马国际供应链股份有限公司	70.32	50.4
2	深圳市信利康供应链管理有限公司	66.38	16.8
3	深圳市富森供应链管理有限公司	55.16	46.0
4	深圳市怡亚通供应链股份有限公司	35.90	38.1

续表

序号	单位名称	商品销售额（亿元）	同比增减（%）
5	深圳市朗华供应链服务有限公司	34.94	14.4
6	深圳市华富洋供应链有限公司	29.41	16.8
7	深圳嘉晟供应链股份有限公司	26.45	41.5
8	深圳市昆商易糖供应链有限公司	13.20	80.5
9	深圳市宝积供应链管理有限公司	13.15	7.6
10	深圳敬业恒泰供应链有限责任公司	12.15	−45.3
11	深圳市东方嘉盛供应链股份有限公司	10.38	23.8
12	冀中瑞丰（深圳）供应链有限公司	9.18	10.5
13	深圳市博科供应链管理有限公司	8.79	26.7
14	深圳市九立供应链有限公司	8.01	4.7
15	深圳市盛嘉供应链发展有限公司	6.85	52.1
16	深圳兴业富达供应链管理有限公司	5.24	113.9
17	深圳市普路通供应链管理股份有限公司	4.88	0.4
18	深圳市润泰供应链管理有限公司	4.72	−13.3
19	深圳市前海贝格供应链金融有限公司	3.84	18250.0
20	深圳朗信天下金属供应链管理有限公司	2.83	—
21	深圳市联合利达供应链管理有限公司	2.73	27.4
22	深圳市世纪通供应链股份有限公司	2.09	75.4
23	深圳市卓能致成供应链管理有限公司	2.04	719.7
24	深圳市路迪斯达供应链管理有限公司	1.78	−7.7
25	深圳市爱德宝供应链有限公司	1.47	−7.7
26	深圳港中旅供应链贸易有限公司	1.09	−63.5
27	深圳市奔达康物流供应链管理有限公司	1.09	−25.2
28	深圳市央信供应链有限公司	1.07	—
29	深圳百汇供应链有限公司	1.05	178.0
30	深圳市柏润汇金供应链有限公司	1.04	−71.4
31	深圳越海全球供应链有限公司	1.00	270.1

全市电子商务交易活跃，初步测算第一季度全市电子商务交易额4000亿元左右，增长30%。

3. 新商业模式。全市目前共有新商业模式的城市商业综合体40家，原特区内外各占一半,共有商户数7292户。2015年共实现销售(营业额)282亿元,增长20.3%。分业态来看,零售业实现销售额175.6亿元,增长13.8%,占比65.9%;餐饮业实现营业额62.8亿元,增长30.8%,占比20.5%;服务业实现营业额43.5亿元,增长35.9%,占比13.7%。

(三)后发优势逐渐显现

1. 新增企业助力经济增长。一是新增规模以上工业企业737家,占比达到11.3%,实现增加值473.09亿元,增长33.6%,高出全市平均增速26.6个百分点,对工业贡献11.8%。二是新增限额以上批发和零售业法人企业580家,占比达到15.9%,共实现商品销售额569.19亿元,增长29.3%,其中零售额13.17亿元,增长41.3%,高出全市平均增速27.9个百分点,拉动限额以上法人上升3.8个百分点。三是新增限额以上住宿和餐饮业法人企业71家,占比达到9.0%,共实现营业额3.25亿元,增长36.5%,其中零售额2.37亿元,增长40.1%,高出全市平均增速35.3个百分点,拉动限额以上法人上升1.2个百分点。四是新增规模以上服务业495家,占比达到11.1%,共实现营业收入49.8亿元,增长26.7%,对全市9+4营业收入增长贡献率为7.1%;共实现营业利润6.5亿元,增长38.3%。五是新增建筑企业37家,新增总产值为3.6亿元,占建筑业总产值比重0.8%。第一季度全市建筑业总产值476.76亿元,增长8.9%,实现增加值约为108.70亿元,增长8.9%,增速实现较大提高。

2. 投资增添经济发展后劲。固定资产投资保持高位增长,今年第一季度增速为近12年来同期新高。第一季度完成固定资产投资568.00亿元,增长23.4%,同比提高6.6个百分点,比上年全年提高2.0个百分点。第三产业投资贡献率最高,制造业投资增长最快。从产业类别看,第三产业投资497.02亿元,增长23.8%,占全市固定资产投资比重87.5%,对全市固定资产投资增长的贡献率达到88.6%,其中房地产业贡献率62.3%,运输业贡献率5.0%;第二产业投资70.97亿元,增长21.2%,对全市固定资产投资增长的贡献率为11.5%,其中制造业投资64.71亿元,增长108.5%,贡献率31.3%。

从区域来看,宝安区完成投资92.12亿元,增长71.0%,对全市固定资产投资增长的贡献率为35.5%,全市最大,拉动全市固定资产投资增长8.3个百分点;龙华新区投资70.93亿元,增长32.2%,贡献率为16.1%,拉动投资增长3.8个百分点;南山区投资102.46亿元,增长14.5%,贡献率为12.1%,其中前海增长82.0%，贡献率为15.4%。随着宝安、龙华新区及前海片区的基础设施和政府投资项目、产业发展、城市更新重点项目的集中开工，2016年固定资产投资将保持良好的发展趋势。15个重点区域395个项目中，有190个项目开工建设，完成投资额58.27亿元，增长93.3%，占全市固定资产投资额的17.3%（具体见表7）。

表7　　　　2016年第一季度深圳市固定资产投资结构贡献情况

指标名称	绝对值（亿元）	同比增长（%）	贡献率（%）	拉动点数（%）
一、固定资产投资额	568.00	23.4	100.0	23.4
#城市更新改造	119.07	27.6	23.9	5.6
#建安工程	370.49	9.1	28.6	6.7
1.按管理渠道分				
（1）房地产开发项目	278.23	34.1	65.7	15.4
#城市更新改造	101.06	23.7	18.0	4.2
（2）非房地产开发项目	289.78	14.6	34.3	8.0
①基本建设	261.56	12.8	27.5	6.4
#基础设施	95.75	-4.0	-3.7	-0.9
#城市更新改造	18.01	54.3	5.9	1.4
②更新改造	28.21	35.4	6.8	1.6
#工业技术改造	17.76	7.5	0	0
2.按注册登记类型分				
（1）国有经济	142.93	12.6	14.9	3.5
（2）我国港澳台及外资	98.25	68.5	37.1	8.7
（3）其他经济	326.82	18.8	48.0	11.2
民间投资	435.64	26.2	84.0	19.6
3.按行业类别分				
（1）第一产业	0.02	-90.2	-0.2	0
（2）第二产业	70.97	21.2	11.5	2.7
#工业	70.97	21.2	11.5	2.7
#制造业	64.71	108.5	31.3	7.3

D. 猴年来春，2016年4月11日　深圳市第一季度经济形势分析会

续表

指标名称	绝对值（亿元）	同比增长（%）	贡献率（%）	拉动点数（%）
（3）第三产业	497.02	23.8	88.6	20.7
#运输邮电仓储	69.57	8.4	5.0	1.2
批发零售餐饮	7.44	-6.5	-0.5	-0.1
房地产	318.33	26.7	62.3	14.6
4. 按区域分				
罗湖	40.30	38.8	10.5	2.4
福田	69.88	9.1	5.4	1.3
南山	102.45	14.5	12.1	2.8
宝安	92.12	71.0	35.5	8.3
龙岗	83.48	1.8	1.3	0.3
盐田	22.23	9.0	1.7	0.4
光明	45.19	31.7	10.1	2.4
坪山	32.67	28.8	6.8	1.6
龙华	70.93	32.2	16.1	3.8
大鹏	8.75	6.6	0.5	0.1
前海片区	36.79	82.0	15.4	3.6
蛇口片区	9.73	-13.0	-1.4	-0.3
南山片区	55.94	-3.7	-2.0	-0.5
5. 前20大项目合计	89.85	8.5	6.6	1.5
深圳市轨道交通11号线工程	4.26	-68.6	-8.6	-2.0
深圳轨道交通7号线工程	5.44	-56.6	-6.6	-1.5
华星光电第8.5代TFT-LCD	16.77	79.2	6.9	1.6
深圳市轨道交通9号线工程	8.28	-51.0	-8.0	-1.9
深圳外环高速公路	7.76	745.2	6.4	1.5
深圳湾科技生态园	4.87	-27.2	-1.7	-0.4
卓越前海项目	4.64	-2.4	-0.1	0
深圳地铁红树湾项目	1.67	497.1	1.3	0.3
留仙洞总部基地1街坊	1.38	656.5	1.1	0.3
深圳机场航站区扩建工程	1.01	-35.9	-0.5	-0.1
前海T201—0077地块项目	0.15	0	—	—

续表

指标名称	绝对值（亿元）	同比增长（%）	贡献率（%）	拉动点数（%）
前海商业开发项目	1.04	4.8	0	0
长安标致雪铁龙生产基地	6.04	202.2	3.8	0.9
平安国际金融中心	11.39	397.7	8.5	2.0
前海枢纽工程	0.53	0.1	—	—
购买25架波音飞机	7.79	1.7	—	—
中信金融中心	0.96	-75.4	-2.7	-0.6
华润深圳湾综合发展项目	1.21	-77.2	-3.8	-0.9
深圳液化天然气项目	0.84	-46.0	-0.7	-0.2
金利通金融中心	3.84	0.8	—	—

三 值得关注的几个问题

（一）经济下行有企稳迹象，但仍处波动中

从先行指数看，3月中国制造业PMI为50.2%，较上月上升1.2个百分点，最近8个月以来首次回升到50%以上，显示当前经济运行新的积极变化，但因新旧增长动力转换仍在持续，经济运行中短期波动的因素依然存在。第一季度深圳制造业PMI为51.6%，环比上涨0.7个百分点，显示节后产需回暖及政策性上涨为其主要特征，经济短期可能企稳，后续仍须重点关注需求走势变化，见图4。

（二）规模以上企业增长不一，企业增速下降面不小

一是工业。第一季度，在6539家规模以上工业企业中，增速下降的有3521家，占比高达53.8%。二是商业。第一季度，在3642家限额以上批发和零售业企业中，商品销售额低于亿元的有3217家，占比88.3%，共实现商品销售额646.68亿元，下降17.1%；在790家限额以上住宿和餐饮业企业中，营业额低于五千万元的有765家，占比96.8%，共实现营业额46.07亿元，下降3.9%。三是规模以上服务业。第一季度，全市规模以上服务业营业收入968.88亿元，增长18.0%，若扣除前10强后，规模以上服务业营业收入增长12.5%，下降5.5个百分点。

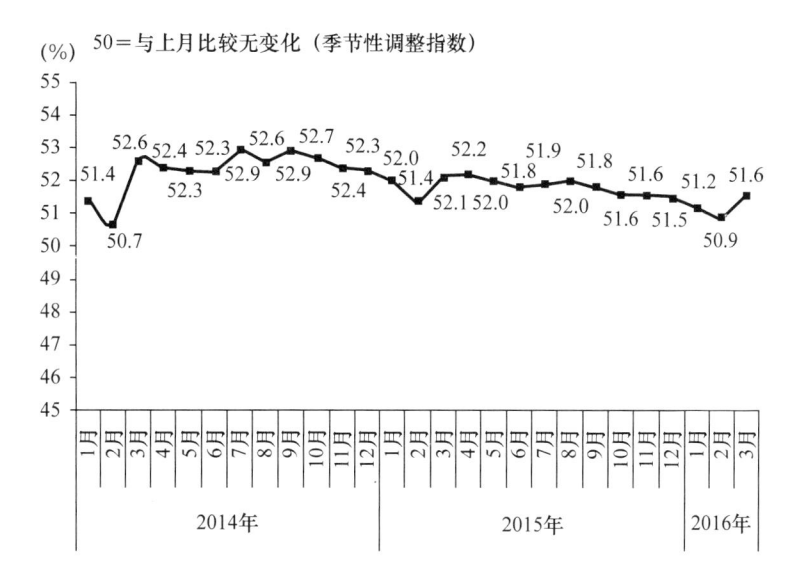

D. 猴年来春，2016年4月11日 深圳市第一季度经济形势分析会

图4 2014年1月至2016年3月深圳制造业PMI指数走势

（三）各类企业中也存在增长强弱问题

尤为大型商业企业存在一定的分化现象。第一季度，在50家商品销售额超十亿元的批发和零售业中，销售额同比下降的有16家；在批发业百强企业中，销售额降幅超过两成的有13家，其中中铁二局瑞隆物流降幅高达51.4%；在住宿和餐饮业前50强中，营业额下降的有12家，其中真功夫降幅超过一成。

（四）重点骨干企业外迁问题

近两年来，由于受工业用地供应减少、劳动力成本持续上涨等诸多因素影响，深圳市重点工业如华为、中兴、比亚迪、富士康、宇龙计算机等企业纷纷外迁。2015年，全市外迁产值约795亿元，外迁增加值约222亿元，影响全市工业经济增速约3.3个百分点。今年1—2月，华为终端外迁东莞因素下拉华为工业增加值增速5.5个百分点，减少华为占全市工业增加值比重0.7个百分点，降低华为对全市工业贡献率1.5个百分点，影响全市GDP增长的0.2个百分点。

四 经济走势研判与建议

第一季度，全市主要经济指标中，固定资产投资较快增长，社会消费品零售总额实现恢复性增长,外贸进出口降幅比 1—2 月收窄,公共财政预算收入连续较高增长,制造业 PMI 指数和非制造业商务活动指数均环比上涨 0.7 个百分点,工业生产者价格指数 PPI 降幅收窄至 -2% 以内等,这些都是延续良好增长势头的积极因素,全年经济有望实现"稳进运行"的走势。从经济数据变化角度,在今年全市经济运行中应注意把握两个方面的工作。

(一) 切实采取有针对性的措施和办法,"一企一策",着力弥补全市经济增长中的"短弱项"

目前,经济先行指标 PMI 环比上涨表明经济出现一定的企稳信号,要积极引导相关行业、企业抓紧时机,乘势而上,着力供给侧结构性改革,着重供需两端发力,落实好关于"促进科技创新、提升企业竞争力、促进人才优先发展"的三大政策措施,加大土地整备力度,按马书记调研时提出的"串联"改"并联"审批项目要求,提高协同能力,加快企业项目落地。与此同时,重点关注并协同解决如大型骨干企业外迁、大型商业企业经营出现分化、中小企业下降面较大等问题。

(二) 优化消费环境,进一步简政放权,为企业发展和居民消费提供更多的便利

实施更严格的质量标准和监管措施,强化企业主体责任,营造公平竞争环境,保护知识产权,严惩假冒伪劣,维护消费者合法权益。消费正在成为拉动经济增长的重要力量,第一季度最终消费支出占 GDP 比重的 44.3%,比去年同期提高 8.7 个百分点,对经济增长的贡献率为 44.2%,拉动 GDP 增长 3.6 个百分点,有力支撑了经济中高速增长。特别是消费升级带动服务业尤其是新兴服务业的快速发展,进一步推动了产业结构调整。

新闻通稿

2016年第一季度深圳市经济开局稳进

2016年,面对复杂多变的内外部经济环境,在深圳市委、市政府的坚强领导下,深圳适应和引领经济发展新常态,坚持稳增长、调结构、促改革、防风险、惠民生,着力推进供给侧结构性改革,着重供需两端发力,及时出台关于"促进科技创新、提升企业竞争力、促进人才优先发展"三大政策措施,各项经济指标呈现持续向好的稳进增长,实现经济发展的良好开局。

一 全市经济实现"十三五"首年首季"开门红"

在外部经济环境复杂多变的形势和全国经济持续下行的背景下,全市经济继续保持上年良好增长态势,开局稳进,初步核算并经广东省统计局核定,第一季度全市生产总值3807.36亿元,按可比价格计算,同比增长8.2%,增速分别比2014年、2015年同期加快0.9个、0.4个百分点,高出2012—2015年四年同期平均增速0.7个百分点,也高于全国和全省增速1.7个和1.1个百分点,实现"十三五"首年首季"开门红"(见图1)。其中,第一产业增加值1.10亿元,下降35.2%;第二产业增加值1539.83亿元,增长6.7%;第三产业增加值2266.60亿元,增长9.4%。

二 新产业、新业态、新商业模式展现发展新活力

第一季度,深圳市深入实施创新驱动发展战略,全市新(兴)产业(互联网、

新材料、生物、新能源、节能环保、文化创意、新一代信息技术等七大战略性新兴产业和海洋经济、航空航天、机器人可穿戴设备和智能装备、生命健康等四大未来产业）保持较好增长势头，共实现增加值 1555.16 亿元，增长 12.1%，分别高于 GDP 和规模以上工业 3.7 个和 4.5 个百分点，占 GDP 比重达到 40.0%（已剔除重复行业）。新业态中供应链企业整体向好，全市 72 家商业供应链企业共实现销售额 448.09 亿元，增长 24.9%，高于商品销售额平均增速 20.0 个百分点；全市电子商务交易活跃，初步测算，一季度全市电子商务交易额 4000 亿元左右，增长 30%。新商业模式积极向好，全市共有城市商业综合体 40 家，原特区内外各占一半，共有商户数 7292 户，2015 年共实现销售（营业额）282 亿元，增长 20.3%。

三 工业高端化势头良好，现代服务业发展较快

先进制造业和高技术制造业增长势头良好。2016 年第一季度，全市规模以上工业增加值 1426.49 亿元，按可比价格计算，同比增长 7.0%，增速比今年 1—2 月加快 0.6 个百分点，高出全国 1.8 个百分点。其中，全市先进制造业增加值 1120.79 亿元，增长 9.6%，增速高于全市规模以上工业 2.0 个百分点，占规模以上工业增加值比重 75.8%，同比回落 0.5 个百分点；高技术制造业增加值 995.14 亿元，增长 11.9%，增速高于全市规模以上工业 4.3 个百分点，占全市规模以上工业增加值比重 67.3%，同比提高 2.5 个百分点。其中，计算机、通信和其他电子设备制造业增加值 926.83 亿元，增长 12.2%，占规模以上工业增加值比重 62.7%，同比提高 4.0 个百分点（见图 2）。

第三产业比重继续上升，现代服务业较快发展。第二、第三产业结构由 2015 年同期的 42.1∶57.9 调整为 2016 年第一季度的 40.1∶59.9，服务业占比提高了 2.0 个百分点（如图 3）。现代服务业较快发展，其中金融业增加值 606.92 亿元，增长 10.9%，占 GDP 比重 15.6%，同比提高 0.2 个百分点；房地产业增加值 351.81 亿元，增长 12.6%，占 GDP 比重 9.0%，同比提高 2.0 个百分点；其他服务业（主要是信息传输、软件和信息服务业，租赁和商务服务业，科学研究和技术服务业，水利、环境和公共设施管理业，居民服务、修理和其他服务业，教育、卫生和社会工作，文化、体育和娱乐业，公共管理、社会保障和社会组织等现代服

业）增加值751.80亿元，增长10.8%，占GDP比重19.3%，同比提高0.8个百分点。

四 投资与内需拉动显现，外贸降幅收窄

固定资产投资增幅创12年同期新高。第一季度，全市固定资产投资568.00亿元，增长23.4%，增速比上年全年提高2.0个百分点，创自2005年以来连续12年同期历史新高，高出全国12.7个百分点（见图4）。投资结构持续优化，城市更新改造投资119.07亿元，增长27.6%，占固定资产投资比重23.9%，同比提高4.4个百分点；民间投资435.64亿元，增长26.2%，占固定资产投资比重84.0%，同比提高2.4个百分点；第三产业投资497.02亿元，增长23.8%，占固定资产投资比重88.6%，同比提高0.3个百分点。一季度房地产开发项目投资完成278.23亿元，增长34.1%；商品房销售面积165.76万平方米，同比增长56.1%。

社会消费品零售总额增幅创近四年同期新高。第一季度，全市社会消费品零售总额1193.51亿元，增长8.8%，增速与1—2月增速持平，创自2013年以来近四年同期新高，其中批发和零售业1062.97亿元，增长9.1%；住宿和餐饮业130.54亿元，增长6.2%（见图5）。第一季度，全市商品销售总额4972.24亿元，增长4.9%，其中批发销售额3909.40亿元，增长3.8%，占商品销售总额比重78.6%。在十大类主要商品销售中，增速较快的有书报杂志类增长20.0%，金银珠宝类增长17.9%，汽车类增长16.0%，食品饮料烟酒类增长12.4%，日用品类增长8.3%。

外贸进出口降幅较1—2月有较大收窄。第一季度，全市进出口总额5384.06亿元，下降6.5%，降幅比1—2月收窄6.9个百分点（见图6）。其中，出口总额3234.82亿元，下降5.8%，降幅比1—2月收窄6.9个百分点；进口总额2149.24亿元，下降7.4%，降幅比1—2月收窄7.1个百分点。月度同比和环比增速均实现正增长，3月全市进出口总额同比增长8.0%，环比增长28.9%，其中出口总额同比增长9.8%，环比增长24.4%；进口总额同比增长5.8%，环比增长35.5%。

五 财政收入增长接近三成,贷款增幅超过两成

公共财政预算收入增长较快。第一季度,全市公共财政预算收入890.5亿元,增长29.6%,同比提高6.9个百分点,其中税收收入722.6亿元,增长33.2%,占公共财政预算收入比重为81.1%,位于全国前列(见图7)。

贷款增幅较高。截至2016年3月末,金融机构(含外资)本外币存款余额59210.40亿元,同比增长13.8%,增幅比1—2月回落4.4个百分点;金融机构(含外资)本外币贷款余额35224.98亿元,同比增长21.8%,增幅较1—2月提高3.5个百分点。

六 消费价格涨幅温和可控,生产价格降幅持续收窄

居民消费价格温和上涨。第一季度,居民消费价格总水平同比上涨3.0%,涨幅较上年同期提升1.6个百分点。八大类商品和服务价格"六升二降",其中食品烟酒类上涨6.3%,居住类上涨5.1%,医疗保健类上涨2.1%,衣着类上涨1.6%,生活用品及服务类上涨1.4%,其他用品和服务类上涨1.1%,教育文化和娱乐类下降0.3%,交通和通信类下降3.2%(见图8)。

工业生产者出厂价格降幅收窄。第一季度,工业生产者出厂价格(PPI)同比下降1.8%,降幅同比收窄0.9个百分点,比全国小3.0个百分点。3月,工业生产者出厂价格同比下降1.7%,降幅同比收窄1.5个百分点,比全国小2.6个百分点,环比下降0.1%。第一季度,工业生产者购进价格同比下降3.6%,3月同比下降3.3%,环比下降0.1%(见图9)。

七 制造业PMI和非制造业PMI双改善

制造业PMI止跌回升,表明经济短期企稳。2016年3月,深圳制造业PMI为51.6%,高于全国平均水平1.4个百分点,在连续7个月持续下跌或持平后,指数环比上涨0.7个百分点,上涨幅度较大,11个分项指数全面回升,表明企业生产活动有所恢复,经济短期企稳(见图10)。

D. 猴年来春，2016年4月11日　深圳市第一季度经济形势分析会

非制造业PMI回弹表明非制造业经济良好扩张。3月，深圳非制造业商务活动指数为55.9%，高于全国平均水平2.1个百分点，在连续两个月持续回落后，指数环比上升0.7个百分点，回升幅度明显。虽然非制造业活动整体运行弱于2015年四季度，但3月指数强势回弹显示了企业活跃度的提升。

总体来看，2016年一季度全市经济开局稳进，各项先行指标止跌回升，不少领域出现积极变化，主要经济指标表现良好，这些都是全市经济保持稳健运行的积极因素。全市上下按照市委、市政府的决策部署，坚持稳中求进的工作总基调，积极引领经济发展新常态，坚持质量引领、创新驱动、转型升级、绿色低碳不动摇，着力推进供给侧结构性改革，着重供需两端发力，全年经济有望实现"稳进运行"的走势。

附注：

（1）国内生产总值、规模以上工业增加值及其分类项目增长速度按可比价计算，为实际增长速度；其他指标除特殊说明外，按现价计算，为名义增长速度。

（2）2012年起，执行新的国民经济行业分类标准（GB/T 4754—2011），具体内容请参见国家统计局网站。

（3）规模以上工业统计范围为年主营业务收入2000万元及以上的工业企业。

（4）社会消费品零售总额统计中限额以上单位是指年主营业务收入2000万元及以上的批发业企业（单位）、500万元及以上的零售业企业（单位）、200万元及以上的住宿和餐饮业企业（单位）。

（5）固定资产投资统计范围为计划总投资500万元以上的固定资产项目投资及所有房地产开发项目投资。

（6）进出口数据来源于深圳海关；公共财政预算收入数据来源于市财政委；人民币存贷款数据来源于中国人民银行深圳中心支行；CPI、PPI、IPI数据来源于国家统计局深圳调查队；深圳市制造业PMI调查样本共525家，非制造业PMI调查样本共418家。

（7）部分数据因四舍五入，存在总计与分项合计不等的情况。

附图：

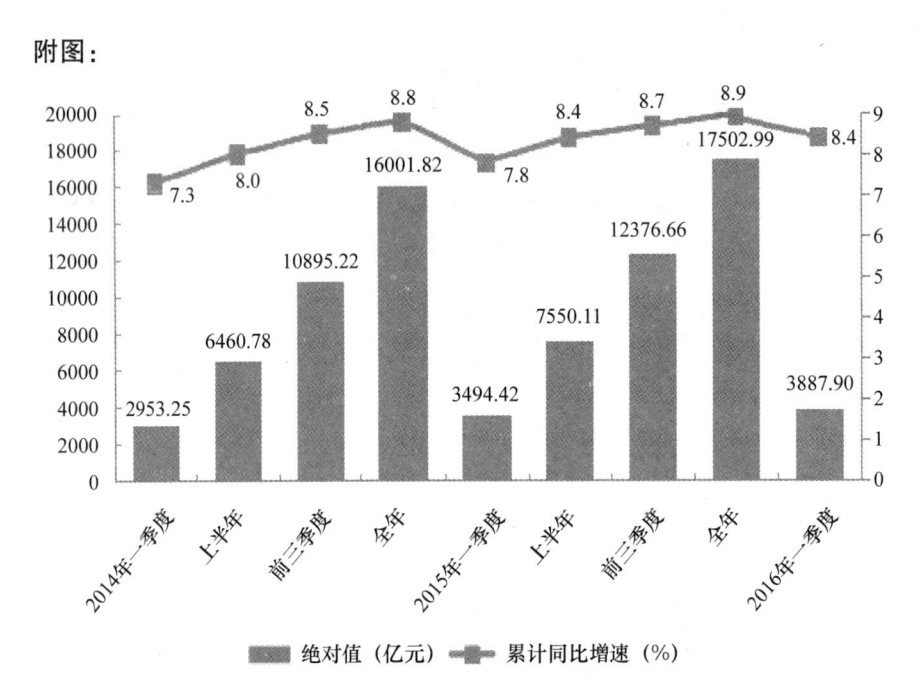

附图1　2014年至2016年第一季度深圳GDP各季度累计总量及累计同比增速走势

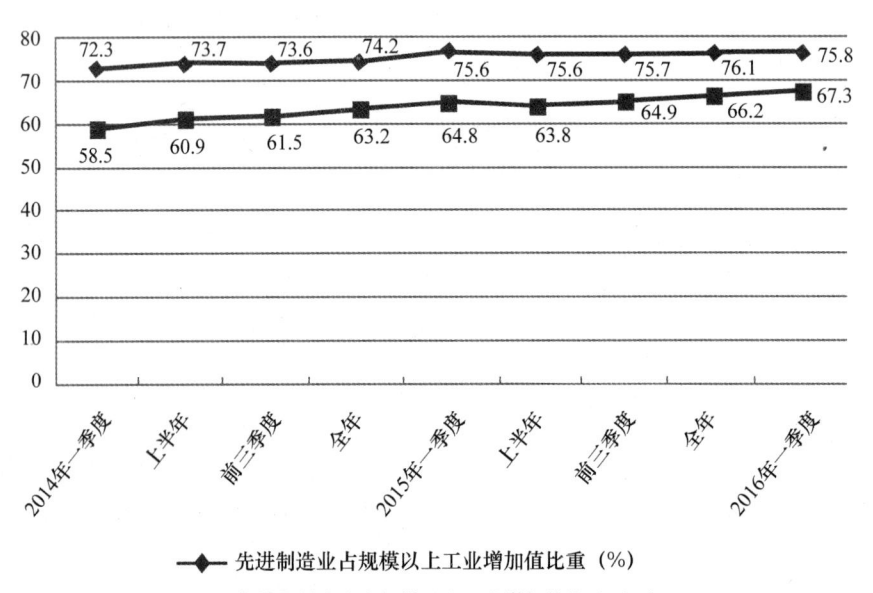

附图2　2014年至2016年第一季度深圳先进制造业和高技术制造业占规模以上工业增加值比重走势

D. 猴年来春，2016年4月11日　深圳市第一季度经济形势分析会

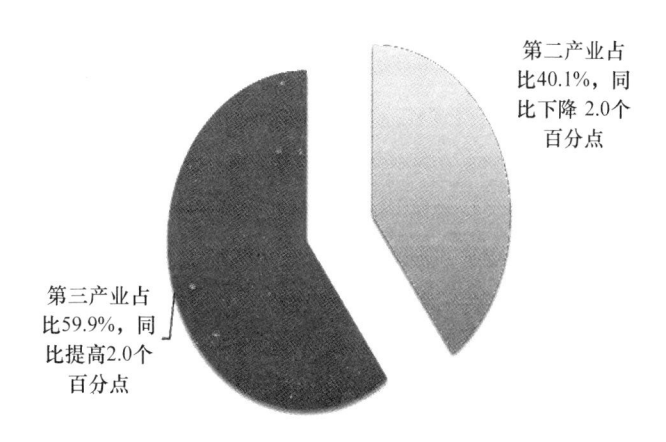

第二产业占比40.1%，同比下降2.0个百分点

第三产业占比59.9%，同比提高2.0个百分点

附图3　2016年第一季度深圳第二、第三产业构成

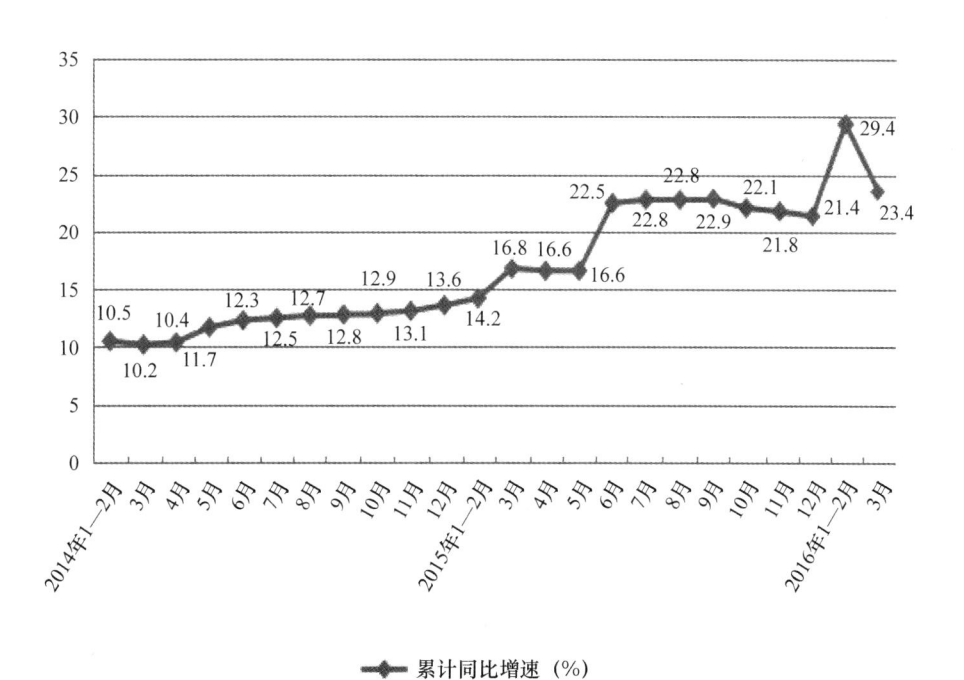

附图4　2014年至2016年第一季度深圳固定资产投资各月累计同比增速走势

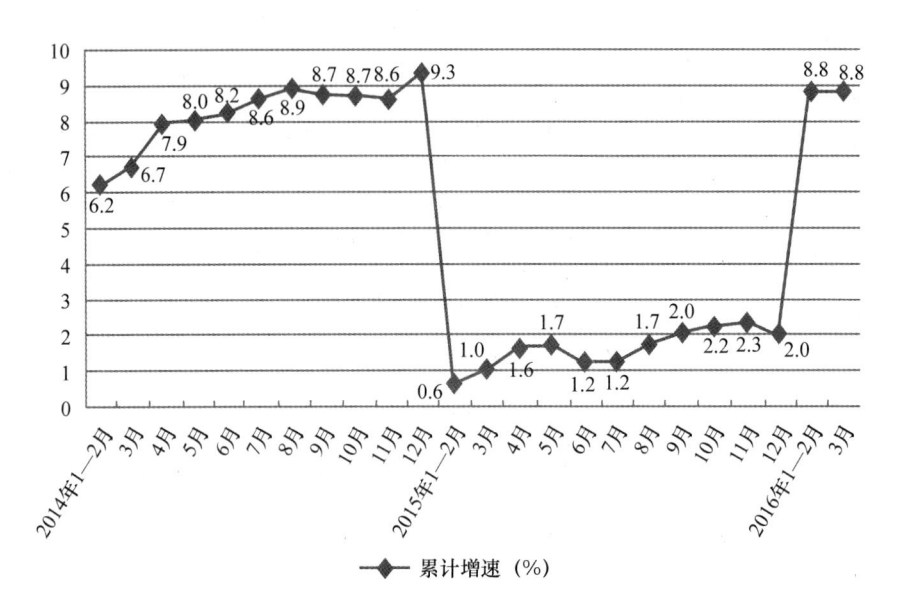

附图5　2014年至2016年第一季度深圳社会消费品零售总额各月累计同比增速走势

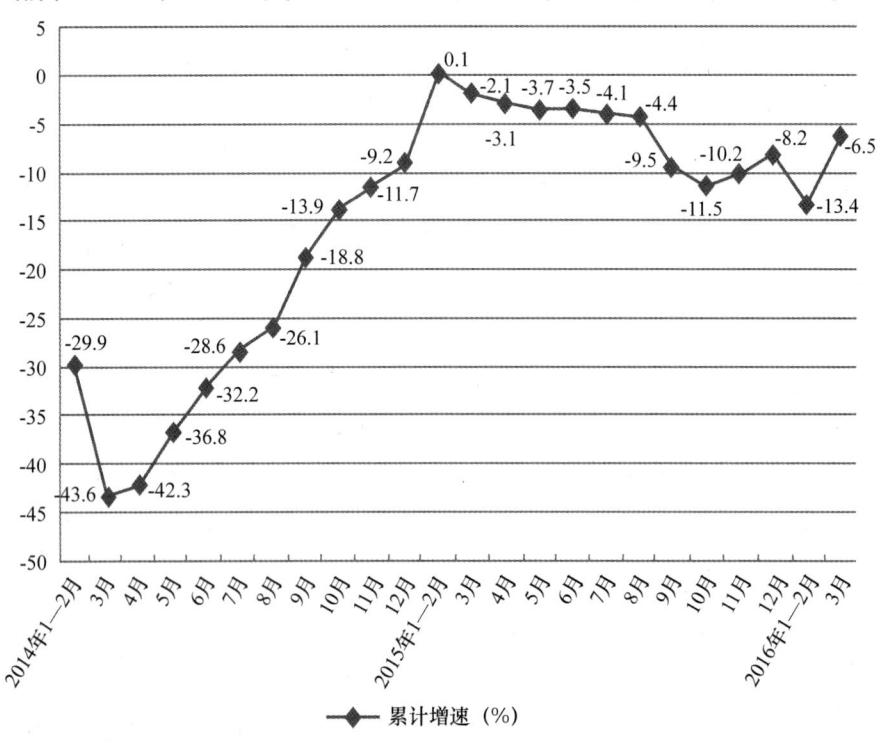

附图6　2014年至2016年第一季度深圳进出口总额各月累计同比增速走势

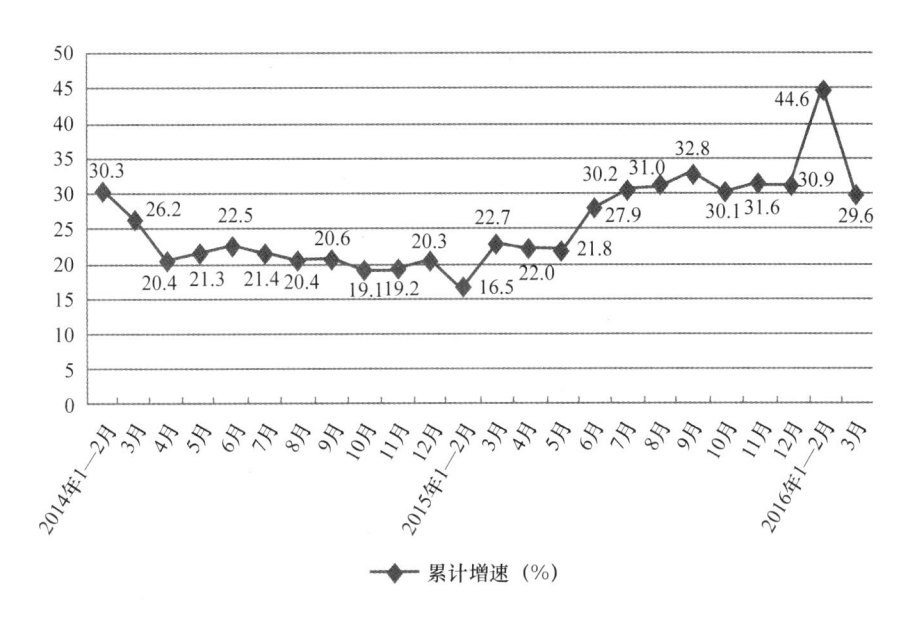

D. 猴年来春，2016年4月11日　深圳市第一季度经济形势分析会

附图7　2014年至2016年第一季度深圳公共财政预算收入各月累计同比增速走势

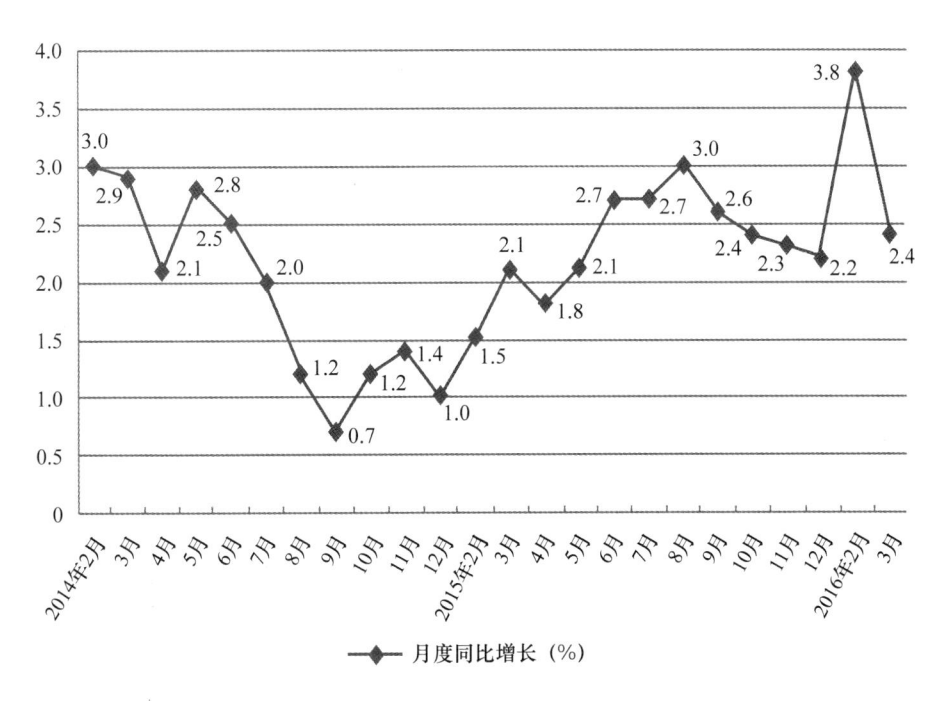

附图8　2014年2月至2016年3月深圳居民消费价格上涨情况（月度同比）

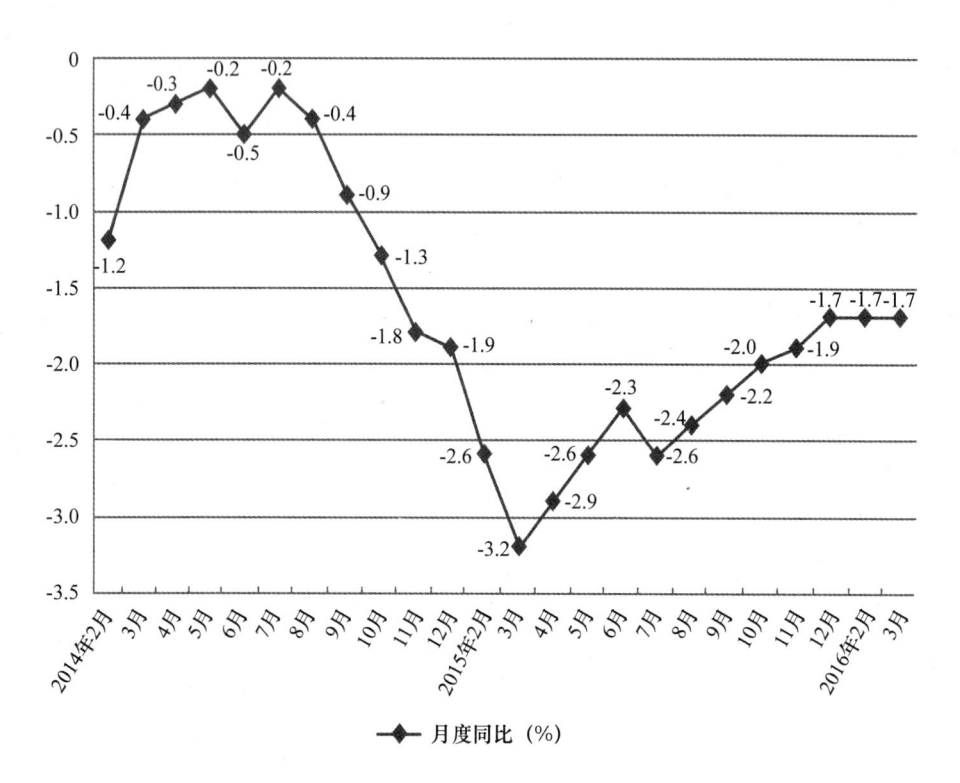

附图9 2014年2月至2016年3月深圳工业生产者出厂价格涨跌情况（月度同比）

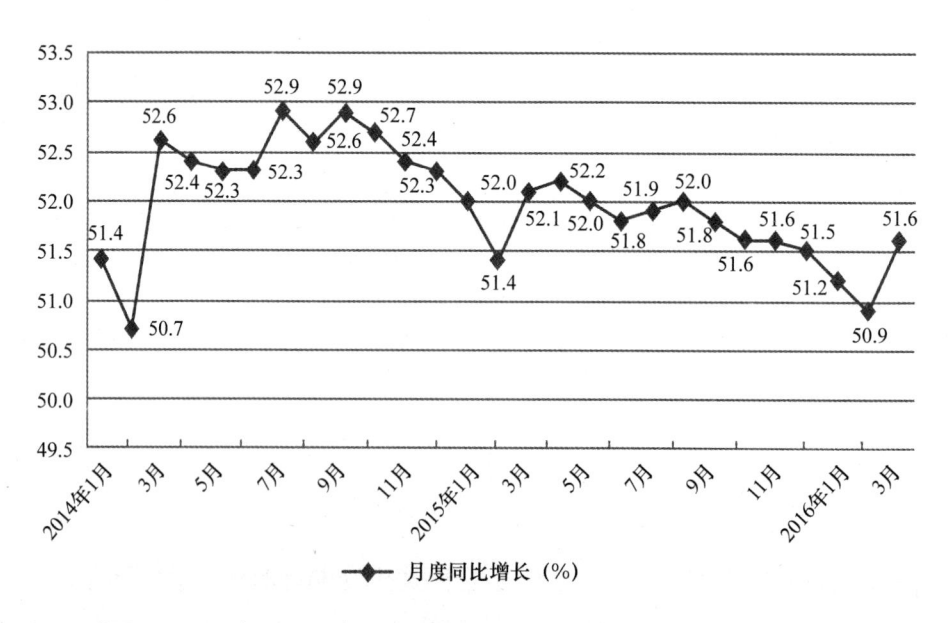

附图10 2014年至2016年3月深圳制造业PMI指数涨跌情况（月度同比）

市统计局：2016年一季度深圳经济开局稳进

> 第三视角

参加深圳市委2016年上半年经济形势分析会略纪

2016年4月11日（星期一）下午14:30，在深圳市委会议楼四楼常委会议室，深圳市召开了全市2016年上半年经济形势分析会。参会人员主要包括：市委常委，市人大常委会、市政协主要领导，副市长，市政府秘书长，各区、各部门主要负责同志。会议由马兴瑞书记主持，市发展改革委主汇报，发言时间20分钟，市统计局、财政委、经贸信息委、金融办补充汇报，发言时间各10分钟。

发展改革委汇报结束后，统计局开始汇报，共用时50多分钟。杨新洪局长开场白说："第一季度分析会比较早，我们数据提供时间确实比较紧，一直到中午还在提供，这就是为什么我们的材料发得这么晚。下面我补充汇报两个方面。其中一个是对第一季度经济运行属性的一个研判，就这个标题我想了三个月，为什么落脚到'开局稳进'？我观察了许多指标，还有半句话不敢说，就是'强于预期'，本来比8.2%还要强一点点，从GDP核算的22项指标来看，我们的底线是守得住的。"这时，马书记问："省里能承认我们8.2%这个数吗？没问题吧？"杨新洪局长回应说："没问题。还有一些指标需要从其他部门切割下来，这个我们还没掌握，所以还是留有余地的，比如举一个指标'证券交易额'，这个指标目前我们还没掌握，要等他们切割下来才能算进金融业增加值，比如水运，这个是交通部门的指标，还有六七项指标没有掌握。"马书记接着说："照你这么说，第一季度全省经济是相当好的，如果广州、深圳经济这么好，那么全省经济肯定超7.5%，完全有可能，继续汇报。"杨新洪局长继续汇报说："好。这个是一个基本属性的研判。第二个补充汇报的是我们对经济运行做一个解读和建议。第一个解读是首季'开门红'的表现有三个方面。一是延续去年增长势头，经济增速达到五年来的四年

D. 猴年来春，2016年4月11日　深圳市第一季度经济形势分析会

新高，实现了'十三五'首年首季'开门红'。另外，分行业看，第3页有个GDP分产业分行业的表，对这个表我们做了一些改造，许市长，我们把产业放上去，把行业放下来。实际上这个表体现了整个深圳经济第一季度的结构，不重不漏，包括先进制造业和现代服务业，这些口径都是可比、可用、可判的，先进制造业和现代服务业这两项合并起来是2627亿，增速高过9%，占GDP的69%。二是强于全国全省，有望高出1个百分点左右，对全国可能高于1.5个百分点，全国大概是6.7%这样一个增速，再过几天（15号前后）应该公布，从'八项支出'、营利性服务业比如腾讯等都增长得非常好，支撑了这样一个经济增速。金融除了存款余额落了4.4个百分点，贷款高了1个百分点，也起到支撑作用。三是我们就前高后低的情况找了40个季度的数字进行了研判，在最近十年内基本上是个主的趋势，除了个别年份以外不是，基本上是一个前低后高的走势。实际上，在第二、第三产业中找一个产业就可以判断，例如工业强，商业就弱，商业强，工业就弱。各位领导，看第6页这个图，从2006年到2015年，前几年这个斜率非常陡，但是到后面这几年就非常平缓，这说明一个问题，就是工业对GDP的贡献是一个强相关的关系，显著相关（$P=0.8356$），所以工业强则经济强，这是毫无疑问的。但是工业占比下降削弱了对GDP的贡献，对GDP影响减弱。第二个解读是支撑经济增长的是以下三个方面。一是大型骨干企业。工业里面的381家大型骨干企业，整个增加值是984亿，增长10.2%，高于全市平均增速，百强增幅是11%，30强增幅是15%，贡献率也很大，但是30强里面有增有减，像华为增长56.9%，扣掉华为，整个工业就是负增长。"这时马书记念着材料中的数据说："第一季度华为增加值337.95亿元，占规模以上工业比重22.8%，同比增长56.9%，对规模以上工业增长贡献率102.6%，对GDP增长贡献率34.6%。"杨新洪局长接着说："书记，我们也做了进一步了解，一是华为传统网络运营稳定增长，二是企业内部本身，包括金融、单位使用业务分成项目等，增长也很快。"马书记又说："富泰华现在是增长还是在降？"杨新洪局长回答："书记，我们也做过了解，它是没订单，大概四五月订单来了又起来了，去年你去了一下，下半年又起来了。"马书记接着说："过两天咱们再去一趟，你不稳住富士康稳谁呀？各区前十名的你给我稳住，想办法去稳，第七是比亚迪，第八是烟草，深圳供电局它说今年要正增长。"杨新洪局长马上回应："书记，你去了它就转正了。"这时候大家大笑，马书记也笑："它应该转正，我们用电量这么大增长，它还在那里晃荡。"杨新洪局长回应："书记，它电价下来了，用电量上去了，实际上扭转了，但是增长不多，一点点。"接着又

科学度量 Two

讨论烟草、创维、联想、中兴通讯、宇龙酷派、华星光电，谈到华为终端，马书记强调："一定要做好这些高管的服务，把他们留在深圳，这税收不就留下了吗？这得有办法呀，同志们！华为就是我们深圳企业的国王，国王发话了，要啥就得给啥。"大家大笑，整个会场气氛分外热烈。马书记继续接着说："还没明白这事呀，一句话就可以讲明白了，你们三四年不给人家地，人家当然不满意了。当然，这个比喻大家不要向外传呀，开玩笑的，就是举个例子来说。"杨新洪局长接着汇报："商业百强增速达到4%，高过全市平均增速2.6个百分点，也列个表。"马书记说："爱施德是什么公司，还不错呀，增长14.1%。"这时候，杨新洪局长接着说："书记，怡亚通也不错，增长38%。"马书记回应说："好。还有中农网增长134%。"接着又讨论天音、比亚迪新能源汽车销售等。杨新洪局长继续汇报："规模以上服务业4470家，其中营业收入在1000万元以上的企业1106家，这里也列了一张表，表中10个里面第一、第二都是腾讯，一个是硬件的，一个是科技的，增长非常不错。"这时候书记说："朗华也不错，这是好现象。"杨新洪局长接着说："二是经济发展活力方面，我们有个新经济、'三新'这个自语表达，书记市长非常关心'三新'经济这一块。"书记问："房屋等这一块能不能加进去？"杨新洪局长回答："书记，这一块国家是一个尺度，这次国家局新局长、宁局长召集深圳、浙江、上海三个地方统计局去国家局座谈，我们也反映了，包括许市长'两会'期间也都反映过，《统计信息报》都登了。我多汇报两句，这个'三新'是党中央国务院的新提法，现在又进一步拓展了'新经济'这个概念，现在国家局是按照'三新'来设计这个报表制度，深圳作为一个探索的区域，也进行改革创新实施'三新'统计，也反映上去了，国家局全国通用的它就吸收，有深圳地方特点的就对不起。我们这边新（兴）产业1200亿，增幅12.1%，这个是不重的，深圳是按照企业法来算，分分钟就可以计提出来。"马书记问："大疆无人机含不含在里面？它去年销售额120亿，增加值到底能贡献多少？"杨新洪局长回应："38%，快40%了。增加值率是一年算一次。"马书记问："那今年呢？"杨新洪局长回答："今年我们是用去年算的。"马书记说："今年假如它的销售翻一倍，那核算增加值翻一倍，就是销售翻一倍，增加值翻80%，那也不少，那不就是70多个亿了，是放在工业里面，是吧？"杨新洪局长回答："是的，但是它现在成立了另外一个法人公司，好像发展不怎么好，我现在还没弄清楚它是怎么考虑的。"马书记接着说："我要你把这个统计出来，这是我们新兴的产业，后起之秀，这部分你要统计好，我要看这个，好不好？"杨新洪局长说："好，好。书记我要向您检讨，

| D. 猴年来春，2016年4月11日　深圳市第一季度经济形势分析会 |

这次中央电视台搞了机器人表演，这个是优必选机器人制造，实际上它的类别，国家局来看了也找不到它的类别。"马书记接着说："那不应该放在工业中吗？"杨新洪局长回应："是放在工业中。最细的划分是教育、娱乐智能。"这时候大家大笑。杨新洪局长继续说："它应该放进工业产值中的智能制造中。"马书记问："放没放进去？"杨新洪局长说："书记，这个企业整个在门外，没有统计进来。"马书记接着说："我就是要你把这个统计到智能制造里头，或者统计到工业里头，这个我给你说，它说它今年能干到8个亿。8个亿的话，咱不用说别的，搞不好，4个亿的增加值，你就给我漏了4个亿。"杨新洪局长说："他们和我说今年可以达到6个亿，按40%的增加值率，增加值2.4个亿。"马书记接着说："但是这样的企业很多，你漏了很多这样的企业。"杨新洪局长接着说："书记，我继续向您汇报吧，我为什么主动向您坦白我们这个没有统计进来，就是怕您问这个企业统没统进来，我说没有，你就打我一棍。"大家为杨新洪局长这样的坦荡而大笑。杨新洪局长继续说："书记，它这个问题是在哪里？它前年是200万，去年是500万，今年一下子弄到5个亿，统计入库，一年只有一次。进入国家局那个网第四季度才开挂，所以我也向国家局宁局长汇报过。"马书记接着说："这是企业的成长规律，这种新兴的大疆无人机就是一个案例，2011年它的销售额是100万，2015年就做到60个亿，这是什么概念。你说这样的企业有100个，你知道你漏了多少，不要小看你才漏了一个企业，如果有一百个这样的企业，深圳GDP就少算了多少，这样下去还能超过天津？这就是要给他们讲的概念，而且我认为，如果有10个就漏掉了20多亿。"杨新洪局长回应说："国家局也说了，进来可能不稳定，它也有它的考虑，要观察你很稳定、成长性不错了，它才让你进来。"马书记接着说："我要你把这些东西统计齐了给我加在一起，我就知道新兴的产业发展得怎么样了，不要把这些成长型的、爆发性的企业漏掉，好不好？"杨新洪局长又说："好。书记，上次宁局长还让我转达对您的问好。"马书记笑着说："光问好有什么用呢。"大家又笑。马书记接着说："像这种情况没关系，咱们别漏，我就希望你们把这些企业给我列个单子打个表，国家说你没进库，没关系，我认，但是我首先自己记录在案，会给他们说，你少统计了这么多GDP。你漏统计了，我们心中有个底，好不好？"杨新洪局长说："好。"杨新洪局长接着汇报："下面是我们的新业态，主要是供应链企业，像飞马、朗华、怡亚通等，在这里我就不重复了，增速都是两位数的增长。对于新商业模式，我们做了改革试点，有城市商业综合体40家，包括万象城、购物公园等。这些都是2015年的数据，增速还不错，上半年我们会有体现。第三个支

撑是后发优势逐渐显现。一是新增企业助力经济增长。书记，我们统计一直没偷懒，去年新增入库企业737家，这个成长也不错，增长33.6%，限额以上批零企业580家，这个增长29.3%，规模以上服务业是495家，还有建筑业的37家，我们勿以小而不为，它们只要有资质，我们就给它们培训，拉入库。这些新企业支撑是一个后劲，有活力，有成长性。二是投资增添经济发展后劲，刚才宏彬主任也讲道，我这里想讲的有两种意思，一个是总量上还有个大中城市对比，1—2月我们居于第13位，但是速度在追赶，是最高的，在这季度3800多亿的GDP里面大概有资本形成1254亿，固定资产形成1068亿，增长23%，贡献率也是最大的一个。"马书记接着说："投资拉动还可以。"杨新洪局长说："这个是从支出法观察的。"许市长问："三驾马车对经济的贡献分别是多少？"杨新洪局长回答："最终消费是44.2%，资本形成是37.2%，净流出是18.6%，在GDP 8.2%的增速中，资本形成大概是3个点，最终消费是3.6个点，净流出是1.6个点。"马书记说："这么说三驾马车中，消费贡献最高，投资第二，不低了，出口第三，投资拉动还可以。"杨新洪局长说："16页有个表。"马书记接着念出来："罗湖增长38.6%，福田增长9.1%，南山增长14.5%，宝安增长71%，龙岗增长1.8%，龙华增长32%，大鹏增长6.6%，坪山增长28.8%。行，再往下说。"杨新洪局长说："好。对关注的问题，我们用数字说话，我标题点一下，一是经济下行有企稳迹象，但仍处波动中；二是规模以上企业增长不一，工业有商业服务业也有，企业增速下降面不小；三是各类企业也存在增长强弱问题；四是重点骨干企业外迁问题。"这时候，马书记插话："王幼鹏，你给我想明白，必须给我解决这些工业用地。大族激光这么好的装备制造企业，就在我们深圳搞个百八十亩，这个企业这么好，它自己投资自己扩大再生产，我感到你们这些领导，各区书记也在，从德国买回来设备进行生产，这么好的事情，我现在干着急啊，为啥看不到希望，我是看你们这么干没有希望，那你不是明摆着让华为、中兴搬走吗？企业外迁是很正常的现象，人家在你这落地也是很正常的现象，但是现在，人家是想在你这落地落不了。我每天见企业见多少，这怎么能行，大族激光这么好的企业，去年营业收入二三十亿，像它这样做到二三百亿，绝对没问题。你这怎么办？这是最可怕的问题，重点企业外迁，它为什么外迁，它在你这落不了地能不外迁吗？一般是两种因素造成的，一是它自然而然要走，二是它在你这落不了地要走，你不可能逼华为中兴必须在深圳，这是不可能的，它在全国全世界都在做。但是人家在我们这布局，我们却安排不下。王幼鹏，一定要跟经济紧密相关，你不是简单管这个地，这叫供给侧结构性改革，这

D. 猴年来春，2016年4月11日 深圳市第一季度经济形势分析会

才是真正的。你说的这几个问题，我们能干的就这一条，说白了，我们能形成新的工业的投产，而且是高水平的，无论是先进制造业还是装备制造业，知道吗……"然后马书记又举例说了一个拟在潍坊投资的直升机企业改来深圳投资设厂的事例，等等。最后，杨新洪局长继续汇报："研判我就补充两点，一是切实采取有针对性的措施和办法，'一企一策'着力弥补全市经济增长中的'短弱项'。二是优化消费环境，进一步简政放权，为企业发展和居民消费提供更多的便利。第一季度，深圳工作主动，经济稳进运行，在新常态下能够继续下去。"最后，马书记说："好的，汇报得很好，谢谢你！"

E. 盛夏如约，2016年7月18日 深圳市第二季度经济形势分析会

半年以"双过半"的要求，比春季调高了0.2个百分点，意义非同寻常。

数据的直波也带来分析的直接。经济的细胞似乎逃不过数据工作者的眼光，"先、新、特、外"的深度经济现象，总为我带来无限的分析空间。

城市经济在比较中发展与在发展中比较，让分析充满了期待。

分享别人，燃烧自己，多少分析昼夜，能让自己折腾一宿，先外后内、先人后己成为常态。

采得一丘数，不问哪渠来，只缘身在福，一切受待见。

发言稿

深圳市经济保持稳进运行

初步核算，2016年上半年全市生产总值8608.88亿元，比上年同期（下同）增长8.6%；规模以上工业增加值3138.20亿元，增长7.5%；固定资产投资1609.55亿元，增长24.3%；社会消费品零售总额2536.28亿元，增长8.1%；进出口总额11877.14亿元，下降1.5%，其中出口7123.07亿元，下降1.3%，进口4754.07亿元，下降1.7%；公共财政预算收入1753.98亿元，增长24.4%；居民消费价格上涨2.6%。

一 经济运行新变化

（一）经济运行稳进增长

2016年上半年全市生产总值8608.88亿元，按可比价增长8.6%，比第一季度加快0.2个百分点，比2014年、2015年同期加快0.6个和0.2个百分点，高于全国1.9个百分点。从主要经济指标看，规模以上工业增加值和社会消费品零售总额分别增长7.5%和8.1%，增速较为平稳；固定资产投资和公共财政预算收入增长24.3%和24.4%，增速相对较快；外贸进出口降幅逐月收窄。分产业看，第一产业增加值2.81亿元，下降18.9%；第二产业增加值3352.61亿元，增长7.3%；第三产业增加值5253.46亿元，增长9.5%。从主要城市看，北京11413.8亿元，增长6.7%；天津8500.91亿元，增长9.2%；重庆8000.82亿元，增长10.6%。具体情况如图1。

（二）三产比重首超六成，营利性服务业和非营利性服务业贡献突出

2016年上半年，第二、第三产业结构由上年同期的41.1∶58.9优化为

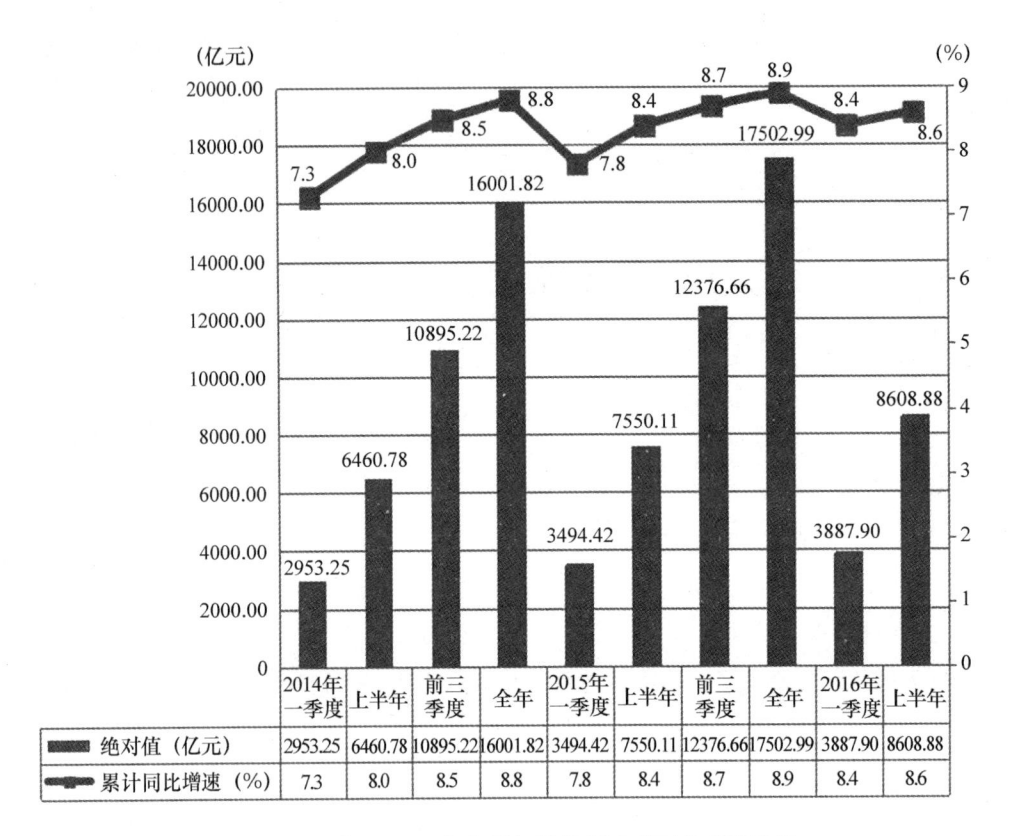

	2014年一季度	上半年	前三季度	全年	2015年一季度	上半年	前三季度	全年	2016年一季度	上半年
绝对值（亿元）	2953.25	6460.78	10895.22	16001.82	3494.42	7550.11	12376.66	17502.99	3887.90	8608.88
累计同比增速（%）	7.3	8.0	8.5	8.8	7.8	8.4	8.7	8.9	8.4	8.6

图1 2014年至2016年上半年深圳GDP总量和增速走势

38.9∶61.1，第二、第三产业构成此消彼长2.2个百分点，对经济增长贡献率分别为35%和65%，分别拉动经济增长3个和5.6个百分点。第二产业中先进制造业增加值2350.11亿元，增长9.6%，占GDP比重27.3%，对规模以上工业增长贡献率达到93.9%，对GDP增长贡献率达到29.8%，拉动GDP增长2.8个百分点。第三产业中现代服务业增加值3677.42亿元，增长10%，占GDP比重42.7%，同比提高1.7个百分点，对GDP增长贡献率达到47.9%，拉动GDP增长4.1个百分点，特别是以信息传输、软件和信息技术服务业为主的营利性服务业和以八项支出为主的非营利性服务业对经济增长贡献突出，上半年分别实现增加值970.71亿元和787.84亿元，分别增长14.5%和14%，较2015年同期（9.8%和-3%）分别提高4.7个和17个百分点，占GDP比重分别为11.3%和9.2%，较2015年同期（10.7%和8.5%）分别提高0.6个和0.7个百分点，对GDP增长的贡献率分别为18.1%和13.8%，较上年同期（11.8%和-2.5%）分别提高6.3个和16.3个百分点。营利性服务业和非营利性服务业对经济增长的贡献率和拉动力作用明显，是推动经济增长和产业结构优化调整的重要力量，如表1所示。

表1　　　　　　　　　2016年上半年深圳GDP及分行业情况

	指标名称	绝对值（亿元）	增长（％）	构成（％）	构成同比变动（百分点）	对GDP增长的贡献率（％）	拉动GDP百分点
	地区生产总值（GDP）	8608.88	8.6	100.0	—	100.0	8.6
分产业	第一产业	2.81	-18.9	0	0	-0.1	0
	第二产业	3352.61	7.3	38.9	-2.2	35.0	3.0
	#先进制造业	2350.11	9.6	27.3	-2.1	29.8	2.6
	第三产业	5253.46	9.5	61.1	2.2	65.1	5.6
	#现代服务业（测算）	3677.42	10.0	42.7	1.7	47.9	4.1
分行业	工业	3153.70	7.3	36.6	-2.1	32.8	2.8
	金融业	1292.85	10.0	15.0	-0.1	17.6	1.5
	商业	1061.34	2.7	12.3	-1.1	4.2	0.4
	营利性服务业	970.71	14.5	11.3	0.6	18.1	1.6
	#信息传输、软件和信息技术服务业	591.87	18.6	6.9	0.6	13.7	1.2
	房地产业	877.69	8.0	10.2	2.2	7.5	0.6
	非营利性服务业	787.84	14.0	9.2	0.7	13.8	1.2
	交通运输、仓储和邮政业	255.96	10.3	3.0	-0.1	3.7	0.3
	建筑业	205.82	7.6	2.4	-0.1	2.2	0.2
	农林牧渔业	2.99	-17.0	0	0	-0.1	0

（三）固定资产投资保持高位增长

2016年上半年，全市固定资产投资1609.55亿元，增长24.3％，比第一季度（23.4％）和上年同期（22.5％）加快0.9个和1.8个百分点，比全国（9.0％）高15.3个百分点。其中，民间投资活跃，共实现投资额870.52亿元，增长77.7％，高于全市固定资产投资增速53.4个百分点，远高于全国平均增速（2.8％），占全市固定资产投资比重54.1％。从管理渠道分，房地产开发项目投资754.22亿元，增长38％，同比提高11.5个百分点，其中城市更新改造投资299.43亿元，增长60.3％；非房地产开发项目投资855.34亿元，增长14.4％，同比回落

5.3个百分点,其中基本建设投资739.85亿元,增长12%。从产业类型看,第二产业投资207.59亿元,增长2.1%,比上年同期(19%)回落16.9个百分点,其中工业投资下降1.5%,同比回落21个百分点;第三产业投资1401.95亿元,增长28.5%,同比提高5.3个百分点。

二 经济发展新增长

(一)新经济展现发展活力

1. 新(兴)产业新增长

2016年上半年,全市新兴产业(包括七大战略性新兴产业和四大未来产业)增加值3439.26亿元(已剔除重复行业),增长12.1%,高于GDP和规模以上工业3.5个和4.6个百分点,如表2所示。

表2　　2016年上半年深圳市新兴产业增加值情况

	指标名称	增加值(亿元)	增长(%)
	新兴产业合计(剔重)	3439.26	12.1
战略性新兴产业	新一代信息技术	1760.26	12.5
	互联网	375.66	14.0
	新材料	153.64	10.2
	生物	100.73	8.0
	新能源	231.42	15.0
	节能环保	170.19	3.3
	文化创意	847.12	15.0
未来产业	海洋	175.11	-18.8
	航空航天	33.76	6.6
	机器人、可穿戴设备和智能装备	212.74	21.8
	生命健康	33.80	11.1

注:(1)表中各产业之间有交叉重复情况,但新兴产业合计数扣除了重复,因此各产业数据之和大于合计数。(2)表中增加值的增长速度按现价计算。

在主要工业新产品中,新能源汽车发展迅猛,2016年上半年共生产31038辆,增长358.8%;工业机器人3421套,增长27.6%;智能电视1326.12万台,增长

23.0%。新能源产品的生物质发电量3555万千瓦时,增长16.8%;核能发电量232.75亿千瓦时,增长5.9%;垃圾焚烧发电量4.65亿千瓦时。

2. 新业态新发展

2016年上半年,全市72家商业供应链企业共实现销售额1020.93亿元,增长22.7%,高于全市商品销售总额增速19.9个百分点,其中销售额超过10亿的供应链企业有18家,超百亿的有飞马国际、信利康、富森三家,增速均达到两位数。三家企业共拉动全市商品销售额增长1个百分点,龙头企业规模效应显著,带动行业持续稳定健康发展,如表3所示。

2016年上半年,初步测算全市电子商务交易额8000亿元左右,增长32%,电子商务交易活跃。

表3　　　　　　　2016年上半年深圳供应链企业前30强销售情况

序号	单位名称	销售额(亿元)	增速(%)
1	深圳市飞马国际供应链股份有限公司	176.67	41.1
2	深圳市信利康供应链管理有限公司	146.17	11.8
3	深圳市富森供应链管理有限公司	107.74	47.5
4	深圳市朗华供应链服务有限公司	77.89	13.8
5	深圳市华富洋供应链有限公司	70.72	27.3
6	深圳市怡亚通供应链股份有限公司	61.95	34.4
7	深圳嘉晟供应链股份有限公司	44.66	1.0
8	冀中瑞丰(深圳)供应链有限公司	39.94	179.9
9	深圳敬业恒泰供应链有限责任公司	38.53	-38.4
10	深圳市宝积供应链管理有限公司	31.56	10.1
11	深圳市昆商易糖供应链有限公司	30.66	72.8
12	深圳市东方嘉盛供应链股份有限公司	23.22	39.5
13	深圳市博科供应链管理有限公司	18.31	23.4
14	深圳市九立供应链有限公司	18.05	-3.9
15	深圳市盛嘉供应链发展有限公司	14.45	13.0
16	深圳市普路通供应链管理股份有限公司	12.97	3.6
17	深圳兴业富达供应链管理有限公司	12.94	59.7
18	深圳市润泰供应链管理有限公司	12.74	5.0
19	深圳市联合利达供应链管理有限公司	8.74	55.9

续表

序号	单位名称	销售额（亿元）	增速（%）
20	深圳市柏润汇金供应链有限公司	6.57	-0.9
21	深圳朗信天下金属供应链管理有限公司	5.88	10.1
22	深圳市世纪通供应链股份有限公司	5.80	72.0
23	深圳市路迪斯达供应链管理有限公司	4.30	-4.8
24	深圳市爱德宝供应链有限公司	4.00	83.8
25	深圳市奔达康物流供应链管理有限公司	3.90	-31.8
26	深圳市卓能致成供应链管理有限公司	3.89	319.6
27	深圳市前海贝格供应链金融有限公司	3.84	12319.2
28	深圳市联捷发供应链有限公司	2.71	161.6
29	深圳市嘉泽供应链管理股份有限公司	2.31	262.1
30	深圳百汇供应链有限公司	2.21	143.3

3. 新商业新模式

2016年上半年，全市共有城市商业综合体45家，比第一季度增加5家，共有商户7783户，从业人员6.5万人，共实现营业额177.47亿元，增长13.3%。分类别看，零售业营业额115.49亿元，占比65.1%。分区域看，罗湖区营业额最高，达到51.18亿元，这与罗湖区商业综合体开业较久、商圈比较成熟稳定有关；福田区营业额第二，达到43.66亿元；综合体数量最多的龙华新区，营业额15.17亿元，同比增长53.6%。

通过对深圳华强北电子市场、水贝珠宝市场、大芬村油画市场等专业市场的大个体户调查，2016年上半年全市大个体实现商品销售额2421.54亿元，增长14.6%，增速高于商品销售总额11.8个百分点，销量居前三位的分别是文化办公用品类、机电产品及设备类、日用品类，分别占大个体商品销售额的30%、20.7%、12.3%。

4. 新孵化新创业

截至2016年6月底，深圳累计建设重点实验室、工程实验室、工程（技术）研究中心、企业技术中心、孵化器、公共技术服务平台等创新载体1335家，其中国家级89家，省级135家，市级1111家，上半年新增市级以上创新载体52家。

创新载体数量的发展壮大给孵化企业的成长提供了雄厚的基础条件。至2015年年底，深圳科技企业孵化器共有144家，其中国家级12家，孵化器内企业总数

8458家,从业人员8.04万人,当年毕业企业950家,知识产权申请数6260个,授权数3676个,其中发明专利2233个,占全市发明专利授权量的13.2%。

(二) 新增企业助力经济增长

2016年上半年,新增规模以上工业企业741家,占比达到11.7%,共实现增加值101.76亿元,增长33.0%,高出全市规模以上工业增加值增速25.5个百分点,对规模以上工业增长贡献率11.2%,拉动工业增长0.8个百分点;新增限额以上批发和零售业法人企业596家,占比达到16.3%,共实现商品销售额1368.00亿元,增长19.8%,其中零售额26.61亿元,增长26.1%,高出全市平均增速17.7个百分点,拉动限额以上法人上升0.5个百分点;新增限额以上住宿和餐饮业法人企业72家,占比达到9.1%,共实现营业额7.18亿元,增长24.7%,其中零售额4.87亿元,增长30.3%,高出全市平均增速24.1个百分点,拉动限额以上法人上升1.1个百分点;新增规模以上服务业企业495家,占比达到11.1%,共实现营业收入152.89亿元,增长20.5%,对全市9+4营业收入增长贡献率为7%;新增建筑企业85家,共实现总产值9.67亿元,占比达到1%。

(三) 准"四上"单位潜力较大

经调查,全市准"四上"单位有4544家,合计营业收入2205.71亿元。分行业看,工业企业1638家,营业收入761.43亿元;建筑业510家,营业收入38.11亿元;批发和零售业678家,营业收入669.23亿元;住宿和餐饮业271家,营业收入20.98亿元;房地产开发经营业16家,营业收入75.93亿元;服务业1431家,营业收入640.03亿元。分区域看,宝安区1271家,营业收入550.97亿元;福田区950家,营业收入548.41亿元;南山区762家,营业收入417.23亿元;龙岗区510家,营业收入170.25亿元;罗湖区421家,营业收入276.53亿元;龙华新区358家,营业收入126.87亿元;光明新区141家,营业收入49.80亿元;盐田区70家,营业收入37.79亿元;坪山新区47家,营业收入24.07亿元;大鹏新区14家,营业收入3.80亿元。

(四) 骨干企业拉动经济增长

381家大型工业企业共实现增加值2058.71亿元,增长11.1%,高于规模以上工业增速3.6个百分点,占规模以上工业增加值比重65.6%,同比提高4.0个百分点。其中，华为实现增加值715.56亿元，增长46.2%，占规模以上工业增加值比重22.8%，对规模以上工业增加值的增长贡献率为96.7%，对GDP增长贡献率达到30.7%。具体如表4所示。

表4　　　　　　　2016年上半年深圳规模以上工业前30强情况

序号	单位名称	增加值（亿元）	占规模以上工业比重（%）	增速（%）	对规模以上工业增长贡献率（%）	对GDP增长贡献率（%）
1	华为技术有限公司	715.96	22.8	46.2	96.7	30.7
2	中兴通讯股份有限公司	236.12	7.5	6.8	6.6	2.1
3	富泰华工业（深圳）有限公司	127.11	4.1	-8.6	-5.2	-1.7
4	中海石油（中国）有限公司深圳分公司	96.73	3.1	2.8	1.6	0.5
5	鸿富锦精密工业（深圳）有限公司	44.37	1.4	4.5	0.8	0.3
6	深圳供电局有限公司	43.42	1.4	1.9	0.3	0.1
7	比亚迪汽车工业有限公司	30.54	1.0	21.3	2.2	0.7
8	深圳烟草工业有限责任公司	27.88	0.9	-14.9	-1.8	-0.6
9	深圳创维-RGB电子有限公司	20.10	0.6	22.0	1.7	0.5
10	联想信息产品（深圳）有限公司	19.94	0.6	12.8	1.0	0.3
11	广东核电合营有限公司	18.82	0.6	23.6	1.5	0.5
12	深圳市华星光电技术有限公司	16.72	0.5	4.7	0.3	0.1
13	深圳市华讯方舟科技有限公司	16.05	0.5	61.5	2.7	0.8
14	岭东核电有限公司	15.59	0.5	-7.2	-0.5	-0.2
15	岭澳核电有限公司	14.91	0.5	-10.8	-0.8	-0.2
16	宇龙计算机通信科技（深圳）有限公司	13.77	0.4	-31.3	-2.7	-0.9
17	比亚迪精密制造有限公司	13.33	0.4	98.3	2.9	0.9
18	深圳迈瑞生物医疗电子股份有限公司	12.86	0.4	19.1	0.8	0.3
19	广东粤港供水有限公司	12.74	0.4	8.0	0.4	0.1
20	富葵精密组件（深圳）有限公司	11.68	0.4	-7.1	-0.4	-0.1
21	深圳市大族激光科技股份有限公司	11.49	0.4	30.1	1.1	0.4

续表

序号	单位名称	增加值（亿元）	占规模以上工业比重（％）	增速（％）	对规模以上工业增长贡献率（％）	对GDP增长贡献率（％）
22	广东大鹏液化天然气有限公司	11.09	0.4	7.6	0.3	0.1
23	深圳市共进电子股份有限公司	10.97	0.3	4.1	0.2	0.1
24	华润怡宝饮料（中国）有限公司	10.60	0.3	-4.1	-0.2	-0.1
25	深圳市长盈精密技术股份有限公司	10.30	0.3	133.0	2.6	0.8
26	嘉实多（深圳）有限公司	10.25	0.3	10.0	0.4	0.1
27	天马微电子股份有限公司	9.81	0.3	-16.9	-0.8	-0.3
28	艾默生网络能源有限公司	9.73	0.3	74.2	1.8	0.6
29	深圳富泰宏精密工业有限公司	9.60	0.3	-54.6	-5.0	-1.6
30	深圳市泰衡诺科技有限公司	9.25	0.3	38.4	1.1	0.4

4450家规模以上服务业企业共实现营业收入2703.10亿元，增长15.9％，其中前50强共实现营业收入1246.77亿元，增长25.1％，高于全市平均水平9.2个百分点，对全市规模以上服务业营业收入增长的贡献率为67.2％；共实现营业利润295.23亿元，增长34.4％，高于全市平均水平16.6个百分点，对全市规模以上服务业营业利润增长的贡献率为95.4％。具体情况如表5所示。

表5　　　　　　　　2016年上半年深圳规模以上服务业30强情况

序号	单位名称	营收（亿元）	增长（％）	利润（亿元）	增长（％）
1	深圳市腾讯计算机系统有限公司	156.8	37.5	16.0	41.6
2	腾讯科技（深圳）有限公司	148.0	35.4	97.7	28.5
3	深圳航空有限责任公司	92.8	7.9	9.4	65.3
4	中国移动通信集团广东有限公司深圳分公司	74.9	9.3	41.8	20.8
5	广深铁路股份有限公司	68.6	10.0	8.2	5.7
6	中国电信股份有限公司深圳分公司	48.4	7.5	22.7	14.7
7	深圳光汇石油集团股份有限公司	47.3	46.5	-4.7	—
8	深圳市创捷供应链有限公司	45.6	122.7	0	-93.2
9	深圳市腾邦物流股份有限公司	43.8	74.9	1.0	213.7
10	中广核工程有限公司	32.5	-8.4	-1.2	—

续表

序号	单位名称	营收（亿元）	增长（％）	利润（亿元）	增长（％）
11	顺丰速运有限公司	31.6	17.1	24.0	—
12	深圳市财付通科技有限公司	30.7	260.0	6.3	228.6
13	深圳市中兴软件有限责任公司	29.6	-4.8	8.4	-67.8
14	深圳市中兴通讯技术服务有限责任公司	24.1	29.7	4.6	-31.8
15	中国联合网络通信有限公司深圳市分公司	23.8	11.9	6.2	-1.6
16	盐田国际集装箱码头有限公司	22.7	3.8	12.9	3.2
17	深圳市旗丰供应链服务有限公司	20.2	76.5	0	-169.9
18	深圳市英捷迅实业发展有限公司	18.3	11.3	-0.1	—
19	深圳综合信兴物流有限公司	15.9	13.3	0.2	—
20	中原地产代理（深圳）有限公司	13.8	63.7	1.9	72.5
21	深圳市云中飞网络科技有限公司	13.1	233.0	11.1	385.3
22	厦深铁路广东有限公司	11.1	12.9	-3.8	—
23	航天科工深圳（集团）有限公司	10.2	-56.5	0.1	-73.6
24	深圳市机场股份有限公司	10.2	4.6	2.0	68.0
25	深圳市地铁集团有限公司	10.2	-56.0	1.8	-6.6
26	平安科技（深圳）有限公司	10.1	63.3	0.7	1.8
27	中国移动（深圳）有限公司	9.8	26.1	8.0	20.9
28	百度国际科技（深圳）有限公司	9.1	37.5	6.9	47.8
29	中航物业管理有限公司	9.1	28.7	0.5	74.6
30	普惠信息科技（深圳）有限公司	8.8	-50.2	-0.2	—

（五）良好的经济效益为经济持续增长提供保障

2016年上半年市政府十分重视并加大对教育、科技、公共安全、医疗卫生、节能环保、城乡社区、社会保障与就业等领域的投入，公共财政预算支出1494.27亿元，增长59.9％，比第一季度提高78.3个百分点，同比提高58.6个百分点。上半年，全市公共财政预算收入1753.98亿元，增长24.4％，良好的财政收入是推动以八项支出为主的非营利性服务业发展的重要保障。

工业企业效益良好。2016年1—5月，全市规模以上工业企业利润总额584.46亿元，增长23.1％，增速较快，分别比全国（6.4％）和全省（15.8％）高16.7个和7.3个百分点，全员劳动生产率接近20万元/人（199312.42元/人），增长

15.6%，工业经济效益综合指数达到216.03%，同比提高21.3个百分点。

三 影响经济因素新关注

（一）金融业和房地产业影响因素继续存在

2016年上半年，全市金融业增加值1292.85亿元，增长10%，比第一季度（10.9%）和上年同期（18.7%）分别回落0.9个和8.7个百分点，占GDP比重达到15%，同比回落0.1个百分点，对经济增长的贡献率为17.6%，同比回落12.8个百分点。上半年金融机构本外币存款余额同比增长仅达3.4%，比第一季度（13.8%）和上年同期（19.4%）分别回落10.4个和16个百分点；证券交易成交额增长17.3%，比上年同期（140.4%）回落123.1个百分点，金融业状况值得关注。

2016年上半年，全市房地产业增加值877.69亿元，增长8%，较第一季度（12.6%）和上年同期（18.2%）分别回落4.6个和10.2个百分点，对经济增长的贡献率为7.5%，较上年同期（14.2%）回落6.7个百分点。受去年同期基数较高和今年"325"楼市新政等因素影响，上半年全市商品房销售面积335.11万平方米，增长5.6%，较2、3、4、5月累计增速（69.5%、56.1%、30.7%、18.1%）逐月回落。预计受去年下半年基数较高因素影响，下半年全市商品房销售面积增速回落幅度更大，须密切关注。

（二）工业增速有所放缓

2016年上半年，全市规模以上工业增加值3138.20亿元，增长7.5%，比第一季度回落0.1个百分点，比上年同期回落0.3个百分点。一是过半规模以上工业企业产值下降。上半年全市6354家规模以上工业企业中，3333家企业总产值负增长，占比52.5%；50强中产值负增长21家，占比42%。二是华为是影响工业增速回落的重要因素，深圳终端产值持续下降。上半年，华为共实现工业增加值715.96亿元，增长46.2%，但较第一季度回落12.8个百分点，对规模以上工业增加值增长贡献率为96.7%，较第一季度回落5.9个百分点。4、5、6月深圳终端单月产值分别为40亿元、32亿元、23亿元，单月产值逐月递减。三是工业投资下滑。受工业投资周期和大项目影响，上半年工业投资206.83亿元，下降1.5%，低于全市固定资产平均增速25.8个百分点，其中制造业投资184.76亿元，增长0.3%，低于全市固定资产平均增速24.0个百分点。

（三）消费增速低于全国全省

2016年上半年，全市社会消费品零售总额增长8.1%，比第一季度（8.8%）回落0.7个百分点，分别比全国（10.3%）和全省（10.1%）低2.2个和2.0个百分点。一是汽车零售增幅回落较大。上半年汽车零售增速由一季度的44.9%回落到上半年的23.8%，而汽车零售额占社消零比重11.8%，影响较大。二是主要大型商业企业增速下降。上半年，在商品销售额超10亿元的108家批发和零售业中，销售额同比下降的有40家；在批发业百强企业中，销售额下降的企业有38家；在住宿和餐饮业前50强中，营业额下降的有21家，其中沃尔玛（中国）投资销售额增长2.1%，松日数码下降99.9%，天音通讯下降50.6%，比亚迪汽车销售增长0.4%，华润万家增长4.0%，天虹下降5.0%。具体如表6所示。

表6　　　　2016年上半年深圳大型连锁零售企业前30强零售情况

序号	单位名称	零售额（亿元）	增速（%）	比重（%）
	全市	1765.82	7.6	100.0
1	华润万家有限公司	116.48	4.0	6.6
2	天虹商场股份有限公司	74.82	-5.0	4.2
3	沃尔玛深国投百货有限公司	57.58	57.9	3.3
4	深圳茂业商厦有限公司	22.80	-11.1	1.3
5	深圳市顺电连锁股份有限公司	20.92	8.6	1.2
6	深圳市苏宁电器有限公司	15.88	-5.8	0.9
7	深圳市人人乐商业有限公司	13.07	-3.0	0.7
8	永旺华南商业有限公司	11.16	43.5	0.6
9	沃尔玛（深圳）百货有限公司	11.06	29.9	0.6
10	深圳市亨吉利世界名表中心有限公司	9.64	-21.5	0.5
11	深圳市百佳华百货有限公司	9.12	-1.7	0.5
12	深圳市国美电器有限公司	8.98	-47.0	0.5
13	深圳岁宝连锁商业发展有限公司	7.13	1.6	0.4
14	深圳家乐福商业有限公司	6.39	-6.3	0.4
15	深圳岁宝百货有限公司	6.30	-32.3	0.4
16	新一佳超市有限公司	5.76	-10.9	0.3
17	深圳市恒波商业连锁股份有限公司	5.39	8.4	0.3

E. 盛夏如约，2016年7月18日 深圳市第二季度经济形势分析会

续表

序号	单位名称	零售额（亿元）	增速（%）	比重（%）
18	深圳市海王星辰健康药房连锁有限公司	4.86	8.2	0.3
19	深圳全棉时代科技有限公司	4.73	120.1	0.3
20	中油碧辟石油有限公司深圳分公司	3.73	-19.4	0.2
21	绰琪服装（深圳）有限公司	3.41	14.5	0.2
22	深圳市一致医药连锁有限公司	3.06	17.1	0.2
23	深圳加德士石油产品有限公司	2.29	10.4	0.1
24	深圳市八马茶业连锁有限公司	2.20	10.9	0.1
25	广东赛壹便利店有限公司深圳分公司	1.85	9.6	0.1
26	深圳市卡尔丹顿服饰股份有限公司	1.56	-17.6	0.1
27	博士眼镜连锁股份有限公司	1.43	13.7	0.1
28	深圳市国惠康实业发展有限公司	1.35	4.6	0.1
29	深圳汇骏服装有限公司	1.15	-11.3	0.1
30	红珏高级时装有限公司	0.76	7.6	0

（四）"四上"企业下降面仍在50%左右

2016年上半年，除了批发和零售业、规模以上服务业下降面小于增长面之外，其他各行业下降面均大于增长面。工业增加值增长的企业占47.5%，下降的企业占52.5%；建筑业总产值增长的企业占47.3%，下降的企业占52.3%；批发业销售额增长的企业占46.1%，下降的企业占43.9%；零售业销售额增长的企业占50.1%，下降的企业占49.9%；住宿业营业额增长的企业占37.9%，下降的企业占62.1%；餐饮业营业额增长的企业占34.9%，下降的企业占65.1%；房地产业销售面积增长的企业占11.4%，下降的企业占88.6%；规模以上服务业营业收入增长的企业占54.8%，下降的企业占45.2%。

四 2016年下半年走势预判

2016年6月，深圳制造业PMI为51.2%，环比回落0.1个百分点，连续三个月小幅下滑（4、5月分别环比回落0.1个和0.2个百分点），经济持续探底。同时，1—5月深圳工业生产者出厂价格（PPI）同比回落1.8个百分点，2016年以来一直低位徘徊，表明全市工业经济增长动力偏弱，未来或有继续下行风险。6月非

| 科学度量 Two

制造业商务活动指数为55.7%，虽然该指数仍较高位运行且较上个月回升0.2个百分点，但第二季度平均水平仍然低于第一季度，要警惕非制造业经济下行风险。另外，受上年同期基数较高因素影响，金融业和房地产业下半年走势令人担忧。因此，全年要达到或保持8.5%的预定目标区间上限增速，仍需全市上下付出艰辛的努力。

新闻通稿

深圳市2016年上半年经济保持稳进运行

初步核算，2016年上半年全市生产总值8608.88亿元，比上年同期（下同）增长8.6%；规模以上工业增加值3138.20亿元，增长7.5%；固定资产投资1609.55亿元，增长24.3%；社会消费品零售总额2536.28亿元，增长8.1%；进出口总额11877.14亿元，下降1.5%，其中出口7123.07亿元，下降1.3%，进口4754.07亿元，下降1.7%；公共财政预算收入1753.98亿元，增长24.4%；居民消费价格上涨2.6%。

一 经济运行新变化

（一）经济运行稳进增长

2016年上半年全市生产总值8608.88亿元，按可比价增长8.6%，比一季度加快0.2个百分点，比2014年、2015年同期加快0.6个和0.2个百分点。从主要经济指标看，规模以上工业增加值和社会消费品零售总额分别增长7.5%和8.1%，增速较为平稳；固定资产投资和公共财政预算收入增长24.3%和24.4%，增速相对较快；外贸进出口降幅逐月收窄。分产业看，第一产业增加值2.81亿元，下降18.9%；第二产业增加值3352.61亿元，增长7.3%；第三产业增加值5253.46亿元，增长9.5%。

（二）三产比重首超六成，营利性服务业和非营利性服务业贡献突出

2016年上半年，第二、第三产业结构由上年同期的41.1:58.9优化为38.9:61.1，第二、第三产业构成此消彼长2.2个百分点，对经济增长贡献率分别为35%和

65%，分别拉动经济增长3个和5.6个百分点。第二产业中先进制造业增加值2350.11亿元，增长9.6%，占GDP比重27.3%，对规模以上工业增长贡献率达到93.9%，对GDP增长贡献率达到29.8%，拉动GDP增长2.8个百分点。第三产业中以信息传输、软件和信息技术服务业为主的营利性服务业和以八项支出为主的非营利性服务业对经济增长贡献突出，上半年分别实现增加值970.71亿元和787.84亿元，分别增长14.5%和14%，较上年同期分别提高4.7个和17个百分点，占GDP比重分别为11.3%和9.2%，较上年同期分别提高0.6个和0.7个百分点，对GDP增长的贡献率分别为18.1%和13.8%，较上年同期分别提高6.3个和16.3个百分点，营利性服务业和非营利性服务业对经济增长的贡献率和拉动力作用明显，是推动经济增长和产业结构优化调整的重要力量。

（三）固定资产投资保持高位增长

2016年上半年，全市固定资产投资1609.55亿元，增长24.3%，比一季度和上年同期分别加快0.9个和1.8个百分点。其中，民间投资活跃，共实现投资额870.52亿元，增长77.7%，高于全市固定资产投资增速53.4个百分点，占固定资产投资比重达到54.1%。从产业类型看，第二产业投资207.59亿元，增长2.1%；第三产业投资1401.95亿元，增长28.5%，同比提高5.3个百分点。

二 经济发展新增长

（一）新经济展现发展活力

1. 新（兴）产业新增长

2016年上半年，全市新兴产业（包括七大战略性新兴产业和四大未来产业）增加值3439.26亿元（已剔除重复行业），增长12.1%，高于GDP和规模以上工业3.5个和4.6个百分点。

在主要工业新产品中，新能源汽车发展迅猛，上半年共生产31038辆，增长358.8%；工业机器人3421套，增长27.6%；智能电视1326.12万台，增长23.0%。新能源产品的生物质发电量3555万千瓦时，增长16.8%；核能发电量232.75亿千瓦时，增长5.9%；垃圾焚烧发电量4.65亿千瓦时。

2. 新业态新发展

2016年上半年，全市72家商业供应链企业共实现销售额1020.93亿元，增长

E. 盛夏如约，2016年7月18日 深圳市第二季度经济形势分析会

22.7%，高于全市商品销售总额增速19.9个百分点，其中销售额超过10亿的供应链企业有18家，超百亿的有3家，增速均达到两位数，三家企业共拉动全市商品销售额增长1个百分点，龙头企业规模效应显著，带动行业持续稳定健康发展。

2016年上半年，初步测算全市电子商务交易额8000亿元左右，增长32%，电子商务交易活跃。

3. 新商业新模式

2016年上半年，全市共有城市商业综合体45家，比一季度增加5家，共有商户7783户，从业人员6.5万人，共实现营业额177.47亿元，增长13.3%。分类别看，零售业营业额115.49亿元，占比65.1%。分区域看，罗湖区营业额最高，达到51.18亿元，这与罗湖区商业综合体开业较久、商圈比较成熟稳定有关；福田区营业额第二，达到43.66亿元；综合体数量最多的龙华新区营业额15.17亿元，同比增长53.6%。

通过对深圳华强北电子市场、水贝珠宝市场、大芬村油画市场等专业市场的大个体户调查，上半年全市大个体实现商品销售额2421.54亿元，增长14.6%，增速高于商品销售总额11.8个百分点，销量居前三位的分别是文化办公用品类、机电产品及设备类、日用品类，分别占大个体商品销售额的30%、20.7%、12.3%。

4. 新孵化新创业

截至2016年6月底，深圳累计建设重点实验室、工程实验室、工程（技术）研究中心、企业技术中心、孵化器、公共技术服务平台等创新载体1335家，其中国家级89家，省级135家，市级1111家，上半年新增市级以上创新载体52家。

创新载体数量的发展壮大给孵化企业的成长提供了雄厚的基础条件，至2015年年底，深圳科技企业孵化器共有144家，其中国家级12家，孵化器内企业总数8458家，从业人员8.04万人，当年毕业企业950家，知识产权申请数6260个，授权数3676个，其中发明专利2233个，占全市发明专利授权量的13.2%。

（二）新增企业助力经济增长

2016年上半年，新增规模以上工业企业741家，占比达到11.7%，共实现增加值101.76亿元，增长33.0%，高出全市规模以上工业增加值增速25.5个百分点，对规模以上工业增长贡献率11.2%，拉动工业增长0.8个百分点；新增限额以上批发和零售业法人企业596家，占比达到16.3%，共实现商品销售额1368.00亿元，增长19.8%，其中零售额26.61亿元，增长26.1%，高出全市平均增速

17.7个百分点，拉动限额以上法人上升0.5个百分点；新增限额以上住宿和餐饮业法人企业72家，占比达到9.1%，共实现营业额7.18亿元，增长24.7%，其中零售额4.87亿元，增长30.3%，高出全市平均增速24.1个百分点，拉动限额以上法人上升1.1个百分点；新增规模以上服务业企业495家，占比达到11.1%，共实现营业收入152.89亿元，增长20.5%，对全市9+4营业收入增长贡献率为7%；新增建筑企业85家，共实现总产值9.67亿元，占比达到1%。

(三) 准"四上"单位潜力较大

经调查，全市准"四上"单位有4544家，合计营业收入2205.71亿元。分行业看，工业企业1638家，营业收入761.43亿元；建筑业510家，营业收入38.11亿元；批发和零售业678家，营业收入669.23亿元；住宿和餐饮业271家，营业收入20.98亿元；房地产开发经营业16家，营业收入75.93亿元；服务业1431家，营业收入640.03亿元。分区域看，宝安区1271家，营业收入550.97亿元；福田区950家，营业收入548.41亿元；南山区762家，营业收入417.23亿元；龙岗区510家，营业收入170.25亿元；罗湖区421家，营业收入276.53亿元；龙华新区358家，营业收入126.87亿元；光明新区141家，营业收入49.80亿元；盐田区70家，营业收入37.79亿元；坪山新区47家，营业收入24.07亿元；大鹏新区14家，营业收入3.80亿元。

(四) 骨干企业拉动经济增长

381家大型工业企业共实现增加值2058.71亿元，增长11.1%，高于规模以上工业增速3.6个百分点，占规模以上工业增加值比重65.6%，同比提高4.0个百分点

4450家规模以上服务业企业共实现营业收入2703.10亿元，增长15.9%，其中前50强共实现营业收入1246.77亿元，增长25.1%，高于全市平均水平9.2个百分点，对全市规模以上服务业营业收入增长的贡献率为67.2%；共实现营业利润295.23亿元，增长34.4%，高于全市平均水平16.6个百分点，对全市规模以上服务业营业利润增长的贡献率为95.4%。

(五) 良好的经济效益为经济持续增长提供保障

上半年市政府十分重视并加大对教育、科技、公共安全、医疗卫生、节能环保、城乡社区、社会保障与就业等领域的投入，公共财政预算支出1494.27亿元，

E. 盛夏如约，2016年7月18日 深圳市第二季度经济形势分析会

增长59.9%，比一季度提高78.3个百分点，同比提高58.6个百分点。上半年，全市公共财政预算收入1753.98亿元，增长24.4%，良好的财政收入是推动以八项支出为主的非营利性服务业发展的重要保障。

工业企业效益良好。1—5月，全市规模以上工业企业利润总额584.46亿元，增长23.1%，增长较快，分别比全国（6.4%）和全省（15.8%）高16.7个和7.3个百分点，全员劳动生产率接近20万元/人（199312.42元/人），增长15.6%，工业经济效益综合指数达到216.03%，同比提高21.3个百分点。

总体来看，上半年面对复杂多变的内外部环境和经济下行压力不断加大的形势，全市经济稳中有进，进中向好，逐季攀升，结构优化。下半年全市上下只要按照市委、市政府的决策部署，积极引领经济发展新常态，坚持质量引领、创新驱动、转型升级、绿色低碳的发展方针，着力推进供给侧结构性改革，着重供需两端发力，全年经济有望实现年初制定的预期目标。

附注：

（1）国内生产总值、规模以上工业增加值及其分类项目增长速度按可比价计算，为实际增长速度；其他指标除特殊说明外，按现价计算，为名义增长速度。

（2）从2012年起，执行新的国民经济行业分类标准（GB/T 4754—2011），具体内容请参见国家统计局网站。

（3）规模以上工业统计范围为年主营业务收入2000万元及以上的工业企业。

（4）社会消费品零售总额统计中限额以上单位是指年主营业务收入2000万元及以上的批发业企业（单位）、500万元及以上的零售业企业（单位）、200万元及以上的住宿和餐饮业企业（单位）。

（5）固定资产投资统计范围为计划总投资500万元以上的固定资产项目投资及所有房地产开发项目投资。

（6）进出口数据来源于深圳海关；公共财政预算收入数据来源于市财政委；CPI数据来源于国家统计局深圳调查队。

（7）营利性服务业和非营利性服务业是第三产业中除了交通运输仓储和邮政业、批发和零售业、住宿和餐饮业、金融业、房地产业之外的其他服务业，是现代服务业的重要组成部分。营利性服务业包括信息传输软件和信息技术服务业、租赁和商务服务业、居民服务修理和其他服务业、文化体育和娱乐业；非营利性服务业包括科学研究和技术服务业、水利环境和公共设施管理业、教育、卫生和社会工

作、公共管理社会保障和社会组织、国际组织。

（8）准"四上"单位的认定以2015年营业收入达到"四上"标准作为依据且不在2015年报与2016年定报调查单位名录中。"四上"单位是指规模以上工业企业、限额以上批零住餐企业、资质等级建筑业企业和房地产开发企业以及重点服务业企业，"四上"单位是开展统计调查的基础性工作重中之重，是国民经济核算的基础数据来源。

（9）部分数据因四舍五入，存在总计与分项合计不等的情况。

新闻报道

2016上半年深圳GDP同比增长8.6% 增速高于全省全国

康、朗华等众多供应链巨头纷纷"抢滩"。

深圳市统计局有关专家指出，上半年，仅深圳72家商业供应链企业共实现销售额1020.93亿元，增长22.7%，高于全市商品销售总额增速19.9个百分点。其中，销售额超过10亿的供应链企业18家，超百亿的3家，增速均达到两位数，3家企业共拉动全市商品销售额增长1个百分点，龙头企业规模效应显著，带动行业持续稳定健康发展。

深圳新兴业态辈出，原因在于这里的创新土壤。目前，深圳积极实施"互联网+"、"宽带深圳"行动计划，推动移动互联、大数据、云计算、物联网等新一代信息技术与各行各业相结合，互联网"+制造"、"+商贸"、"+教育"、"+医疗"、"+文化"等新业态、新模式不断涌现、蓬勃发展。上半年，初步测算全市电子商务交易额8000亿元左右，同比增长32%。

新孵化新创业

深圳一枝独秀的创新发展，吸引全球目光。美国发行量最大的《华尔街日报》日报记者在深圳实地采访调查后刊文称，在深圳几乎感受不到经济不景气的压力。越来越多的中小制造商开始生产3D打印机、电动滑板车和机器人，深圳正引领中国经济的产业转型升级。

经济发展的背后，是源头创新的培育。截至2016年6月底，深圳累计建设重点实验室、工程实验室、工程（技术）研究中心、企业技术中心、孵化器、公共技术服务平台等创新载体1335家，其中国家级89家，省级135家，市级1111家，上半年新增市级以上创新载体52家。

良好的创新氛围，不仅吸引国内顶尖研发团队纷纷来到深圳，就连国际众多顶级团队也为之动心。今年年初，国际华人科技工商协会带来的国外顶级专家团队在深圳考察后，决定将在深圳创建两大创新载体——芯片研究院和精准医疗研究院。这两大创新载体可为深圳带来世界顶级人才。芯片研究院的领头人马佐平为美国耶鲁大学教授、美国工程院院士，是世界半导体权威人物；精准医疗研究院的领头人周蓬勃为美国康奈尔大学医学院教授，是世界基因修复研究领域的顶尖权威。两大研究院建成后，可以把深圳打造成芯片研发和基因修复方面的国际创新中心，并带动上下游产业链加速向深圳聚集。

创新载体数量的发展壮大，给孵化企业的成长提供了雄厚的基础条件。统计显示，至2015年底，深圳科技企业孵化器共有144家，其中国家级12家，孵化器内企业总数8458家，从业人员8.04万人，当年毕业企业950家，知识产权申请数6260个，授权数3676个，其中发明专利2233个，占全市发明专利授权量的13.2%。

分享到：

上一篇：深圳引进"海归"数量再创新高 上半年共引进4817人
下一篇：没有了

更多关于 深圳GDP 2016深圳GDP 的相关阅读：
2016上半年深圳GDP同比增长8.6% 增速高于全省全国

窗花有话说   共 0 人参与评论

您需要登录后才可以评论，登录|注册

发表评论

网友评论仅供其表达个人看法，并不表明深窗立场。

· 136 ·

第三视角

参加深圳市委 2016 年上半年经济
形势分析会略纪

2016 年 7 月 18 日（星期一）15：00，在深圳市委会议楼四楼常委会议室召开了全市 2016 年上半年经济形势分析会。参会人员主要包括：市委常委，市人大常委会、市政协主要领导，副市长，市政府秘书长，各区、各部门主要负责同志。会议由马兴瑞书记主持，市发展改革委主汇报，发言时间 20 分钟，市统计局、财政委、经贸信息委、金融办补充汇报，发言时间各 8 分钟。

发展改革委汇报结束后，统计局开始汇报，这次用了 PPT，这是杨局长参加五季经济形势分析会以来第一次使用 PPT 汇报，之前每季度都准备了很精彩的 PPT，但是没机会用。杨新洪局长开场白说："各位领导下午好！我们已经有了一个书面发言，主要是新变化、新增长、新关注，这里面主要使用的是最新的统计数据，有的还来不及消化，刚才宏彬同志也使用了大量最新统计数据，我就不重复了，目前这个还是没公开的状态。"这时马书记说："我昨天晚上看到的投资、消费、进出口等数据不会再变动了吧？"杨新洪局长回答："不会再动了。今天下午我特意申请用 PPT 讲，有些为了减少环节，说得更清楚，就是这样一个考虑。上半年经济怎么判呢？用心地观察，实事求是地进入实际，主要有五个维度。一是基本面，二是新经济，三是新关注，四是研走势，五是小建议。这个数字刚才宏彬主任也说了，就是 8.6%，实际上这个数字是 8608.88（亿元），是一个极好的数字。安良副市长可能是最后一次参加经济形势分析会了，我们依依不舍，所以这个数字是送给安良市长的最好的数字。"大家笑，马书记也笑着说："都说广东人、福建人信数，现在还信这啊。"大家也笑。杨新洪局长继续汇报："基本面短波前好，稳进向好，难能可贵，为什么难能可贵呢？在这里，我向各位领导汇报一下。大家看这个表，

| 科学度量 Two |

跟2015年上半年比，工业的贡献率下来了，金融从30%到17%，房地产从14%到7.5%，贡献率它们都下来了，还能支撑比去年上半年8.4%还高0.2%的增速，这就是我们基本面难能可贵的地方，哪里贡献呢？就是营利性的和非营利性的，这两块实际上都是超过两位数的贡献，这就是基本面。这个基本面全国是一样的，国民经济行业分类是全国可比的。这里有几个看点，这几条线（GDP增速），红线是深圳的，黄线是广州的，从去年开始越过黄线之上，现在广州增幅我们还没拿到。"这时候，马书记问："今年上半年？"杨新洪局长说："是，今年上半年。"马书记接着说："8.0%，就在这个范围内说，我看到的是8.0%，我们现在是8.6%，全省第一名，我给大家说，就这个范围说，也不要对外说，我昨天看到的是8.0%，我也不知道别人会不会改。"这时候大家大笑。杨新洪局长接着说："这样的话，黄线就往下走了，上面两个线一个是天津，一个是重庆，它们虽然增速比我们高，但是总量没我们多。它们与深圳的总量差距是'前窄后拉'，怎么窄呢？我们跟广州的差距在收窄，天津、重庆跟我们的差距在扩大。"这时候，马书记说："在这个范围内说说就行了，不要到外面说，不要刺激人家广州，我们就当不知道，好不好？再说，就是春华书记跟我说了，天津人说了，广州追不上，追深圳是没问题的，后来我们笑了。"马书记继续接着说："我说书记，2015年我们跟广州的差距拉近，也拉开了与天津的差距。这总量怎么算的，我跟你们说，学问太大了，增速是增速的算法，总量是总量的算法。"杨新洪局长继续汇报："各位领导！下面这个概念我就稍微重复一下，'新经济'这是党中央国务院提出来的，'三新'是国家统计局适应新产业、新业态、新商业模式提出来的，深圳市新（兴）产业是指战略性新兴产业和未来产业，'三新'占我们GDP比重是50.3%，这个已经剔重了，其中新产业是涵盖几块的占40%，房屋租赁也算进来了，新增企业也算进来，为0.7%，这是我们抓进来的新的企业。"马书记这时候问："今年上半年我们抓进来六七百家？"杨新洪局长回答："是的。这一块是商业综合体，包括华润万象城之类，这个都是不重的；这一块是供应链，这一块是R&D，这一块是房屋租赁……"这时候马书记说："说那么多，有的不还是进不来吗？像R&D和房屋租赁，把'三新'搞定，我们今年就可以超两万亿，谁有本事把它算进来，徐安良，你走之前能把它们算进来吗？"这时候大家笑了。杨新洪局长接着说："是，书记算得很清楚。这是生命健康产业，这是航天航空的、节能环保的、新材料的、新能源的、海洋的。海洋在'三新'里面是负增长，主要是中海油这一块。往上走，这里面有20个，大类、中类、小类，这就是我们深圳整个制度内的记录，我们都把

E. 盛夏如约，2016 年 7 月 18 日　深圳市第二季度经济形势分析会

它体现出来，还有制度外的。"这时候，马书记问："这都是深圳的吧？"杨新洪局长回答："对，是深圳的。"马书记又说："为什么都标到全国版图上？"杨新洪局长回答："我们是表达三块里面都有这个内容，没有特定的意思。"马书记又说："那你为什么用中国版图呀？"大家又笑。马书记接着说："你把深圳的（版图）弄一下不就完了，你弄中国地图是啥意思？可不要让我犯错误啊！"这是个小插曲。杨新洪局长接着说："书记，像房屋租赁，我们通过各种渠道进了一部分，悄悄地进了一部分，您不能批评都没进，可以进的像虚拟折旧等，所以我在这里写了句'我们悄悄地，不用扬鞭自奋蹄'，我们一直在努力，虽然没向您汇报，但是我们通过各种途径、各种方法向国家局反映。"马书记接着说："这叫科学、准确度量经济，我的意思就是你少记我也不行，我自己虚报多记也不行，我一再讲这么一句话，好不好？至少深圳少记 1500 亿总量，一个是 R&D 没法给你记，要记的话就按60%，那就是 400 多亿，服务租赁少记了六七百亿，然后再加其他的三四百亿，一共 1500 亿，听明白了吗？你就去谈，看怎么能进？"杨新洪局长接着说："书记，R&D 我们大概 710 亿，按 61.6% 折算率算。"马书记说："折算率是 61.96%。"杨新洪局长说："是的。书记，国家局也有它的难处，它要可比，你进了，北京也要进，上海也要进，其他城市也要进，它有它的考虑。另外，它没有封死，说等一段时间再考虑，这一段时间有多长，取决于国家局。书记，我还想向各位领导报告，掌握全市经济家底，心中有数，是深圳低调面对经济变化，我们自己有这么多经济存量，自己感到心中有数，这是一个考虑。第二个考虑，受国家统计制度没有变革的影响，以多种方式记录，可以避免基数的高企，影响 GDP 的增速，你说 R&D 全国虽然算进来 8800 个亿，但是它影响增速才 0.01 个百分点，全国 R&D 占 GDP 比重也就一个多百分点。如果深圳算进来大概翻一倍，就是占 GDP 两个多百分点。基于这样一个基数考虑，如果一次性进来，GDP 速度要掉下来，这是一个考虑。第二是面对新旧经济转化的一个需要，因为我们深圳老的经济要退去，低端的要走，还有外溢的要走，这些减少的经济总量需要有质量可持续发展的新经济来补充，所以这不但是一个都是进的，都是增加的，它是有进有退，我们选了几家企业来比较，都是'三新'的企业，但是它还是有它的个案的情况，华为这个很好，华为的增加值率，我们是按照上一年来算，现在改用三年平均来算，大概差距是两个百分点，大疆的差异多，现在是 37%，它实际是 53%，但是华星光电算的是负的，所以经济里面还是相互抵消，老是算新的，就没办法综合了。服务业里面腾讯三家可以，一达通算的是负的，为什么是负的？它营业收入是正增长，但是利润是

负的,所以经济的变化是相互挤来挤去的,所以我们有经济存量才使我们经济比较稳定。"马书记接着说:"现在是按照'三新'方案确定增加值率,是吧?那联想的增加值率怎么才17%,这对吗?有这么低吗?"杨新洪局长回答:"书记,这有个案的情况。为什么才17%这么低?它有可能是按照支出法'四项'里面。"马书记又说:"'三新'你就汇报到这里吧?"杨新洪局长说:"好。影响全年经济的三大要素,一是资本市场交易额,2015年年中日交易额超过万亿,它形成的基数对影响今年经济增长因素非常大;二是房地产高企,2015年11月当月(销售面积)是过了110万平方米,我们现在面对的高位还没到来;三是我们'四上'企业的下降率仍然在50%左右,包括工业、商业、服务业,我觉得全年我们还得面对这一影响。另外,你看这个存款曲线是这样下来的,不是一般下来的,是同业存款下来的,这是核算GDP的一个重要指标。证券交易回落影响GDP 0.9—1个百分点,所以上半年经济难能可贵,实际上这些因素都是在抵消。书记,你看房地产从上面下来了,从50%多到5.6%。"这时候马书记对徐安良副市长说:"去年高峰时候是5月、6月、7月、8月、9月,我记不太清楚,但是下也没下多少,真正下来是从9月、10月下来的,对不对?徐安良,你别忘了,从50%多下来,你要看交易量啊,同志们!现在交易量下来是关键,我不管你多少点,真正有庞大的交易量,我们还怕吗?"杨新洪局长继续汇报:"下一个研判走势,我们的判断是谨慎乐观,去年和今年主要是两件事影响,一个是经济、政策上有要求,权威人士一说,股、黄、汇都回归得很厉害,所以我们感到既要谨慎也不悲观,坚持现有的经济方向和经济措施来扎实落实。借此机会有几个层面要关注一下,一个是用投资维度的'三驾马车'来关注,固定资本形成9.4%这是推算的数字,是最高的,它来自去年以来我们固定资产投资的大量进入增长16%,这一部分引擎的作用是很突出的。这里面又分几个,建安工程增长21.8%,机械设备购置是19.1%,其他方面如空港购置飞机都在里面,它其实写的是固定资产。目前,我们投资增速很高,但是还是在国际的(投资率)25%以下,现在我们是18.7%。我算了一下,还是可以再推动和加强的,现在是创13年来的新高,像6号线、9号线、10号线都是没有去年同期数的,今年投资增加,就是一个增量,所以我们在做固定资产投资统计的时候,都不敢相信自己的增速会那么高,就是再核,还是24.3%,这是我们完全有项目出来的。但是还有隐忧的是,工业投资不尽如人意。"这时马书记问:"工业投资多少?"杨新洪局长回答:"工业投资下降1.5%。"马书记说:"这工业投资下降1.5%,但这房地产投资占比将近40%多,所以王宏彬念了半天不知道看了没

E. 盛夏如约，2016年7月18日 深圳市第二季度经济形势分析会

有。"杨新洪继续汇报："书记，这三条线是进出口，拟合在一起的时候，它就有个变化。这三个点交汇，有可能往上走，也有可能往下走。这上半年又到三线重合的时候，我个人判断，极有可能向上走，往下走除非发生特别重大的事情。消费呢，也向书记汇报一下，应该是到平台上选择方向了，往下走的可能性应该低过向上走的可能性。我们也做了个2010—2016年的曲线，为什么第二季度社会消费品零售总额回落一点，这主要是有汽车这个因素，汽车第一季度的拉动更大，第二季度外地牌照在深圳买汽车上不了，所以影响了零点几个点，由8.8%回落到8.1%。再一个层面我向书记汇报一下，很早的时候，我是搞农业统计出身的，后来县长就把我调过去给他写材料，我对粮食充满了很执着的感情。1983年，粮食产量变动0.1个点……我们上半年粮食产量出现减产，增速影响0.1%，夏粮是在高产上，这个红线是CPI，如果我们粮食继续向下减产，CPI可能会温和上升，有可能带动经济转暖。对于这样一个因素，虽然深圳处于工业、商业、服务业，完全跟粮食无关的地方，但是我们也要研究这个问题。跟书记也汇报一下，原油跌到三四十美元以下，我叫我们工交处处长去买一桶原油，现在看到了50美金，这个变化我感到会对整个经济带来变化，它是有点作用的，这是我们更间接的观察。深圳也处在中国这个经济片区里面，要看到这个变化，至少对GDP的平减指数应该是起作用的。我们为什么会与广州、天津在总量上'前窄后拉'，也是价格因素的影响，也会与党代会确立的实现2.6万亿元这个目标更靠近一些。刚才我个人研判的粮食产量、CPI带来平减指数会有变动，除了刚才宏彬主任讲PPI以外，CPI和粮食产量也是一个因素。我们感到有以下几个支撑，R&D 4%以上的投入，'三新'经济占比超过50%，投资增速在20%以上，这些都为深圳未来经济的走稳走强做了基础性的工作。所以我这边描述了，书记这不是虚话，'改革创新继续，经济增长在路上，夯实基础在进行，增长后劲在推进'。还有两个小建议，一是我们从华为得到一个启示，华为6月当月落下十来个点，深圳总部经济的路子一定要在一两个先进制造业和现代服务业来落户深圳，不能光空壳，空壳放在现代服务业有可能还是亏的，对GDP贡献还是负的，一定要有它的人、财、物留在深圳结算。我跟华为打交道，它按照结算来算。"马书记接着说："东莞华为终端，我说你能这么提吗？王书记说，那人家条件好啊，那是小镇的模式，我跟许勤定的，腾讯照样可以，特区小镇，互联网+，比那还要漂亮，就是今天你说的这个问题，光有空壳是不行的，算不了账，没账可算，用老百姓的话说，是不是这个意思？"杨新洪局长说："是的。书记，我们跟华为中高层接触，实际上他们已经进入石墨烯这个产业。"这时候，

| 科学度量 Two |

PPT一翻页，一下子就显现马书记在航空航天基地的一张飒爽英姿的穿着制服的照片，大家笑，杨新洪局长也笑着说："书记，这是您很帅的一张照片。"然后马书记大致讲述了当时照这张照片现场的情形。接着，杨新洪局长继续汇报："这是一个建议。我们列了全市GDP前20强，里面行业很重要。"马书记说："烟草是负的，富士康这几家也是负的，其他行业还行。"杨新洪局长说："书记，富士康还等着你去呢。"马书记接过话说："行，我要去！"杨新洪局长说："我们跟他们财务部门交谈，他们说书记去，可能又从四川拿一两个订单到深圳，实际上是有作用的，去年您去了，订单就分到深圳来做了。"马书记说："好，好，我们快去。"杨新洪局长继续汇报说："书记，第二个给您汇报的是您带我们去水贝珠宝。"马书记接着说："黄金珠宝，这个咱们严格讲，少统进GDP的不少，这件事没人关注，没人管，实际根本没人知道。"杨新洪局长说："它没浮出水面，后面罗湖区委书记很重视，落实书记的指示，我们开了二三十家珠宝大户座谈会，他们有个诉求，我们代反映这个情况，下一步在深圳特别在前海设立宝石交易所、宝玉石交易所，或者贵金属交易所……"马书记问："这需要国家支持吗？"杨新洪局长说："这很难。他们黄金加工1100吨，这个量很大。这个在前海是有相关政策依据的。他说异地交割，手续很麻烦，我们占全国的90%，还跑上海去，然后再从上海跑回来，这些珠宝企业很期望在深圳落户一个交易所，这才能跟我们深圳黄金珠宝的地位相匹配，这是部门之外的一个反映，所以建立上游的产业链是非常重要的。如果落户在前海，他们也愿意浮出水面。"这时候PPT翻页，又出现了杨新洪局长的自画漫画像，大家笑，马书记笑着说："这就是杨新洪自己画的像？还行。"杨新洪局长接着说："书记，这几块的经济……"马书记接着说："你就是科学、准确统计，真正经济行不行，还是我们这几家能把它抓起来，你就是科学统计准确了，另外给我们预测准确了，再给我们诊断有什么毛病，好不好？请财委接着说。"杨新洪局长说："好。"

统计局汇报共55分钟，整个过程杨新洪局长与马书记充满了互动，信息量大，交流多，观点碰撞也不少，汇报的五个维度充满逻辑，交流过程中的一些建议马书记也听进去了。马书记总结的时候，还特别强调了杨新洪局长提的关于总部的建议："杨新洪提的这个问题，不但要有总部的壳子，还要有产业。"后来，又把统计局制作的各行业前30强的小册子拿出来，摇一摇，说："我是吃了一点小灶，我叫老杨搞一点东西，都在我这边。"这是马书记与杨新洪局长最懂的。最后，马书记在总结这次经济形势分析会时说："这些材料他都看了，分析得越来越好，有

▎E. 盛夏如约，2016年7月18日　深圳市第二季度经济形势分析会▎

质量，有深度。"应该更多的是偏重统计，说给统计听的。而且从马书记的语言、神态、给统计的汇报时间来看，是非常肯定杨新洪局长的汇报的，这是对统计局最高的汇报评价。

汇报结束后，盐田区区长吴德林也对杨新洪局长说："你谈得很深刻，我这个珠宝的事情（他准备搞一个展销中心、培训学院）也请你。"陈彪副市长也对杨新洪局长说："今天下午，你给出了很多新观点。"

F. 多事之秋，2016 年 10 月 16 日　深圳市第三季度经济形势分析会

　　经济增长未达预期 0.1%，我费尽口舌解释大半天。

　　收到核实之际，半小时说不出口来。因为升好说，大家心向好，又总喜新厌旧。当希望变成失望时，需要求真务实，说出经济背后的真相。

　　此季，我大声疾呼重视切实做大经济"蛋糕"，而不是如何去切，因为不管你喜欢与不喜欢，它都在那里，主张低调经济发展战略。

　　不管你如何，我专业职业。

发言稿-1

如何看待与把握当下深圳市经济运行中的新变化

借这个季度经济分析，从一个统计工作者的角度，用数据说话，试图说清一些经济关系，廓清一些经济认识，对当下全市经济运行做一个多视角的补充发言。它不全面也未必对，仅供参考。

视角一：前三季度全市经济总体表现依然稳进，须看清运行中或背后的经济增长逻辑

2016年前三季度，全市经济保持稳进增长。预计全市生产总值13817.71亿元，比上年同期（下同）增长8.8%，同比提高0.1个百分点，分别比第一季度、上半年提高0.4个和0.2个百分点。前三季度深圳市经济呈现与全国增速同比回落不一样的运行轨迹，有其经济逻辑。从拉动经济增长的三大需求看，投资、消费对全市经济增长的贡献率超过七成。

投资这驾马车拉动增长明显。前三季度，全市固定资产投资完成2670.26亿元，增长20.8%，这是在2016年全年增长21.4%基础上继续保持的高增长。在固定资产投资高位增长的较强支撑下，资本形成总额中固定资本形成总额增长14.9%，对经济增长贡献率达34.5%，拉动经济增长3个百分点。

消费这驾马车相对保持稳定增长。2016年前三季度全市最终消费支出增长9.2%，对经济增长的贡献率达44.0%，拉动经济增长3.9个百分点。其中，在居民住户存贷款余额同比增长25.5%、居民人身险赔付支出同比增长37.3%拉动下，居民消费支出同比增长10.0%，对经济增长贡献率达39.1%；一般财政预算支出

同比增长8.9%,政府消费支出对经济增长贡献率为5.0%。

出口（含货物和服务地区间净流出）这驾马车"稳中收窄"降幅。今年以来外贸出口降幅比上年收窄,据海关统计,2016年1—3季度出口总额11203.93亿元,下降1.1%,比上半年收窄0.2个百分点,同比收窄5.3个百分点。净出口3754.7亿元,比上半年增加1385.7亿元。供应链和信息技术企业飞速发展,显现出产品和服务辐射影响力增大,外部对深需求提升。全市前三季度货物和服务地区间净流出对经济增长的拉动预计有2.3个百分点。具体如表1所示。

表1　　　　　　　2016年前三季度GDP支出法推算数据

	2016年前三季度测算				
	绝对值（亿元）	构成（%）	同比增长（%）	贡献率（%）	拉动百分点
GDP	13817.71	100.0	8.8	100.0	8.8
一、最终消费支出	6116.28	44.3	9.2	44.0	3.9
居民消费支出	5066.49	36.7	10.0	39.1	3.4
政府消费支出	1049.80	7.6	5.9	5.0	0.5
二、资本形成总额	4323.15	30.4	9.6	29.3	2.6
#固定资本形成总额	3668.67	26.6	14.9	34.5	3.0
三、货物和服务地区间净流出	3378.28	27.6	7.4	26.7	2.3

视角二：支撑GDP增长的产业行业现新变化，须把握经济增长着力方向和突破口

表2　　　　深圳市2016年第三季度（累计）地区生产总值（预计）

指标名称		绝对值（亿元）	增长（%）	构成（%）	对GDP增长的贡献率（%）	对GDP拉动点数（百分点）
地区生产总值（GDP）		13817.71	8.8	100	100	8.8
分产业	第一产业	4.82	2.8	0	0	0
	第二产业	5327.81	6.5	38.6	30.32	2.7
	#先进制造业	3710.05	7.90	26.8	22.65	2.0
	第三产业	8485.08	10.31	61.4	69.68	6.1
	#现代服务业	5969.67	11.80	43.2	55.70	4.9

续表

	指标名称	绝对值（亿元）	增长（%）	构成（%）	对GDP增长的贡献率（%）	对GDP拉动点数（百分点）
分行业	工业	4995.24	6.4	36.2	28.1	2.5
	金融业	2108.83	15.2	15.3	25.4	2.2
	商业	1739.16	2.4	12.5	3.8	0.4
	营利性服务业	1595.75	16.6	11.5	20.4	1.8
	#信息传输、软件和信息技术服务业	943.73	19.8	6.8	14.0	1.2
	房地产业	1413.26	3.6	10.2	3.6	0.3
	非营利性服务业	1199.66	13.8	8.7	12.9	1.1
	交通运输、仓储和邮政业	417.28	9.9	3	3.5	0.3
	建筑业	343.50	7.7	2.5	2.3	0.2
	农林牧渔业	5.03	3.8	0	0	0

从表2可以看出第一、第二、第三产业及其行业GDP增长变化：第三产业占比达61.4%，比上半年提高0.3个百分点。其中表现最为突出的是营利性服务业和非营利性服务业，二者对GDP贡献稳步提升，这是GDP增长发生的一个新变化，值得关注和重视。

第一产业出现自2012年以来增长"负转正"。农林牧渔业增加值5.03亿元，增长3.8%。

第二产业中的工业对经济增长的贡献持续下降。今年以来，由于华为终端外迁，影响前三季度工业增加值对经济增长贡献率回落8.9个百分点。2016年前三季度华为增加值1014.92亿元，同比增长仍为17.9%，对规模以上工业贡献率50.7%，拉动全市工业增长3.3个百分点。但与上半年相比，增速下降28.3个百分点，对全市规模以上工业贡献率下降46个百分点，拉动影响程度下降4个百分点。

扣除华为计算前三季度全市规模以上工业增长，仍较上半年走强，除了华为全市工业增长由上半年的0.2个百分点提高至3.3个百分点。

第三产业中的重点行业出现增长分化。

房地产业对GDP增长的贡献开始下降。2016年第三季度房地产业对GDP的增长贡献仅为3.6%，同比回落11.1个百分点。

营利性服务业保持高速增长。全市以腾讯为龙头的规模以上营利性服务业（其他）营收增长24.2%，同比提高12.3个百分点，对全市GDP增长贡献率达20.4%，同比提高11.1个百分点。其中，互联网、软件和信息技术服务业营收增长达31.8%，贡献率达68.5%。

非营利性服务业对GDP贡献依然明显。这是今年GDP增长行业中出现的新变化。随着不断加大科技、教育、民生投入，全市第三季度财政"八项支出"同比增长36.4%，较去年同期提高17.5个百分点，对GDP增长贡献率为12.9%，拉动1.1个百分点。

支撑金融业增长引擎由证券转向保险。在居民人寿险保费大幅增长46.4%的拉动下，全市保费收入同比增长34.0%，支撑第三季度全市金融业同比增长15.2%，对金融业增长贡献率达21.9%，拉动GDP增长0.5个百分点。证券交易分类增长出现新变化，其中股票、基金交易额出现大幅下降，降幅达30%以上，而债券交易额同比增长143.6%，使得证券业对GDP仍保持正贡献。

交通运输、仓储和邮政业贡献有所提高。前三季度，得益于多条国际航线开通，航空运输总周转量同比增长15.3%；网络购物消费迅猛发展，全市邮政业务总量同比增长59.0%。预计前三季度全市交通运输、仓储和邮政业增加值同比增长9.9%，这些对GDP拉动呈现出新的利好。

视角三：进入"三新"经济带来增长时期，须看到有实业留下或进来，经济方可持续

深圳"大众创业、万众创新"氛围浓厚，"三新"经济较全国先进，且创新与科技引领效应明显，新增企业不断带动全市经济增长。

新经济继续保持较快增长。2016年第三季度全市"三新"经济增长在一定程度上弥补因华为终端外迁以及去年房地产高企造成的回落。从新产业看，全市新兴产业（七大战略性新兴产业和四大未来产业）增加值5538.41亿元，剔除重复计算增长11.2%，分别高于全市GDP和规模以上工业2.4个和4.6个百分点。在主要工业新产品中，新能源汽车发展迅猛，前三季度共生产4.51万辆，增长180.7%；工业机器人5469套，增长27.8%；光纤24.70亿米，增长27.7%；智能电视2179.49万台，增长21.6%。从新业态看，前三季度全市72家商业供应链企业实现销售额1713.79亿元，增长12.8%，高于全市商品销售额增速10.3个百分点；电子商务交

易额1.3万亿元,增长25%。从新商业模式看,第三季度全市城市商业综合体45家,实现营业额270.88亿元,增长12.3%;前三季度全市大个体实现商品销售额4044.43亿元,增长13.8%,增速高于全市商品销售额11.3个百分点。

新增企业增长势头良好。2016年前三季度新增规模以上工业企业741家,占比达11.7%,实现增加值155.60亿元,增长31.2%,高出全市规模以上工业增速24.6个百分点,对规模以上工业增长贡献率达11.7%,拉动0.8个百分点;新增限额以上批发和零售业法人企业609家,占比达16.6%,实现商品销售额2335.75亿元,增长14.4%,其中零售额47.54亿元,增长31.6%,高出全市平均增速23.7个百分点,拉动限额以上法人增长0.7个百分点;新增限额以上住宿和餐饮业法人企业75家,占比达到9.5%,共实现营业额11.01亿元,增长17.7%,其中零售额7.48亿元,增长19.8%,高出全市平均增速13.0个百分点,拉动限额以上法人增长0.8个百分点;新增规模以上服务业企业497家,占比达11.1%,实现营收347.1亿元,增长27.8%,对全市规模以上服务业营收增长贡献率为7.5%。

从全市2016年前三季度经济运行新增长因素看,企业、实业既是经济细胞,也是经济增长源头,唯有实业扎实参与进来,整体经济方可持续牢靠。

视角四:实现有质量有效益和发展后劲增强的经济,须注重企业、行业、区域结构的不平衡性

企业、行业、区域结构的不平衡增长,犹存第三季度全市经济运行中。

重点、大型企业支撑力仍在。全市工业百强企业增加值3016.42亿元,同比增长9.8%,高于规模以上工业增速3.2个百分点,占规模以上工业增加值比重60.5%。

表3 2016年第三季度深圳市前30名规模以上工业企业(按增加值排名)增长情况

序号	单位名称	工业总产值(万元)	同比增长(%)	工业增加值(万元)	占规模以上工业比重(%)	同比增速(%)	对工业增长的贡献率(%)
1	华为技术有限公司	30278134	15.3	10149231	20.4	17.9	50.7
2	中兴通讯股份有限公司	12500394	8.0	4190132	8.4	10.5	13.1
3	富泰华工业(深圳)有限公司	7651612	-7.2	2374064	4.8	3.0	2.3

续表

序号	单位名称	工业总产值（万元）	同比增长（%）	工业增加值（万元）	占规模以上工业比重（%）	同比增速（%）	对工业增长的贡献率（%）
4	中海石油（中国）有限公司深圳分公司	1653117	-28.9	1398868	2.8	-3.7	-2.3
5	鸿富锦精密工业（深圳）有限公司	2794758	-4.0	791159	1.6	19.4	4.2
6	深圳供电局有限公司	4086381	1.4	735957	1.5	2.8	0.6
7	比亚迪汽车工业有限公司	3515040	70.9	646824	1.3	91.2	9.7
8	深圳烟草工业有限责任公司	470000	-1.6	405093	0.8	-12.4	-1.6
9	深圳创维-RGB电子有限公司	2380106	20.1	330450	0.7	28.2	2.5
10	联想信息产品（深圳）有限公司	2334554	11.4	316099	0.6	12.3	1.1
11	广东核电合营有限公司	489780	16.8	298815	0.6	16.9	1.4
12	深圳市华讯方舟科技有限公司	844212	25.7	282766	0.6	28.5	2.1
13	深圳长城开发科技股份有限公司	1058665	-1.6	282528	0.6	94.4	4.4
14	深圳市华星光电技术有限公司	1373371	12.4	273576	0.5	12.4	1.0
15	岭东核电有限公司	425127	1.6	259370	0.5	1.7	0.1
16	宇龙计算机通信科技(深圳)有限公司	721305	-15.6	241781	0.5	-13.6	-1.3
17	岭澳核电有限公司	391290	-7.5	238726	0.5	-7.4	-0.6
18	比亚迪精密制造有限公司	824874	82.3	218427	0.4	88.7	3.4

续表

序号	单位名称	工业总产值（万元）	同比增长（％）	工业增加值（万元）	占规模以上工业比重（％）	同比增速（％）	对工业增长的贡献率（％）
19	富葵精密组件（深圳）有限公司	786295	-3.1	207267	0.4	-3.1	-0.2
20	深圳迈瑞生物医疗电子股份有限公司	537151	22.4	201270	0.4	18.1	1.0
21	广东粤港供水有限公司	381440	8.6	193657	0.4	8.6	0.5
22	深圳市大族激光科技股份有限公司	513753	32.6	190243	0.4	37.1	1.7
23	广东大鹏液化天然气有限公司	490569	4.8	176997	0.4	4.7	0.3
24	华润怡宝饮料（中国）有限公司	840459	6.7	176580	0.4	8.3	0.4
25	深圳富泰宏精密工业有限公司	502255	-44.4	168356	0.3	-43.1	-4.2
26	深圳市泰衡诺科技有限公司	502225	53.1	168346	0.3	56.6	2.0
27	深圳市共进电子股份有限公司	498302	1.5	167031	0.3	3.9	0.2
28	康佳集团股份有限公司	1162292	-18.0	160513	0.3	-12.4	-0.8
29	深圳市长盈精密技术股份有限公司	473737	84.7	158797	0.3	140.2	3.0
30	天马微电子股份有限公司	771341	-14.2	153651	0.3	-14.3	-0.8

2016年前三季度，全市规模以上服务业前50强企业共实现营收2209.29亿元，增长26.6%，高于全市平均水平10.2个百分点，对全市规模以上服务业营收增长贡献率为68.7%；实现营业利润462.52亿元，增长38.95%，高于全市平均水平16.75个百分点，对全市规模以上服务业营业利润增长的贡献率达75.7%。

工商企业下降面仍然较大。2016年第三季度全市规模以上工业增加值下降的企业占52.8%，比上半年上升0.3个百分点；批发业销售额、零售业销售额、住宿业营业额、餐饮业营业额下降的企业分别占52.2%、49.5%、59.7%、61.0%，分别比上半年下降8.3个、0.4个、2.4个、4.1个百分点；规模以上服务业营收增长下降的企业占44.1%，比上半年下降1.1个百分点。

行业、区域结构不平衡。从工业内部看，41个工业行业大类中，有20个行业增加值下降。从投资看，高于全市平均增速的有3个区，罗湖区、南山区、福田区分别为48.6%、39.1%、27.3%；其中，南山区对全市投资增长贡献率最大达34.0%，完成投资555.80亿元。前海对全市贡献率为15.8%，完成投资201.82亿元，增长55.9%，为全市投资增长最高区域。

视角五：当下经济发展是一部现代比较经济"史诗"，须重视经济政策措施"落企落地"

当下中国经济在"发展中比较、比较中发展"，尤其城市之间的经济角力你追我赶。如深圳、广州、天津、我国香港、新加坡等的经济体量大多在1.8万—2万亿元，争夺产业实体经济之间的竞争出现"白热化"，近乎贴身"肉搏"。

从城市发展上看，各大城市充分发挥比较优势，吸引国内外的资本、人才、技术等生产要素流入，来推动本地经济发展。拿深圳市来说，Apple库克宣布在深圳设立创新研发中心，阿里巴巴和百度在深圳设立国际总部，恒大总部移师深圳，这主要得益于深圳市的创新氛围、城市环境以及产业链齐全等市场因素。

但在重视市场因素的同时，也不能忽视非市场因素的作用。世界经济存在市场与非市场、大国与小国之间的博弈，如汇率战、贸易战，这就不仅仅是市场因素，其间也有政治博弈、贸易保护主义等非市场因素的存在。国内经济也存在经济施策竞争，在发挥自身的比较优势吸引企业、人才与资金落地中，不仅有市场因素，还有环境、治安、教育、医疗、交通等非市场因素起作用。

因此，深圳发展的核心问题是"利益最大"与"制高占领"，不仅要突出质量引领、创新驱动，还要施策创造宜居宜业生产生活环境，努力提高教育医疗等保障水平，努力为企业发展做好服务，以此来创建吸引人才汇聚、企业回流、创新创业的良好氛围，具体来说是要致力打造一座"人才高地、经济洼地、标准原地"的现代经济城市。

视角六：实现全年经济增长9%目标可期但有经济缺口，须心中有数"冲刺"第四季度

今年以来，全市经济逐季稳进增长，一直在8%—8.5%的上方稳健运行。要实现全年全市冲击9%增长目标既可期，又须"坚定信心、正视短板、攻坚克难、奋力冲刺"。

据前三季度及全年GDP分行业增长相关数据测算，全市规模以上工业、金融业、房地产业对全年经济的拉动点数将较去年下降1.8个百分点，影响全年GDP增加值315亿元。因此，在今年剩下的两个半月时间里，应更加积极主动应策两个"大概率"增速回落问题。

积极应对华为终端外迁与高位回落造成的工业增长缺口。华为终端外迁影响前三季度全市规模以上工业增速1.2个百分点。第四季度，华为终端业务即将再转移310亿元产值至东莞，折算后将减少增加值约105亿元。这会在第三季度基础上进一步影响全市工业增速1.6个百分点，从而影响全市GDP增速0.6个百分点，这无疑是困扰深圳市今年GDP增长实现目标的一大因素。可见，要保持深圳市全年工业平稳增长，亟须寻找新的增长量来弥补。

因华为增加值率高，若由其他百强企业来承担这一缺口，须额外增加485亿元工业产值。剔除供电、烟草、液化等传统且增长较为平稳企业后，依据今年全市前三季度和上年企业产值规模及新的产业政策实施和企业自身努力具有加快增长空间的企业情况，这里筛选出须重点关注的89家企业名单及其增长任务，可作为具体抓第四季度全市工业增长的主要着力方向和突破口。

与GDP核算相关的重点指标须引起高度重视以弥补金融业、房地产业去年基数高企的增长缺口。去年超常增长的证券资本市场和房地产市场，使得2016年这两项指标增速大幅回落。今年所剩时间不多，应针对GDP核算涉及23项指标逐个进行分析比对，尤其要在重要指标上快速发力。如财政"八项支出"指标，今年增长良好，不仅须继续保持，而且还要挖潜各区该指标存在的提升空间。前三季度罗湖、南山、盐田、坪山、光明、龙华、大鹏七个区（新区）区本级财政八项支出指标高于全市平均水平，但仍有三个较大区增长低于全市甚至负增长，第四季度应引起重视。部分高位增长但出现回落的指标也须稳住，如邮政业务总量、保费收入和电信业务量。低位运行指标应提振，如批发业商品销售额、水上运输总周转

量。10月15日证监会发布深港通细则，这将有利于证券交易量增长，对深圳而言是一个直接利好，应积极应对好；国务院近日出台进一步扩大国内消费政策措施，这也有利于我们进一步有针对性地做好相关工作。

同时，一年一度的基本单位入库工作将于11月开展。"要有数，先入库"，统计部门将进一步加大与各行业主管部门信息交互力度，着力发掘、纳入如"优必选"等爆发性强、业绩好、符合入库标准企业，力争做到应统尽统、不重不漏。在此也恳望此项工作能一如既往地得到各区、各部门的高度重视、支持与配合，关心统计过程，创造统计条件，按习总书记主持召开的全国深改会要求，尊重统计工作规律，提高统计数据质量，以切实夯实2017年经济增长的基础。

发言稿-2

如何看待与把握当下深圳市经济运行中的几个问题

借这个季度经济分析，从一个统计工作者的角度，用数据说话（相关统计数据为初步数，未经省统计局反馈），试图说清一些经济关系，廓清一些经济认识，对当下全市经济运行做一个多视角解读。这不全面也未必对，仅以个人名义供参考。

一 前三季度全市经济总表现依然稳进，须看清其运行中或背后的经济逻辑

2016年1—3季度，全市经济保持平稳增长。预计全市生产总值13817.71亿元，比上年同期（下同）增长8.8%，同比提高0.1个百分点，分别比第一季度、上半年提高0.4个和0.2个百分点。前三季度深圳市经济呈现与全国（全国GDP增速同比回落）不一样的运行轨迹，有其经济逻辑。从拉动经济增长的三大需求看，投资、消费对全市经济增长的贡献率超过七成。

（一）投资持续快速增长

2016年前三季度，全市固定资产投资完成2670.26亿元，增长20.8%，这是在去年全年增长21.4%的基础上继续保持的高增长。其中，民间投资活跃，实现投资额1368.63亿元，增长55.9%，高于全市固定资产投资增速35.1个百分点，占全市固定资产投资比重51.3%。从管理渠道分，房地产开发项目投资1210.45亿元，增长29.6%；非房地产开发项目投资1459.81亿元，增长14.3%，其中基

本建设投资 1232.86 亿元，增长 11.3%；工业技术改造投资 128.43 亿元，增长 20.4%。从产业类型看，第二产业投资 383.74 亿元，下降 1.4%，同比回落 19.3 个百分点，其中工业投资下降 1.8%，同比回落 20.0 个百分点；第三产业投资 2286.50 亿元，增长 25.5%，同比提高 1.5 个百分点。在固定资产投资高位增长的有力支撑下，预计资本形成总额中固定资本形成总额增长 14.9%，对经济增长的贡献率为 34.5%，拉动经济增长 3.0 个百分点。

（二）消费与出口出现回升

预计 1—3 季度全市最终消费支出增长 9.2%，对经济增长的贡献率达 44.0%，拉动经济增长 3.9 个百分点。其中，在居民住户存贷款余额同比增长 25.5%、居民人身险赔付支出同比增长 37.3% 的拉动下，居民消费支出同比增长 10.0%，对经济增长的贡献率为 39.1%。一般财政预算支出同比增长 8.9%，政府消费支出对经济增长的贡献率为 5.0%。

今年以来外贸出口降幅比上年收窄，据海关统计，1—3 季度出口总额 11203.93 亿元，下降 1.1%，比上半年回升 0.2 个百分点，同比回升 5.3 个百分点。净出口 3754.7 亿元，比上半年增加 1385.7 亿元。深圳供应链和信息技术等企业飞速发展，显现出深圳产品和服务辐射与影响增大、外部（国际和国内其他地区）对深需求提升。全市前三季度货物和服务地区间净流出对经济增长的拉动预计有 2.3 个百分点。

二 支撑 GDP 增长产业行业现新变化，须把握 经济增长着力方向和突破口

（一）工业、房地产业对经济增长的贡献有所降低，金融业、营利性服务业贡献提高

今年以来，由于华为部分生产外迁，以及证券、房地产市场降温，去年支撑经济增长的证券交易额和商品房销售面积增速，今年大幅回落超过 70 个百分点，然而在信息经济、新消费的拉动下，支撑 GDP 增长的行业出现新变化、新趋势，经济增长质量更优。

预计 1—3 季度工业增加值对经济增长的贡献为 28.1%，同比回落 8.9 个百分点，工业回落主要是华为影响。前三季度华为增加值 1014.92 亿元，同比增长

F. 多事之秋，2016年10月16日 深圳市第三季度经济形势分析会

17.9%，对规模以上工业贡献率为50.7%，拉动全市工业增长3.3个百分点。与上半年相比，前三季度华为工业增加值增速下降28.3个百分点，对规模以上工业贡献率下降46个百分点，对全市工业增长拉动影响程度下降4.0个百分点。以扣除华为口径测算，前三季度全市规模以上工业形势比上半年走强：除华为外的其余6353家规模以上工业企业上半年拉动全市工业增长0.2个百分点，而前三季度提高至3.3个百分点，即扣除华为其余规模以上工业企业拉动增长比上半年提高3.1个百分点。

房地产业对GDP增长的贡献为3.6%，同比分别回落11.1个百分点。预计金融业对GDP增长的贡献为25.4%，同比提高1.4个百分点。此外，在以腾讯为龙头的信息经济高速发展拉动下，全市规模以上营利性服务业（其他）营业收入1—8月增长24.2%，同比提高12.3个百分点，预计支撑全市营利性服务业增长16.6%，对全市经济增长的贡献率达20.4%，同比提高11.1个百分点。其中，互联网、软件和信息技术服务业营业收入增长达31.8%，测算出信息传输、软件和信息技术服务业增长19.8%，对营利性服务业增长的贡献率达68.5%。

（二）支撑金融业增长的引擎由去年的证券业转向了保险业和银行业

在居民人寿险保费大幅增长46.4%的拉动下，全市1—8月保费收入同比增长34.0%，提高了18.8个百分点；本外币贷款余额同比增长25.1%，较去年同期（13.3%）提高了11.8个百分点；本外币存贷款余额同比增长16.8%，较去年同期（16.0%）略有提高。全市金融业预计同比增长15.2%，虽较去年同期小幅回落，但金融业对经济增长贡献依然显著，拉动GDP增长2.2个百分点。其中，保险业对金融业增长的贡献率为21.9%，拉动GDP增长0.5个百分点。虽证券交易额大幅回落，但证券内部也出现了新变化，股票、基金交易额负增长30%以上，而债券交易额同比增长143.6%，证券业对GDP仍为正贡献。

（三）交通运输、仓储和邮政业贡献有所提高

受网络购物消费迅猛发展、国际航线开通影响，全市邮政业务总量同比增长59.0%，比去年同期（38.2%）提高20.8个百分点；航空运输总周转量（来自交委统计数据）同比增长15.3%，预计前三季度全市交通运输、仓储和邮政业同比增长9.9%，较去年同期（7.7%）提高2.2个百分点，对GDP的拉动点数提高0.1个百分点。

(四) 非营利性服务业贡献加大

随着政府对科技、教育、民生投入持续加大，财政八项支出同比增长36.4%，较去年同期（18.9%）大幅提高17.5个百分点，预计全市非营利性服务业同比增长13.8%，对经济增长的贡献率为12.9%，拉动GDP增长1.1个百分点。

三 进入"三新"经济带来增长时期，须看到有实业留下或进来，经济方可持续

(一) 新经济继续保持较快增长

新经济在一定程度弥补了由于华为部分生产外迁以及房地产调控造成的工业和房地产回落。从新产业看，预计全市新兴产业（包括七大战略性新兴产业和四大未来产业）增加值5538.41亿元（已剔除重复行业），增长11.2%，高于GDP和规模以上工业2.4个和4.6个百分点。在主要工业新产品中，新能源汽车发展迅猛，1—3季度共生产4.51万辆，增长180.7%；工业机器人5469套，增长27.8%；光纤24.70亿米，增长27.7%；智能电视2179.49万台，增长21.6%。从新业态新模式看，1—3季度，全市72家商业供应链企业共实现销售额1713.79亿元，增长12.8%，高于全市商品销售额增速10.3百分点。据市电子商务中心测算，1—3季度电子商务交易额1.3万亿元，增长25%。1—3季度，全市共有城市商业综合体45家，与上季度持平，共有商户7934户，从业人员7.4万人，比第二季度增加了9000人，共实现营业额270.88亿元，增长12.3%。通过对华强北电子市场、水贝珠宝市场、大芬村油画市场等专业市场的大个体户调查，1—3季度全市大个体实现商品销售额4044.43亿元，增长13.8%，增速高于全市商品销售额11.3个百分点，销量居前三位的分别是文化办公用品类、机电产品及设备类、日用品类，分别占大个体商品销售额的31.4%、16.4%、12.2%。

(二) 新增企业助力经济增长

1—3季度新增规模以上工业企业741家，占比达到11.7%，共实现增加值155.60亿元，增长31.2%，高出全市规模以上工业增加值增速24.6个百分点，对规模以上工业增长贡献率为11.7%，拉动工业增长0.8个百分点；新增限额以上批发和零售业法人企业609家，占比达到16.6%，共实现商品销售额2335.75亿

元，增长14.4%，其中零售额47.54亿元，增长31.6%，高出全市平均增速23.7个百分点，拉动限额以上法人上升0.7个百分点；新增限额以上住宿和餐饮业法人企业75家，占比达到9.5%，共实现营业额11.01亿元，增长17.7%，其中零售额7.48亿元，增长19.8%，高出全市平均增速13.0个百分点，拉动限额以上法人上升0.8个百分点；新增规模以上服务业企业497家，占比达到11.1%，共实现营业收入347.1亿元，增长27.8%，对全市规模以上服务业营业收入增长贡献率为7.5%。

四 实现有质量有效益和发展后劲增强的经济，须注重企业、行业、区域结构的不平衡性

（一）重点、大型企业支撑力量显著

预计工业百强企业增加值3016.42亿元，同比增长9.8%，高于规模以上工业增速3.2个百分点，占规模以上工业增加值比重60.5%。其中华为实现增加值1014.92亿元，增长17.9%，占规模以上工业增加值比重20.4%，对规模以上工业增加值的增长贡献率为50.7%。1—3季度，前50强规模以上服务业企业共实现营业收入2209.29亿元，增长26.6%，高于全市平均水平10.2个百分点，对全市规模以上服务业营业收入增长的贡献率为68.7%；共实现营业利润462.52亿元，增长38.95%，高于全市平均水平16.75个百分点，对全市规模以上服务业营业利润增长的贡献率为75.7%。而且，工商企业下降面仍没有根本改善，尤其是工业、批发业企业下降面比上半年扩大。1—3季度，工业增加值下降的企业占52.8%，比上半年上升0.3个百分点；批发业销售额下降的企业占52.2%，比上半年下降8.3个百分点；零售业销售额下降的企业占49.5%，比上半年下降0.4个百分点；住宿业营业额下降的企业占59.7%，比上半年下降2.4个百分点；餐饮业营业额下降的企业占61.0%，比上半年下降4.1百分点；规模以上服务业营业收入增长的企业下降的企业占44.1%，比上半年下降1.1个百分点。

（二）行业、区域结构不平衡

从主要行业看，1—3季度工业、金融业、房地产业三个行业合计占GDP超过60%；从工业内部看，41个工业行业大类，有20个行业增加值下降。从投资看，

1—3季度，南山区对全市固定资产投资增长的贡献率最大，达34.0%，完成投资555.80亿元，增长39.1%；其中前海贡献率为15.8%，完成投资201.82亿元，增长55.9%。宝安区贡献率为16.5%，投资443.35亿元，增长20.6%；龙岗区贡献率为13.2%，投资469.82亿元，增长14.8%；龙华新区贡献率为11.3%，投资342.01亿元，增长17.9%。

五 当下经济发展是一部现代化比较经济"史诗"，须重视非市场行为的政策"落企落地"

经济是在发展中比较、在比较中发展的。当前国内城市之间的经济角力是你追我赶、奋勇争先，有的城市之间竞争白热化，近乎贴身肉搏。

据大概推算，前三季度广州GDP为1.39万亿元左右，高于深圳100亿元左右，深圳与广州差距比上年同期渐小（2015年前三季度深圳与广州差距607亿元）；天津GDP为1.32万亿元左右，约低于深圳600亿元，与深圳的差距比上年同期有所扩大（2015年前三季度深圳超天津56亿元）。与国际城市相比，2015年香港GDP折算成人民币为19303.74亿元（3099.31亿美元），深圳GDP为17502.99亿元（2810.19亿美元），与香港差距1800.75亿元（289.12亿美元），随着内地R&D纳入GDP核算，深圳经济总量有望进一步接近香港，但香港实行的是与美元挂钩的联系汇率制度，随着美元走强，人民币持续贬值，汇率变动因素不利于深圳赶超香港。今年上半年，香港GDP名义增长3.8%，达到11770.26亿港元（1515.36亿美元），折算成人民币（2016年上半年人民币兑美元平均汇率为6.6312）为10048.66亿元，深圳与香港差距为1430亿元。2015年新加坡GDP折算成人民币则为18308.94亿元（2939.59亿美元），深圳与新加坡差距805.95亿元。今年上半年，新加坡GDP名义增速同比下降0.9%，按美元计价为1442.64亿美元，换算成人民币为9566.43亿元，深圳与香港差距为957.55亿元，预计今年或明年深圳可赶超新加坡。

世界经济存在市场与非市场、大国与小国之间的博弈，国内经济也存在经济施策竞争，吸引企业、人才与资金落地，其核心问题是"利益最大"与"制高占领"，具体来说致力打造一座"人才高地、经济洼地、标准原地"的现代经济城市。

六 实现全年经济增长9%目标有经济缺口，须切实心中有数"冲刺"第四季度

（一）实现全年经济9%的增长目标，从第三季度情况看，尚有经济缺口

去年超常增长的证券资本市场和房地产市场，使得2016年两项指标增速大幅回落。受华为终端搬迁的影响，第三季度规模以上工业增速也较去年同期回落了1.2个百分点。前三季度，预计工业、金融业和房地产业对经济的拉动点数为5.0个百分点，比去年同期（6.6个百分点）下降了1.6个百分点；其他服务业的快速增长，一定程度上弥补了上述三个行业下降的影响（其他服务业对GDP拉动点数提高了1.5个百分点），但离完成全年经济9%的增长目标尚有一定差距。

从全年趋势来看，商品房销售面积增速可能会进一步下滑，若按全年增长 -10%测算，与三季度相比将影响经济增速下降0.2个百分点；则全年房地产、金融业和工业（金融和工业核算指标增速与第三季度持平）对经济的拉动点数将较去年下降1.8个百分点，影响GDP总量超过320亿元。

（二）第四季度重点核算指标须有所作为，方能令经济稳进发展

一是部分高位增长但小有回落的指标要稳，如邮政业务总量指标、保费收入指标、电信业务量指标。

二是重要指标要补，如财政八项支出指标，按预算和进度该指标还有一定的提升空间，前三季度罗湖、南山、盐田、坪山、光明、龙华、大鹏七个区（新区）区本级财政八项支出指标高于全市平均水平，但仍有三个区增长低于全市，四季度应引起重视；规模以上工业在华为终端产能转移的不利因素下，政府经济主管部门可以通过采取措施，因企施策补缺。

三是低位运行指标要进，如批发业商品销售额、水上运输总周转量指标。

（三）关于填补华为迁移300亿产值缺口的说明

面对现实预判全年工业形势，必须将华为终端业务迁移情况纳入考虑。若华为终端业务第四季度再转移310亿元产值至东莞，则在第三季度基础上将进一步拖累全市工业增速1.6个百分点以上，拖累全市GDP增速0.6个百分点以上。而要保持深圳市全年工业平稳运行，须寻找新的增长点和产值来源，借由其他重点工业企

业的加快增长来填补这一缺口。

根据华为公司转移310亿元产值折算将减少增加值约105亿,由于其他百强企业平均增加值率比华为低8个百分点左右,所以其他百强企业要在原本增长基础上额外增加485亿元产值,才能填平华为终端进一步迁移所造成的损失。从百强工业企业中扣除供电、烟草、液化等传统且增长较为平稳的企业外,依据今年第三季度和上年企业产值规模,以及通过政府的帮扶优惠政策和企业自身努力具有加快增长空间的企业情况,筛选提出建议有关职能部门需要重点关注的89家企业名单,以及每家企业需要额外增长的目标值。该批企业前三季度工业总产值5647亿元,增长7.1%,四季度须在企业原本增长基础上额外挖掘、增加产值485亿元,额外平均提高产值增速6.3个百分点。其中,富士康集团额外增加75亿元左右,比亚迪集团额外增加50亿元左右。

七 统计应及时监测预警反映经济变化,须廓清它直接产生不了经济成果

(一)积极探索、推进统计改革创新

今年以来市统计局认真落实市委、市政府关于加强统计改革创新的指示要求,已承接了国家统计局的9项统计改革创新项目,部分取得初步成果。通过深圳先行先试,为国家统计方法制度的顶层设计提供了经验,国家也加快了统计制度改革步伐。目前对国民经济行业分类的修订频率已从10年改为5年。最近全国深改会议审议通过的《关于深化统计管理体制改革提高统计数据真实性的意见》,进一步明确了统计改革的方向和任务,是今后做好统计工作的指导性文件。

(二)推动龙华区、坪山区单设统计机构

在市委、市政府大力推动下,近日国务院批复同意设立龙华区、坪山区。市统计局已迅速与上级统计部门对接,国家统计局表示将尽快下发两区区划代码,推动相关工作开展。两区升级行政区之前,统计工作由新区发展和财政局统计科承担。以龙华新区为例,2015年辖区内GDP为1636亿元,超省内1/3地级市;统计科配备2名公务员、1名职员、2名雇员、2名临聘人员,街道、社区两级在编统计人员13名、兼职临聘人员37名,整体力量较为薄弱。建议按照《统计法》第四章第27条"县级以上地方人民政府设立独立的统计机构"要求,结合深圳市编制资

源向基层倾斜工作，在龙华、坪山两区组建工作中单设统计机构并加强统计力量，进一步夯实新成立区统计基层基础，推动统计工作在核算之外的预警监测、导向引领等方面更好地发挥作用。

（三）推动统计干部对外交流

统计干部时刻与党政施策保持同向，长久触碰经济社会发展核心要义，立场坚定，业务熟稔，可信、可用，建议在系统内外交流锻炼使用优秀干部。8月18日，马兴瑞书记与国家统计局宁吉喆局长在会见中均表达了双方干部双向挂职交流的意愿。市统计局拟选派素质高、潜力优的同志到国家统计局挂职锻炼，更好推动深圳市统计改革创新成果转化。另外，市统计局优秀干部也可至相关行业主管部门、区和街道交流以及锻炼使用，有效发挥统计干部专业优势，盘活人力资源，更好推动统计工作改革创新发展。

新闻通稿

2016年1—3季度深圳市经济稳进增长

今年以来,面对复杂多变的国内外形势和持续加大的经济下行压力,深圳坚持质量引领、创新驱动、转型升级、绿色低碳发展方向,扎实推进供给侧结构性改革,积极采取一系列稳增长、调结构、惠民生政策措施,全市经济继续稳进增长。

一 经济运行走势继续向好

初步核算并经省统计局核定,前三季度全市生产总值13768.36亿元,按可比价格计算,比上年同期(下同)增长8.7%,分别比一季度、上半年提高0.3和0.1个百分点,位居全省各地市第一。分产业看,第一产业增加值4.76亿元,增长2.8%;第二产业增加值5312.19亿元,增长6.2%;第三产业增加值8451.41亿元,增长10.5%。规模以上工业增加值4986.52亿元,增长6.6%。固定资产投资2670.26亿元,增长20.8%。社会消费品零售总额3979.10亿元,增长7.8%。进出口总额18653.17亿元,下降0.4%,其中出口11203.93亿元,下降1.1%,进口7449.23亿元,增长0.7%。公共财政预算收入2518.14亿元,增长20.1%。居民消费价格平均上涨2.4%。

前三季度,第二、第三产业结构由上年同期的40.8∶59.2优化为38.6∶61.4,第二、第三产业构成此消彼长2.2个百分点,对经济增长贡献率分别为28.9%和71.1%,分别拉动经济增长2.5个和6.2个百分点。第二产业中先进制造业增加值3710.05亿元,增长8.0%,占规模以上工业增加值比重74.4%。第三产业中金融业和以信息传输、软件和信息技术服务业为主的营利性服务业和以八项支出为主的非营利性服务业对经济增长贡献突出。前三季度,金融业增加值

F. 多事之秋，2016年10月16日 深圳市第三季度经济形势分析会

2083.78亿元，增长15.2%，占GDP比重15.1%，同比提高0.4个百分点，对GDP增长的贡献率为25.7%，拉动GDP增长2.2个百分点；营利性服务业增加值1586.26亿元，增长17.1%，占GDP比重11.5%，同比提高0.7个百分点，对GDP增长的贡献率为21.1%，拉动GDP增长1.8个百分点；非营利性服务业增加值1213.41亿元，增长13.8%，占GDP比重8.8%，同比提高0.6个百分点，对GDP增长的贡献率为13.1%，拉动GDP增长1.2个百分点。金融业和其他服务业对经济增长的贡献率和拉动力作用明显，是推动经济增长和产业结构优化调整的重要力量。

前三季度，全市固定资产投资2670.26亿元，增长20.8%，继续保持较快增长。其中，基础设施投资541.80亿元，增长19.9%，占全市固定资产投资比重20.3%；城市更新改造投资514.51亿元，增长38.2%，占全市固定资产投资比重19.3%；建安工程投资1661.90亿元，增长15.6%，占全市固定资产投资比重62.2%。民间投资活跃，共实现投资额1368.63亿元，增长55.9%，占全市固定资产投资比重51.3%。第三产业投资2286.50亿元，增长25.5%，占全市固定资产投资比重85.6%。

前三季度，全市社会消费品零售总额3979.10亿元，增长7.8%，同比提高5.8个百分点。从主要商品销售类别看，汽车类增长14.4%，书报杂志类增长14.3%，食品饮料烟酒类增长15.6%，日用品类增长11.1%，服装鞋帽针织类增长2.5%，金银珠宝类增长2.7%。

二 支撑经济稳进增长的重要力量

（一）新经济添新力

1. 新产业新增长。全市新兴产业（包括七大战略性新兴产业和四大未来产业）增加值5515.61亿元（已剔除重复行业），增长11.2%，高于GDP和规模以上工业2.5个和4.6个百分点。

新能源汽车发展迅猛。前三季度，共生产4.51万辆，增长180.7%；工业机器人5469套，增长27.8%；光纤24.70亿米，增长27.7%；智能电视2179.49万台，增长21.6%。

2. 新业态新发展。前三季度，全市72家商业供应链企业共实现销售额1713.79亿元，增长12.8%，高于全市商品销售额增速10.3个百分点。龙头企业

规模效应显著,带动行业持续稳定健康发展。

据市电子商务中心测算,前三季度电子商务交易额1.3万亿元,增长25%。

3. 新商业新模式。前三季度,全市共有城市商业综合体45家,共实现营业额270.88亿元,增长12.3%。分类别看,零售业营业额176.24亿元,增长9.2%,占比65.1%;餐饮业营业额63.37亿元,增长21.7%,占比23.4%;服务业营业额31.28亿元,增长13.7%,占比为11.5%。分区域看,罗湖区营业额最高,达到80.51亿元;福田区营业额第二,为63.21亿元,增长19.4%;综合体数量最多的龙华新区营业额24.07亿元,增长57.1%。

前三季度全市大个体实现商品销售额4044.43亿元,增长13.8%,增速高于全市商品销售额11.3个百分点,销量居前三位的分别是文化办公用品类、机电产品及设备类、日用品类,分别占大个体商品销售额的31.4%、16.4%、12.2%。

(二) 重点、大型企业支撑力量显著

前三季度,工业百强企业增加值3016.42亿元,增长9.8%,高于规模以上工业增速3.2个百分点,占规模以上工业增加值比重60.5%。

前三季度,4444家规模以上服务业企业共实现营业收入4588亿元,增长16.4%,其中前50强共实现营业收入2209.29亿元,增长26.6%,高于全市平均水平10.2个百分点,对全市规模以上服务业营业收入增长的贡献率为68.7%;共实现营业利润462.52亿元,增长39.0%,高于全市平均水平16.8个百分点,对全市规模以上服务业营业利润增长的贡献率为75.7%。

(三) 新旧动能转换力量显现

1. 新增企业助力经济增长。前三季度,新增规模以上工业企业741家,占比达到11.7%,共实现增加值155.60亿元,增长31.2%,高出全市规模以上工业增加值增速24.6个百分点,对规模以上工业增长贡献率11.7%,拉动工业增长0.8个百分点;新增限额以上批发和零售业法人企业609家,占比达到16.6%,共实现商品销售额2335.75亿元,增长14.4%,其中零售额47.54亿元,增长31.6%,高出全市平均增速23.8个百分点,拉动限额以上法人上升0.7个百分点;新增限额以上住宿和餐饮业法人企业75家,占比达到9.5%,共实现营业额11.01亿元,增长17.7%,其中零售额7.48亿元,增长19.8%,高出全市平均增速13.0个百分点,拉动限额以上法人上升0.8个百分点;新增规模以上服务业企业497家,占

比达到11.1%,共实现营业收入347.1亿元,增长27.8%,对全市规模以上服务业营业收入增长贡献率为7.5%。

2. 准"四上"单位潜力较大。9月底全市准"四上"单位有7029家,比上半年增加2485家。分行业看,工业企业1901家;批发和零售业2852家;住宿和餐饮业305家;房地产开发经营业5家;服务业1966家。分区域看,宝安区1867家;福田区1458家;南山区1311家;罗湖区718家;龙岗区662家;龙华新区610家;光明新区245家;坪山新区80家;盐田区63家;大鹏新区15家。

(四) 良好经济效益为经济增长提供保障

1. 良好宏观效益保障经济增长。今年以来,一般公共预算收入在去年高基数上继续保持快速增长,为推动以八项支出为主的非营利性服务业发展提供重要保障。1—3季度公共财政预算支出2559.12亿元,增长9.1%。

2. 工业企业效益继续提高。1—8月,全市规模以上工业企业利润总额增长23.0%,分别比全国(8.4%)和全省(16.1%)高14.6个和6.9个百分点,工业经济效益综合指数达到231.6%,同比提高25.8个百分点。

总体来看,在供给侧结构性改革等多项政策措施综合作用下,前三季度全市经济稳中有进,进中向好,逐季攀升,结构优化。下阶段,全市上下按照市委、市政府的决策部署,积极引领经济发展新常态,狠抓政策措施落实落地,全年经济有望实现预期目标。

附注:

(1) 国内生产总值、规模以上工业增加值及其分类项目增长速度按可比价计算,为实际增长速度;其他指标除特殊说明外,按现价计算,为名义增长速度。

(2) 2012年起,执行新的国民经济行业分类标准(GB/T 4754—2011),具体内容请参见国家统计局网站。

(3) 规模以上工业统计范围为年主营业务收入2000万元及以上的工业企业。

(4) 社会消费品零售总额统计中限额以上单位是指年主营业务收入2000万元及以上的批发业企业(单位)、500万元及以上的零售业企业(单位)、200万元及以上的住宿和餐饮业企业(单位)。

(5) 固定资产投资统计范围为计划总投资500万元以上的固定资产项目投资

及所有房地产开发项目投资。

（6）进出口数据来源于深圳海关；公共财政预算收入数据来源于市财政委；CPI 数据来源于国家统计局深圳调查队。

（7）营利性服务业和非营利性服务业是第三产业中除了交通运输仓储和邮政业、批发和零售业、住宿和餐饮业、金融业、房地产业之外的其他服务业，是现代服务业的重要组成部分。营利性服务业包括信息传输软件和信息技术服务业、租赁和商务服务业、居民服务修理和其他服务业、文化体育和娱乐业；非营利性服务业包括科学研究和技术服务业、水利环境和公共设施管理业、教育、卫生和社会工作、公共管理社会保障和社会组织、国际组织。

（8）准"四上"单位的认定以 2015 年营业收入达到"四上"标准作为依据且不在 2015 年报与 2016 年定报调查单位名录中。"四上"单位是指规模以上工业企业、限额以上批零住餐企业、资质等级建筑业企业和房地产开发企业以及重点服务业企业，"四上"单位是开展统计调查的基础性工作重中之重，是国民经济核算的基础数据来源。

（9）部分数据因四舍五入的原因，存在总计与分项合计不等的情况。

附图：

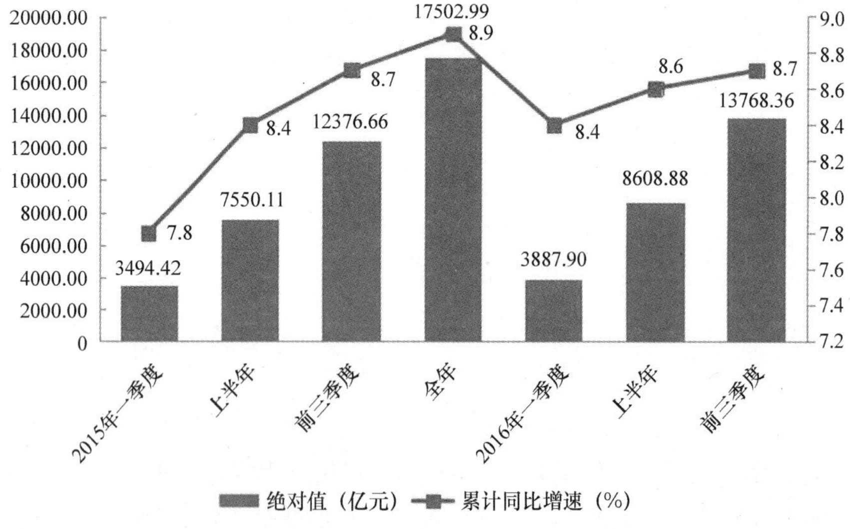

附图1　2015—2016年前三季度深圳 GDP 累计总量及同比增速

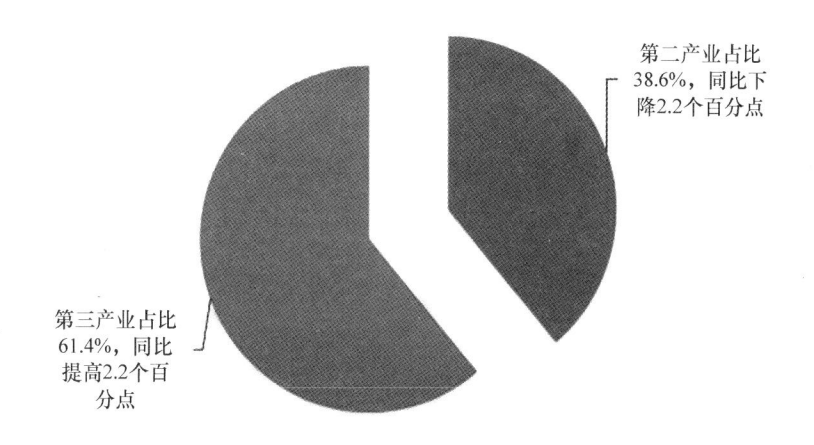

F. 多事之秋，2016年10月16日 深圳市第三季度经济形势分析会

附图2 2016年前三季度深圳第二、第三产业构成变化

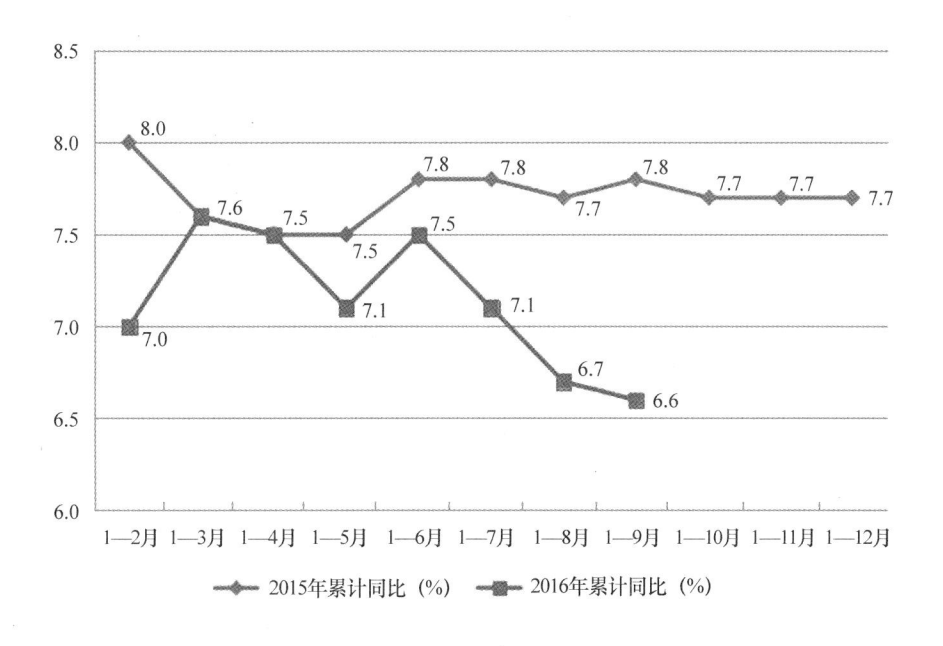

附图3 2015—2016年深圳规模以上工业增加值各月累计增速

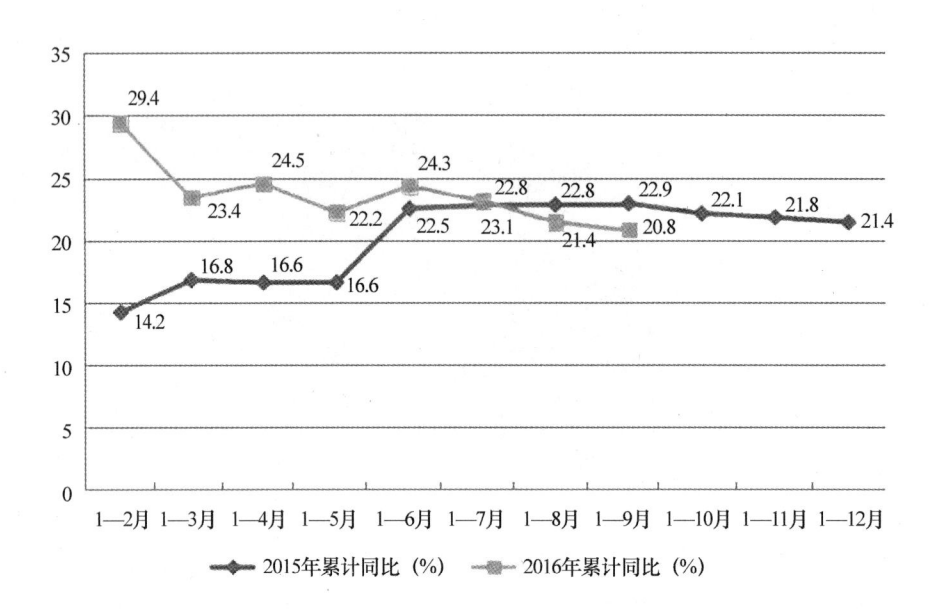

附图4　2015—2016年深圳固定资产投资各月累计增速

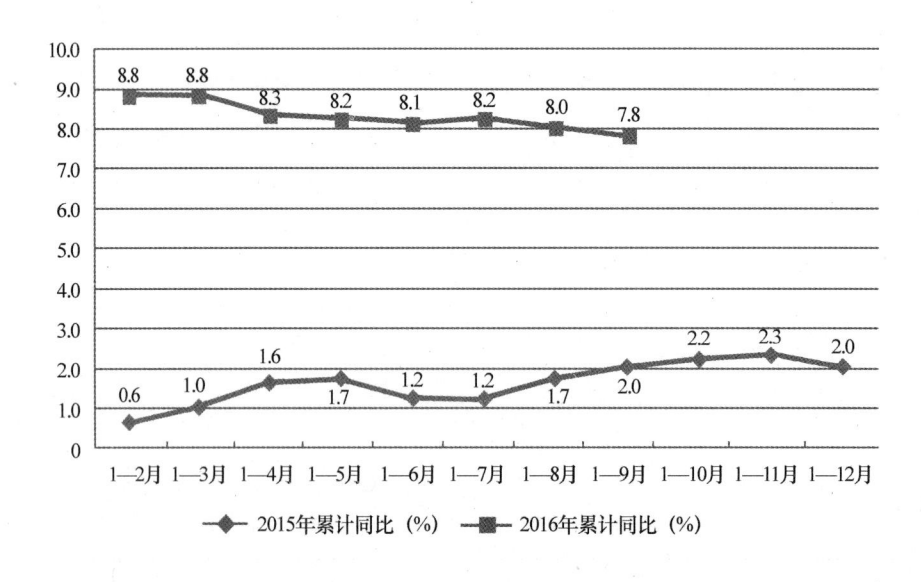

附图5　2015—2016年深圳社会消费品零售总额各月累计增速

F. 多事之秋，2016年10月16日 深圳市第三季度经济形势分析会

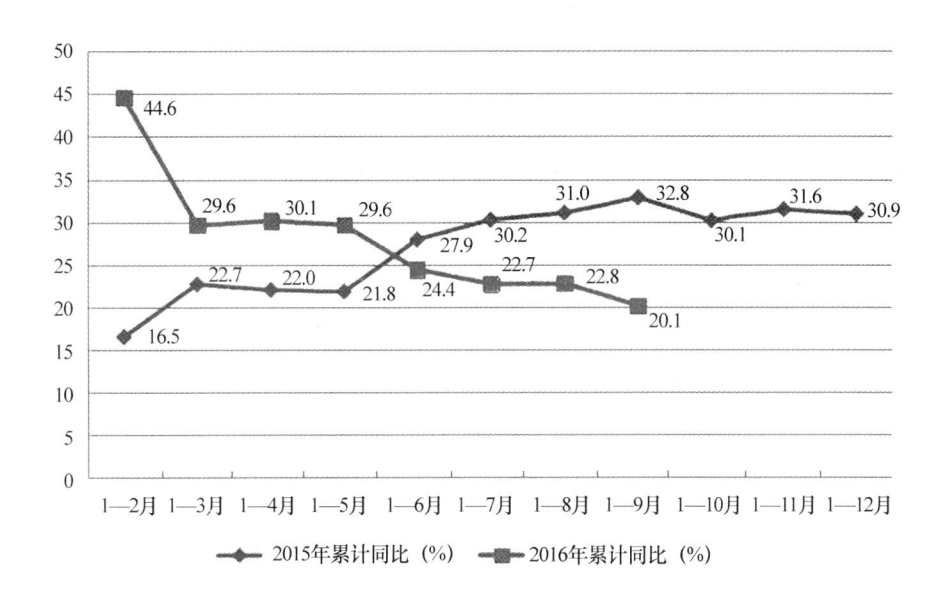

附图6 2015—2016年深圳公共财政预算收入各月累计增速

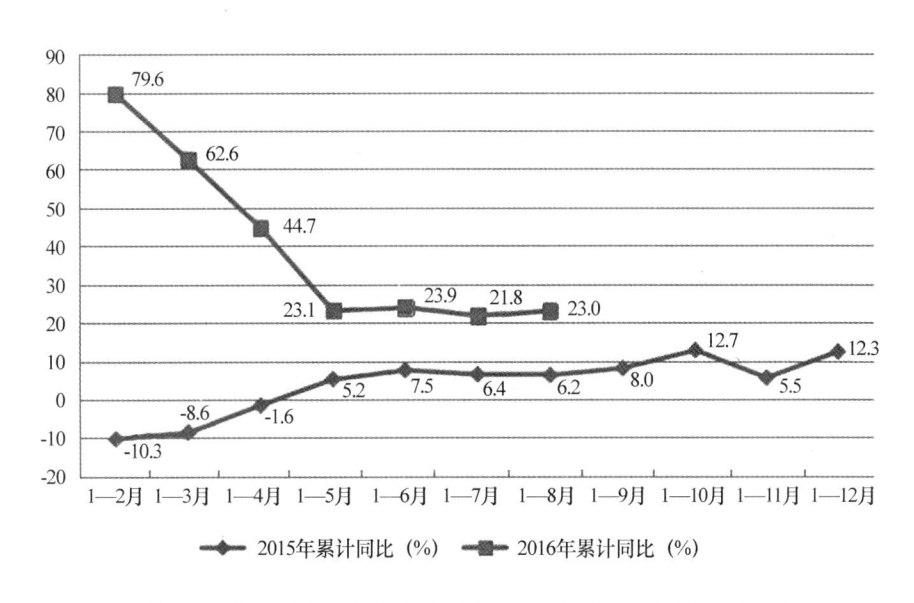

附图7 2015—2016年深圳规模以上工业企业利润各月累计增速

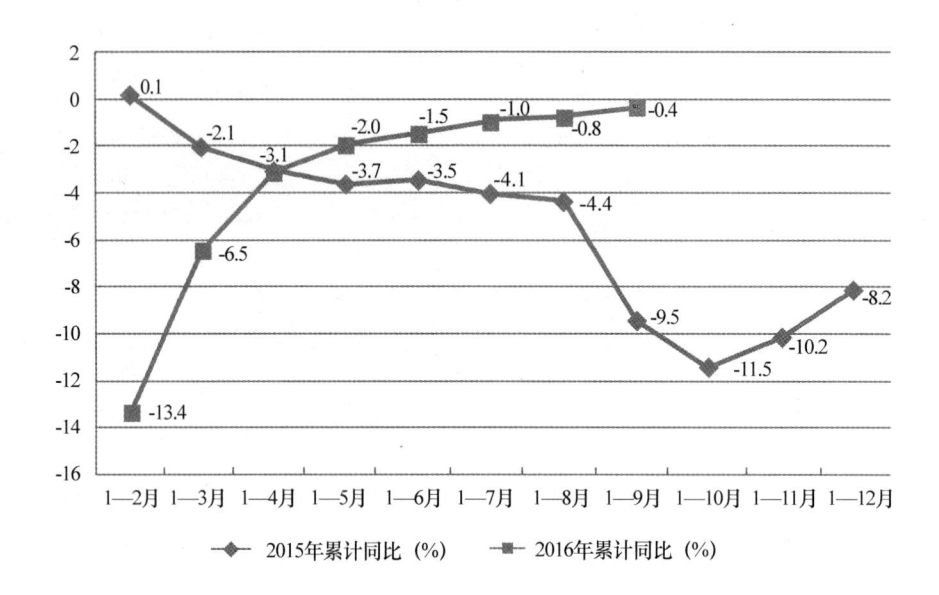

附图8　2015—2016年深圳进出口总额各月累计增速

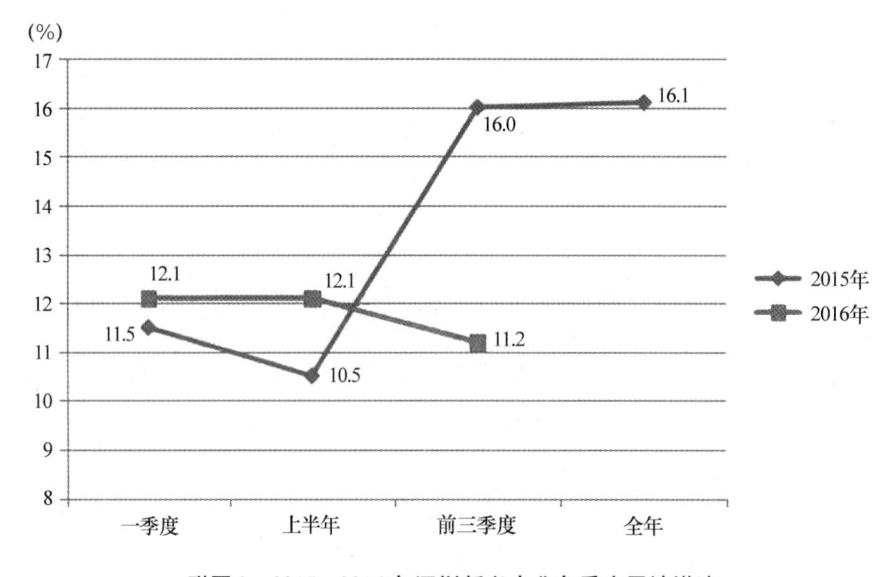

附图9　2015—2016年深圳新兴产业各季度累计增速

F. 多事之秋，2016年10月16日 深圳市第三季度经济形势分析会

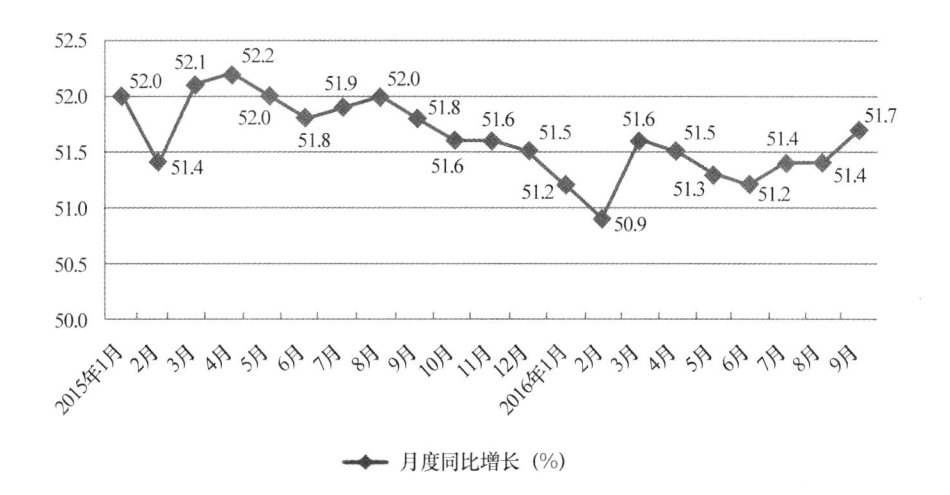

附图10　2015—2016年深圳制造业PMI月度同比

新闻报道

深圳GDP稳定增长2016年前三季度同比增长8.7%

2017/4/19　　　　　　　深圳GDP稳定增长:2016年前三季度同比增长8.7%_数据汇_前瞻数据库

首页　宏观数据　行业经济　进出口　上市数据　数据酷　企业查询　研究

前瞻产业研究院 - 中国研究咨询第一股 持续领跑研究咨询15年　股票简称:前瞻资讯 股票代码:839599

海量、准确、即时更新

经济数据　请输入数据关键词,例如:广东GDP

当前位置:前瞻数据库 » 数据汇

深圳GDP稳定增长 2016年前三季度同比增长8.7%

小乔·2016-11-02 09:35:44　来源:前瞻网　浏览量:329　分享到:

2016年前三季度深圳全市生产总值13768.36亿元,按可比价格计算,比上年同期增长8.7%,位居全省第一。

以下为2015年Q1—2016年Q3深圳市GDP数据统计:

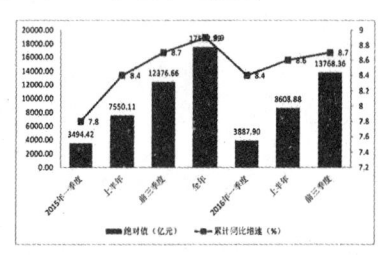

面对复杂多变的国内外形势和持续加大的经济下行压力,深圳全市经济继续稳进增长。前三季度,二三产业结构由上年同期的40.8:59.2优化为38.6:61.4,二三产业构成此消彼长2.2个百分点,对经济增长贡献率分别为28.9%和71.1%,分别拉动经济增长2.5个和6.2个百分点。第二产业中先进制造业增加值3710.05亿元,增长8.0%,占规模以上工业增加值比重74.4%。第三产业中金融业和以信息传输、软件和信息技术服务业为主的营利性服务业和以八项支出为主的非营利性服务业对经济增长贡献突出。

以上数据来源于前瞻数据库。

前瞻产业研究院推荐:2016-2021年中国楼宇经济发展模式与路径规划分析报告

本文来源前瞻网,转载请注明来源!(图片来源互联网,版权归原作者所有)

8　　0　　分享到:

标签:　深圳　GDP

数据新闻榜

- 3月重卡销量排行榜:一汽解放独占鳌头
- 北京土地供应明显增加 将有效抑房价过快增长
- 3月新能源车销量排行榜:众泰出前五
- 3月各类汽车销量排行榜 神车地位依旧不可撼动
- 楼市调控政策效果明显 上海新房交量大幅降低
- 2016年纸服装线上销量排名 国7品牌境地尴尬
- 移动支付加速扩张 互联网支付增有所下滑
- 钢材市场看涨信心明显不足 钢价格或震荡下调
- 市场利空铁矿石价格 3月价格指下跌9.59%

热门数据榜

1. CPI当月值
2. 全国:城镇居民家庭人均教育文
3. 美国:联邦基金利率(日)
4. 家用电器制造业:应收账款周转
5. 医药工业:应收账款周转率:全行
6. 家用电器制造业:存货周转率:全
7. 汽车制造业:速动比率:全行业平
8. 货币投放量:合计
9. 汽车制造业:存货周转率:全行业

·176·

第三视角

参加深圳市委2016年第三季度经济形势分析会略纪

接深圳市委办通知，市委第三季度经济形势分析会定于2016年10月16日（周日）15：00在市委后楼常委会议室召开。本次会议之所以提前，是因为随后几日马兴瑞书记和许勤市长有政务活动需要外出。会议安排的最大变化是发言部门缩减，由原来的发改、统计、经信、科创、财政、金融办六家缩减至发改、经信、统计三家。

在杨新洪局长的精心指导下，在各处室的共同努力下，第三季度经济形势分析材料《如何看待与把握当下全市经济运行中的新变化》以全新的面貌、全新的视觉面世，从六大角度看待和分析深圳经济形势，切中问题而有对策，分析深刻而不失全面。印发70份，带至会场作为会议材料分发。

15：00，马书记、许市长准时入场。整个汇报过程中，马书记对其他单位的汇报情况还是不甚满意，当听到"工业生产相对平稳，工业增加值增长6.6%"时，马书记插话说："怎么这么分析，不是相对平稳，而是跟去年同期比，工业增加值增长率在降，老杨，跟去年同期比工业增加值增长率降了多少？"杨新洪局长回复书记说："去年第三季度规模以上工业增长7.8%。"马书记又接着说："去年同期增长7.8%，现在已经6.6%了，回落1.2个百分点，广州现在还可以超过7%呢，所以你这个分析总是掩盖，这个分析报告肯定不是你做的，总要先把所谓的那种能把脸上贴金的事都贴满了，这个事你不能这么说，工业生产不是相对平稳，实际上跟去年同期相比，增长率在下滑，今年倒是平稳一点。"当听到"地方级税收收入增长13.6%，占一般公共财政预算收入的80.4%"时，马书记接着说："去年我们超过85%，现在掉到80.4%，非税收入这个东西你可别给我搞虚。"当听到进出口时，马书记问："今年进出口实现零增长，第四季度月均多少？"杨新洪局长接着说："实现零增长，月均大概2900亿元。"马书记听后说："2900（亿元），2900（亿元），你们能做到吗？"当听到"新业态的加快发展对我们的经济增长形成有力的支撑"时，马书记接着说："太小了，这个算不上搞了新东西，这个量还是太小，咱们现在需要搞几个大家伙，否则这是扛不住的。就这两句话，像你们这么一说，大家都可以高枕无忧了，我们工业就这么让你们说得高枕无忧了。早在去年，我就提醒你们抓工业（投资），到今天了工业投资还是负的，前两年华为和中兴扛着呢，所以这东西（指新业态）未来它应该是个好东西，但是现在解决不了我们工业量的问题，明白吗？"当听到"PPI降幅连续收窄，1—9月PPI下降了1.3%，比全国高了1.6个百分点"时，马书记接着说："国家当月的PPI都由负转正了，你这个PPI当月的转不转啊？"当听到教育事业发展情况时，马书记打断说："有些地方就不一定照稿子念了，照你这样念，你一个小时也念不完，挑些主要的，有些地方题目讲一讲，有些主要内容讲一讲。"当听到"还要进一步加大投资力度，确保全年投资增速20%以上，推动稳增长"的时候，马书记说："强区放权，我今天跟王强说了几句，王强提的意见还是很对的，高新区做到什么程度，你这科创委高新处，审查比衙门还衙门，早就强区放权了，为什么之前（某个领导）抓高新区抓得比较好，好好比较，我认为王强反映的是实际情况。咱们从1996年建的高新区建得很好，当时从二十几名进到全国第二，各项指标有的还是第一，现在我们各项指标滑到十几二十几了，你这个科创委绝对不能这么管，我上次调研就说你给我分一分，我一看就不行了，2006—2007年跟（上述某个领导）合作接触过，完全不一样的气氛，当然2009年把高新办撤了并到科创委，但科创委不能这么管，你还要负责城市更新，你想你懂这个东西吗？是不是？所以我们这个部门总是想不开，捏在手里的就觉得权就大，是不是？你说了半天，我给你说你这都是虚的，都不解决问题，你必须得有招数，知道了吧？你们的最大问题就是没招，东进也是，协调半天，哪一个部门能把这落地的事管住。该改的一定要改，我是下定决心了，政府这么运作肯定不行，都把权集中在你部门手里，那还得了，区里怎么办？是不是？一个处你这么去管？就像最近许勤、张虎、杨洪把某项目下放到罗湖区，今天实话时候，聂新平在这没？贺海涛跟我讲，这件事情我们元旦定下来，半年后才会真正交到他们手上；他们接手后，两个月基本搞定，下一步就要拆了。华楠，就到这个程度，不下放怎么行呢？就是我们再研究完了，不还是交给海涛和新平他们干吗，否则你干得了吗？我们的部门怎么也想不明白，是不是？贺海涛给我说足足

F. 多事之秋，2016年10月16日 深圳市第三季度经济形势分析会

耽误了半年以上，我认为他讲得有道理，包括住建部门也都想开了，是吧？我们不能这么干工作，今天我多说两句，我们城市更新过去基本三五年批一个项目，现在交给区里，半年就能搞定，是不是？这都是实践证明了的东西，我们领导还认识不到。"当听到"工业技改投资力度要加大"时，马书记接着说："幼鹏，工业用地抓紧下放，交给区里，交给十个区，权力交给你们，工业用地管理、招拍挂你们区里抓紧，否则工业用地一年弄0.1、0.2平方公里，十万二十万平方米这么大的一个工业你怎么弄，是不是？王宏彬，我盯住你们大族激光到底怎么办，你说了半天说得还不够狠。第一，各个区工业这个问题，今年保工业增长，保增加值的增长率，你们回去背回去。第二，工业投资你给我背回去。第三，工业技改增长，你给我背回去，知不知道？"当听到工业增速受华为影响时，马书记说："这个事呢，朱小丹省长已经明确提出来，这样杨新洪也好，郭立民、王宏彬你们应该研究出来赶快往省里跑，这可别偷懒。这是什么意思呢，小丹省长讲了一个基本概念，是鼓励转出的工业企业在统计的时候，能够回统计一步，就是跟东莞谈判，就是按照一定比例，这样对全省来说，整个工业增加值总量不变，但是在统计分配上可以考虑实际情况，杨新洪听明白了吗？我不知道幸晓维是不是理解了这个事。"杨新洪局长接着说："关键东莞盯得很紧。"马书记接着说："那当然了，我要是东莞我盯得更紧，甚至从你那把你的肉都给你挖走，你看工业增长多少。"郭立民接过话："东莞增长也不高啊？"马书记接着说："它其他地方滑了，如果把华为从它那里撤回来，它就是负增长。"杨新洪局长接着说："华为对它们的贡献应该是4—5个点，原来才1个点。"马书记接着说："就是小丹省长讲的这个概念有道理，当然这个概念能不能作为实际进行操作，我不敢说，郭立民继续讲吧。"当听到"还有个建议，就是我们能不能请统计部门做一项工作，关于规模以上工业加了多少家，我们现在规模以上工业企业不到6400家，上海有9100多家，苏州有一万多家，这样的话，能不能做点工作，我们把这6400多家再扩大一点"时，马书记接着说："现在规模以上是不是按照两千万算，有的早就超过了，杨新洪，你们就不会往里加，第一我们得按照规则来，第二就是王宏彬给我说的这个问题，增加值率怎么确定？杨新洪，这个大疆无人机确定行不行？确定多少？"杨新洪局长回答说："大疆两个公式，一个是47%，一个是20%多。"马书记接着说："20%多，不可能，今年销售收入加入算它100亿元，怎么说也有30多亿元的利润，利润肯定是增加值的一部分，它不仅包括利润、人员成本，还有折旧，有可能在50%左右，你这个20%左右的增加值率，显然不符合实际。我们这样的企业，国家统计局老的统

| 科学度量 Two |

计法有问题,是不是?它今年100亿元的销售收入,真有可能是30%多的利润,去年它干到60多亿元的销售,利润就20多亿元了。就是郭立民说的这个事,你们统计要跟上。第二个,我觉得王宏彬提出来的工业增加值率,你们也得好好核算。"

统计局开始汇报。在杨新洪局长正在走向汇报席上时,马书记就发话了:"要是以后改革,以后统计局先讲,然后他们两家再分析。"新洪局长坐定后说:"我做一个补充汇报,首先要补充一下,这个数字还是个预计数,包括省里都没有核回来,所以数字上可能还会有些差异。我这里有六个方面的汇报,主要从一个统计工作者的角度说一些经济关系,还有一些经济认识,实际上准备刚刚提的问题,我本来要设七个问题的,第七个问题正是要回答的问题,后来我想一想,经济问题不想扯统计问题,就把它拿掉了,有个机会我做个汇报。我点一点题,第三季度经济总体感觉稳进,但是它背后的增长的经济逻辑,从另外一个测度去观察、分析它,也是有它的一定道理,8.8%比上半年要好,比全国全省都要好,但对8.8%后面的这个支撑,是一种比较弱的支撑,过去向您汇报时,总是说强支撑、弱支撑,最后这个指标本来还会取决于国家对广东省GDP的核定,我上午也做了一个侧面了解,大概全省是7.4%。7.4%意味着跟上半年持平,如果全省是7.4%,可能会给广州、深圳这样一个GDP核算从紧,这样一个外围。如果全省7.4%,我个人判断全国6.7%不会低于这个,全国是企稳这个状况,PPI、CPI都是好的表现,包括油价冲到50美金这样一个重要的支撑。8.8%的逻辑我们也表达一下,有时候觉得工业不行了,财政收入也回落,怎么GDP还向上走呢?实际上这些与GDP有关系,但是间接的,不是直接的,所以从三驾马车与GDP的需求来看,过去一年我们政府抓项目、抓基础设施、抓发展所形成的固定资本形成,在三驾马车中是14点多。当然从预计的角度来看,不是很准确的,但是我们测算这个是最大的因素,比如宝安买了几架飞机,可能就形成固定资本形成,就直接进来了。我们抓八项支出,财政(支出)去年以来就逐步增强,也形成了相应的各种政府消费和居民消费。另外,在出口上,实际上我们是一个负的迹象,但是我们深圳自在区域里面,深圳流出外面的表现,就是净流出,书记您抓了世界五百强、供应链怡亚通、腾邦等,这些都代表净流出,就是深圳的经济中心城市的辐射作用得到加强的一个体现,所以8.8%预计后面有它的经济增长逻辑。这是我个人的一点看法,未必很准,这是一个。第二个就是支撑GDP增长的产业、行业出现新的变化,需要我们把握经济增长的方向跟突破口。从分行业来看,产业上有些新变化,第一产业出现的一个变化

F. 多事之秋，2016年10月16日　深圳市第三季度经济形势分析会

就是12年以来首次由负转正，也得益于陈彪市长带我们农业普查提的现代农业，那时候各区也都在重视这个，今年虽然5亿多元，但是增长3.8%，这是一个新的变化。我们整个GDP的核算是个适应的核算，一点儿都不会漏的，多少都会得到体现，所以23个指标是一个比较完整的体系，书记您批评这个制度是落后，当然制度也是一个游戏规则，这次书记市长很重视统计制度改革，我今年获得了五次去国家统计局汇报的机会，《国民经济行业分类》原来是十年修改一次，这次我到合肥去，五年修改一次，已经缩短了。深圳的贡献有些是无私的贡献，有些是有利的贡献，可能是后几年才能看得出我们深圳改革对《国民经济行业分类》带来的影响。从我们新华字典来说，规范中国文字，新华字典也是十年修改一次，甚至更长，但《国民经济行业分类》就是规范国民经济的一个新华字典，所以要经过观测，才会形成一次修订。这个我想汇报的是，二产落下来的时候，三产支撑比较大，一个是营利性服务业。书记您也带我们去了腾讯，它贡献很大，50%多的增长，您陪了宁局长去了光汇，这个也是56%的增长，这个是支撑，它们都是实体，这是我们找到的新的逻辑。您还带我们去了平安，平安实际上它也是，金融业中保费收入这一块也有。非营利性服务业中主要是八项支出，对这个八项支出汤主任抓得很紧，实际贡献了我们GDP 1.1个点，这就弥补了二产的短腿，这个是我向各位领导汇报的内在逻辑。抓工作的时候，我们实际上并不是一把抓，也是朝着这个方向抓，真正检讨我们统计少统了漏统了什么。整个深圳经济的成果如果在深圳，谁也拿不走，这就是深圳的低调。如果你想通过统计来体现经济成果，统计带不来经济成果，我们宁愿把这个事情摆清楚，脚踏实地去抓，才能真正把事情抓好。我后面也有些例子跟各位领导分享，不一定很准，所以整个产业和行业分类，它也体现了变化。变化从总体成果来说，我们还是处于比全国全省好的这样一个阶段，制造业有些回落但是我们工作上其他的一些措施全面给补过，这张表其实是很有意思的，所以工业下降了，但是在背后看，扣掉华为，工业其实在走强，有些措施实施下去已经发生变化。今年第一季度华为贡献率曾经超过100%，那就是说除了华为，其他工业都是负增长，现在华为的贡献率剩下50%多，但是我们的工业还会保持6.6%。如果要说穿这话，我们统计其实很辛苦，如果没有我们统计跟省里沟通，那就是6.4%，0.2个百分点确实是可调控的范围，所以省里也是这样核算的。所以每次讲到统计，我都不愿意说到背后的统计，实际上华为下来了，贡献率由100%到了50%多，其实其他工业在走强2—3个点，这并不是坏事情，关键是我们有些经济措施已经起作用了，有些还没起作用，我们统计部门很艰难的时候，都

在跑企业,可以说我都没有停地跑企业。"书记一直听,一直点头,听到这里,接着说:"这就对了,我就希望你们这么干。"杨新洪局长接着说:"所以我们富士康、比亚迪、华为,很多企业包括韩胜、华强龙,最后我们跟它讲清楚,你该怎么填就怎么填,但是企业要愿意,企业不愿意它一封信写到中央,说你违反《统计法》。最近总书记开最新一次的深改会,就是要求尊重统计工作规律,如果统计范围、标准不变,变化是体现出来的,这是我最想说出来的最真实的话,不能因为统计给你带来经济成果。我们统计部门不会贪污经济成果,你的变化我能体现出来。"马书记接着说:"你不用发牢骚,你们的功劳,你们的辛劳,殚精竭虑,我们都知道。我还不清楚谁干活谁不干活,谁真干活、谁假干活吗?我们是很清楚的。"杨新洪局长接着说:"谢谢书记。所以,扣掉华为,全市工业只增长3.3%,这就是与一、二季度比出现的一个新的变化;第三产业出现分化,房地产业对GDP贡献开始出现下降,这也是慢慢回归;营利性服务业我刚才汇报了腾讯、光汇,这个季度的营收都在百分之二三十以上。"马书记接着说:"马化腾、马明哲、薛冠林,这都要表扬的。"杨新洪局长说:"你去了,他们也很振奋。"马书记说:"我单独又跟他们谈了一次。他们公司挺强挺大的,咱们并不知道他们挺强挺大。"杨新洪局长说:"他们给我讲,他们在深圳静悄悄地待了24年,没有得到一次政府当地的补助。"马书记听了杨新洪局长的汇报表示这个公司很大很好,最后建议大家去调研,并对杨新洪局长说,我们要给人家服务好,你这个理解得很对。杨新洪局长继续汇报:"非营利性服务业如八项支出,汤主任很重视,马上采取措施,第三季度是36.4%,虽然跟上半年70%多相比回落了下来,但是还是一个很大的支撑,在这里我想表扬财政。金融这一块实际上是证券转向保险。证券现在还是负的50%多,去年高峰期的基数还没消化,后来我们去证监局他们也很支持,找到了其中一块,债券的交易也比较高,这一块我们把证券找回来了,增长24%。如果没有债券,8.8%、8.7%、8.6%都很难支撑,好在银行金融这个月转好一点。另外,房地产调控对金融贷款产生了比较负面的影响,这是我们客观分析的结果。再一个是交通物流邮政,我也去邮政调研了。"说到这里,马书记想到了顺丰,并问它的贡献率怎么样,并建议杨新洪局长去顺丰调研,一定会超过EMS,并说他怀疑它又把对深圳的贡献率分解掉了,你们去了解一下,它们的贡献率到底是多少。

讲到"三新"经济带来增长的时候,我们必须要看到有实业留下或进来,经济方可持续。如做总部经济的时候,光一个壳,享受完政策,没有人流、物流、资

▎F. 多事之秋，2016年10月16日　深圳市第三季度经济形势分析会▕

金流在深圳结算，也是不可持续的。向国家局汇报新经济占经济比重是50%，他们认为我们高了，实际我们朝气蓬勃，这一块增长率都很高，但是现下这块国家限制增速，深圳按照最高增速来算，差距在哪里。在这里举一个例子，即坪山的松日数码今年300多个亿，今年一分钱都没，这300多个亿的基数，谁去填这个窟窿，一百家企业都填不过来，它现在干什么，企业没有这个批发量，又要享受这个政策，所以填2000万。2000万不是批发量，是加工贸易，而加工贸易应该填到工业等。统计局长服务不过来，在此向各位领导汇报。马书记接着说："交给区里去服务，交给部门，你提的问题让他们去处理。"

G. 冬季高企，2016年12月13日　深圳市委书记专题会议

　　快到收官之际，适时地提前分析经济，发挥数据威力。

　　只剩20多天，我在分析会上提出实现经济增长9%的目标，缺口经济总量500亿元总产值。这是一个科学的测算。

　　能否实现，与经济运行有关，与经济政策与产业措施甚至与服务企业的点滴态度关联。

　　统计直接创造不了经济成果，但是可以把脉经济，监测与反馈经济运行轨迹，服务于经济增长。

　　它悄悄而来，带不走一丝云彩。

发言稿

谁能安我一季数：唯以经济稳进上行

——着力用统计数据描述由汗水浇灌凝成甸甸可喜的全年经济

一晃又到四季末，全年经济基本定局时。首先感谢并珍惜每一季的这个重要时段，有机会向大家陈述纷繁复杂统计数据背后的经济变化，借以一名经济工作者角度，尽可能去诠释对深圳市经济的一些看法与认知。

从统计逐月分季跟进观察，第四季度对深圳而言，是个经济大季，不仅基数大，更是一年到头之经济成果，亦由四季累成年度快报数，这无疑攸关着全市一年的经济收成。

随着这一年跟进经济的脉动，在我心中存在着"六个关键词"：难得、G20、解构、未要、坚守与认知。

（一）难得——一个以万亿计"吨位"的经济体：全年取得的这张经济面孔十分难得

一年来，深圳市委、市政府多方施略用策与采取有针对性经济措施保增长，引领全市各方付出辛勤汗水浇灌，而逐季推进增长获得的沉甸甸经济果实，实属不易。

全年主要经济指标预计：

表1 　　　　　深圳市2016年地区生产总值（预计）

指标名称	绝对值（亿元）	增长（%）	构成（%）	构成同比变动（百分点）	对GDP增长的贡献率（%）	对GDP拉动点数（百分点）
地区生产总值（GDP）	19263.49	8.9	100	—	100	8.9

续表

	指标名称	绝对值（亿元）	增长（%）	构成（%）	构成同比变动（百分点）	对GDP增长的贡献率（%）	对GDP拉动点数（百分点）
分产业	第一产业	6.67	2.8	0	0	0	0
	第二产业	7609.39	6.7	39.5	-1.7	31.1	2.8
	#先进制造业	5120.00	8.4	26.6	—	25.6	2.3
	第三产业	11647.43	10.4	60.5	1.7	68.9	6.1
	#现代服务业（预计）	8188.14	11.8	42.5	1.6	54.4	4.8
分行业	工业	7125.13	6.8	37.0	-1.5	29.7	2.6
	金融业	2852.94	15.0	14.8	0.5	24.2	2.1
	商业	2448.37	3.6	12.7	-0.8	5.5	0.5
	营利性服务业	2198.75	17.2	11.4	0.7	20.8	1.8
	#信息传输、软件和信息技术服务业	1341.88	20.1	7.0	0.8	14.1	1.3
	房地产业	1833.46	-0.9	9.5	0.6	-0.9	-0.1
	非营利性服务业	1713.40	17.1	8.9	0.7	15.8	1.4
	交通运输、仓储和邮政业	584.55	9.8	3	-0.1	3.4	0.3
	建筑业	499.87	4.6	2.6	-0.1	1.4	0.1
	农林牧渔业	7.02	3.8	0	0	0	0

全国全省经济下行，深圳经济增长逆势而行。从两年的比较来看，今年全国、全省经济增速呈下行趋势，前三季度国家、广东省GDP增速较去年同期分别下降0.3、0.6个百分点，而深圳经济预计全年可与2015年增速持平，呈稳健增长态势，在经济整体下行环境中逆势持平，殊为不易。

从今年季度走势来看，全国经济连续三个季度增长6.7%，全省GDP三个季度累计增长分别为7.3%、7.4%和7.3%，亦基本持平。深圳走势继续延续"前低后高"，从一季度8.4%稳步提高，前三季度增长8.7%，全年预计增长8.9%，逆势上扬。

深圳经济对全省增长贡献加大。从对全省经济增长贡献情况看，深圳市从今年一季度开始GDP增速持续保持全省第一，对全省经济增长的贡献加大，预估深圳对全省经济增长的贡献率从去年的近23%提高到今年24.5%左右。

就全年经济运行结果而言，十分难得，我们既要看到好的新的增长极，也要十

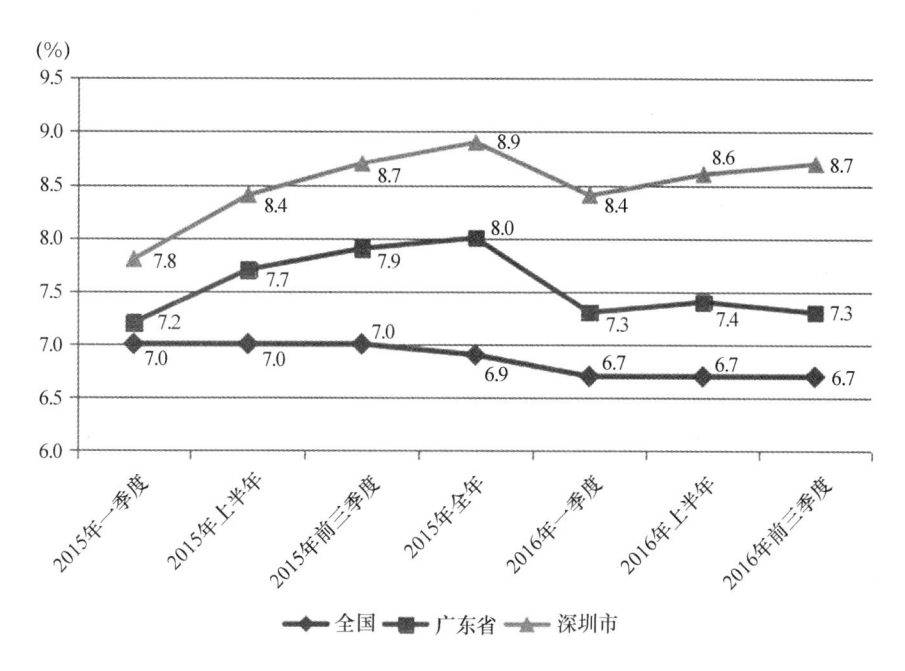

▍G. 冬季高企，2016 年 12 月 13 日　深圳市委书记专题会议 ▍

图1　2015—2016 年各季度国家、广东、深圳 GDP 增速走势

分清醒意识到影响经济的各种变化因素交替存在，否则会以偏概全，贻失工作的方向、着力点与突破口。

（二）G 20——权重：几个大树经济的影子

深圳市增加值前 20 名企业情况。2016 年 1—11 月深圳市前 20 名企业增加值合计 4592.13 亿元，可推算此 20 家企业全年增加值合计约为 5000 亿元，占 GDP 比重近 26.0%。

从行业分布看，工业企业 7 家，金融企业 9 家，交通运输业 2 家，信息传输、软件和信息技术服务业 2 家；从总量情况看，前三名均为工业企业，排名第一的华为技术有限公司是深圳市唯一一家增加值超千亿元企业，占前 20 强企业增加值比重达到 26.5%；从增加值增速情况看，14 家企业同比正增长，其中比亚迪汽车有限公司、中信银行股份有限公司信用卡中心、腾讯科技（深圳）有限公司增长超过 30%。

规模以上服务业二十强企业情况。2016 年 1—11 月，规模以上服务业 G20 合计 1078.49 亿元，同比增长 21.6%，占规模以上服务业的 40.3%，主要分布在交

· 189 ·

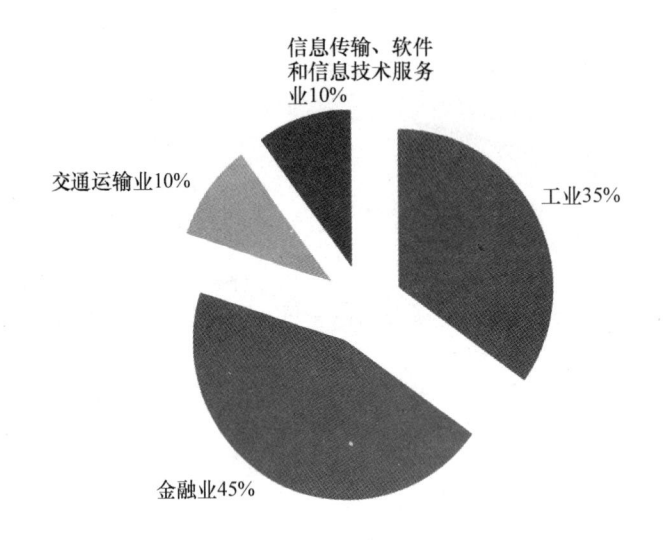

图 2 深圳市前 20 名企业行业分布

通运输、信息软件、商务服务业等行业。其中，其他营利性服务业（3+2）企业有 8 家，增加值合计 494.47 亿元，同比增长 34.8%，占 G20 的 45.8%。

（三）解构——另一角度的 GDP 诠释：总量假定下的"税、折旧、工资、企业盈余"关系

从近三年深圳市经营性法人单位（企业及个体户）收入法增加值核算内部构成变化看，有以下几个特点：

政府收入分配所得（生产税净额）份额逐步减低。随着财税体制改革，全面推进实施"营改增"，打通企业增值税的抵扣链条，减轻企业税负等措施下，生产税净额占 GDP 比重近三年来逐步下降，由 16.2% 下降到 13.5%，下降了 2.7 个百分点。

劳动者报酬占比显著提高，固定资产折旧比例下降，需警惕对企业的生产经营的妨碍。

当前深圳市企业普遍反映人力成本高企、增长快，深圳的最低工资标准已居于全国前列，提高劳动者报酬占比的解决措施不能完全由企业负担。从 2014 年到 2015 年的变化看，劳动者报酬上升了 3 个百分点，企业营业盈余下降了 0.9 个百分点，同时固定资产折旧比例降低，人力成本的过快提高和固定资产增长较慢可能影响企业扩大再生产的动能,并助推企业往成本洼地外迁步伐。

表2　　　　　2013—2015年深圳市经营性单位增加值内部构成情况　　　　单位:%

年份	劳动者报酬比例	生产税净额比例	固定资产折旧比例	营业盈余比例
2013	46.2	16.2	8.2	29.4
2014	45.7	15.7	7.6	31.1
2015	48.7	13.5	7.6	30.2

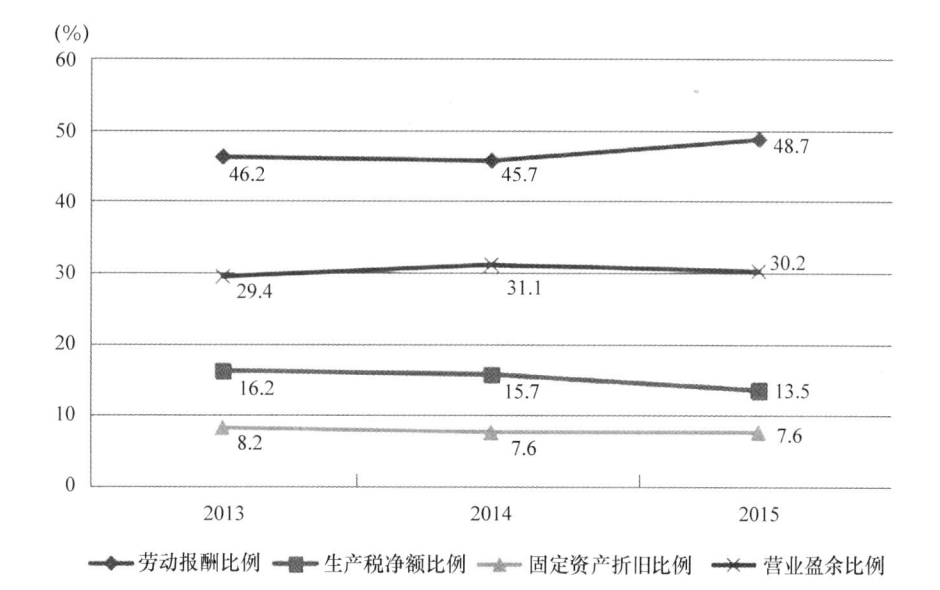

图3　2013—2015年深圳市经营性单位增加值内部构成比例变化

此外,从近三年收入法工业增加值四项构成比重来看,固定资产折旧比重持续下降,劳动者报酬比重持续上升,税收持续下降,营业盈余保持相对稳定。

固定资产折旧比重持续下降表明深圳市工业企业技术革新、转型升级动力不足。进入新常态后,经济发展过程中的矛盾凸显,尤其是当前企业融资紧张矛盾突出,已成为制约工业投资的关键。尽快补齐工业投资短板,出台推进固定资产折旧相关政策,加快制造业资金流动性,促进技术革新、产业升级,支持企业向中高端水平迈进,是当前深圳市加快工业经济发展面临的重要任务之一。这不但有利于加快传统制造业企业生产设备的更新升级,更有利于战略性新兴产业发展,帮助中小企业更有信心加大投入,将企业做大做强。

表3　　　　　　　　近三年工业增加值四项构成比重　　　　　　　　单位:%

指标	固定资产折旧占增加值比重	劳动者报酬占增加值比重	生产税净额占增加值比重	营业盈余占增加值比重
2013	10.2	50.8	16.9	22.1
2014	10.0	51.9	15.1	23.0
2015	9.6	56.7	11.1	22.6

(四)未要——事关未来发展"稳进增长"的"三大要素":有强度的R&D投入、知让利的厚植经济、可持久的投资加注

R&D投入的强度,是一个地方具有创新与竞争力的关键。

10月27日,学峰副市长带我及业务骨干赴国家统计局沟通汇报深圳市R&D支出纳入GDP核算前期研究成果。根据会谈成果,我们对深圳市R&D支出纳入GDP核算方法进行了进一步研究和修订,并对数据进行了严格评估和试算。

数据显示,2013—2015年,深圳市可纳入GDP核算的R&D分别为389.70亿元、426.21亿元、486.16亿元,占R&D总量的比重分别为66.66%、66.59%、66.38%;可纳入GDP核算的R&D占R&D总量的比重分别比全国高5.67个、4.63个、4.29个百分点;从地区比较来看,2014年(其他地区2015年数据未测算)深圳市可纳入GDP核算的R&D占R&D总量的比重为66.59%,低于北京市的71.02%,略高于上海市的65.22%,高于广东省的61.41%。另外,从R&D支出构成结构看,深圳市的企业支出占比远高于全国;以2015年为例,深圳市企业R&D支出占全市R&D总支出的96.2%,全国为76.8%。

目前,R&D投入强度是世界各国和国际组织评价科技实力和竞争力的首选指标;同时,该指标也反映了科技创新能力与经济技术进步在规模间的量化关系。同时,按照国家R&D支出纳入GDP核算思路,核算后企业形成的增加值等于其R&D活动的总产出,非企业形成的增加值等于其R&D资产的消耗量,亦即企业占比越大的地区,R&D支出纳入GDP的比例越高。以上,均"坐实"企业的创新主体地位及其对经济社会发展的贡献。此项领域深圳市已走在全国前列,于经济成果的直接显现便是新兴产业的"先发"以及企业、产业整体竞争力的"脱颖"。此项工作,只宜加强不宜削弱,且宜引导企业整体保持年均10%增长速度,方可稳固拓

| G. 冬季高企，2016 年 12 月 13 日　深圳市委书记专题会议 |

展深圳市在此项领导的先行先发优势。

厚植经济的本质，即要造就经济的韧性与回旋余地。

这里，仅从工资的角度进行分析。

亚当·斯密曾说：社会经济发展的成果要真正分流到大众手中，在道义上才能得人心，风险性才会降低，才能更有助于社会稳定。根据萨缪尔森的研究，在典型的市场经济国家，工资收入构成了国民收入的 3/4，这一比例关系在整个 20 世纪中的发达国家一直相当稳定。

亚当·斯密还说："充足的劳动报酬，鼓励普通人民增殖，因而鼓励他们勤勉"，"高工资地方的劳动者，总是比低工资地方的劳动者活泼、勤勉和敏捷"。工资水平的提高，对个人的消费行为、人力资本投资行为以及技术创新水平都有正面影响，而这几方面正是经济增长的源泉。在出口需求不足时，很多出口导向型国家通过刺激内需拉动经济增长，而刺激内需的途径之一就是调整国内工资水平。同时，在全球化经济条件下，工资水平过低，将导致高素质劳动力外流，所以工资对于防止人才外流也有至关重要的作用。

深圳在岗职工年平均工资从 2000 年的 23039 元增至 2015 年的 81034 元，扣除物价因素后，年均增长 6.49%，不如同期实际 GDP 年均 11.05% 的增速，也不如人均实际 GDP 年均 9.30% 的增速。但 2013 年以来，年平均工资提升加速，年均增长 11.42%，已超过 GDP 和人均实际 GDP 增长。用人单位劳动力成本支出的这一块，应给予更多的重视，对于整体经济而言其起到一定的"安全垫"作用。

可持续的投资，无我经济思维又事关未来发展后劲的需要。

一直以来，投资都是拉动经济增长的"三驾马车"之一，而且对于短期经济运行影响较大，与消费、出口相比，投资可控程度相对较高，投入见效快、关联度大，对经济增长有明显拉动效应。虽然某些地区由于经济增长盲目依赖投资而导致目前产能过剩、环境污染等一系列问题，但这并不是说投资本身有问题，而是投资的方向和结构有待优化改进。

目前深圳市城市发展仍有较大空间，投资仍是支撑深圳市经济发展的重要支柱。今年深圳市固定资产投资额或将突破 4000 亿大关，从经济结构及城市战略规划上看，仍然呈现诸多有利因素，潜力较大。深圳市三季度固定资产投资率为 18.8%，与发达国家平均水平 22%—25% 相比仍有一定的发展空间；而国内天津、重庆、南京等重点城市的固定资产投资率已达 60% 以上，深圳与之相比发展空间极大。且伴随气势磅礴的轨道交通建设、"东进战略"打造未来发展的第三极、前海蛇口自贸区的高速发展，固定资产投资的增长必将助力城市发展，而城市的积极健康发展必然吸引大量资金流入；不单固定资产，其他领域的持续健康发展也将受益加注，转型升级的良性循环已然形成。

因此，在保持合理投资规模的同时，需要优化投资结构，引导投资方向，提高投资质量效益，进一步释放深圳市经济增长潜力，拓展发展空间，利在当前，功在长远。

（五）坚守——构筑属于深圳自己独门独院的经济气质

对于翻过2016经济年度的深圳来说，不仅开好局，而且起好步，一路稳进、持续向上。一年来的每一分积累，都将会在未来兑现发展成果，这是让人充满遐想和高兴的事。

对于今年前后，深圳统计获得国家9项改革试点而言，也是一个进入一个空前仅有、意义非凡的时段。在践行改革创新的"征途"中，这标志着对统计数据的一串质疑，化为可见一份的磨炼，增长一分的本领。

深圳统计同其不停去跟进和反映的"特质经济"一样，没有完美完满，统计所见永远是"准确、科学、实事求是"之洞见。从中发现既有新旧交替、整体与部分经济形态，也有总体和个体、综合平均、制度内外经济表现。而在这一过程中，不仅仅需要统计部门履行基础性、综合性工作职责，更要统计人扮好统计工作者和经济工作者这一双角色。这也是复杂多面而又肥沃的深圳经济土壤，给统计变革带来的无以比拟的福利与无穷无尽的魅力机遇，这当中所造铸的特有深圳统计气质，构成当下统计的存在理由与底色。

近日，国家统计局向各地通报了其直接核查的涉及3省4起统计上弄虚作假案件。其中之深刻教训，需要我们铭记汲取，进一步增强法纪观念。但仍感恩于在深圳做统计，有市委、市政府的率先垂范、正确导向，我们不可能犯错误；面对须应统尽统却又未纳入国家制度框架的优质数据，我们一心扑在岗位上，冀望创新成果获国家层面吸纳，也无须去犯错误。

深圳统计高度依赖深圳经济社会发展，正是这方沃土，在全国树起了经济发展、社会进步的"坐标"；正是这方气象，让深圳统计有为而有位，在统计系统内也打响了改革创新的"旗号"。

不论经济与统计，都与人休戚相关。人有一分修养，便有一分气质；人有一分器量，便有一分人缘；人有一分虚心，便有一分智慧；人有一分经验，便有一分事

G. 冬季高企，2016年12月13日 深圳市委书记专题会议

业；人有一分磨难，便有一分本领。

一分分的累加，锻造了有内涵、有故事的深圳人，也催生了新经济、新业态、新模式。此等气质，让人瞩目；也是整个社会身强体健、茁壮发展的动力源。

（六）认知

截至12月8日，经审批，深圳市2016年度"一套表"新纳入单位1318个，初步测算年营业收入约为2419.00亿元；退出单位887个。与广州市相比，深圳市年度审批纳入单位比广州市多121个，退出单位比广州市少496个。在这回首与展望的时刻，看到这组数据，我的第一个反应是振奋。企业入库数蝉联全省第一，像优必选等成长性企业已顺利入库，新一年深圳经济发展必是劲头满满。再一个是希望得到各区、各部门大力配合的"热忱之心"。"要有数，先入库"，这是国家统计制度的硬性要求，唯有直面，在信息交互、企业挖掘合力，将更多的成长性强、业绩好、符合入库标准企业纳入库中。

所以，抛开华为生产终端外迁看来年经济变化，我坚信这么一个观点——除了华为看到有为。虽然其贡献率下降，但其他工业企业增长上来了。截至12月8日，深圳市工业百强增加值3928.08亿元，占规模以上比重62.5%；百强产值13165.79亿元，占规模以上比重56.0%；增加值率29.8%，比全市平均水平高3.1个百分点。工业基本面向好，其他专业大部分亦如是。

联想到近日自媒体罔顾事实、盲目吹捧华为"5G标准"、"石墨烯锂离子电池"、"1500亿年终奖"事件。我相信，此刻的华为，依然清醒。我还希望这是一个一直清醒着的华为……只是，与其同行者少倒让民众溺爱珍惜，视若掌珠。华为不忘初心，居安思危，虽步履蹒跚，但铁骨铮铮，多数人只见到她一路走向高大上，但并未体念到她秉持不屈、圆融、开放和包容之心孤旅奋进，更鲜有人愿意循迹远随……

亦与深圳统计工作，与深圳经济在纷繁芜杂的外部环境下执着前行共勉！

新闻通稿-1

2016年深圳市经济实现逐季走强向好新增长

2016年,深圳面对复杂多变的外部形势和持续加大的经济下行压力,在市委、市政府的坚强领导下,积极践行"五大发展理念",主动适应和引领经济发展新常态,着力推进供给侧结构性改革,坚持质量引领、创新驱动、转型升级、绿色低碳发展方向,全力推动有质量的稳定增长和可持续的全面发展,实现了"十三五"的良好开局。

一 主要经济指标走强向好

(一)经济增速位居全省第一

初步核算并经广东省统计局审定,2016年全市生产总值19492.60亿元,按可比价格计算,比上年(下同)增长9.0%,增速分别高于全国、全省2.3个和1.5个百分点,居全省各地市第一。经济总量持续扩大,继续居内地大中城市第四位,比上年净增近2000亿元,创历年新高。经济增速逐季攀升,第一季度、上半年、前三季度、全年的增速分别为8.4%、8.6%、8.7%和9.0%。分产业看,第一产业增加值6.29亿元,下降3.7%;第二产业增加值7700.43亿元,增长7.0%;第三产业增加值11785.88亿元,增长10.4%。

二、三次产业结构由上年的41.2∶58.8调整为2016年的39.5∶60.5,三产占GDP比重比上年提高1.7个百分点,首次突破六成。第二产业中,工业增加值7190.86亿元,增长6.8%;建筑业增加值525.32亿元,增长9.0%。第三产业中,批发和零售业增加值2103.05亿元,增长3.7%;住宿和餐饮业增加值359.36亿元,增长2.8%;交通运输、仓储和邮政业增加值594.81亿元,增长10.0%;金融业增加值2876.89亿元，增长14.6%；房地产业增加值1866.18亿元，下降0.5%；其他服务业增加值3969.46亿元，增长17.2%。

经国家统计局批准，作为研发支出纳入GDP核算方法改革试点城市，2015年深圳研发支出（R&D）未纳入GDP核算498.80亿元。

全市年末常住人口1190.84万人，全市人均生产总值16.74万元，按2016年平均汇率折算为2.52万美元，继续居于全国内地副省级以上城市首位。

（二）固定资产投资突破4000亿元，增幅超过两成

全市固定资产投资4078.16亿元，增长23.6%，创自1994年以来新高。其中，基础设施投资864.95亿元，增长21.2%，占固定资产投资比重21.2%；城市更新改造投资682.89亿元，增长19.2%，占固定资产投资比重16.7%；建安工程投资2550.14亿元，增长19.8%，占固定资产投资比重62.5%。分产业看，第二产业投资695.47亿元，增长19.1%，其中工业投资691.57亿元，增长17.1%，工业投资中技术改造投资202.93亿元，增长15.3%；第三产业投资3382.56亿元，增长24.6%。

民间投资活跃，2016年共实现投资额2097.16亿元，增长61.5%，高于全国58.3个百分点，占固定资产投资比重51.4%，比上年提高12.0个百分点。

（三）工业生产支撑增强

全市规模以上工业增加值7199.47亿元，增长7.0%，分别高于全国、全省1.0个、0.3个百分点。其中，通信设备、计算机及其他电子设备制造业增长9.3%，占规模以上工业比重61.0%。

工业高端化发展势头良好，先进制造业和高技术制造业增加值总量及占规模以上工业增加值比重均高居全省首位。全市先进制造业增加值5428.39亿元，增长8.5%，增速高于全市规模以上工业1.5个百分点，占规模以上工业增加值比重75.4%；高技术制造业增加值4762.87亿元，增长9.8%，增速高于全市规模以上工业2.8个百分点，占全市规模以上工业增加值比重达到66.2%。

（四）消费市场平稳增长

全市社会消费品零售总额5512.76亿元，增长8.1%，其中批发和零售业零售额4879.32亿元，增长8.2%，住宿和餐饮业零售额633.44亿元，增长7.6%。商品销售总额24860.15亿元，增长5.8%。其中，食品饮料烟酒类增长17.5%，日用品类增长 15.1%，汽车类增长 12.7%，通信器材类增长 4.9%，服装鞋帽针织类和体育娱乐用品类均增长 4.1%。

（五）进出口贸易降幅收窄，出口总额连续 24 年居全国内地大中城市首位

据海关统计，2016 年全市进出口总额 26307.01 亿元，下降 4.4%，较上年收窄 3.8 个百分点。其中，出口总额 15680.40 亿元，下降 4.5%，较上年收窄 1.5 个百分点，出口规模连续 24 年居全国内地城市首位；进口总额 10626.61 亿元，下降 4.2%，较上年收窄 6.9 个百分点。

（六）规模以上服务业发展势头良好

据调查，全市规模以上服务业营业收入 6610.89 亿元，增长 16.7%，营业利润 1317.11 亿元，增长 23.7%。其中，租赁和商务服务业营业收入 1364.70 亿元，增长 21.5%；互联网和相关服务营业收入 908.64 亿元，增长 50.7%；软件和信息技术服务业营业收入 814.81 亿元，增长 9.6%。

（七）财政金融形势良好

全市一般公共预算收入 3136.42 亿元，增长 15.0%；一般公共预算支出 4178.04 亿元，增长 18.6%。

2016 年年末全市金融机构（含外资）本外币各项存款余额 64407.81 亿元，增长 11.5%；贷款余额 40526.90 亿元，增长 24.9%。

（八）居民消费价格运行平稳

2016 年全年居民消费价格（CPI）比上年上涨 2.4%，涨幅较上年提升 0.2 个百分点。其中，食品烟酒类上涨 4.4%，衣着类上涨 2.7%，生活用品及服务类上涨 0.8%，医疗保健类上涨 3.8%，交通和通信类下降 2.6%，教育文化和娱乐类上涨 1.2%，居住类上涨 2.9%，其他用品和服务类上涨 3.3%。

二 新经济动能不断增强

（一）新增企业增添新动力

2016 年全年新纳入"四上"单位库企业 3522 家，入库单位数继续居全省首位,在库单位净增量超过前两年。工业、批发零售业、重点服务业是入库企业的主要行业,其中工业949家,占27.7%;建筑业100家,占2.8%;批发零售业1291家,占37.6%;住宿餐饮业92家,占2.7%;房地产经营企业80家,占2.3%;重点服务业920家,占26.8%;投资90家,占2.6%。尤其是一大批具有新产业、新业态、新模式的"三新"企业被纳入"四上"单位库。如新入库的供应链企业有近百家,年主营业务收入超过880亿元;新入库的软件和信息服务入库企业超过300家,年主营业务超过300亿元。

(二)新经济规模占经济总量过半

2016年全年"三新"经济增加值9827.45亿元,占GDP比重50.4%。其中,新产业增加值(已剔重)7847.72亿元,增长10.6%,占GDP比重40.3%。其中,互联网产业767.50亿元,增长15.3%;新材料产业373.40亿元,增长19.6%;生物产业222.36亿元,增长13.4%;新能源产业592.25亿元,增长29.3%;文化创意产业1949.70亿元,增长11.0%;海洋产业382.83亿元;机器人、可穿戴设备和智能设备产业486.42亿元,增长20.2%;生命健康产业72.35亿元,增长17.9%。

新业态(主要是房屋租赁业、供应链企业和新增企业)经济增加值1565.53亿元,占GDP的8.0%。其中,房屋租赁业增加值1037.39亿元,供应链企业增加值43.20亿元,新增工业企业增加值230.60亿元,新增商业企业增加值88.20亿元,新增服务业企业增加值160.30亿元。

新模式(主要是商业综合体及大个体)经济增加值414.20亿元,占GDP的2.1%。其中,城市商业综合体78.60亿元,大个体335.60亿元。

总的来看,2016年深圳经济稳中有进、进中向好。深圳以创新强、结构优、速度稳、质量高的发展特征引领经济发展新常态。2017年,要按照市委、市政府部署要求,紧紧围绕"五位一体"总体布局和"四个全面"战略布局,践行新发展理念,扎实推进"城市质量提升年"工作,争当供给侧结构性改革排头兵,推动整体经济持续健康发展。

附注:

(1)国内生产总值、规模以上工业增加值及其分类项目增长速度按可比价计算，为实际增长速度；其他指标除特殊说明外，按现价计算，为名义增长速度。

（2）2012年起，执行新的国民经济行业分类标准（GB/T 4754—2011），具体内容请参见国家统计局网站。

（3）规模以上工业统计范围为年主营业务收入2000万元及以上的工业企业。

（4）社会消费品零售总额统计中限额以上单位是指年主营业务收入2000万元及以上的批发业企业（单位）、500万元及以上的零售业企业（单位）、200万元及以上的住宿和餐饮业企业（单位）。

（5）固定资产投资统计范围为计划总投资500万元以上的固定资产项目投资及所有房地产开发项目投资。

（6）进出口数据来源于深圳海关；一般公共预算收入数据来源于市财政委；CPI数据来源于国家统计局深圳调查队。

（7）其他服务业是第三产业中除了交通运输仓储和邮政业、批发和零售业、住宿和餐饮业、金融业、房地产业之外的其他服务业，是现代服务业的重要组成部分，包括营利性服务业和非营利性服务业。营利性服务业包括信息传输软件和信息技术服务业、租赁和商务服务业、居民服务修理和其他服务业、文化体育和娱乐业；非营利性服务业包括科学研究和技术服务业、水利环境和公共设施管理业、教育、卫生和社会工作、公共管理社会保障和社会组织、国际组织。

（8）新兴产业之间有交叉重复情况，但新兴产业增加值合计数扣除了重复，因此各产业数据之和大于合计数。

（9）研发支出纳入GDP核算，为更好地反映创新对经济增长的贡献，进一步推动我国国民经济核算与国际接轨，国家统计局按照联合国等五大国际组织联合颁布的国民经济核算国际标准——《国民账户体系2008》（2008年SNA），改革研发支出核算方法，将能够为所有者带来经济利益的研发支出不再作为中间消耗，而是作为固定资本形成处理，将R&D支出纳入GDP核算。深圳作为研发支出纳入GDP核算全国唯一试点城市，严格按照国家统计局的测算思路和方法对深圳市的数据进行研究、试算。试算结果显示，实施研发支出核算方法改革后，2015年深圳市可计入GDP核算的R&D为498.80亿元，占全市R&D经费支出的比重为68.11%。

（10）部分数据因四舍五入，存在总计与分项合计不等的情况。

▎G. 冬季高企，2016年12月13日　深圳市委书记专题会议▎

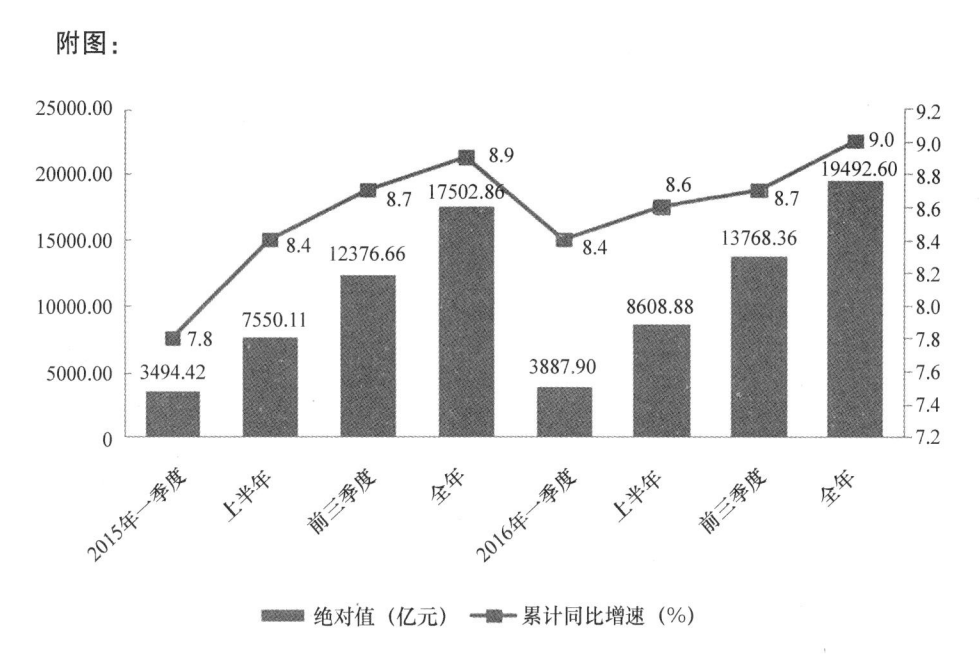

附图：

附图1　2015—2016年深圳GDP各季度累计总量及同比增速

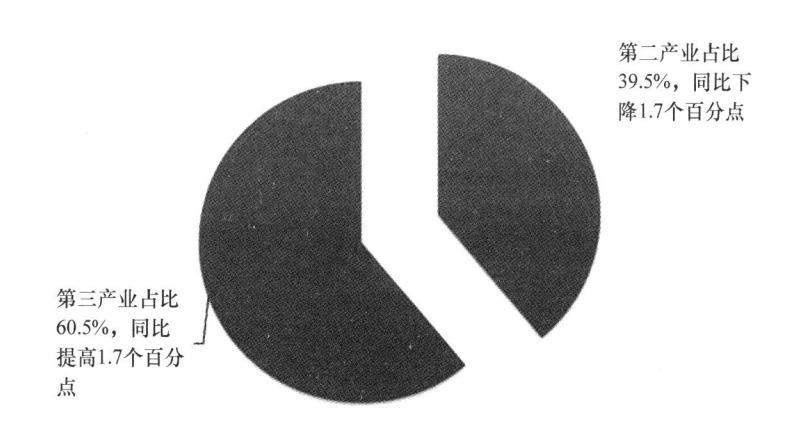

附图2　2016年深圳第二、第三产业构成变化

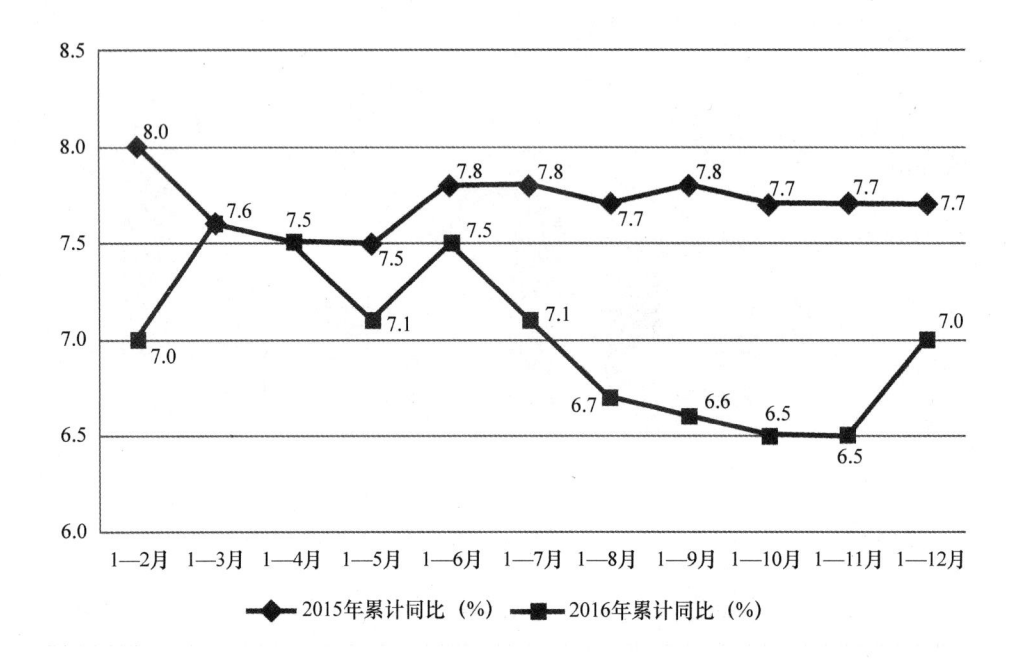

附图3　2015—2016年深圳规模以上工业增加值各月累计增速

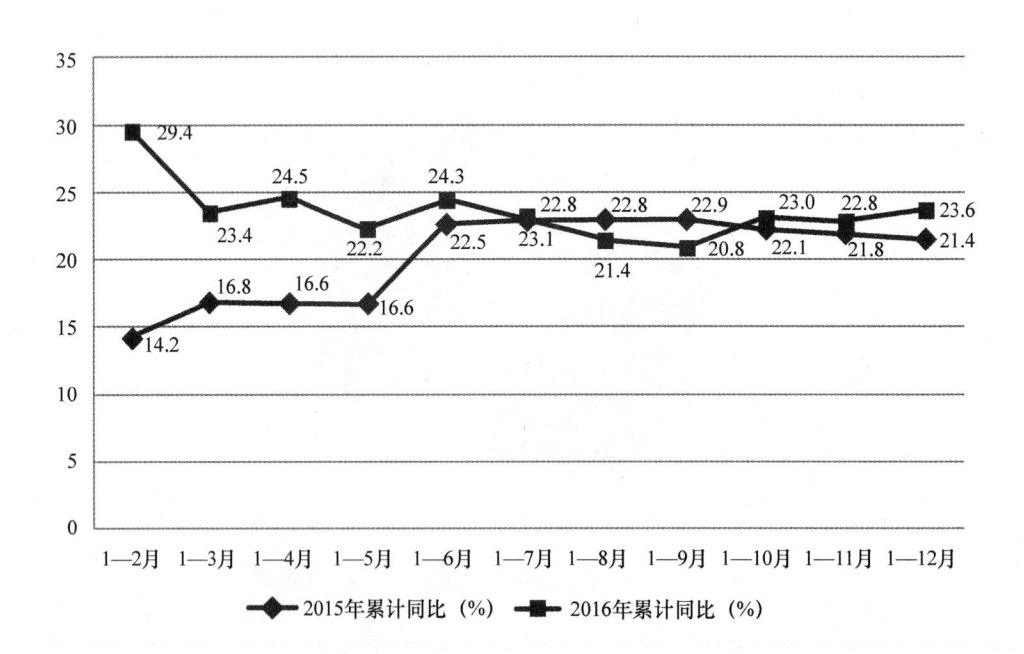

附图4　2015—2016年深圳固定资产投资各月累计增速

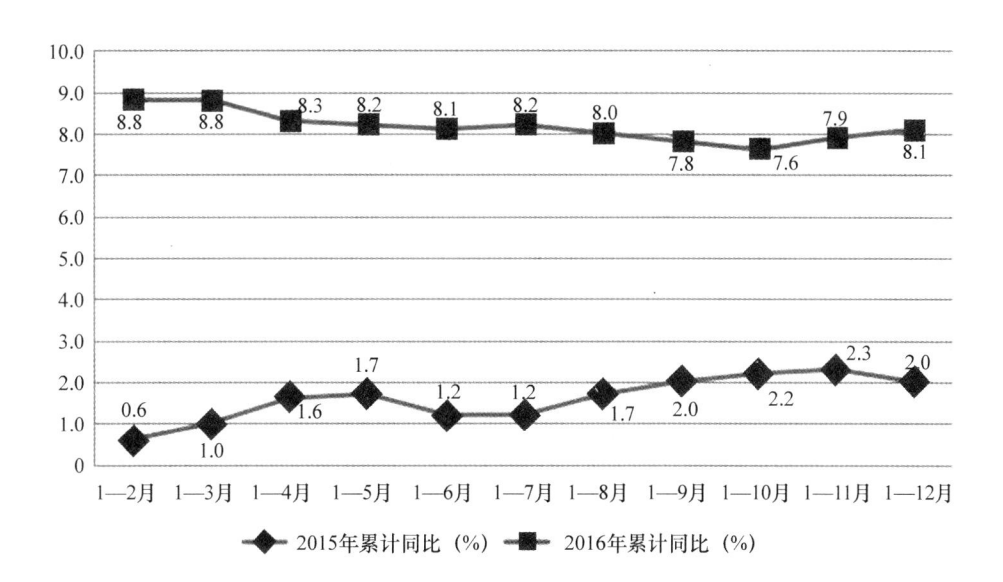

G. 冬季高企，2016年12月13日 深圳市委书记专题会议

附图5 2015—2016年深圳社会消费品零售总额各月累计增速

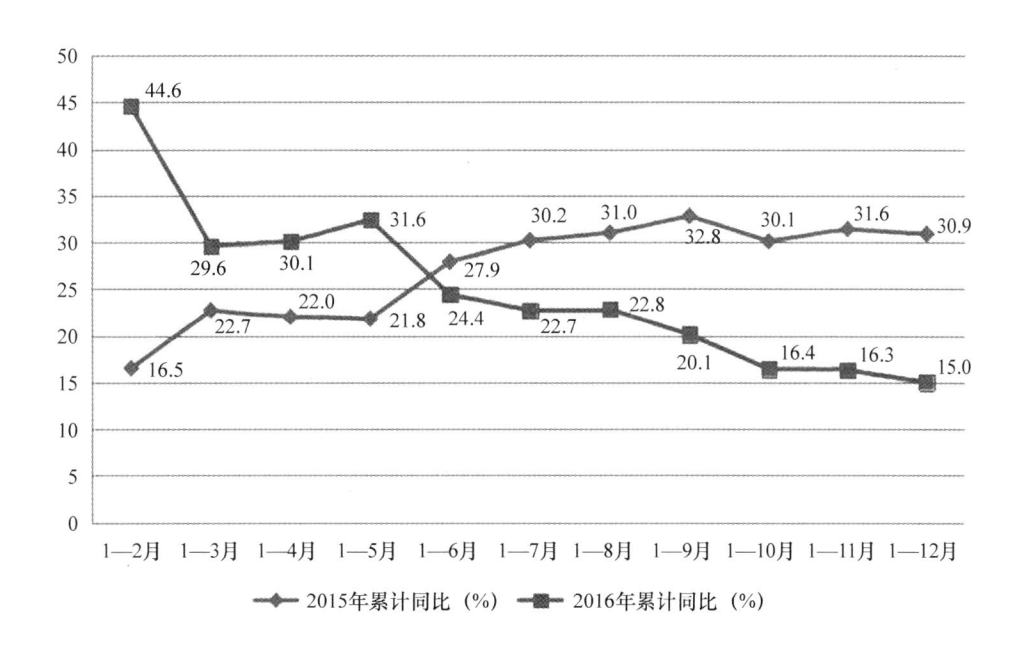

附图6 2015—2016年深圳一般公共预算收入各月累计增速

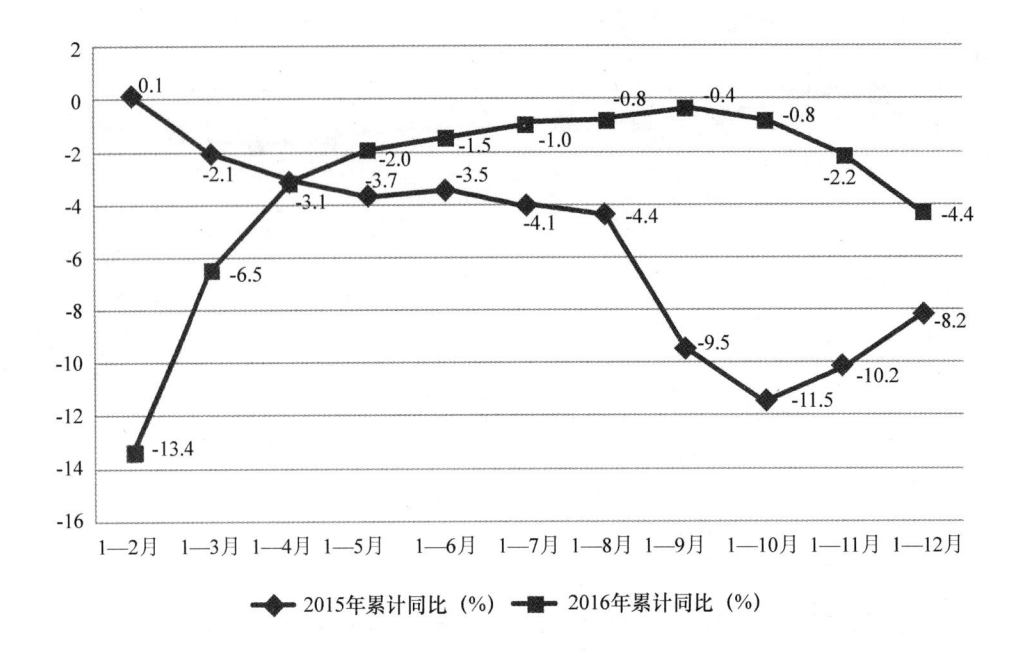

附图7　2015—2016年深圳进出口总额各月累计增速

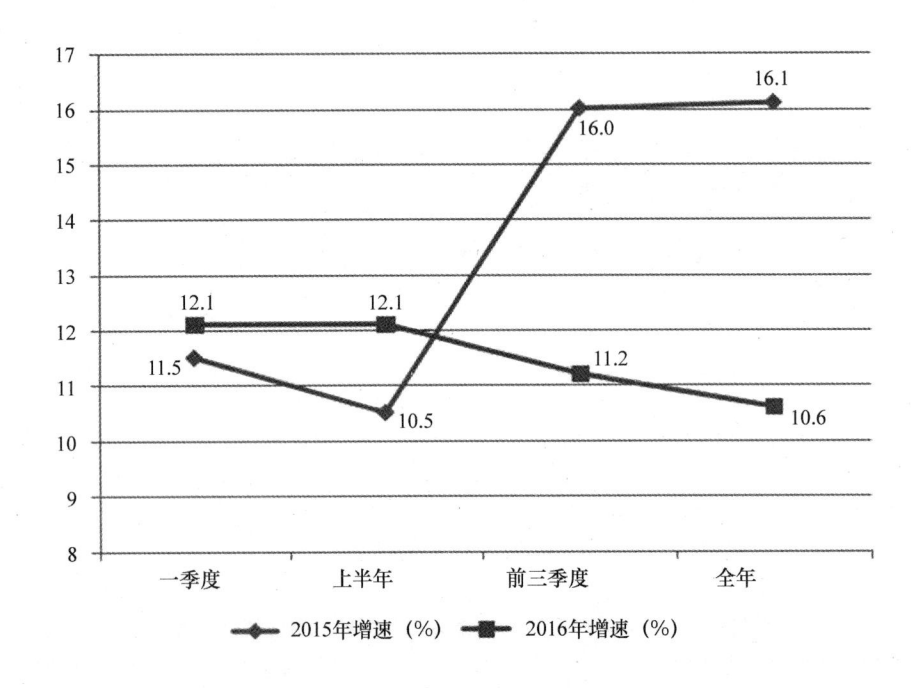

附图8　2015—2016年深圳新兴产业各季度累计增速

新闻通稿-2

2016年深圳市国民经济和社会发展统计公报

深圳市统计局　国家统计局深圳调查队
2017年4月28日

2016年,面对复杂多变的外部形势和持续加大的经济下行压力,在市委、市政府的坚强领导下,深圳积极践行"五大发展理念",主动适应和引领经济发展新常态,着力推进供给侧结构性改革,坚持质量引领、创新驱动、转型升级、绿色低碳发展方向,全力推动有质量的稳定增长和可持续的全面发展,实现了"十三五"的良好开局。

一　综合

初步核算,2016年全年本地生产总值19492.60亿元,比上年增长9.0%。其中,第一产业增加值6.29亿元,下降3.7%;第二产业增加值7700.43亿元,增长7.0%;第三产业增加值11785.88亿元,增长10.4%。第一产业增加值占全市生产总值的比重不到0.1%;第二和第三产业增加值占全市生产总值的比重分别为39.5%和60.5%。人均生产总值167411元,增长3.7%,按2016年平均汇率折算为25176美元。

在现代产业中,现代服务业增加值8278.31亿元,比上年增长11.6%;先进制造业增加值5428.39亿元,增长8.5%;高技术制造业增加值4762.87亿元,增长9.8%。

在第三产业中,交通运输、仓储和邮政业增加值594.81亿元,比上年增长10.0%;

批发和零售业增加值2103.05亿元，增长3.7%；住宿和餐饮业增加值359.36亿元，增长2.8%；房地产业增加值1866.18亿元，下降0.5%。具体如图1所示。

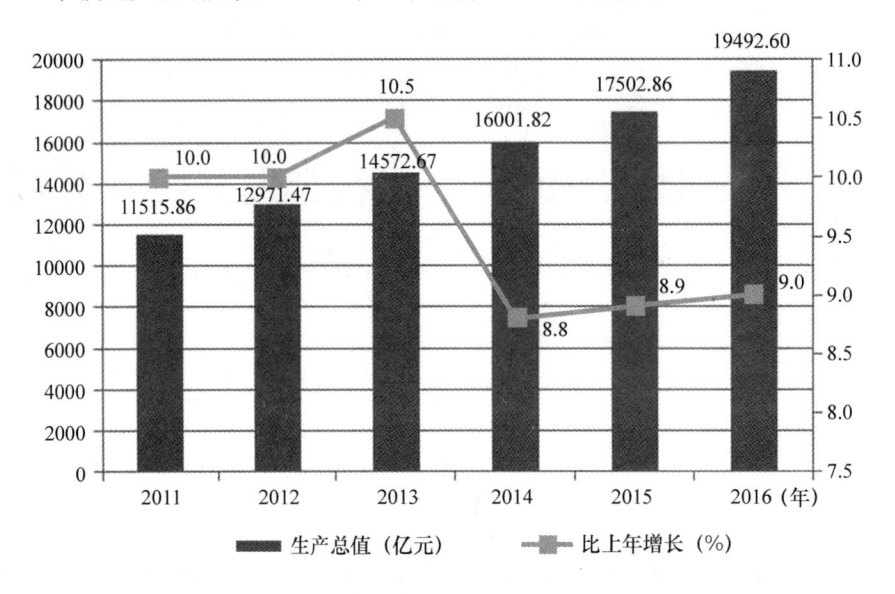

图1 2011—2016年本地生产总值

2016年深圳市四大支柱产业中，金融业增加值2876.89亿元，比上年增长14.6%；物流业增加值1984.50亿元，增长9.4%；文化及相关产业增加值1100.91亿元，增长15.4%；高新技术产业增加值6560.02亿元，增长12.2%。具体如表1所示。

表1 2016年分区本地生产总值

地区	本地生产总值 绝对值（亿元）	比上年增长（%）	第一产业 绝对值（亿元）	比上年增长（%）	第二产业 绝对值（亿元）	比上年增长（%）	第三产业 绝对值（亿元）	比上年增长（%）
全市	19492.60	9.0	6.29	-3.7	7700.43	7.0	11785.88	10.4
福田区	3561.44	8.6	1.88	29.3	222.00	5.1	3337.57	8.8
罗湖区	1974.07	9.0	0.38	-6.6	75.18	3.5	1898.51	9.2
盐田区	537.68	8.8	0.04	-37.5	81.99	3.0	455.64	9.9
南山区	3842.37	9.3	0.42	13.0	1765.59	5.4	2076.36	13.7
宝安区	3003.44	8.8	0.92	-29.4	1495.01	7.1	1507.51	10.4

G. 冬季高企，2016年12月13日　深圳市委书记专题会议

续表

地区	本地生产总值 绝对值（亿元）	本地生产总值 比上年增长（%）	第一产业 绝对值（亿元）	第一产业 比上年增长（%）	第二产业 绝对值（亿元）	第二产业 比上年增长（%）	第三产业 绝对值（亿元）	第三产业 比上年增长（%）
龙岗区	3177.06	9.9	0.19	-2.6	2047.20	10.2	1129.67	9.3
龙华区	1856.67	8.0	0.34	-29.2	1038.43	3.7	817.90	14.0
坪山区	506.05	12.6	0.65	-2.3	336.18	16.6	169.22	4.7
光明新区	726.39	9.1	1.05	-28.7	458.29	8.3	267.05	10.7
大鹏新区	307.42	7.0	0.41	-2.4	180.58	4.4	126.44	11.1

2016年新兴产业增加值合计7847.72亿元，比上年增长10.6%，占GDP比重40.3%。

七大战略性新兴产业中，新一代信息技术产业增加值4052.33亿元，比上年增长9.6%；互联网产业增加值767.50亿元，增长15.3%；新材料产业增加值373.40亿元，增长19.6%；生物产业增加值222.36亿元，增长13.4%；新能源产业增加值592.25亿元，增长29.3%；节能环保产业增加值401.73亿元，增长8.2%；文化创意产业增加值1949.70亿元，增长11.0%。

2016年四大未来产业中，海洋产业增加值382.83亿元，比上年下降9.0%；航空航天产业增加值84.68亿元，增长5.8%；机器人、可穿戴设备和智能装备产业增加值486.42亿元，增长20.2%；生命健康产业增加值72.35亿元，增长17.9%。

2016年全市年末常住人口1190.84万人，比上年年末增加52.97万人，增长4.7%。其中户籍人口384.52万人，增长8.3%，占常住人口比重32.3%；非户籍人口806.32万人，增长3.0%，占比重67.7%。全市各区人口分布见表2。

表2　　　　　　　　　　　2016年年末分区常住人口

	常住人口（万人）	户籍人口	非户籍人口	比上年年末增长（%） 常住人口	比上年年末增长（%） 户籍人口	比上年年末增长（%） 非户籍人口
全市	1190.84	384.52	806.32	4.7	8.3	3.0
福田区	150.17	95.35	54.82	4.2	7.1	-0.4
罗湖区	100.40	59.18	41.22	2.9	3.3	2.4

续表

	常住人口（万人）	户籍人口	非户籍人口	比上年年末增长（%）常住人口	户籍人口	非户籍人口
盐田区	22.65	6.66	15.98	2.4	7.4	0.4
南山区	135.63	81.02	54.61	5.0	7.2	2.0
宝安区	301.71	47.75	253.96	5.4	9.3	4.7
龙岗区	214.38	54.06	160.32	4.5	13.3	1.8
龙华区	154.94	24.30	130.64	2.5	19.8	-0.2
坪山区	40.79	5.48	35.32	14.5	6.4	16.0
光明新区	56.08	6.79	49.29	5.6	9.9	5.0
大鹏新区	14.09	3.93	10.16	3.9	1.6	4.9

年末城镇登记失业率为2.33%。

2016年全年居民消费价格比上年上涨2.4%。工业生产者购进价格下降1.7%，工业生产者出厂价格下降0.7%。具体如图2、图3、表3所示。

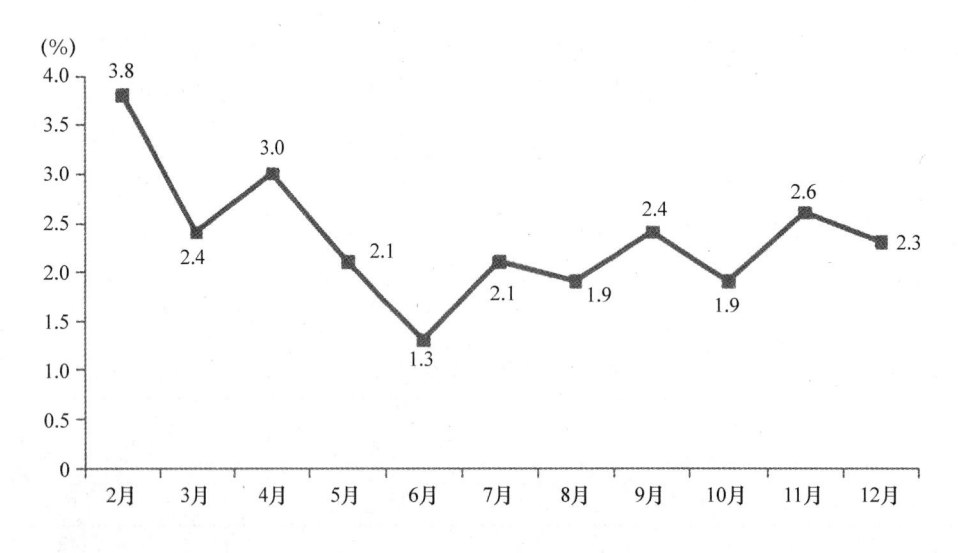

图2　2016年2—12月居民消费价格单月同比上涨幅度

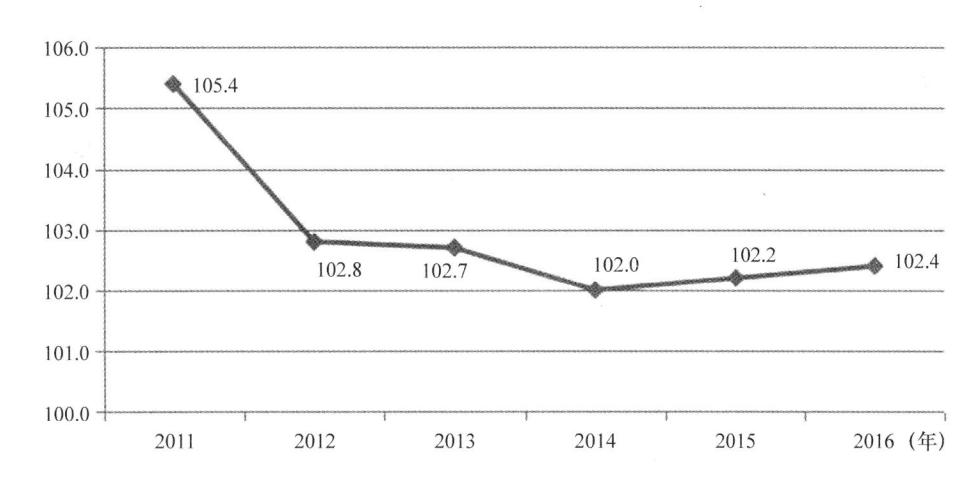

图3　2011—2016年居民消费价格指数（以上年为100）

表3　　　　　　　2016年居民消费价格指数（以上年为100）

指标名称	价格指数
居民消费价格总指数	102.4
食品烟酒	104.4
衣着	102.7
居住	102.9
生活用品及服务	100.8
交通和通信	97.4
娱乐教育文化用品及服务	101.2
医疗保健	103.8
其他用品和服务	103.3

2016年全年完成一般公共预算收入3136.42亿元，比上年增长15.0%。其中，税收收入2488.83亿元，增长9.5%。一般公共预算支出4178.04亿元，增长18.6%。具体如图4所示。

二　农业

2016年全年农作物播种面积74165亩，比上年增长2.5%，其中蔬菜播种面积

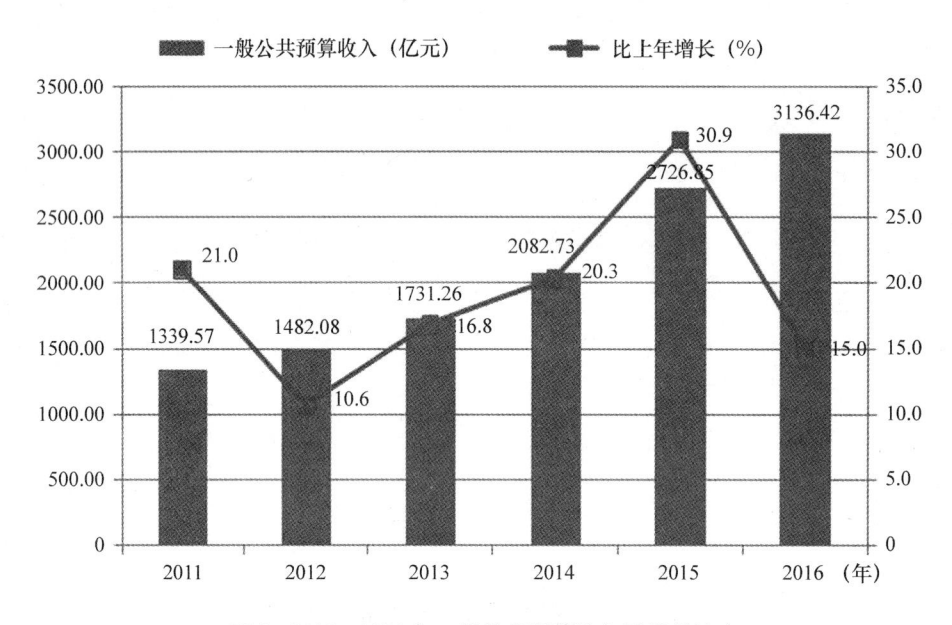

图 4　2011—2016 年一般公共预算收入及增长速度

72342 亩，增长 10.9%。水果播种面积 32287 亩，下降 9.0%。全年蔬菜产量 8.24 万吨，增长 30.8%；水果产量 1.23 万吨，增长 206.5%。主要畜产品产量见表 4。

表 4　2016 年主要畜产品产量

指标	产量	比上年增长（%）
肉猪出栏量（万头）	2.90	-43.7
猪肉产量（万吨）	0.26	-29.6
家禽饲养量（万只）	26.87	-24.2
鲜奶产量（万吨）	0.85	-34.6

全年水产品总产量 3.99 万吨，比上年增长 0.2%。其中，海产品 3.95 万吨，增长 1.9%；淡水产品 0.03 万吨，下降 66.4%。

三　工业和建筑业

全年规模以上工业增加值 7199.47 亿元，比上年增长 7.0%（见图 5）。其中，国有企业增加值 22.04 亿元,增长 9.6%;股份制企业增加值 4225.09 亿元,增长 11.4%;外商及我国港澳台投资企业增加值 2919.00 亿元,增长 1.4%。分轻重工业看,轻工业增加值 1306.55 亿元,增长 1.7%;重工业增加值 5892.92 亿元,增长 8.2%。具体情况见图 6、表 5。

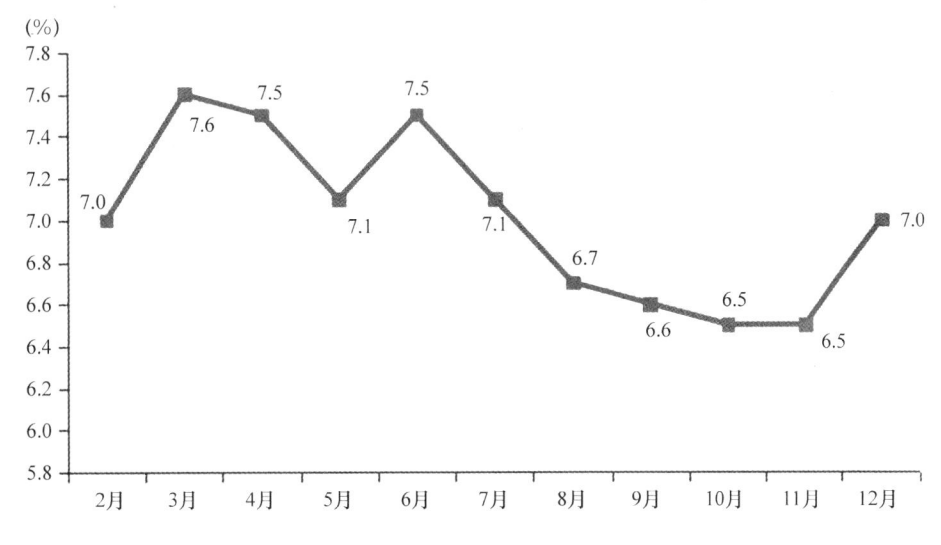

图 5 2016 年 2—12 月规模以上工业增加值累计同比增长速度

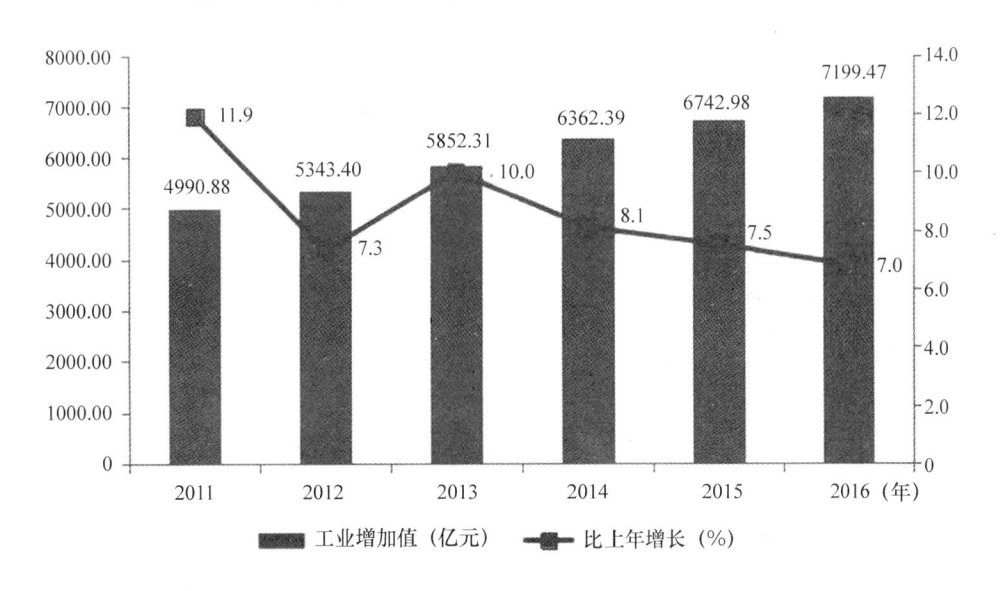

图 6 2011—2016 年工业增加值及增长速度

表5　　　　　　　　　2016年深圳市分区规模以上工业增加值

地区	绝对值（亿元）	比上年增长（%）
全市	7199.47	7.0
福田区	178.11	3.6
罗湖区	49.69	2.0
盐田区	63.09	2.5
南山区	1737.93	5.8
宝安区	1340.25	8.3
龙岗区	2004.55	11.2
龙华区	970.81	3.4
坪山区	296.42	23.1
光明新区	382.07	9.5
大鹏新区	176.54	5.5

2016年全年规模以上工业增加值排名前五的行业依次为：计算机、通信和其他电子设备制造业增加值4393.47亿元，比上年增长9.2%；电气机械和器材制造业增加值423.47亿元，增长3.2%；专用设备制造业增加值295.03亿元，增长24.2%；电力、热力生产和供应业增加值271.04亿元，增长2.0%；石油和天然气开采业增加值205.06亿元，下降0.8%。

2016年全年规模以上工业销售产值26111.59亿元，比上年增长4.0%。其中，出口交货值11389.39亿元，下降2.2%，占规模以上工业销售产值比重43.6%，比上年下降2.2个百分点。工业产品销售率97.2%，比上年下降0.7个百分点。主要工业产品产量见表6。

表6　　　　　　　　　2016年主要工业产品产量及增长速度

名称	数量	比上年增长（%）
微型计算机设备（万台）	2956.76	-8.4
其中：笔记本计算机（万台）	728.30	2.0
程控交换机（万线）	1030.74	-12.6

续表

名称	数量	比上年增长（%）
其中：数字程控交换机（万线）	462.28	-12.2
移动通信基站设备（万信道）	32593.00	15.5
新能源汽车（万辆）	6.05	68.7
金属集装箱（万立方米）	441.27	-66.7
数码照相机（万台）	219.82	8.2
复印和胶版印制设备（万台）	394.19	-8.6
光缆（万芯千米）	1154.29	-18.6
打印机（万台）	1203.61	-7.8
硬盘存储器（万台）	4194.02	-6.0
半导体存储盘（万个）	26325.51	48.0
卫星导航定位接收机（万部）	55.95	-12.1
移动通信手持机（手机）（万台）	38881.15	-5.6
彩色电视机（万台）	3883.49	13.0
电视接收机顶盒（万台）	5959.25	6.9
半导体分立器件（亿只）	117.88	7.1
集成电路（亿块）	181.07	29.6
液晶显示屏（万片）	78642.76	-3.0
电子元件（亿只）	1251.65	10.9
服装（万件）	20022.73	-18.9
家具（万件）	2161.11	-2.4
中成药（万吨）	2.56	-34.8
钟（万只）	1375.40	-7.3

2016年全年规模以上工业企业主营业务收入比上年增长4.6%；实现利润总额增长7.0%；全员劳动生产率23.76万元/人，增长17.3%；工业经济效益综合指数244.3%，比上年提高21.0个百分点。

2016年全年建筑业增加值525.32亿元，比上年增长9.0%（见图7）。

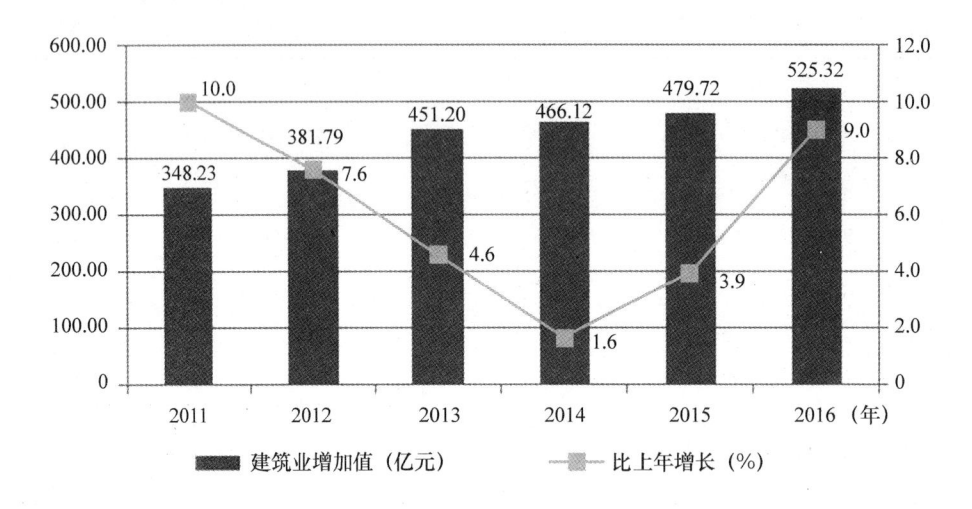

图7　2011—2016年建筑业增加值及增长速度

四　固定资产投资

2016年全年完成固定资产投资额4078.16亿元，比上年增长23.6%。其中，房地产开发项目投资1756.52亿元，增长32.0%；非房地产开发项目投资2321.64亿元，增长18.0%。具体情况如图8、表7所示。

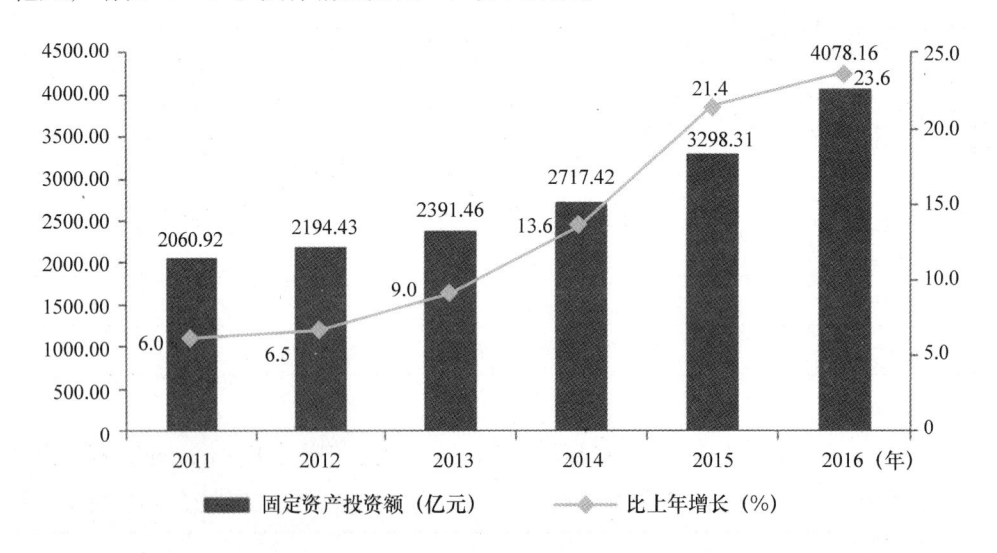

图8　2011—2016年固定资产投资及增长速度

G. 冬季高企，2016 年 12 月 13 日　深圳市委书记专题会议

表7　　　　　　　　　　2016年深圳市分区固定资产投资

地区	固定资产投资 绝对值（亿元）	比上年增长（%）	房地产开发项目 绝对值（亿元）	比上年增长（%）	非房地产开发项目 绝对值（亿元）	比上年增长（%）
全市	4078.16	23.6	1756.52	32.0	2321.64	18.0
福田区	300.03	27.5	180.57	15.7	119.46	50.6
罗湖区	184.37	46.4	92.91	161.2	91.46	1.3
盐田区	122.57	23.1	41.67	-1.7	80.90	41.4
南山区	887.97	40.1	350.35	53.1	537.62	32.7
宝安区	650.48	19.2	292.54	37.0	357.95	7.8
龙岗区	763.70	16.0	374.18	7.7	389.52	25.3
龙华区	494.82	20.3	248.25	33.8	246.57	9.2
坪山区	297.89	20.7	84.51	70.6	213.38	8.2
光明新区	302.49	12.3	77.53	26.2	224.96	8.2
大鹏新区	73.84	2.3	14.02	30.7	59.82	-2.7

从三次产业看，2016年第一产业投资0.13亿元；第二产业投资695.47亿元，比上年增长17.7%，其中工业投资691.57亿元，增长17.1%；第三产业投资3382.56亿元，增长25.0%。具体情况如表8、表9所示。

表8　　　　　　　2016年分行业固定资产投资及增长速度

行业	投资额（亿元）	比上年增长（%）
全社会固定资产投资	4078.16	23.6
农、林、牧、渔业	0.26	-26.5
采矿业	0.11	-76.7
制造业	617.30	20.3
电力、燃气及水的生产和供应业	74.16	-4.0
建筑业	4.59	1773.6
交通运输、仓储及邮电通信业	447.19	12.0

续表

行业	投资额（亿元）	比上年增长（％）
信息传输、计算机服务和软件业	100.20	122.3
批发和零售业	22.94	-24.8
住宿和餐饮业	6.91	-54.8
金融业	73.83	4.5
房地产业	2095.75	26.0
租赁和商务服务业	73.57	-11.9
科学研究、技术服务和地质勘查业	65.09	15.2
水利、环境和公共设施管理业	336.78	42.9
居民服务和其他服务业	3.26	-19.3
教育	71.24	79.3
卫生、社会保障和社会福利业	38.13	-13.0
文化、体育和娱乐业	34.12	88.4
公共管理和社会组织	12.72	275.7

表9　　2016年深圳市房地产开发主要指标完成情况

指标	绝对值（万平方米）	比上年增长（％）
商品房施工面积	5173.99	3.9
其中：住宅	3079.28	-2.5
商品房竣工面积	490.03	36.0
其中：住宅	280.64	38.7

五　国内贸易

全年社会消费品零售总额5512.76亿元，比上年增长8.1％。其中，批发和零售业零售额4879.32亿元，增长8.2％；住宿和餐饮业零售额633.44亿元，增长7.6％。在社会消费品零售总额中，限额以上社会消费品零售额3712.77亿元，增长6.0％，占社会消费品零售总额67.3％。具体如图9、表10所示。

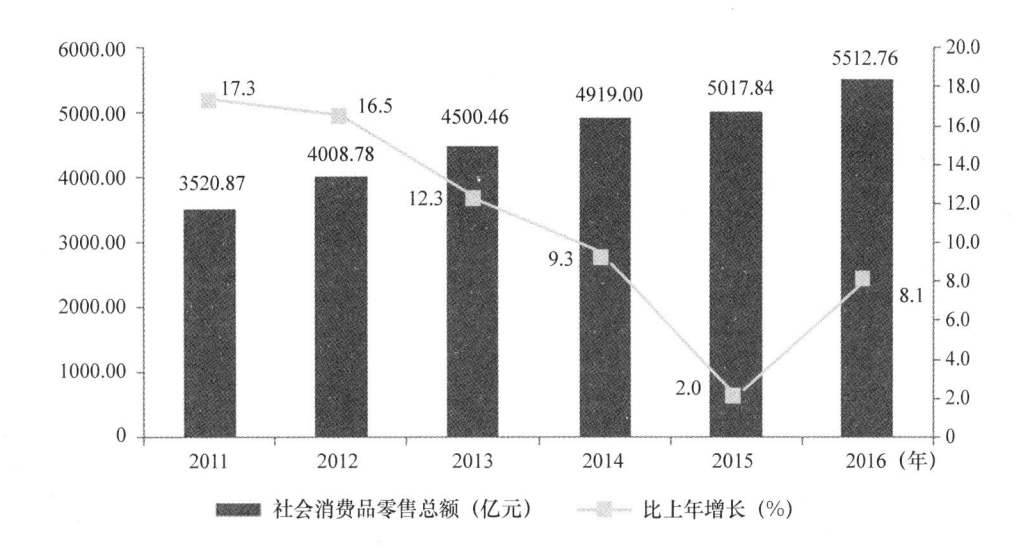

图9 2011—2016年社会消费品零售总额及增长速度

表10　　　　　　　　　2016年深圳市分区社会消费品零售总额

地区	绝对值（亿元）	比上年增长（%）
全市	5512.76	8.1
福田区	1665.12	8.1
罗湖区	1152.47	8.1
盐田区	71.09	8.0
南山区	737.11	8.0
宝安区	715.45	8.1
龙岗区	670.52	8.3
龙华区	263.66	8.0
坪山区	70.90	8.1
光明新区	110.40	7.8
大鹏新区	56.04	7.7

全年商品销售总额24860.15亿元，比上年增长5.8%。其中，批发销售总额19988.08亿元，增长5.3%。全年限额以上批发零售业商品销售中，食品饮料烟酒类增长17.5%，服装鞋帽针织类增长4.1%，体育娱乐用品类增长4.1%，书报杂志类增长22.5%，日用品类增长15.1%，通信器材类增长4.9%，文化办公用品类

增长2.8%，金银珠宝类增长2.4%，汽车类增长12.7%。

六 对外经济

全年外贸进出口总额26307.01亿元，比上年下降4.4%。其中，出口总额15680.40亿元，下降4.5%，分别占全国和广东省出口总额的比重为11.3%和39.7%；进口总额10626.61亿元，下降4.2%。出口总额连续24年居内地城市首位。具体如图10、表11、表12所示。

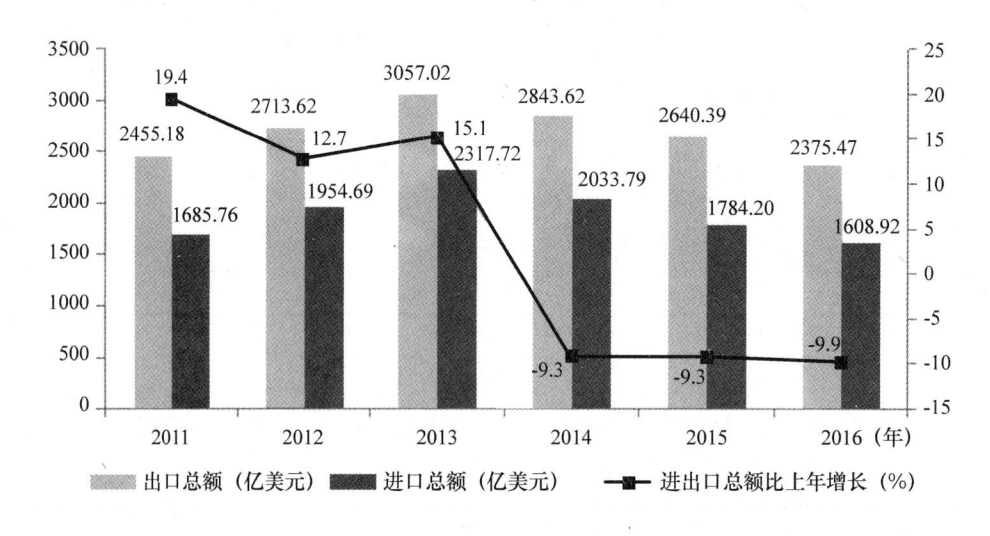

图10 2011—2016年进出口总额及增长速度

表11　　　　　　　　2016年外贸进出口总额及增长速度

指标名称	金额（亿元）	比上年增长（%）
外贸进出口总额	26307.01	-4.4
外贸出口总额	15680.40	-4.5
总额中：国有企业	1473.33	-9.0
民营、集体企业	7178.58	6.1
"三资"企业	7028.49	-12.5
总额中：一般贸易	6472.27	-1.2
来料加工装配贸易	110.75	-23.4

续表

指标名称	金额（亿元）	比上年增长（%）
进料加工贸易	5433.96	-14.9
其他贸易	3663.42	10.0
总额中：机电产品	12331.10	-5.7
总额中：高新技术产品	8019.84	-8.1
外贸进口总额	10626.61	-4.2
总额中：国有企业	553.95	-4.4
民营、集体企业	5196.73	2.6
"三资"企业	4875.94	-10.6
总额中：一般贸易	5287.64	8.7
来料加工装配贸易	118.26	-25.4
进料加工贸易	3065.72	-16.7
其他贸易	2154.99	-10.0

表12　2016年主要国家和地区进出口总额及增长速度

国家和地区	出口（亿元）	比上年增长（%）	进口（亿元）	比上年增长（%）
中国香港	6887.62	-9.9	70.40	-20.2
美国	2099.87	1.4	409.64	-3.6
日本	444.20	-9.1	886.07	-3.3
欧盟28国	1945.15	1.8	542.94	10.7

全年新签外商直接投资合同项目4132项，比上年增长23.0%；合同外资金额521.93亿美元，增长103.9%；实际使用外商直接投资金额67.32亿美元，增长3.6%。具体如表13所示。

表13　2016年分行业外商直接投资及增长速度

行业	合同外资金额（万美元）	比上年增长（%）	实际使用金额（万美元）	比上年增长（%）
总计	5219259	103.9	673227	3.6
制造业	172115	53.6	48433	-40.6
电力、燃气及水的生产和供应业	172779	18599.0	1861	122.1

续表

行业	合同外资金额（万美元）	比上年增长（%）	实际使用金额（万美元）	比上年增长（%）
建筑业	18605	202.6	170	6.9
交通运输、仓储和邮政业	4232	-88.6	12274	18.0
信息传输、计算机服务和软件业	68199	-64.1	35793	19.3
批发和零售业	379273	32.5	54840	-10.8
住宿和餐饮业	34334	487.7	567	-85.5
金融业	3337411	185.0	106958	49.3
房地产业	281796	-1.6	191914	-15.0
租赁和商务服务业	574548	45.4	209396	53.8
科学研究、技术服务和地质勘查业	145886	119.1	10810	-56.9
水利、环境和公共设施管理业	150	-83.7	0	0
居民服务和其他服务业	6030	65.5	210	150.0
文化、体育和娱乐业	20818	644.3	1	-100.0

全年对外承包工程业务完成营业额189.93亿美元，比上年下降0.3%。

七 交通、邮电与旅游

全社会货运量31164.49万吨，比上年增长0.6%。全社会货物周转量2246.86亿吨/公里，下降0.9%。具体如表14、表15所示。

表14　　　　2016年各种运输方式完成货物运输量及增长速度

指标	数量	比上年增长（%）
货运量（万吨）	31164.49	0.6
铁路（万吨）	72.16	8.5
公路（万吨）	23787.80	2.2
水运（万吨）	7210.91	-4.6
民航（万吨）	93.62	21.4
货物周转量（亿吨/公里）	2246.86	-0.9

G. 冬季高企，2016 年 12 月 13 日 深圳市委书记专题会议

表 15　　　　　　　　2016 年各种运输方式完成旅客运输量及增长速度

指标	数量	比上年增长（%）
客运量（万人）	17008.76	5.5
铁路（万人）	6615.74	16.5
公路（万人）	5585.06	-7.6
水运（万人）	454.32	-2.5
民航（万人）	4353.64	10.8
旅客周转量（亿人/公里）	1026.99	9.1

全年港口货物吞吐量 21409.87 万吨，比上年下降 1.4%；集装箱吞吐量 2397.93 万标箱，下降 0.9%，其中出口集装箱吞吐量 1239.11 万标箱，增长 0.3%。全市年末拥有港口泊位数 152 个，其中万吨级泊位 72 个。

全年机场旅客吞吐量 4197.52 万人次，比上年增长 5.7%。年末开通运营国内航线 188 条，国际航线 30 条，我国港澳台航线 4 条。

全年全市民用汽车拥有量 317.88 万辆，比上年增长 1.0%，其中私人小汽车拥有量 277.58 万辆，增长 1.3%。

全年邮电业务总量（2010 年价格）1715.02 亿元，比上年增长 64.1%。其中，邮政、快递业务量 663.01 亿元，增长 54.4%；电信业务量 1052.01 亿元，增长 70.9%。全年订销报纸 0.87 亿份；收寄函件 2.12 亿份；特快专递 8709 万件（邮政口径）。年末全市有邮政、电信局（所）745 所。全市固定电话交换机总容量 700 万门，年末固定电话用户 644.18 万户，年末移动电话用户 2505.26 万户，国际互联网用户（含家庭视讯）632.15 万户。具体如图 11 所示。

全年旅游住宿设施接待过夜游客 5695.74 万人次，比上年增长 6.0%。其中，国际游客 1171.18 万人次，下降 3.9%；国内游客 4524.56 万人次，增长 8.9%。在过夜国际游客中，外国游客 168.32 万人次，增长 2.2%；我国港澳同胞 963.20 万人次，下降 4.8%；我国台湾同胞 39.66 万人次，下降 6.3%。全年旅游外汇收入 47.71 亿美元，下降 4.0%。宾馆、酒店、度假村开房率 67.6%，比上年降低 0.6 个百分点。

全年经过一线口岸出入境人数 2.39 亿人次，出入境交通工具 1583.63 万辆（艘）次。

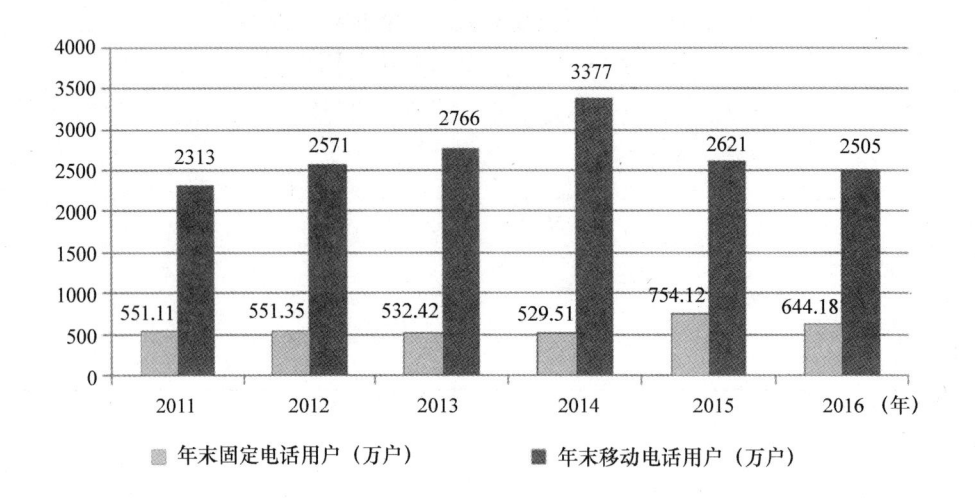

图 11　2011—2016 年年末电话用户数

八　金融、证券和保险

年末全市国内金融机构人民币存款余额 57793.30 亿元，比上年增长 11.6%；国内金融机构人民币贷款余额 34034.29 亿元，增长 25.4%，如表 16 所示。

表 16　　　　2016 年年末国内金融机构人民币存贷款及增长速度

指标	金额（亿元）	比上年增长（%）
国内金融机构各项存款余额	57793.30	11.6
其中：住户存款	10361.19	9.9
非金融企业存款	22949.35	39.5
国内金融机构各项贷款余额	34034.29	25.4
其中：住户贷款	15022.07	38.7
非金融企业及机关团体贷款	18639.54	16.6

年末全部金融机构本外币各项存款余额 64407.81 亿元，比上年增长 11.5%；金融机构本外币各项贷款余额 40526.90 亿元，增长 24.9%。

年末深圳证券交易所上市公司 1870 家，比上年增加 124 家。上市股票 1908

只,增加124只,其中A股1859只,增加124只;B股49只。总发行股本16042.53亿股,增长25.5%;总流通股本11763.80亿股,增长22.2%。上市公司市价总值223078.25亿元,下降5.5%。上市公司流通市值153395.44亿元,下降6.4%。全年证券市场总成交金额934458.87亿元,下降31.3%。其中,A股总成交金额775478.37亿元,下降36.6%;B股总成交金额501.53亿元,下降62.7%。总成交股数49806.81亿股,下降28.2%。

全年保险机构原保险保费收入834.45亿元,比上年增长28.9%。其中,财产险237.40亿元,增长10.7%;人身险597.05亿元,增长37.9%。各项赔付支出218.55亿元,增长23.7%。其中,财产险业务支出119.62亿元,增长14.4%;人身险业务支出98.93亿元,增长37.0%。

九 教育和科学技术

年末全市各级各类学校总数达2310所,比上年增加114所;毕业生44.24万人,招生数55.34万人,在校学生数195.86万人,分别增长6.1%、5.0%和4.3%。年末全市有幼儿园1579所,增加90所;在园幼儿46.33万人,增长5.7%。有小学337所,增加3所;在校学生91.10万人,增长5.3%。有普通中学352所,增加17所;在校学生39.65万人,增长2.9%。全年普通高等学校12所,招生2.85万人,增长3.1%;毕业生2.55万人,增长8.9%;在校学生9.19万人,增长1.5%。具体如表17、图12所示。

表17　　2016年各类教育招生、在校生和毕业生人数及增长速度

指标	招生数 万人	比上年增长(%)	在校生 万人	比上年增长(%)	毕业生 万人	比上年增长(%)
普通高等高校	2.85	3.1	9.19	1.5	2.55	8.9
中等职业学校(不含技工学校)	1.40	2.0	3.97	4.0	1.14	0.3
普通中学	14.37	6.2	39.65	2.9	12.13	2.4
小学	17.38	1.0	91.10	5.3	11.10	10.8
幼儿园	17.40	8.9	46.33	5.7	15.47	3.2

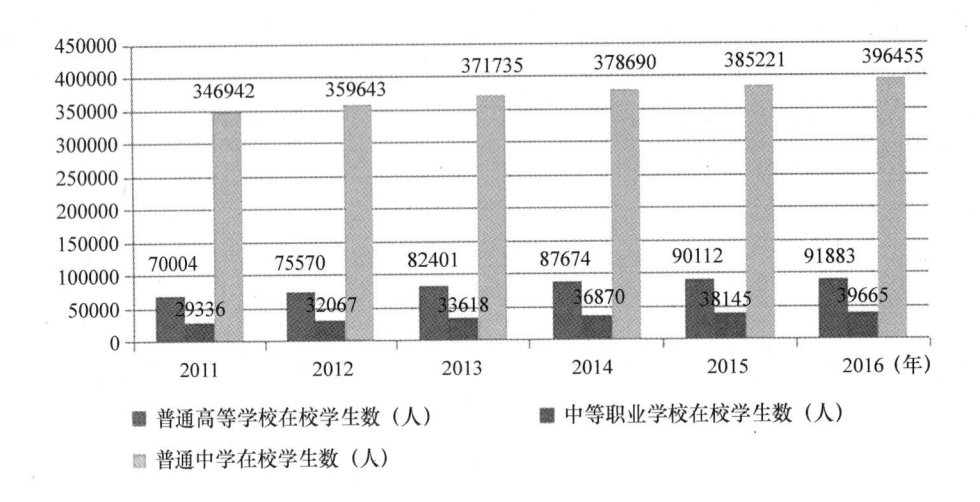

图12 2011—2016年各类教育在校生人数

年末全市各类专业技术人员144.14万人，比上年增长6.5%，其中具有中级技术职称及以上的专业技术人员43.54万人，增长4.9%。年末国内专利申请量145294件，增长37.7%；国内专利授权量75043件，增长4.1%。

十　文化、卫生和体育

全市有各类公共图书馆623座，公共图书馆总藏量3604.25万册（件），比上年增长9.8%。全市拥有博物馆、纪念馆46座，拥有广播电台1座，电视台2座，广播电视中心3座，广播、电视人口覆盖率达100%。全年报纸出版印数28003万份，杂志1106万册，图书1380万册。

年末全市有卫生医疗机构3339个，比上年增加391个，其中医院134个，增加9个。卫生机构拥有床位41512张，增长8.9%，其中医院病床38124张，增长7.8%。全市有卫生技术人员78818人，增长5.3%。全年各级各类医疗机构完成诊疗量9596.46万人次，增长7.8%，其中处理急诊789.12万人次。入院人数138.38万人，增长11.5%。病床使用率为85.2%。

全市市民体质综合评定达到《国民体质测定标准》合格以上人数比例为91.8%。其中，优秀率为12.0%，良好率为41.8%，合格率为37.5%。

十一 城市建设、环境和安全生产

全年基本建设投资中用于城市基础设施的投资 521.93 亿元，比上年增长 9.1%。全年全市用电量 851.08 亿千瓦时，增长 4.4%。其中，城乡居民生活用电 134.32 亿千瓦时，增长 7.6%。全市供水综合生产能力（包括自备水源）709.00 万立方米，全年供水总量 17.01 亿立方米，其中居民家庭用水量 6.02 亿立方米。全市自来水普及率达 100.0%。

全市年末公共交通营运线路总长度 21177.23 公里，比上年增加 616.67 公里。年末实有公共汽车营运车辆 33325 辆，增长 5.1%。其中，公共汽车 15483 辆，增长 2.4%；出租小汽车 17842 辆，增长 7.5%。全年公共汽车客运总量 22.42 亿人次，减少 8.9%。轨道交通线路长度 285 公里，增加 108 公里，轨道交通客运总量 12.97 亿人次，增长 15.6%。

全市建成区面积 923.25 平方公里，绿化覆盖率 45.1%。全市生活垃圾无害化处理率 100%。

全年亿元本地生产总值生产安全事故率为 0.0200 人/亿元。

十二 人民生活和社会保障

根据居民家庭抽样调查资料显示，2016 年深圳居民人均可支配收入 48695.00 元，比上年增长 9.1%，扣除价格因素，实际增长 6.5%。居民人均消费支出 36480.61 元，增长 12.7%，扣除价格因素，实际增长 10.1%。恩格尔系数为 30.5%。

年末全市有 1029.63 万人参加了基本养老保险，1026.13 万人参加了失业保险，如表 18 所示。

表 18　　　　　　2016 年年末全市参加各类保险人数　　　　　　单位：万人

指标	参保人数
基本养老保险参保人数	1029.63
基本医疗保险参保人数	1291.80

续表

指标	参保人数
职工基本医疗保险参保人数	1093.06
失业保险参保人数	1026.13
生育保险参保人数	1090.65
工伤保险参保人数	1083.37
其中：异地劳务工参保人数	932.19

年末社区服务机构和设施8980个。年末居民最低生活保障线以下人数5916人，全年共发放最低生活保障金4409.70万元。

附注：

（1）本公报所列2016年数据为初步统计数，统计图中2011—2015年数据为年报数。

（2）个别数据因四舍五入，存在总计与分项合计不等的情况。

（3）战略性新兴产业为深圳相关产业发展规划的口径，与国家、广东省及内地城市有所不同。新兴产业合计数已剔除重复计算，分项产业未剔重。

（4）地区生产总值及其产业增加值绝对数按现行价格计算，增长速度按可比价格计算。

（5）公报中宝安区不含光明新区，龙岗区不含大鹏新区。

（6）国家安全监管总局从2016年开始实施事故统计改革，生产安全事故统计方式均发生变化，深圳市亿元GDP生产安全事故均转换为可比口径后计算。

（7）建成区面积根据2016年土地利用现状变更调查"一上"结果统计，最终以年末基础库统计结果为准。

（8）公报中居民消费价格指数、工业生产者价格指数、居民收支数据来自国家统计局深圳调查队。根据国家统计局住户调查一体化改革部署，2014年起深圳全面实施一体化住户调查，调查样本数据汇总产生新口径深圳居民人均可支配收入、人均消费支出等收支数据。

2016年深圳市经济运行情况分析：GDP同比增长9%

2016年深圳市经济运行情况分析：GDP同比增长9%

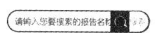

中商情报网讯 2016年，深圳面对复杂多变的外部形势和持续加大的经济下行压力，在市委市政府的坚强领导下，积极践行"五大发展理念"，主动适应和引领经济发展新常态，着力推进供给侧结构性改革，坚持质量引领、创新驱动、转型升级、绿色低碳发展方向，全力推动有质量的稳定增长和可持续的全面发展，实现了"十三五"的良好开局。

一、主要经济指标走强向好

经济增速位居全省第一

初步核算并经广东省统计局审定，全市生产总值19492.60亿元，按可比价格计算，比上年（下同）增长9.0%，增速分别高于全国、全省2.3个和1.5个百分点，**居全省各地市第一**。经济总量持续扩大，继续居内地大中城市第四位，**比上年净增近2000亿元**，创历年新高。经济增速逐季攀升，一季度、上半年、前三季度、全年的增速分别为8.4%、8.6%、8.7%和9.0%。分产业看，第一产业增加值6.29亿元，下降3.7%；第二产业增加值7700.43亿元，增长7.0%；第三产业增加值11785.88亿元，增长10.4%。

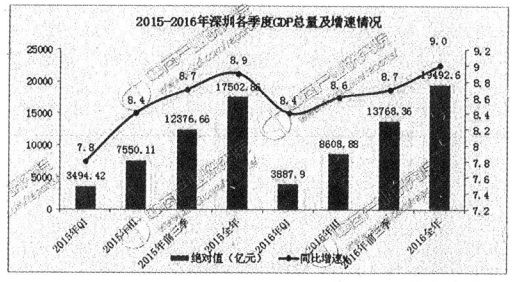

二三次产业结构由上年的41.2:58.8调整为2016年的39.5:60.5，三产占GDP比重比上年提高1.7个百分点，首次突破六成。第二产业中，工业增加值7190.86亿元，增长6.8%；建筑业增加值525.32亿元，增长9.0%。第三产业中，批发和零售业增加值2103.05亿元，增长3.7%；住宿和餐饮业增加值359.36亿元，增长2.8%；交通运输、仓储和邮政业增加值594.81亿元，增长10.0%；金融业增加值2876.89亿元，增长14.6%；房地产业增加值1866.18亿元，下降0.5%；其他服务业增加值3969.46亿元，增长17.2%。

2017/4/19　　　　　　　　　　2016年深圳市经济运行情况分析：GDP同比增长9%-中商情报网

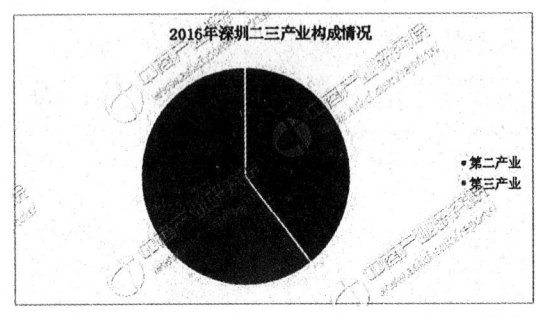

2016年深圳二三产业构成情况

- 第二产业
- 第三产业

经国家统计局批准，作为研发支出纳入GDP核算方法改革试点城市，2015年深圳研发支出（R&D）未纳入GDP核算498.80亿元。

深圳全市年末常住人口1190.84万人，全市人均生产总值16.74万元，按2016年平均汇率折算为2.52万美元，继续居于全国内地副省级以上城市首位。

上一页　1　2　3　4　下一页

【版权提示】中商情报网倡导尊重与保护知识产权。如发现本站文章存在版权问题，烦请联系editor@askci.com、0755-82095014，我们将及时沟通与处理。

【数据平台合作】我们的数据自媒体平台"千数头条"、数据交易所"千数堂"正式上线了！欢迎各位数据自媒体们合作入驻。免费入驻类型：各行业数据自媒体、数据企业。咨询QQ：3201971869

行业报告　商业计划　可研报告　市场调研　互联网+　产业规划　IPO咨询　招商策划

中商情报网始终聚焦科技、互联网+、创业、财经、产经大数据等，目前在全国财经网站中排名居前，旗下中商产业研究院专注产业经济细分市场研究，中商可以为您提供一手的市场数据和高价值的商业资讯，欢迎沟通交流合作！

中商情报网　　　中商产业研究院
扫一扫，与您一起发现数据的价值　　扫一扫，每天阅读免费高价值报告

广告、内容合作请点这里：　寻求报道》

相关研究

2017-2022年中国林业经济商业化模式及投资机会研究报告
2017-2022年中国循环经济产业园行业分析及投资咨询报告
2017-2022年中国金堂县区域经济发展战略研究咨询报告
2017-2022年中国低碳经济行业分析及市场前景预测报告

相关文章

第三视角

参加2016年深圳市委书记专题会议（第七次）略纪

2016年12月13日（星期二）9：30，在深圳市委会议楼四楼常委会议室，深圳市召开了市委书记专题会议（第七次）。会议议程：分析深圳市2016年全年经济运行情况、存在问题和原因，对明年经济形势进行研判，提出工作措施和建议。市发改委主汇报，约20分钟，其他部门补充发言，最后市领导讲话。

这次参会有个小插曲，本来是李俊文处长、陈彦祺和我三人随从参会，但是市委会议处按照规定，最后只能是我和陈彦祺陪同参会。

市发改委汇报完毕后，统计局开始汇报。杨新洪局长开场白说道："好，我这里有一个书面材料。我有几句话，先把每句话的关键词点一下，第一点是对一年经济运行有这样一个感觉，感觉是难得，特别是进入第四季度，进入最大的一个季度，这个季度要产生GDP 5500亿，不仅占比大，达到全年的28.7%，宏彬主任预计9%左右，我们预计8.9%左右，有些不确定性还没判断很透，今年的8.9%跟去年的8.9%是完全不一样的，今年的8.9%是在全国全省6.5%—7%、7%—7.5%运行区间。假如全国6.8%实现的话，我今天跟国家老局长交谈，可能6.7%会强一点，我们按照6.8%算，全省如果是7.4%多一点，如果是7.5%，我们会分别高出全国全省2.1个和1.4个百分点，这是一个相当不容易的GDP增长。这里面又列了个表，我想再报告一下。如果是这样的实现，我们稳居全省第一（增速）的位次会一直保持。对全省GDP增长的贡献率由23%提高到24.5%左右，这也是十分难得的。"

"第二点是对经济消长逻辑的一个判断，或者一个洞见，实际上我想表达的是此命难为。就是今年这个经济增长预判特别难，我们一直致力于'保9争9'，也就是'保8.9争9'这个目标有极大的可能性，也一直在努力，全市上下包括书记市长，亲力亲为，这样持续可以在全国1.9万亿大的经济体上，15个正省级里面增速是最高的。我们观察过，（增速）可能和安徽差不多。一个以万亿计'吨位'的经济体，能获得8.9%左右的增速，相当不容易，这应该归功于我们市里各方的辛勤汗水的浇灌，是跟逐季推进增长而累加的一个果实。从整个指标预计看，现在我们感到不确定的是工业，后面我还会提到，主要是华为的因素，经济上蹿下跳，这里面确实有些不确定。另外，固定资产投资中，工业投资和技改也实现了一个比较好的逆转，通过全年的冲刺，全年23%增速是有望达到的，社消零8%也是攀一攀可达的目标。后面我有个附表，就差20几个亿，所以以这个为研判基础，我们全年的目标在第4页有个预判。根据这个表，8.9%左右实际上是根据工业7%左右对应的一个逻辑，我们感到难的是工业开始走强的时候，除了华为其他工业在攀升，但是房地产和金融因为调控去杠杆又变弱，所以新旧交替相互对冲的因素使得经济增长出现新的不确定性，房地产11月是最高峰，12月是次高峰，都是100万以上的面积交易量，这就加大了经济预判的难度。所以我跟各部门也汇报一直向统计局要数字，在这一点上我们还是非常忐忑。另外，从深圳全年经济横向比较来看，与体量相当城市比，我们GDP增量一直是第一，广州、天津、重庆虽然增速高，但是我们总量增量的增加值比它们高。再一个就是跟体量大于深圳的省份比，我们GDP的增速最高，8.9%也是最高的一个行列，有可能安徽和我们是并列的，跟我国香港、新加坡就不提了，有文字材料。"

"第三句话是对大树经济G 20，我这里界定就是GDP的前20强企业，从华为到比亚迪这张表，也是有增有减，工业7家，金融9家，交通运输2家，信息传输软件服务业是2家。这里的变化，我们感到对GDP的影响，特别是华为终端移到东莞，1—10月我们的预判是1000个亿以上，华为东莞的增长达到70%，这样一个量可能华为对工业增长的贡献率要降到3字头，由今年104%的贡献率降到30%以下。这里的进退，我把它作大树经济的'爱与恨'。百强也发挥了一定的稳定作用，来弥补、对冲华为造成下降的一个影响，此消彼长一直是我们这么大量的GDP综合变化的结果。"

"第四句话就是对经济结构速变的一个忐忑，2016年按照1.93万亿元这样一个预计，二、三产业结构就会出现39.4:60.6的1.8个百分点的变化。在这个推进过程中，产业结构变化是积极的，我们也分析到，通过观察体量超过或接近深圳的几个城市产业结构的经济增长点，发现了一个有趣的现象，工业占GDP比重越小，GDP增速越低，特别是工业占GDP比重降至某个'关口'，当北京、广州、上海、

▎G. 冬季高企，2016年12月13日 深圳市委书记专题会议▎

深圳、天津工业占GDP比重分别降至20%、30%、40%、40%、40%以下时，经过统计观察，其GDP增速开始步入个位数。比如北京，工业降到20%以下时，它的GDP增速一定没有两位数，就是7%、8%，甚至更低；上海、深圳、天津是进入40%的时候，它的GDP进入个位数。所以，当我们工业降到40%以下的时候，也就是我们今天见到的个位数增长。这是我们得出的一个基本判断，工业占GDP的比重是我们经济增长的'风向标'。如果工业提高到40%以上或者更高一点，可能GDP的支撑更强，重视工业生产及其在GDP中的比重，着实是经济增长尤为先进制造业发展的'稳定器'，我想报告的就是把这句话的核心，把北京、上海、广州从2008年到2016年的比重都列出来，有这样一个规律。我们也看到中央对经济指导思想的把握，其中有一句叫'大力振兴实体经济'。所以，经济指导思想也让我们深圳感到非常振奋，实体经济是经济发展的资本，这句话我是想表达这个意思。"

"第五句话是对GDP另一角度的诠释。GDP从收入法诠释，就是'四项'税、工资、折旧、企业盈余，实际上我这里最想表达的就是，深圳通过这样一个表格，2013—2015年实际上市固定资产折旧降低，这告诉我们一个什么呢？就是固定资产增长较慢，会影响企业的扩大再生产，导致部门企业可能的外移，所以折旧的比重的持续下降，表明深圳市技术革新、转移升级动力值得重视。所以，促进技术革新和产业升级，支持企业向中高端发展，对折旧这个问题，我们还是需要重视的。"

"第六点想要汇报的是，这个词我琢磨了又琢磨，'过渡'用得比较中性，过于强调统计方法的使用的思虑。在整个统计科学度量过程中，包括书记市长要求我们准确、科学、实事求是，也是市委、市政府的一贯要求，但是在全国国民经济行业分类总体框架下，现行统计制度是一个越来越缜密而又扎紧的'笼子'，就像股票实盘交易的一个电子模块，其基础数据的上报终端在企业，而且是法人企业，接收终端在北京，作为国家以下的各级统计部门，均为中间环节的'操盘手'，可变空间微乎其微。而且每一次动作不可持续，还有后遗症，特别是移动一个企业到相近增加率的行业，不仅受与产值关联的另一张产量表制约，而且可能成为不能再变的新一年基数。这就是为什么我想把这个道理汇报一下。前一周的前一周，国家统计局以密件形式向各地通报直接核查的涉三省四起统计上弄虚作假案……因此，只要静心看清看透这一统计数据背后的逻辑和规程，就会明白若过度使用统计技巧生产经济数据，不仅无法一劳永逸，而且会误导经济发展。就这个意义而言，我们要

科学度量 Two

慎之又慎应用统计方法技巧调整数据，把主要工作的着力点和突破口放在着力做大'经济蛋糕'，而不是过多如何去切'经济蛋糕'。因为'经济蛋糕'一直都在那儿摆着，统计既直接带不来，也带不走，不留一丝云彩。就我个人而言，始终秉承'专业职业'操守，一直脚踏实地工作，顶天立地说数，恪守职责，忠于体制，努力为市委、市政府做好统计服务。"马书记这时候说："第一，我们不能搞虚的，这是绝对的。我们从来没让你搞虚的；第二，你也得科学，有没有漏统，有漏的也是你的责任，对不对。统计的方式方法，你凭什么确定增加值率；第三，你现在说的增加值大家都比较清楚，今天给大家说得很清楚了，税收、折旧、人工成本，这是最起码的。今天中午我请凌成兴吃饭，国家烟草专卖局局长，原来他是江西省委常委、常务副省长，我们共事一段时间，我是副部长、副书记，他是党组成员，也是好朋友。他带了那个企业来，一个是烟草专卖局，服务业，一个是烟草生产公司，工业，我没招了，赶快让老谢赶快打电话找杨新洪。他们俩在那说的是哪一出啊，我给凌成兴说，我说这两家企业给你上了多少税，陈彪有印象吗？到底这两家企业给我贡献的工业增加值是多少？我是说什么意思，他们说的和你说的是不是一致？"杨新洪局长回应说："是的。""我那一天去华润公司，也没客气，就说让我们统计局长跟你们主管财务对对表，你只要跟他们对表对准了，你说这些话才有用，否则，你的职业操守，我和许勤从来没让你做假账吧？再说，我也说了，你真账都算不准也不行。我就说两句话，杨新洪，我并不是……这个是实事求是，不用怀疑，今天老严也在这里，老范也在这里，没关系，进出口，我就给委员长说今年压力非常大，委员长说那是多少就是多少，我给春华书记汇报，给小丹省长汇报，都是这样说，但是那天我跟老严说，这不是郭立民发的信息吗？那老严你得帮我们核查，这个事到底算不算，那10个亿核查没核查清楚？"这时，老严说："正在核。"马书记继续说："正在核，能不能核查清楚？我想表达的恰恰是我们统计部门，就是不能科学、准确、实事求是统计，度量出我们的水平，包括国家局，肯定是，那为什么呢？都是各个省报的，哪个省GDP低于国家GDP增长速度6.7%了，查不出几个来，查出来的都是最差的。东部这些大省，没一个低于它。这是什么意思呢？别看他们来核查我们，我赞成核，但是这是统计的问题。我对加拿大统计就很服气，加拿大3000万人，其GDP比我们广东要高，在全世界排第十位。他们就是有点能源，那么点大的GDP，但我认为他们核算得比较准确。我们是算得不准，但老杨你还算比较有水平的……"

"第七就是'绩存在、危变化'，已经取得的经济成果，它是一个存在，但是

| G. 冬季高企，2016年12月13日　深圳市委书记专题会议 |

危机在变化之中，所以我们的经济思想、思路、思维一定要居'高'思危，方可高瞻远瞩。我这边列了几个不确定的因素，一个是大树经济与中小企业的进退，举了松日数码这个表，2月是 -99%，到了11月是 -55%，当然艾市长带了我去我国香港拜访，从10月开始进了100多个亿，11月进了100多个亿，到了12月还可望进100多个亿，这样还是负的三十几。这个企业特别大，去年是590亿，直接影响我们批发企业，从核算指标来说，批发企业对GDP影响最大。我们深圳作为经济中心城市，通过供应辐射全国，社消零反而不是深圳直接核算指标，批发这一块松日数码是很大的。"马书记接着说："我本来想去一趟，那天有事没去成，已经帮他们解决的事情解决没有？就是那打官司的事。"杨新洪局长说："破案的事。"马书记说："对，破案的事，它的东西被偷了，解决没解决？"杨新洪局长回答："我当时去，陶永欣一定要我去区里坐，我不坐，直接到企业，后面一次他暴露他的问题是一个8000多万元的设备被盗走，当时还没破案，后来陶永欣承诺让列一个服务清单给他们，专题研究。"马书记说："谁负责给陶永欣打一个电话，别忘了，今天晚上就打，也给（应该是公安局长）打一个电话，限期破案，就说是我说的，就是给松日数码破案。人家东西丢了怎么着？你就不给人家破案？"杨新洪局长接着说："他是一个关键技术设备被偷了，被盗走，可能是证据不足，所以一直拖着，这个话题我就不多说了。所以，对大树之后有可能出现的变化，也要看到中小企业这种稳定增长。第二个想汇报的是政策调控的补缺，这是没办法，1—11月房地产销售面积下降13%，全年预计会到 -17%，这个不确定，所以预计为难就为难在这里，包括房地产可能会影响到金融信贷，这个缺口也是我个人所担心的。不是我没办法预计，而是确实这个因素困扰我非常大。跟去年相比，影响1.7个百分点，好在汤主任'八项支出'给我补了一个多点，所以才对冲了这样一个经济缺口。"马书记接着说："这个东西（指房地产销售），是把价格稳定住，而不是让量要小，特别是土地供给、建设投资，大家不要以为调控把量调控下去，是把价格让它合理，是这么个逻辑。"杨新洪接着说："包括这次中央经济工作会议提出要健康平稳发展。"马书记接着说："那当然是了，你接着说吧。"杨新洪局长继续汇报："书记，我就汇报深刻一点。房地产如果出现 -7%以上，对核算加剧影响，大概一个点影响GDP总量9.5个亿，假如 -17%，12月次高点出现，会比去年影响GDP总量140个亿。"马书记接着说："现在是环比不增长，10月调一次环比不增长不行，现在的关键毛病是什么？是我们这些没搞，土地供给要搞，投资要搞，房子要卖，就是你不能把价格给我涨上去。严格意义上讲，这应该是最大的问

题，应该卖得多了，为什么呢？房价降下来了，老百姓愿意买了，但是中国社会不就是这样吗？买涨不买跌，跟股市是一样的。但是这个就是我们好多东西没吃透，没问题，一会我再问他们。"杨新洪局长接着说："第三个是企业下降面依然是50%左右，第四个是企业成本高企。"

"第八句话是现在我们还剩不到20天，收官重点工作还得'冲刺'，需要我们脚踏实地、铆足干劲、奋力冲刺，一是继续加大重点领域重点企业服务力度，像前三季度一样，我们列了7张附表，有工业，有商业，有核算指标，一一都列在里面，区里我们也都列出来了。"马书记说："把这单子给他们？"杨新洪说："我会给，书记，我会给。"马书记接着说："我跟许勤签上字。大家在这天天开会，你交给他，让他们去找企业服务，这有什么了不起的。这种事多么简单，大家就是不去干啊！"杨新洪局长接着说："有针对性的我们也不会列太多，就二三十家。"马书记说："就是这个意思，每一家找几个重点，那些企业你看着还有潜力的，统计数据有问题的，这样的企业，每个区找几家，知道么？"杨新洪局长说："我们把这个清单列了，包括刚才陈彪市长也跟我说。"马书记说："工业早就应该下去抓，包括郭立民，主要还是思想、方法、指导思想出的毛病。"杨新洪局长继续说："第三个就是条条部门配合完成年度目标，23个核算指标涉及的，比如说人民银行存贷，存贷差就是金融企业直接产生的增加值，这一块就是存款掉得比较多，影响贷款，早上艾市长还协调银行，平安银行还是负增长。另外，公路、水运我拜访了交通委主任，涉及多种问题。另外还涉及航空的邮政业务量已经高位增长，希望12月保持这个三十几的增长，才能够弥补房地产跟工业不确定，涉及服务业的还有保监局。再一个就是加强统计业务培训，书记市长您批评统计是完全正确的，我们确实在制度内和制度外存在经济缺失的统计。"马书记接着说："除了你们这些高手以外，解放点思想，再招聘一些高水平的统计人才，这很重要，能够看清经济，都是科学统计的重要方面。你们这些部门也要看清楚，否则一个昏昏欲睡，一个写点报告来糊弄我，那就是处长们写的，自己都看不明白，这我都很清楚。你们再解放点思想，再多雇点、多请点，就像我们办中小学，在全中国聘请中小学校长。现在我们的高中升学率、一本升学率，全中国已经进入前三，北京第一，天津第二，深圳第三，北京26%，天津24.4%，我们24%，然后就是上海。首先我们有好的中小学校长，其次我们移民后代聪明。你老杨一个高手，领着一帮弟兄们，属于什么呢？属于近亲繁殖，水平越来越低，我就怕这个。"杨新洪局长回答："不会的，书记。"马书记

| G. 冬季高企，2016 年 12 月 13 日　深圳市委书记专题会议 |

说："那行。"杨新洪局长继续说："我带着他们年轻人，我又劳务派遣 30 多个人，这个材料是我亲自弄的，两个晚上没睡觉。所以跟书记报告，市区街道三级，其实区里也动了起来，（指某区书记）也走访了很多企业，宝安、南山都是大幅度动，我是一天到晚地动，经济脉搏我是始终看得到的。书记，你看这我就知道，龙岗相对慢一点因为它有华为这个大树，现在华为这个大树已经降到 10%—12% 这个增幅了。"马书记说："就区委书记区长还有些部门去下面动，否则他们连经济都不懂，我不是瞧不起他们，你以为他们真懂啊，都是别人写的报告念的，就这么让他们跟着企业去跑？"杨新洪局长接着说："书记，借这个机会给您汇报也呼吁一下，新成立的两个行政区，统计机构一定给它一席之位和力量的保障，统计是最基础的，最近宁局长给统计两个定性，第一是基础性、综合性部门，第二既是统计工作者，也是经济工作者。他在上海调研的时候提出的这'两性两者'的，在这次机构设置中，我们也给编办写了存在的理由。"

"最后一句是对明年经济盘子的取向，刚才宏彬主任提到 8.5%，我们也赞同这个，一是要增强经济信心，确实把握各种有利经济发展的因素，工业上有三点：一是新增入库企业量虽小，但是成长快，有望成为明天经济增长的亮点，书记您批评归批评，但是我们努力，非常努力，12 月 5 号申请纳入工业企业 375 家，还在动，反观 2015 年入库工业企业我们今年新增企业非常好；二是部分企业发展趋势保持向好，像优必选，我们 11 月肯定把它弄进来，大疆、比亚迪新能源等都是引领国内行业龙头企业，明年我们继续看好它；三是转型升级优秀成果开始凸显，全市的先进制造业增长也是高过 GDP 增长，占 GDP 比重达到 74.7%，高技术制造业增加值也是在领先的位置上，这是工业的三点有利。消费市场也有三个有利。一是新增企业后劲足，也入库了一批，成品油上涨带来销售上涨，另外政策性因素可能消除，如汽车因素，这个是影响很大的，明年这个因素也应该是过了。二是有强度的 R&D 投入保证深圳经济创新和竞争能力，就在前天我跟艾市长汇报，我去了国家局，现在整体的情况是我们的量提了更低一点的 480 亿元，后来我看一下他们核算司的，实际上我们的经验已经被国家吸收，现在算到了省一级。"马书记问："今年深圳能不能纳入？"杨新洪局长说："书记，这个星期我准备把数据提交给他们，交给专家论证，专家论证通过，我就立即请示报给国家局，我算的是接近 500 亿的。2015 年时，我去国家局的时候碰到宁局长，他说你来了，我说我在给核算司汇报这个事，他说你明年要出来，我说宁局长我这个月就要出来，他说这个月还没过去啊，我说这是 2015 年的，只要 2015 年的方法他认可，深圳的试点试算他认可，2016年就可以到点了，因为R&D到三四月年报企业才能报，有这个方法，有这个数字的认定，我就锁定了广东省对深圳的这个490多亿元，就锁定了这个基数，就达到这个目的。至于统一进入的时间，国家局还有个安排。三是知让利的厚植经济，造就经济的韧性与回旋余地。特别是华为这个事情上，爱恨交加。我们要有经济的韧性与回旋余地。我列了一些数字，也不想多说，有税负的问题，有企业环境的问题。四是可持续的投资是事关未来发展后劲的需要，我觉得这一届市委、市政府树立'功不必当下'的思想，非常有利于深圳的长远发展。现在我们的投入空间还比较低，还有合理的空间，相比天津、重庆、南京，投资率已经达到60%以上。深圳的投资率我个人感觉还是可以加强，东进战略、前海蛇口，这一定有利于城市的后续的新一轮的发展。我们过了五年之后再回过头来看这一阶段，一定会有非常好的投资价值。五是适当重返制造业点位，尤以先进为优取。这就是我前面分析的。这里我列了深圳跟天津的比较，天津为什么有个年度超过我们，就是工业，在这里我列了一个节点，2007年到2015年，天津尝试着经济总量与深圳拉近距离。我列个表，有时间各位领导可以观察一下，工业在深圳国民经济中的地位依然是不可动摇的，工业强，深圳经济强，工业弱，深圳经济弱。这种格局，只有工业才能起到这样一个主导地位。六是引入总部企业须对深圳经济起贡献作用。这些真正引进的总部必须有实业，有的总部经济只是劳动者报酬，有的是在外头的法人企业，在深圳我们不算进来，对总部的引进还需要过细的甄别，这样才能推动总部企业对地区经济的贡献，致力做大经济蛋糕。七是立足当前，抓好明年。'要有数，先入库'，这是国家统计制度的硬性要求，唯有上下、左右、方方面面合力挖掘，才能将更多的成长性强、业绩好、符合入库标准的企业纳入库中，切实为新一年经济增长夯实数据基础。截至12月12日，经国家审批，深圳市2016年度'一套表'新纳入单位1467个。各位领导，我也不瞒你们说，前海注册企业的增加值为一千多个亿。后来我也探讨了，注册企业几万个，这次入库一千家就可以了，怎么方式弄都可以，一个企业一个亿，一千家企业就是一千亿。现在我们还是少，就用这个道理来看，你如果组织不进来，再把这个数字吹得很高，那就看不到经济成果，我们想看到实打实的。还需要10多天时间奋力组织各类企业入库，抓住时机，加大入库数量。在此，也恳望引起各区、各相关部门的高度重视，予以大力支持和保障。对于即将翻过2016经济年度的深圳来说，不仅开好局，而且起好步，全市经济逐季稳进向上增长。一年来的每一分积累，都将会在未来兑现发展成果，这是让人充满遐想和高兴的事。相信，2016年奋进的经济基础，必定势推深圳经济

2017年开启新局面。最后一句话，也是一句祝福的话。谢谢各位领导！"马书记说："好，谢谢你！"

会后，市委办综合一处副处长张茜给杨新洪局长发短信："杨局，今天汇报，观点新颖，清新脱俗，从听者的角度看，又是一次非常成功的汇报。"

H. 金鸡早春，2017 年 1 月 22 日　经济形势分析会

俗话说，一年之计在于春。

主政者刚履新，抓得早、布局慎。在乍暖还寒的初春，立马布置各项工作"开门红"，经济指标首当其冲，提供数据支撑与统计服务责无旁贷。

多少季节，多少风霜。

尽管春暖花开，但仍有寒意。

琢磨这五分钟的汇报，统计人是得一分厚爱，十分回报。当主政者为我多于别人追加一分钟时，我说打个半折三分钟就够了。

践约承诺，多少情怀，多少目光。

又有多少不解风情在这里。

发言稿

盯住指标长短"开门红"

主要汇报三点。

一 对2017年及首季"开门红"

主要经济指标基本研判

（一）国内外影响因素

2017年，国际经济形势充满不确定性。美国经济或成为世界经济不稳定源头。特朗普就任美国总统后，其国际国内经济政策会出现调整，有可能引发全球范围内保护主义政策出台，从而造成世界经济增长率进一步下降。此外，金融市场脆弱性加大、反全球化趋势、欧洲内部政治冲突、难民危机、英国脱欧进程、日本通缩等问题，也加大世界经济的不确定性。

就国内经济而言，我国经济进入调速换档期。纵向来看，经济增速将有小幅放缓。部分省、市也调低了今年经济增长目标。但2016年国内在经济结构优化、创新支撑、消费拉动、生态环境治理、就业增加等方面都有积极变化。预测2017年，全国经济仍将保持这一趋势。

（二）深圳新一年主要经济指标的压力位与下力点

1. GDP增长23个核算指标的长短项

（1）积极因素

一是工业预计仍将继续发挥稳定器作用。2016年规模以上工业增长7.0%，支撑经济增长2.6个百分点；预计2017年，工业将继续发挥经济增长稳定器作用；但须警惕2016年一季度华为超高速增长（59.0%）累积高基数及产值持续外迁，重点关注今年新增入库规模以上工业企业和其他百强企业情况。

二是2016年经济较快增长行业的压力和动力。

——金融业出现结构性增长变化。2016年得益于"居民贷款走强""股弱债强""居民保险意识提升"的金融业仍保持14%以上的增速；2017年保费收入将持续稳定增长，保险业每年的"开门红"对一季度保险业增速有支撑；银行、证券等行业内部将出现结构性变化：2016年回落较大的本外币存款在消除了同业存款2015年不利因素后可能将有所提升，受房地产市场调控影响，贷款增速将有所回落，着力点在企业贷款意愿提升；2016年股票市场低迷，2017年若能"股强"将削弱"去杠杆"下债券走弱对证券交易额的影响。

——互联网、信息行业的快速增长预计将继续拉动其他营利性服务业营业收入增速，政府民生、社会保障、教育医疗补短板投入加大，预计财政八项支出将可能继续保持快速增长态势。

——20%左右的投资增长对建筑业增长起强力支撑。

——持续新开通的高铁路线和国际航线预计继续助推交通运输业增长。

——2017年，在深圳居民网上、移动消费推动下，邮政快递业务总量预计可继续保持较快增长态势，对社消零和零售业商品销售额亦有一定支撑。

（2）不利因素

——深圳持续对房地产业调控，预计全年走势可能进一步放缓，尤其是去年一季度商品房销售面积增长56.1%的较高基数，对今年一季度带来较大的压力，将成为"拖后腿"行业。

——部分高增长的指标可能出现一定的回落。2016年，财政八项支出、邮政业务总量、电信业务总量指标增速均在40%以上，垫高了2017年的增长基数，预计第一季度相关指标虽可能保持较快的增长区间，但将有所回落。

——2016年低位增长（或负增长）指标需要补短板。2016年低增长的批发业、住宿业、公路运输、水路运输（负增长）、农林牧渔业能否低位回升助力经济增长亦尤为关键。

2. 规模以上工业的支撑的有利与不利因素

（1）有利因素

一是今年规模以上工业企业净增508家企业，新增工业企业成长性好，估计将增加工业总产值200亿元。二是市、区要加大服务重点企业工作，对严重下滑的负影响重点企业进行重点帮扶服务。

（2）不利因素

华为公司终端业务搬迁因素对深圳市工业增长影响将延续到今年上半年。由于华为公司终端业务搬迁是从2016年7月开始大规模进行，华为公司四个季度的工业总产值增长随着终端业务搬迁直线下滑，1季度增长54%，1—2季度增长46%，1—3季度增长15%，1—4季度增长12%。如华为公司今年1季度工业总产值增长延续去年下半年速度，将影响全市工业增长速度。

3. 投资着力点

（1）2016年第一季度固定资产投资情况

2016年第一季度全市固定资产完成额为568亿元，同比增长23.4%，增速和总量均是2005年以来的新高。其中，房地产开发投资为278.23亿元，增长34.1%；非房投资为289.78亿元，增长14.6%，房地产开发投资为主要拉动因素。因此，今年第一季度固定资产投资有一定压力。

（2）今年投资统计工作着力点

一是释放重点区域投资潜力。截至2016年12月，全市15个重点区域计划总投资为6216.05亿元，累计已完成投资2211.41亿元，仍有4004.64亿元投资有待完成。在2016年中，全市重点区域投资总额为931.71亿元，占全市固定资产投资比重为22.8%。2017年可继续释放全市重点区域建设投资潜力，加大固定资产投资力度，预计2017年全市重点区域建设投资额将超1000亿元，建设深圳湾超级总部基地、空港新城等16个重点区域项目。

二是激发重点产业投资项目潜力。2016年工业投资为691.57亿元，增长17.1%，占全市比重为17%。2017年将重点跟踪关注华星光电第11代TFT－LCD及AMOLED新型显示器件生产线项目、启迪协信科技园、柔宇显示技术类6代柔性显示屏生产线项目、深圳超算中心扩容项目、国家基因库二期和生物医学大数据等重大科技基础设施项目以及大族激光全球激光智能制造产业基地、开沃新能源汽车项目、亚太卫星高通量宽带卫星等重中之重工业项目。

三是协调房地产开发投资。2016年全市房地产开发投资额为1756.52亿元，占全市固定资产投资比重43.1%。2017年，深圳市房地产开发项目投资仍占全市固定资产投资重要部分，将持续做好房地产开发投资统计工作。

四是加强城市基础设施投资。2016年深圳市基础设施建设投资864.95亿元，增长21.2%，占全市比重21.2%。2017年重点为交通基础设施项目——6、8、10号线等项目和即将开工建设的12、13、14、16号线项目，以及深中通道、外环高速、东部过境高速和即将启动的深汕高速、深惠高速等改扩建工程。信息基础设施建设投资项目包括新型信息基础设施，大容量骨干光纤网和超高速无线局域网，IPv6等下一代互联网技术规模化商用，交通、能源、给排水、环保等城市基础设施智能化改造。

五是跟踪12项民生工程投资项目。

4. 社消零的主攻方向

（1）做好新增零售企业服务工作。2017年月报新增140家零售业企业，其中年主营业务收入超过10亿元的有2家，年主营业收入超过2000万的有13家。2017年重点加强新增企业统计业务培训，做好新增企业统计服务工作。

（2）加大力度引进大型网络零售平台。深圳市网购群体庞大，但缺乏大型网络零售平台。北京、上海、广州、杭州等地大型网络零售平台在不断分流深圳市社消零。深圳当地大型连锁百货超市在网购冲击下已显现经营疲态。为将深圳的消费数据留在本地，顺应现行贸易统计制度，需要相关政府职能部门抓紧引进大型网络零售平台落户深圳，在深圳注册、经营。

5. 营利性服务业增长势头的保持

2016年以来深圳市各月规模以上其他营利性服务业营业收入呈稳定并较快增长态势，平均增速为23.8%。其中，互联网、软件业和商务服务业三大主导行业占全市营利性服务业收入九成以上，同比增长25.3%。互联网行业在腾讯系带动下保持高速增长，各月增长42%以上，2016年拉动全市规模以上服务业收入增长11.7个百分点。大企业支撑和拉动作用明显。2016年，营收超亿元企业共382家，实现营业收入2700亿元，增长36%，高于全市平均11.7个百分点，拉动全市营利性服务业营业收入增长27.3个百分点。

2017年及第一季度，深圳市营利性服务业将继续保持增长势头，大型企业仍将是拉动营利性服务业增长的主要因素。腾讯系游戏业务及社交网络业务快速发展，预计2017年，互联网行业收入在腾讯系的带动下将继续保持高速增长，成为增长的主动力；软件业在中兴软件、百度国际、云中飞网络等大型企业增长的带动下，将继续保持稳定增长。此外，光汇石油、英捷讯、腾邦国际等商务服务业主导企业发展迅速，驱动作用也将明显增强。

6. 财政"八项支出"须继续加强

2016年，与GDP核算相关的"财政八项支出"完成2212.43亿元，同比增长

33.8%，与其直接相关的非营利性服务业实现增加值1721.34亿元，增长16.6%，对全市经济增长的贡献率达到15.1%，拉动GDP增长1.4个百分点，为全市经济稳健增长提供了强有力的支撑。2017年第一季度，"财政八项支出"的支撑作用仍须继续保持。因2016年第一季度"财政八项支出"同比增长55.8%垫高基数，今年第一季度要想保持继续高速增长的态势存在一定的难度。但是也要看到，"财政八项支出"所包含的教育、医疗卫生、社会保障和就业等项目，也属于重点民生领域的支出项目。在深入贯彻落实国家供给侧结构性改革的背景下，深圳市可继续加大投入力度，补齐短板，为全市经济增长提供支撑。

二 "五以"促"五落实"，脚踏实地，应统尽统

（一）以"统全统准"为主线，逐月按季环环相扣，全面落实统计数据任务

围绕GDP核算23项相关指标完成统计任务。正确认识深圳市当前处于"高位过坎"关键阶段的特殊性，坚持以"六个必须"原则来谋划统计工作，继续秉持"求上先求下、求人先求己"工作理念，指导各区按照讲质量、抓服务原则开展在地统计，切实抓好各项基础性工作，扎实完成各专业共220多种全面调查任务和多项抽样调查任务，在数据来源拓宽、更新、维护上下功夫，在部门间信息交互、共享、比对上见实效，全力做好2017年GDP各月度季度核算工作，按月度跟踪监测各项GDP核算指标的变化趋势，应统尽统，完成全市经济和社会发展统计任务。

下大力气提升统计源头数据质量。认真贯彻落实习近平总书记在中央全面深化改革领导小组第28次会议上的重要讲话和会议审定通过的《关于深化统计管理体制改革提高统计数据真实性的意见》要求，下大力气抓好各项专业调查中的薄弱环节，着力破解制约统计数据质量的深层次矛盾和突出问题，严防统计造假、弄虚作假，确保统计机构和统计人员独立调查、独立报告、独立监督职权不受侵犯，认真开展统计执法工作，有力增强统计工作的科学性、权威性，提高统计数据的真实性、准确性。

发力供给侧结构性改革生产端统计。严格按照《深圳市人民政府关于印发深圳市供给侧结构性改革总体方案（2016—2018年）及五个行动计划的通知》（深府〔2016〕54号），进一步推进深圳统计《供给侧结构性改革之生产端引领需求统计工作总体方案》施行，更加主动服务全市供给侧结构性改革"一盘棋"。

（二）以改革创新为突破，适应现行统计制度全面落实，反映新经济变化

全力做好国家统计局赋予深圳的九项统计改革创新试点任务。严格按照《国家统计局关于同意深圳开展统计改革创新试点的批复》（国统设管函〔2016〕164号）要求，进一步扎实研发支出核算方法改革研究、"三新"及新经济统计改革试点、服务业生产指数编算试点、房屋租赁业统计调查、基本单位方法制度改革创新、"未能观测金融"改革创新试点、地方资产负债表编制试点等九项国家级统计改革创新试点任务，逐项抓环节见效，为国家统计方法制度改革创新提供更多更优的鲜活可用经验，推动可推广的"深圳方法"不断纳入国家统计改革创新框架，努力全面体现深圳市 GDP 总量与增速。

加快推进"十三五""1169"统计发展纲目实施。按进度稳步推进各项任务，脚踏实地逐项落实，部分重点任务结合深圳市工作实际和上级统计部门新要求提质提速。推动"外单内共"统计数据应用系统、统计监测指标体系建设工作取得突破，有效推进市、区统计信息联动共享，不断提升统计数据质量。

继续谋划深圳统计未来改革创新发展。时刻保持忧患意识，不断强化问题导向、底线思维，巩固扩大 2016 年深圳市统计改革创新"历史性"成果，用更宽广的视野、更前瞻性的眼光谋划发展思路。通过不断攻坚克难为深圳经济社会发展提供强有力的统计保障，并推动特区统计事业创新发展，未雨绸缪、适时筹备，开展按产业活动单位核算 GDP 试点工作。

（三）以新增入库企业为重点，提升统计工作质量，落实体现企业经济成长成果

为新增入库企业提供优质统计服务。深入梳理新增入库企业行业类别、区域集聚、发展需求等特点，结合企业统计工作实际因企施策，制订较为细致周密、个性化的服务方案。继续采用领导班子、业务处室分片包干工作形式，加强调研，紧密联系，首抓企业统计员业务培训指导，遇"统计外"困难也给予积极呼吁，提升政府统计对企业统计的向心力，推动新增入库企业按时如实上报统计基础数据，大力支持政府统计工作。

进一步抓好全市"四上"企业入库工作。抓紧落实以市政府办公厅名义印发《关于加强"四上"企业按季动态入库工作的通知》，加强部门协作做好企业信息资料共享，有效解决标准不一、信息不全、时效不强问题，扎实抓好全市"四上"

企业按季动态入库工作。深入开展"四上"企业动态入（出）库影响研究，着力简化"一套表"调查单位"入库"手续，测算动态入（出）库对专业统计数据的影响，推动解决各专业统计数据衔接及GDP增速核算等方面的重难点问题。

（四）以梳理提高行业增加值率为切入点，全面落实、准确反映经济转型升级的质量效益提高

以工业企业为重点开展提升行业增加值率专题研究。从实体经济入手，扎实抓好工业增加值率核算，尤其是高技术制造业的核算工作。根据深圳市产业结构特点，及时跟踪企业行业结构变化，重点关注核实产业升级企业行业归类、新产品行业归类、多产品企业行业归类，尤其是高增加值率行业的相关情况，进一步做好分类工作，指导企业正确填报"固定资产折旧"和"劳动者报酬"数据，实事求是评估各行业增加值率，力求反映深圳市结构优化、完善提升的实际。

积极引导企业自发增产增效。发挥统计部门"大数据"优势，联合行业主管部门，依托产业扶持政策，积极为重点企业在经济形势、行业发展等方面提供数据服务、政策咨询，引导企业致力转型升级，发力增产增效。

（五）以增强统计能力为抓手，全面加强落实统计业务与队伍建设的保障能力

扎实推进统计基层基础建设。严格贯彻落实《关于进一步加强统计基层基础建设工作的通知》（深府办函〔2016〕31号）要求，在规范基层统计工作方面发力，进一步加强对基层统计工作的业务指导和管理，多措并举，将各项工作落到实处。重视龙华区、坪山区统计机构单设问题，继续做好相关街道分拆后统计机构和统计人员稳定问题，做到"机构不断、人员不乱"，确保基层统计工作有效开展，进一步夯实深圳市统计基层基础。

务实带领队伍推动各项工作开展。进一步发挥统计专业（咨询）委员会功用，有效整合资源、推动业务工作快速开展。重视政治规矩与纪律教育警示，坚持廉洁永远在路上，加强统计系统行风建设，深入落实"一岗双责"，做到两手抓、两手硬。严格执行党的纪律，持续深入改进统计工作作风，杜绝"数字造假、以数谋私"。

今年1月16日，许勤书记在市统计局关于"四上"单位入库情况报告和加强此项工作的征求意见稿上分别给出"这项工作抓得好""此项工作抓得有意义"的重要批示。书记的重要批示很有针对性，我们将尽快认真贯彻落实。

三 对六张附表的几点说明

(一) 部分核算指标高位回落

今年第一季度 23 项核算指标中,出现若干因政策调控和高基数影响而高位回落的相应指标,如商品房销售面积和财政八项支出。因此,仍需规模以上工业作为稳定器做出贡献,工业增长 7.6% 来发力支撑。

(二) 工业支撑作用

1. 去年第四季度以来,深圳市规模以上工业呈现整体走强趋势,如考虑今年第一季度工业延续走强的趋势,对今年第一季度工业"开门红"有一定支撑作用。

2. 今年规模以上工业企业净增 508 家企业,新增工业企业成长性好,估计将增加工业总产值 200 亿元。

3. 市、区要加大服务重点企业工作,对严重下滑的负影响重点企业进行重点帮扶服务。

4. 2016 年全市规模以上工业总产值 26870 亿元,如全市工业增加值率提高 1 个百分点,工业增加值总量将须增加 268 亿元。增加工业增加值不仅涉及工业企业增加税收,还涉及工业企业增加折旧费、增加工资总额和增加利润。不论大类还是中类的工业增加值率,均由规模以上工业企业网上直报形成的工业增加值汇总计算出来。由于国家局规定在计算当年月度工业增加值增长速度时,要按新的增加率重新计算去年同期工业增加值,所以提高增加值率将增加工业增加值总量,对增加值的增长速度与贡献影响不大。

(三) 加强各区"四上企业"入库督导

2016 年,除了南山、宝安、福田等去年"四上"企业入库完成较好外,其他区也要在新一年加强督导入库,同时注重已入库企业成长性数据的如实全面上报。

(四) 各区投资仍不平衡

2016 年,全市各区固定资产投资完成额增长和占比分别为:40.1%、21.77%(南山,前海总投资额 297.49 亿元,增长 45.87%,占比 7.29%),16.0%、18.73%(龙岗),19.2%、15.95%(宝安),20.3%、12.13%(龙华),12.3%、

7.42%（光明），27.5、7.36%（福田），20.7%、7.30%（坪山），46.4%、4.52%（罗湖），23.1%、3.01%（盐田），2.3%、1.81%（大鹏）。原特区外六区投资完成额占63.34%，东部五区占35.37%。2017年，按20%增速的全市固定资产投资目标测算，须完成4893.79亿元投资额。

迈入2017年，我们将脚踏实地，以"应统尽统、砥砺改革创新"切入，做到"五以"促"五落实"，全面提升统计工作质量，努力为全市实现"有质量的稳定增长和可持续的全面发展"提供条件有力有效的统计服务与保障。

附表1　　主要经济指标

指 标 名 称	2016年 全年	同比增长（%）	一季度	同比增长（%）	2017年目标[1]（%）
1. 本市生产总值（亿元）	19492.60	9.0	3887.90	8.4	8.5左右
其中：第二产业（亿元）	7700.43	7.0	1557.21	7.5	—
第三产业（亿元）	11785.88	10.4	2329.59	9.1	—
2. 规模以上工业增加值（亿元）	7199.47	7.0	1479.18	7.6	7左右
3. 固定资产投资额（亿元）	4078.16	23.6	568.00	23.4	20以上
其中：房地产开发（亿元）	1756.52	32.0	278.23	34.1	—
工业技改（亿元）	202.93	15.3	17.76	7.5	11以上
工业（亿元）	691.57	17.1	70.97	21.2	30以上
4. 商品房屋销售面积（万平方米）	736.19	-11.5	165.76	56.1	—
5. 社会消费品零售总额（亿元）	5512.76	8.1	1193.51	8.8	8左右
6. 规模以上服务业（3+2）营业收入（亿元）	3251.20	24.3	363.57	11.8	—
7. 进出口总额（亿元）	26307.01	-4.4	5384.06	-6.5	正增长
其中：出口总额（亿元）	15680.40	-4.5	3234.82	-5.8	—
进口总额（亿元）	10626.61	-4.2	2149.24	-7.4	—
8. 一般公共预算收入（亿元）	3136.42	15.0	890.49	29.6	10以上
一般公共预算支出（亿元）	4178.04	18.6	409.47	-18.4	—
其中：八项支出（亿元）	2212.43	33.8	291.56	55.8	—
9. 金融机构本外币存款余额[2]（亿元）	64407.81	11.5	59210.40	13.8	—

续表

指标名称	2016年 全年	同比增长（%）	一季度	同比增长（%）	2017年目标[1]（%）
10. 金融机构本外币贷款余额（亿元）	40526.90	24.9	35224.98	21.8	—

注：（1）2017年目标采集于《政府工作报告》和《深圳市2017年国民经济和社会发展计划》。（2）金融机构本外币存贷款余额含外资，为当期期末时点数。

附表2　2016年及第一季度、2017年及第一季度主要核算指标情况分解　　单位：%

序号	指标名称	2016年一季度完成值	2016年全年完成值	2017年一季度8.4分解	2017年全年8.5分解
1	规模以上工业增加值增速	7.6	7.0	7.6	7.0
2	营利性服务业（其他）营业收入增速（错月）	26.7	24.3	22.8	23.0
3	金融机构本外币存款余额增速	13.8	8.6	15	16.0
4	财政预算八项支出合计增长速度	55.8	46.4	30	38.0
5	批发业商品销售额增速	3.8	5.1	6.0	6.5
6	规模以下工业增加值增速	4.0	4.1	4.3	4.3
7	金融机构本外币贷款余额增速	21.8	24.9	17.5	18.0
8	建筑业增加值现价增速	8.0	9.5	9.0	8.8
9	零售业商品销售额增速	9.5	9.5	11.0	12.0
10	商品房屋销售面积增速	56.1	-11.5	-17.0	-6.0
11	深圳地区证券业交易额增速	19.6	33.7	25.0	20.0
12	保费收入增长速度	38.1	29.6	30.0	26.0
13	电信业务总量增长速度	68.0	70.1	45.0	46.0
14	餐饮业营业额增长速度	8.0	8.7	9.8	10.0
15	航空运输总周转量增速	8.2	9.8	15.0	13.0
16	公路运输总周转量增速	6.6	7.9	13.0	12.0
17	房地产业单位从业人员增速	34.7	24.6	9.0	10.0
18	房地产业从业人员劳动报酬增速	24.8	27.7	18.0	16.0
19	水上运输总周转量增速	-2.8	-2.7	8.5	8.0
20	铁路运输总周转量增速	10.0	7.3	11.0	12.0
21	邮政业务总量增速	58.4	54.4	52.0	50.0
22	住宿业营业额增长速度	1.8	5.2	5.5	6.0
23	农林牧渔业增加值增速	-30.7	-2.1	3.0	3.5

注：根据国家、省的工作部署，一般会在4月初方公布《2017年GDP季度核算方案》，部分指标、核算调整系数都有所调整，这将影响相关指标分解值的测算结果。上述各指标分解值仅为参考。

附表3　　　　深圳市2016年报"企业一套表"调查单位增减变动情况

（时间：2017年1月10日）　　　　　　　　　　　　　　　　　　　　　　　单位：个

	专业分区	合计	罗湖	福田	南山	宝安	龙岗	盐田	光明	坪山	龙华	大鹏	分专业净增减单位数
纳入单位数	纳入合计	3250	322	582	1043	579	254	48	67	64	282	9	2378
	工业	945	14	4	104	377	140	8	57	53	181	7	505
	建筑业												−9
	批发业	1148	198	364	371	94	54	9	4	3	51	0	1028
	零售业	140	19	26	46	18	18	0	0	2	11	0	119
	住宿业	17	1	4	5	2	2	0	0	0	3	0	12
	餐饮业	75	12	15	38	2	2	2	0	2	2	0	37
	房地产业	1	0	0	1	0	0	0	0	0	0	0	−7
	服务业	919	78	169	478	86	38	29	2	4	34	1	688
	投资	5	0	0	0	0	0	0	4	0	0	1	0
组码和名称变更		26	2	0	2	16	3	0	1	0	2		
退出单位数	退出合计	872	92	117	122	226	166	12	46	34	57		
	工业	440	15	0	28	167	118	1	36	33	42		
	建筑业	9	1	0	4	1	1	0	2	0	0		
	批发业	120	23	10	16	25	32	3	1	0	10		
	零售业	21	4	0	7	4	3	1	0	1	1		
	住宿业	5	4	0	1	0	0	0	0	0	0		
	餐饮业	38	13	6	4	10	1	1	1	0	2		
	房地产	8	0	1	1	0	4	2	0	0	0		
	服务业	231	32	100	61	19	7	4	6	0	2		
	投资												
年度审批净增减单位数		2378	230	465	921	353	88	36	21	30	225	9	

注：数据为省报国家审批单位数。纳入单位数包括新开业、下转上、专业变更纳入等。

附表4　　2016年百强工业增长情况

序号	单位名称	增加值（万元）	占规模以上工业比重（%）	同比增速（%）	对工业增长的贡献率（%）
1	华为技术有限公司	14471728	20.1	14.2	30.4
2	中兴通讯股份有限公司	5317623	7.4	18.5	14.0
3	富泰华工业（深圳）有限公司	3848454	5.3	-5.9	-4.1
4	中海石油（中国）有限公司深圳分公司	2031437	2.8	-1.3	-0.5
5	鸿富锦精密工业（深圳）有限公司	1109028	1.5	17.9	2.8
6	深圳供电局有限公司	996690	1.4	3.5	0.6
7	比亚迪汽车工业有限公司	886486	1.2	64.0	5.7
8	深圳烟草工业有限责任公司	546911	0.8	-9.1	-0.8
9	深圳创维-RGB电子有限公司	490485	0.7	22.1	1.6
10	联想信息产品（深圳）有限公司	446994	0.6	14.3	0.9
11	深圳市华讯方舟科技有限公司	436060	0.6	32.3	1.8
12	深圳市泰衡诺科技有限公司	405265	0.6	155.3	4.2
13	深圳市华星光电技术有限公司	402606	0.6	15.9	0.9
14	深圳长城开发科技股份有限公司	398893	0.6	97.8	3.3
15	富葵精密组件（深圳）有限公司	387929	0.5	36.0	1.7
16	广东核电合营有限公司	382987	0.5	5.8	0.4
17	岭东核电有限公司	360730	0.5	-0.1	0
18	深圳市大疆百旺科技有限公司	329119	0.5	965.3	5.2
19	比亚迪精密制造有限公司	302319	0.4	73.4	2.2
20	深圳市大族激光科技股份有限公司	301881	0.4	57.0	1.9
21	深圳富泰宏精密工业有限公司	298637	0.4	-20.7	-1.3
22	岭澳核电有限公司	294238	0.4	-10.8	-0.6
23	宇龙计算机通信科技（深圳）有限公司	282846	0.4	-20.1	-1.2
24	深圳迈瑞生物医疗电子股份有限公司	269115	0.4	13.0	0.5
25	康佳集团股份有限公司	266729	0.4	11.0	0.5
26	深圳市天珑移动技术有限公司	246789	0.3	10.0	0.4
27	广东粤港供水有限公司	244207	0.3	9.2	0.3
28	深圳市长盈精密技术股份有限公司	241449	0.3	153.6	2.5
29	广东大鹏液化天然气有限公司	235974	0.3	0.4	0
30	天马微电子股份有限公司	224113	0.3	-8.5	-0.3

续表

序号	单位名称	增加值（万元）	占规模以上工业比重（%）	同比增速（%）	对工业增长的贡献率（%）
31	深圳市共进电子股份有限公司	222905	0.3	3.5	0.1
32	华润怡宝饮料（中国）有限公司	222470	0.3	7.7	0.3
33	深圳信立泰药业股份有限公司	219479	0.3	16.7	0.5
34	深圳市德普特电子有限公司	215548	0.3	307.4	2.8
35	深圳市开发微电子有限公司	209342	0.3	157.4	2.2
36	住友电工电子制品（深圳）有限公司	206688	0.3	35.3	0.9
37	深圳村田科技有限公司	206081	0.3	35.5	0.9
38	嘉实多（深圳）有限公司	201891	0.3	8.7	0.3
39	深圳市沃特玛电池有限公司	200803	0.3	344.5	2.5
40	深圳妈湾电力有限公司	185032	0.3	-10.6	-0.4
41	普联技术有限公司	184839	0.3	37.0	0.8
42	恩斯迈电子（深圳）有限公司	184767	0.3	25.4	0.6
43	比亚迪股份有限公司	183760	0.3	35.3	0.8
44	深圳市比亚迪锂电池有限公司	182787	0.3	141.8	1.7
45	深圳市大承通信科技有限公司	169306	0.2	—	2.9
46	努比亚技术有限公司	168840	0.2	2.5	0.1
47	艾默生网络能源有限公司	167378	0.2	54.1	1.0
48	联想系统集成（深圳）有限公司	159442	0.2	-7.0	-0.2
49	招商局重工（深圳）有限公司	155575	0.2	-40.0	-1.7
50	深圳欧菲光科技股份有限公司	148984	0.2	38.4	0.7
51	欣旺达电子股份有限公司	148713	0.2	50.0	0.8
52	华生电机（广东）有限公司	143930	0.2	8.8	0.2
53	业成光电（深圳）有限公司	139645	0.2	-39.2	-1.5
54	深圳市兴飞科技有限公司	139574	0.2	23.6	0.5
55	深圳市中兴微电子技术有限公司	134854	0.2	32.0	0.5
56	环胜电子（深圳）有限公司	133640	0.2	1.5	0
57	高先电子（深圳）有限公司	133406	0.2	26.2	0.5
58	伯恩光学（深圳）有限公司	131035	0.2	-18.7	-0.5
59	兴英科技（深圳）有限公司	129262	0.2	-17.8	-0.5
60	富士施乐高科技（深圳）有限公司	126959	0.2	-2.2	0

续表

序号	单位名称	增加值（万元）	占规模以上工业比重（%）	同比增速（%）	对工业增长的贡献率（%）
61	昊阳天宇科技（深圳）有限公司	121041	0.2	23.1	0.4
62	深圳市海派通讯科技有限公司	116708	0.2	22.3	0.4
63	深圳市振华通信设备有限公司	113967	0.2	79.2	0.9
64	爱普生技术（深圳）有限公司	113408	0.2	24.4	0.4
65	方大集团股份有限公司	112903	0.2	4.3	0.1
66	深圳市中诺通讯有限公司	107404	0.1	67.5	0.7
67	新百丽鞋业（深圳）有限公司	106565	0.1	-24.1	-0.6
68	深圳市三诺电子有限公司	106478	0.1	132.4	1.0
69	深圳市航盛电子股份有限公司	106200	0.1	27.0	0.4
70	丽晶维珍妮内衣（深圳）有限公司	104555	0.1	-11.4	-0.2
71	深圳市大疆创新科技有限公司	103862	0.1	-45.9	-1.5
72	深圳市威通科技有限公司	101155	0.1	189.1	1.1
73	海能达通信股份有限公司	100682	0.1	45.6	0.5
74	深圳市帝晶光电股份有限公司	99204	0.1	93.9	0.8
75	深圳能源集团股份有限公司东部电厂	98291	0.1	7.0	0.1
76	旭硝子显示玻璃（深圳）有限公司	98164	0.1	46.4	0.5
77	深圳市广前电力有限公司	97360	0.1	1.8	0
78	昱科环球存储产品（深圳）有限公司	97290	0.1	-1.5	0
79	深圳市东方亮彩精密技术有限公司	97180	0.1	103.5	0.8
80	深南电路股份有限公司	96940	0.1	22.3	0.3
81	深圳国威电子有限公司	95689	0.1	51.8	0.6
82	深圳市兴泰季候风服饰有限公司	94975	0.1	5.4	0.1
83	西门子（深圳）磁共振有限公司	92609	0.1	20.8	0.3
84	深圳市兆驰股份有限公司	91561	0.1	27.8	0.3
85	深圳市水务（集团）有限公司	91229	0.1	0.1	0
86	维达力实业（深圳）有限公司	90255	0.1	11.6	0.2
87	深圳辉烨通讯技术有限公司	87796	0.1	-19.0	-0.3
88	深圳市银宝山新科技股份有限公司	86996	0.1	37.5	0.4
89	深圳市双翼科技股份有限公司	86950	0.1	52.5	0.5
90	周大福珠宝金行（深圳）有限公司	84993	0.1	-13.9	-0.2

续表

序号	单位名称	增加值（万元）	占规模以上工业比重（%）	同比增速（%）	对工业增长的贡献率（%）
91	硕诺科技（深圳）有限公司	83408	0.1	-9.2	-0.1
92	深圳市比亚迪电子部品件有限公司	82009	0.1	41.3	0.4
93	惠科电子（深圳）有限公司	80709	0.1	17.4	0.2
94	理光（深圳）工业发展有限公司	79954	0.1	-3.3	0
95	深圳市神舟电脑股份有限公司	78702	0.1	0.3	0
96	百富计算机技术（深圳）有限公司	78210	0.1	9.5	0.1
97	深圳市康冠技术有限公司	77211	0.1	25.8	0.3
98	摩比天线技术（深圳）有限公司	76861	0.1	13.6	0.2
99	深圳赛意法微电子有限公司	76231	0.1	20.4	0.2
100	深圳市大富科技股份有限公司	73746	0.1	21.1	0.2

附表5　　　　　增加值占全市80%的行业中类增加值率

序号	行业中类	行业中类增加值率（%）	行业中类增加值占全市比重（%）
1	通信设备制造	33.52	43.09
2	电子元件制造	26.36	5.01
3	电子器件制造	19.92	4.76
4	计算机制造	13.54	3.97
5	塑料制品业	26.48	2.45
6	视听设备制造	13.81	2.25
7	输配电及控制设备制造	23.28	1.64
8	电池制造	14.76	1.19
9	医疗仪器设备及器械制造	37.47	1.12
10	电线、电缆、光缆及电工器材制造	18.19	1.10
11	汽车零部件及配件制造	26.19	1.01
12	汽车整车制造	16.10	0.94
13	家用电力器具制造	21.15	0.91
14	环保、社会公共服务及其他专用设备制造	37.03	0.88
15	其他电子设备制造	19.26	0.85

续表

序号	行业中类	行业中类增加值率（%）	行业中类增加值占全市比重（%）
16	化工、木材、非金属加工专用设备制造	30.42	0.80
17	印刷	37.36	0.74
18	文化、办公用机械制造	16.24	0.74
19	机织服装制造	35.65	0.65
20	电机制造	31.89	0.62
21	玩具制造	31.20	0.57
22	纸制品制造	24.98	0.52
23	通用仪器仪表制造	26.27	0.52
24	针织或钩针编织服装制造	35.04	0.51
25	照明器具制造	27.29	0.50
26	玻璃制品制造	40.71	0.50
27	电子和电工机械专用设备制造	32.78	0.50
28	工艺美术品制造	5.17	0.48
29	化学药品制剂制造	42.83	0.48
30	饮料制造	23.05	0.46

注：全市规模以上工业总产值26870亿元，工业增加值7199亿元，如工业增加值率提高1个百分点，工业增加值总量需增加268亿元。因国家局规定在计算当年月度工业增加值增长速度时，要按新的增加率重新计算去年同期工业增加值，故提高增加率将增加工业增加值总量，而对增加值的增长速度影响不大。

附表6　　　　2016年全市各区固定资产投资完成额情况

	全市	罗湖	福田	南山（前海）	宝安	龙岗	盐田	光明	坪山	龙华	大鹏
固定资产投资合计（亿元）	4078.2	184.4	300.0	888.0（297.49）	650.5	763.7	122.6	302.5	297.9	494.8	73.8
同比增长（%）	23.6	46.4	27.5	40.1（45.87）	19.2	16.0	23.1	12.3	20.7	20.3	2.3
占全市比重（%）	100.0	4.5	7.4	21.8	16.0	18.7	3.0	7.4	7.3	12.1	1.8

新闻通稿

2017年1—2月深圳经济运行简况

一　工业生产保持7%以上增速

1—2月，深圳市规模以上工业增加值1005.52亿元，比上年同期（下同）增长7.1%，同比提高0.1个百分点。其中，股份制企业增长9.7%，通信设备、计算机及其他电子设备制造业增长8.4%。先进制造业和高技术制造业增长较快。1—2月，先进制造业和高技术制造业增加值分别为750.06亿元和641.04亿元，增幅分别为8.2%和9.5%，分别高于规模以上工业增加值增速1.1个和2.4个百分点。

二　固定资产投资增幅超过两成

1—2月，全市固定资产投资410.89亿元，增长22.5%。其中，房地产开发投资190.82亿元，增长18.7%；非房地产开发投资220.07亿元，增长25.9%，尤其是基本建设投资204.37亿元，增长31.8%。工业投资增速超过五成。1—2月，第二产业投资67.84亿元，增长60.1%，其中工业投资66.23亿元，增长56.4%；第三产业投资342.94亿元，增长17.0%。城市更新改造和建安工程投资快速增长。1—2月，城市更新改造和建安工程投资分别为136.68亿元、292.71亿元，分别增长72.2%、37.0%，分别高于固定资产投资增速49.7个和14.5个百分点。

三　社会消费品零售总额增幅平稳

1—2月，全市社会消费品零售总额891.65亿元，增长8.1%，其中批发和零售业791.37亿元，增长8.1%；住宿和餐饮业100.28亿元，增长8.1%。商品销售额4135.36亿元，增长11.3%，同比提高6.4个百分点，其中文化办公用品类增长47.7%，书报杂志类增长29.7%，食品饮料烟酒类增长19.1%，日用品类增长11.5%，体育娱乐用品类增长6.9%，通信器材类增长4.7%。

四　进出口形势明显好转

据海关统计，1—2月全市进出口总额3411.21亿元，增长4.2%，比上年同期提高17.6个百分点。其中，出口总额2094.54亿元，增长3.8%，比上年同期提高16.5个百分点；进口总额1316.66亿元，增长5.0%，比上年同期提高19.5个百分点。

五　财政收入增速有所回落，支出大幅增长

1—2月，全市一般公共预算收入705.84亿元，增长7.0%，比上年同期有所回落；一般公共预算支出478.91亿元，增长126.0%。

六　本外币存贷款规模相当，增速平稳

2月末，金融机构（含外资）本外币存款余额66257.48亿元，同比增长12.0%；金融机构（含外资）本外币贷款余额42104.41亿元，同比增长22.6%。

新闻报道

振奋精神 开足马力 努力实现一季度"开门红"

首页 · 新闻 · 军事 · 文化 · 历史 · 体育 · NBA · 视频 · 娱谈 · 财经 · 世相 · 科技 · 汽车 · 房产 · 时尚 · 健康 · 教育 · 母婴 · 旅游 · 美食 · 星座

搜狐公众平台 >新闻

深圳客商347万买走天价鱼
金钱鳌又称黄唇鱼，目前已经接近濒临灭绝的状态。

中国"黑导游"在日本骗客
赴日游客越来越多，国内游客成为黑心商家的肥肉。

许勤:振奋精神 开足马力 努力实现一季度"开门红"

人民网 2017-01-23 08:48:01　阅读(74)　评论()

声明：本文由入驻搜狐公众平台的作者撰写，除搜狐官方账号外，观点仅代表作者本人，不代表搜狐立场。　举报

人民网
中国共产党中央委员会机关报，承担着每天向全国和世界传播与介...

40.7亿 阅读量　623248 文章数　24 评论数

原标题：振奋精神 开足马力 努力实现一季度"开门红"

1月22日晚，广东省委常委、深圳市委书记、市长许勤主持召开市委常委会议，传达近日省委书记胡春华主持召开的市委书记市长座谈会精神，听取市相关部门及各区一季度工作安排汇报，研究部署当前各项工作。会议强调，各级各部门要深入学习领会市委书记市长座谈会精神，认真贯彻市委六届五次全会、市"两会"部署要求，振奋精神、开足马力，保持工作连续性、稳定性，确保节日期间社会安全稳定，努力实现一季度工作"开门红"。

会议指出，近段时间以来，各区、各部门紧紧围绕今年各项工作部署，主动作为、积极谋划，保持了去年以来经济社会发展的良好势头，推动形成了干事创业的良好氛围。会议强调，各区、各部门必须认真贯彻中央和省的部署要求，始终围绕供给侧结构性改革这一主线，坚持把质量作为主攻方向，牢固树立质量第一的强烈意识，抓机遇、防风险、守底线，扎实干，明晰目标、突出重点、量化工作，确保"城市质量提升年"工作取得扎实成效。要坚持稳中求进的工作总基调，切实维护社会安全稳定，各区、各部门要时刻绷紧安全稳定这根弦，层层落实安全责任，全力抓好安全生产、消防应急和反恐处突等各项工作，加大力度消除安全隐患，坚决防范重特大安全事故的发生。要加强统筹协调，科学安排好春节前各项工作，认真做好春节期间的应急值守和春运工作，加强食品药品安全监管，严格遵守廉洁纪律，提前谋划好节后工作，确保实现全年工作开好局、起好步，以优异的成绩迎接党的十九大和省第十二次党代会的胜利召开。

会议还研究了其他事项。（记者 杨丽萍）

（责编：夏凡、王星）

阅读(74)　举报

分享到

· 259 ·

第三视角

参加2017年1月22日经济形势分析会略纪

2017年1月22日（星期日）晚19:30，在深圳市委会议楼四楼常委会议室，深圳市召开了经济形势分析会。主要议题如下：许勤书记传达贯彻省有关会议精神；市发改委、经信委、科创委、交委、住建局、统计局、投资推广署和各区（新区）主要负责同志汇报第一季度全年工作安排；许勤书记布置近期有关工作；研究有关干部人事问题。

会议首先由许勤书记传达胡春华书记对第一季度全省经济工作的指示要求。胡春华书记指出，要确保第一季度经济"开门红"，今年我省经济发展面临的内外形势复杂严峻，稳增长、调结构任务很重。经济稳定是社会稳定的前提，经济如果出了问题就可能引起连锁反应，引发其他问题，各地要切实增强忧患意识，积极主动作为，把经济工作抓紧抓实，确保第一季度"开门红"。高度重视第一季度经济工作，它对全年任务的完成具有重要作用。各市要从现在开始把各项工作盯紧，围绕稳增长、调结构、促改革、惠民生、防风险，拿出实实在在的措施，紧锣密鼓地动起来，起步要快，不要掉队，不要受第一季度的会议较多，元旦、春节假期等人为因素影响。各市要把第一季度经济增速不低于全年预计增速作为"开门红"的重要指标，确保经济在合理区间运行。许勤书记最后指出，深圳预期目标是8.5%，（第一季度）不低于预期目标，至少是8.5%。

交委汇报完毕，统计局开始汇报。刚开始，许书记半开玩笑说，给你们6分钟时间汇报。杨新洪局长笑着回应说，书记，我们不需要6分钟。实际上，最后统计局汇报实际用时16分钟。接着，杨新洪局长开始汇报："书记，各位领导好！我这边准备了一个书面材料，首先请各位领导保密，因为省里有些数字还没公布，还须注意一下。我汇报的有三点，都是围绕盯住指标长短来实现'开门红'这个主线。我们对指标研判做了'有利'和'不利'预计，集中在附表上，有23个指标。刚才宏彬主任讲22个指标，实际上完整包括农业共23个指标，就是陈彪副市长作为农普领导小组组长，我们想也把农业带进来，如果2017年农业突破10亿元，三产比例会有0.1%的表现，0.05%以上，这关系到核算指标、'有利'与'不利'的分析，实际上'有利'更好，'不利'的我们化压力为动力。比如，2016年实现营利性服务业、存贷款、八项支出、房屋销售面积、保费收入、房地产的三个指标、从业者劳动者报酬、水路运输、邮政都是两位数增长，要继续保持，如果起支撑作用的去年第一季度7.6%的工业增长，2017年第一季度能否达到这个数，我们要有工业支撑才能实现'开门红'。工业增长一个点，影响GDP 0.35个点，是最明显的支撑。下面是相关指标，特别是房屋销售面积可能会有比较大的压力，财政'八项支出'保持这样的高速也不确定，还有在高位增长的五十几、六十几的可能带来大基数的压力，这个是我首先要汇报的内容。其次，关于统计'五以'促'五落实'脚踏实地应统尽统。一是以'统全统准'为主线，逐月按季环环相扣全面落实统计数据任务；二是以改革创新为突破，适应现行统计制度全面落实反映新经济变化；三是以新增入库企业为重点，提升统计工作质量落实体现企业经济成长成果。2015年我们是最高的，2016年这几个部门经过努力也是最高的。举一个例子，批发企业上了1000家，那就进来了200亿，工业企业新增500家，那就进来100多亿，但区与区之间还是不平衡，有的区多，有的区少，这直接影响我们'开门红'。"这时候，许书记插话："各区书记、区长，都抓一下这个，关于规模以上企业入库的问题，我看了一下，各个区情况不一样。有的区抓得紧，入库量很大，有的区量很小，有的可能是本身产业的问题，有的可能因为我们工作没做到家，希望我们各区来检查一下。"然后对杨新洪局长说："你们也盯一下。"杨新洪局长立刻回应说："好。书记，您开门给我们做了两个批示，我们也很提气，整个统计系统都传达了书记的'开门红'的批示要求，我们继续跟进，做好指导。四是以增强统计能力为抓手，全面加强落实统计业务与队伍建设的保障能力。五是想着重说一下增加值率的中类问题，实际上我们市整个行业增加值率现在是进入了春节后各企业财报决算和披露期，特别需要各区、各相关部门支持、关注重点企业服务，解决它们的后顾之忧，因为增加值率是来自'四项'，即税收、折旧、工资总额、利润，不管大类和中类，这'四项'都是算出每个企业增加值率的。所以，这个时期是比较需要重点关注的时期。虽然增加值率提高不影响工业增速，但是会增加工业蛋糕，蛋糕会做大，基数会拉高，核算制度是这样规定的。另外,我们列了百强企业,对于一些严重下滑的企业也需要重点跟踪。我听到书记讲挂点企业这个事,我的信心又增加一点,这里面有增有减,增加多的也需要重点关注。对各区投资情况,增长大、比重大的像南山,包括前海,都是40%、45%,宝安、龙岗比重也比较大,高于全市增长的区不是太多,罗湖、福田、南山,其他都低过,如果来年还是需要这样一个关注,我在第一点也列了一些投资需重点关注的地方。我就做这个简要的汇报。"许书记接着说:"好,很好。统计这一块,我觉得规模以上企业入库,新洪抓得不错。我们有的区工作做得还是比较扎实,有的区还得努力。增加值率还得请我们各区、各部门配合一下,因为深圳转型快,远远超过全国平均行业增加值率。现在我们计算是按照全国平均增加值率去算深圳的产业,很显然你低估了增加值。它这一块有个调整机制,是吧?你们是什么时间调整的?"杨新洪局长回答说:"一年的三四月前的增加值率,就是财报公布出来,以它的财务报表公布的四项指标提取出来,除以工业总产值,就是增加值率,实际上大类、中类都是这样算出来的。"许书记接着说:"下一步就是抓全口径的。这段时间应该说统计局与国家统计局沟通得不错,省里和马省长也比较支持,省统计局比较理解深圳的状况,今天他可能还不敢说出来,因为明天才公布,深圳GDP实际数据比我们预计的高,是19492.6亿元,原来我们预计的是1.93万亿元,现在高了将近200个亿,我们的增长速度是9%,扎扎实实的9%,非常扎实,我觉得甚至按照实际数字甚至超过……扎扎实实的9%。"杨新洪局长插话说:"书记,我们质量引领,工业品价格高过其他地方,所以现价的总量是创的大。"许书记继续接着说:"跟广州的差距由前年的600个亿缩小到去年的119亿元,所以大家知道今年该干什么了。"这时大家听到都笑了出来,书记好像想到什么,接着问杨新洪局长:"深汕合作区的三七比例算过来没有?"杨新洪局长随即回答:"书记,它是要到年报的时候才能切过来,我们已经……"许书记接着说:"这你年报才能切过来,这边快报就不算?"杨新洪局长回应说:"那加进去,只是它有个最后的核算核定。"许书记接着说:"兴瑞省长说转入地比转出地增加了就业,增加了你的收入,增加了你的税收,但是GDP不能算你的,GDP只能算转出地的,我说估计人家不一定能让你分过去,但是我觉得至少50%对50%,GDP在转入地和转出地各50%。这省统计局是可调整的,是吧?"杨新洪局长说:"它是两市商量。"许书记接着说:"省长的意思是把这变成一个规则,以后就按照这个规则办。所以,深汕合作区必须按照协议去三七比。"杨新洪局长说:"书记,我们已经算了15亿—17亿的数字。"许书记接着说:"这个数字还没进来。今年还有个情况,即R&D占

GDP情况，研发没有计入GDP。如果今年我们把研发计入进来的话，深圳研发费用比人家高一块，研发费用是60%左右。"杨新洪局长接着说："深圳一个基本的区间是要高过上海，低过北京一点，研发费用是68%。"许书记接着说："68%，大概540亿到550亿，如果深圳加上这一块的话，我们早就过了两万。"杨新洪局长接着说："书记，那广州也加了。"许书记笑着说："那我们多呀！我们800亿，广州可能占比2%多吧，我们大嘛。"这时候艾市长说："比我们少一半。"许书记接着说："比我们少一半，一半是260亿—270亿元，兑那120亿元就兑完了。"最后，许书记说："好了，数字我们就按照杨新洪局长要求，今天晚上不对外，明天等到省局公布了以后我们再对外。"

整个汇报过程，许勤书记对杨新洪局长的汇报不断点头肯定，与杨局长不断问答，互动良好，对他以及整个统计系统的工作，尤其是在新增企业入库、增加值率等方面表示肯定，这无疑是统计工作再创佳绩的新动力。

I. 闻鸡起舞，2017年4月21日、24日、25日深圳市第一季度经济形势分析会

一年四季，两年九个"季"。

时间飞逝，在这季季相守谁能安我一季数中，我穿越了羊马鸡年轮的印记。

在金鸡的春天里，闻鸡起舞，实现8.6%开门红，高于全年增长预期，多于去年同期0.2个百分点。

在这一季，辞旧迎新了两任书记，迎接了三场季度经济分析。这一切都让自己深刻感受到，经过两年八季，三任书记心中有统计。

因为所有的经济数据，来自统计。

发言稿-1

2017年第一季度深圳市经济运行分析

一 主要经济指标表现良好

（一）经济增速创近四年同期新高，实现"开门红"

初步预计，第一季度深圳市生产总值4477.78亿元，按可比价格计算，比上年同期（下同）增长8.6%，增幅预计高于全国全省，也高于2014—2016年同期（分别为7.3%、7.8%、8.4%）水平。分产业看，第二产业增加值1723.95亿元，增长6.9%，比上年同期（7.5%）回落0.6个百分点；第三产业增加值2752.76亿元，增长9.8%，比上年同期（9.1%）提高0.7个百分点。

（二）工业生产保持7%以上增速

预计第一季度全市规模以上工业增加值1565.52亿元，增长7.3%，比1—2月提高0.2个百分点。先进制造业和高技术制造业增长较快。1—2月，先进制造业和高技术制造业增加值分别为750.06亿元和641.04亿元，增幅分别为8.2%和9.5%，分别高于规模以上工业增加值增速1.1个和2.4个百分点。其中，华为、中兴、华星光电增加值增长12.5%、5.1%、63.5%，对工业增长贡献率分别为27.8%、5.2%、4.9%。

（三）固定资产投资保持两成以上增速

预计一季度全市固定资产投资706.10亿元，增长24.3%，比1—2月提高1.8个百分点，同比提高0.9个百分点。非房地产开发投资增速较快。1—2月，非房地产开发投资 220.07 亿元，增长 25.9%，尤其是基本建设投资 204.37 亿元，增长 31.8%。工业投资增速超过五成。1—2 月，第二产业投资 67.84 亿元，增长 60.1%，其中工业投资 66.23 亿元，增长 56.4%；第三产业投资 342.94 亿元，增长 17.0%。工业投资快速增长主要是受华星光电第 11 代 TFT–LCD 及 AMOLED 新型显示器件生产项目（计划投资 465 亿元，1—2 月完成 8.7 亿元）、中芯国际（计划投资 106 亿元，1—2 月完成 1.9 亿元）、长安标致雪铁龙生产基地（计划投资 96 亿元，1—2 月完成 4.5 亿元）、沃特玛电池（计划投资 23 亿元，1—2 月完成 5 亿元）、华为 B1 电气园（计划投资 5.3 亿元，1—2 月完成 2.9 亿元）等项目带动。城市更新改造和建安工程投资快速增长。1—2 月，城市更新改造和建安工程投资分别为 136.68 亿元、292.71 亿元，分别增长 72.2%、37.0%，分别高于固定资产投资增速 49.7 个和 14.5 个百分点。

（四）社会消费品零售总额增幅平稳

预计第一季度全市社会消费品零售总额 1291.38 亿元，增长 8.2%，比 1—2 月提高 0.1 个百分点。1—2 月，批发和零售业为 791.37 亿元，增长 8.1%；住宿和餐饮业为 100.28 亿元，增长 8.1%。商品销售额为 4135.36 亿元，增长 11.3%，同比提高 6.4 个百分点，其中文化办公用品类增长 47.7%，书报杂志类增长 29.7%，食品饮料烟酒类增长 19.1%，日用品类增长 11.5%，体育娱乐用品类增长 6.9%，通信器材类增长 4.7%。

（五）进出口形势明显好转

据海关统计，一季度全市进出口总额 5662.5 亿元，增长 7.6%，比 1—2 月（4.2%）提高 3.4 个百分点，比上年同期（-6.5%）提高 14.1 个百分点。其中，出口总额 3398.3 亿元，增长 7.4%，比 1—2 月（3.8%）提高 3.6 个百分点，比上年同期（-5.8%）提高 13.2 个百分点；进口总额 2264.2 亿元，增长 7.9%，比 1—2 月（5.0%）提高 2.9 个百分点，比上年同期（-7.4%）提高 15.3 个百分点。

（六）财政收入增速有所回落

第一季度，全市一般公共预算收入 915.64 亿元，按同口径增长 10.9%，比 1—2 月提高 3.9 个百分点，比上年同期（29.6%）有所回落。

二 值得关注的几个问题

（一）全社会用电量增长乏力，工业用电下降幅度较大

第一季度，全社会用电量161.12亿千瓦时，增长1.15%，增速比1—2月（0.6%）有所提高，但比上年同期（5.33%）回落4.18个百分点，其中工业用电量85.61亿千瓦时，下降9.88%，降幅比1—2月（-7.7%）继续扩大，比上年同期（3.54%）和上年全年（1.5%）分别回落13.42个、11.38个百分点，创近年来历史新低。尤其是制造业用电量74.34亿千瓦时，下降3.22%，比上年同期（0.71%）回落3.92个百分点；电力、燃气及水的生产和供应业和采矿业用电量分别为9.03亿千瓦时、2.23亿千瓦时，分别下降30.67%、55.94%，回落幅度较大。

（二）房地产业调整的负面影响较大

自上年10月4日出台"深八条"后，深圳房地产市场进入调整阶段。第一季度，预计房地产开发投资298.24亿元，增长7.2%，比上年同期（34.1%）回落26.9个百分点，商品房销售面积125.77万平方米，同比下降24.0%，比上年同期（56.1%）回落80.1个百分点。随着近期全国多个城市严厉的调控政策落地，预计全年深圳市房地产形势不容乐观，对GDP负面影响较大。

三 对策建议

（一）建议着力振兴工业等实体经济

第一季度，预计深圳规模以上工业增加值增长7.3%，分别比2016年同期（7.6%）和2015年（7.6%）低0.3个百分点，创近三年新低，显示深圳工业面临较大下行压力。尤其注意的是，深圳工业增长过度倚重重点骨干大型企业的贡献，1—2月，华为、中兴对工业增长贡献率（分别达到27.8%和5.2%）超过30%，这些大企业的正增长为深圳工业做出较大贡献的同时，也掩盖了多数企业增长乏力甚至负增长的影响。预计全市41个工业行业大类中有近半行业工业增加值下降，6000多家规模以上工业企业中有近半企业增加值下降，百强企业也有30多家负增长。如何帮助众多企业纾危解困，成为摆在深圳经济工作面前的重要问题。

(二) 建议财政"八项支出"保持较快增长

第一季度,与 GDP 核算相关的"财政八项支出"完成 628.54 亿元,同比大幅增长 115.6%,增幅较上年同期(55.8%)和上年全年(33.8%)分别提高 59.8 个、81.8 个百分点,将带动与之直接相关的非营利性服务业的增长,对全市经济增长贡献较大,为全市经济持续稳健增长提供了强有力的支撑。若继续保持"八项支出"高位增长有一定难度,但同时也要看到"八项支出"所包含的教育、医疗卫生、社会保障等项目属于民生领域支出项目,在深入贯彻落实国家供给侧结构性改革的背景下,深圳市可继续加大投入力度,补齐短板,为全市经济增长提供支撑。

(三) 着力抓好全市"四上"企业入库工作

抓紧落实以市政府办公厅名义印发的《关于加强"四上"企业按季动态入库工作的通知》,加强部门协作做好企业信息资料共享,有效解决标准不一、信息不全、时效不强的问题,扎实抓好全市"四上"企业动态入库工作。深入开展"四上"企业动态入(出)库影响研究,着力简化一套表调查单位"入库"手续,测算动态入(出)对专业统计数据的影响,推动解决各专业统计数据衔接及 GDP 增速核算等方面的重难点问题。

深圳市统计局汇报材料

一 主要经济指标表现良好,但也存隐忧

(一) GDP实现"开门红"

初步核算并经省统计局核定,第一季度全市生产总值4584.27亿元,按可比价格计算,比上年同期(下同)增长8.6%,增幅高于全年8.5%的预期目标,高于全国的6.9%和全省的7.8%。分产业看,第一产业增加值1.72亿元,下降3.6%;第二产业增加值1780.66亿元,增长7.4%;第三产业增加值2801.89亿元,增长9.4%。

(二) 规模以上工业实现平稳增长

第一季度,全市规模以上工业增加值1668.28亿元,增长7.6%,增幅比1—2月提高0.5个百分点,与2015年、2016年同期持平,高于全国的6.8%和全省的7.1%。先进制造业和高技术制造业增长较快。第一季度,先进制造业和高技术制造业增加值分别为1244.78亿元和1091.84亿元,增幅分别为8.0%和9.2%,分别高于规模以上工业增加值增速0.4个和1.6个百分点,占规模以上工业增加值比重分别达到74.6%和65.4%。

(三) 固定资产投资增速保持较快增长

第一季度,全市固定资产投资706.13亿元,增长24.3%,高于全国的9.2%和全省的12.5%,比1—2月提高1.8个百分点,同比提高0.9个百分点。非房地

产开发投资增长较快。房地产开发投资298.24亿元，增长7.2%；非房地产投资407.89亿元，增长40.8%，其中基础设施投资完成156.42亿元，同比增长63.3%。第二产业投资增幅较高。第二产业投资123.89亿元，增长74.6%；第三产业投资582.14亿元，增长17.1%。尤其是由于大项目带动，工业投资和工业技改投资双双大幅增长，投资额分别为123.95亿元、40亿元，增幅分别达到74.7%、125.4%。

（四）社会消费品零售总额增幅明显回升

第一季度，全市社会消费品零售总额1302.63亿元，增长9.1%，比1—2月提高1.0个百分点，比2014—2016年同期增幅（分别增长8.8%、1.0%、6.7%）有所提升。其中，批发和零售业1162.56亿元，增长9.4%；住宿和餐饮业140.07亿元，增长7.3%。商品销售额6417.04亿元，增长14.5%，同比提高9.6个百分点。前十大商品销售类别中有九类实现正增长，文化办公用品类增长51.1%，家用电器和音响器材类增长35.9%，书报杂志类增长25.7%，食品饮料烟酒类增长18.0%，日用品类增长12.1%，体育娱乐用品类增长11.3%，服装鞋帽针织类增长3.4%，通信器材类增长1.7%，汽车类增长0.4%，金银珠宝类下降0.2%。

（五）新兴产业保持较好增长势头

第一季度，新兴产业（七大战略性新兴产业和四大未来产业）实现增加值1853.88亿元（已剔除行业间交叉重复），增长12.8%，高于上年同期的12.1%和上年全年的10.6%，占GDP比重达到40.4%，比上年同期提高0.4个百分点。其中，新一代信息技术增加值936.39亿元，增长11.2%；互联网增加值260.91亿元，增长19.3%；新材料增加值81.09亿元，增长11.7%；生物增加值56.56亿元，增长14.9%；新能源增加值118.64亿元，增长18.0%；节能环保增加值133.13亿元，增长17.4%；文化创意增加值505.32亿元，增长8.2%；海洋产业增加值93.84亿元，增长17.3%；航空航天增加值26.23亿元，增长25.2%；生命健康增加值16.27亿元，增长7.5%；机器人、可穿戴设备和智能装备增加值119.52亿元，增长19.6%。

（六）进出口实现由负转正

据海关统计，第一季度全市进出口总额5651.99亿元，增长7.4%，比1—2月

I. 闻鸡起舞，2017年4月21日、24日、25日 深圳市第一季度经济形势分析会

（4.2%）提高3.2个百分点，比上年同期（-6.5%）提高13.9个百分点。其中，出口总额3392.38亿元，增长7.2%，比1—2月（3.8%）提高3.4个百分点，比上年同期（-5.8%）提高13个百分点；进口总额2259.61亿元，增长7.6%，比1—2月（5.0%）提高2.6个百分点，比上年同期（-7.4%）提高15个百分点。

今年第一季度主要经济指标实现预期要求，但也存在一定隐忧。

深圳与同体量的城市竞争日益激烈，你追我赶，近乎肉搏，特别是重庆经济增长高达10.5%，高于深圳近两个百分点。

一般公共预算收入按同口径增长10.9%，不仅低于上年同期的29.6%，也低于上年全年的15%，财政收入增幅的回落将影响到GDP中"八项支出"的后续财力。

华为终端外迁导致华为增加值增速由上年同期的56.9%降至今年第一季度的12.9%，对规模以上工业增加值增长贡献率由上年同期的102.6%降至今年第一季度的26%。与此同时，6627家规模以上工业企业有2995家负增长，下降面高达45.2%，工业增加值前十强有四家下降，接近一半；由于年初是华为生产淡季，且各项费用投入大，导致1—2月华为亏损80.52亿元，亏损额比上年同期的6.03亿元急剧扩大，导致1—2月全市规模以上工业企业利润总额（44.08亿元）同比下降54.1%，增幅远低于全国的31.5%和全省的15.2%，与上年同期（79.6%）相比也大幅回落。

第一季度深圳固定资产投资率为15.5%，低于上年的20.9%，也远低于全国的80.2%、全省的41.5%、一线城市的30%左右，须重视投资对城市质量提升、助推经济增长的关键作用。

作为一线城市，深圳社会消费品零售总额总量偏小，居全国第七位，位北上广津渝宁之后。由于受电商冲击，商业实体成本高企，经营艰难，出现特大型商业实体如新一佳倒闭，既须重视如阿里巴巴、京东等大型电商总部的引进，也须重视商业实体经济的发展。

外贸形势虽然好转，但增速低于全国以及大部分大中城市，既要重视外贸综合服务平台因现行政策面临的发展困境，也要重视工业企业及相关产业链外迁外溢所引发经济总量的流失。

金融机构本外币存款余额增速也出现一定回落，由1—2月的12%回落至今年第一季度的11%……

二 值得关注的几个问题

（一）全社会用电量增速回落，工业用电量负增长

第一季度，全社会用电量161.12亿千瓦时，增长1.2%，增速比1—2月（0.6%）有所提高，但比上年同期（5.3%）回落4.1个百分点，其中工业用电量93.48亿千瓦时，下降1.6%，降幅比1—2月（-7.7%）有所收窄，但比上年同期（3.5%）和上年全年（1.5%）分别回落5.1个、3.1个百分点，主要是采矿业和电力、燃气及水的生产和供应业用电量分别为2.44亿千瓦时、9.22亿千瓦时，分别下降了51.9%、29.2%，回落幅度较大。

（二）房地产业调整的负面影响较大

自上年10月4日出台"深八条"后，深圳房地产市场进入调整阶段。第一季度商品房销售面积125.77万平方米，同比下降24.1%，比上年同期（56.1%）回落80.2个百分点；房地产开发投资额298.24亿元，同比增长7.2%，比上年同期（34.1%）回落26.9个百分点。随着近期全国多个城市严厉的调控政策落地，预计全年深圳市房地产形势不容乐观，对GDP负面影响较大。

（三）"财政八项支出"的可持续性

第一季度，与GDP核算相关的"财政八项支出"完成628.54亿元，同比大幅增长115.6%，增幅较上年同期（55.8%）和上年全年（33.8%）分别提高59.8个、81.8个百分点，带动与之直接相关的非营利性服务业增加值增长，为全市经济持续稳健增长提供了强有力的支撑。若继续保持"八项支出"高位增长有一定难度，但同时也要看到"八项支出"所包含的教育、医疗卫生、社会保障等项目也属于民生领域支出项目，在深入贯彻落实国家供给侧结构性改革的背景下，深圳市可继续加大投入力度、补齐短板，为全市经济增长提供支撑。

三 下一步工作着力点

（一）积极关注经济运行中的新变化

第一季度，全市经济增速高于全年预期目标，其中金融业、营利性服务业、非营利性服务业增速均达到15%左右，固定资产投资保持两位数增长，规模以上工业、社消零、进出口增速均有所回升，这些都是经济运行中的积极因素。但同时也要看到，传统行业如批发和零售业、交通运输仓储和邮政业、住宿和餐饮业增加值分别增长4.3%、6.1%、-1.5%，房地产业为-7.9%，均低于GDP增速，对GDP增长贡献率较小甚至起下拉作用。如何在保持现代服务业、先进制造业的良好发展的同时，激发并促进传统行业的转型发展，值得密切关注。

（二）重视实体经济，精准服务企业

第一季度全国规模以上工业增加值增长6.8%，增幅同比提高1个百分点，而深圳规模以上工业增加值增长7.6%，增幅同比持平，同比提升幅度低于全国1个百分点，同时规模以上工业增速整整低于GDP一个百分点。大力促进实体经济尤其是工业实体经济的发展，特别是随着"八项支出"增速的逐步回落，其造成的GDP贡献缺口要由工业经济的进一步增长来弥补。同时，工业是全市财政的第一大税源，是财政"造血"的重要机体。继续加大对重点工业企业、重点项目的扶持力度，及时了解企业需求，倾听企业心声，甚至"一企一策"，精准服务。

（三）降成本补短板，优化发展环境

尽管"营改增"等各项政策为企业降低不少成本，但企业经营环境仍须改善。1—2月，全市规模以上工业企业管理费用上升23.4%，财务费用上升27%，其中利息支出上升31.4%，生产要素成本上升过快，不利于产业迈向中高端。在外贸领域，第一季度全市进出口增长7.4%，增速虽同比有较大回升，但仍低于全国的21.8%和全省的15.4%，在出口方面，第一季度全市出口增长7.2%，低于全国的14.8%和全省的13.5%。采取切实措施，加大降成本补短板力度，优化经济发展环境，使内外需"三驾马车"更加协调发展，使全年经济逐季攀升、稳中向好，一季更比一季强。

发言稿-3

补充汇报三点

一 经济面问题

实现"开门红",但也有"隐忧"。

2017年第一季度,深圳市经济继续保持平稳较快增长,GDP总量达4584.27亿元(含深汕合作区分成),同比增长8.6%,高于全国1.7个百分点,高于全省0.8个百分点,实现"开门红"。其中,第二产业同比增长7.3%,高于全国0.9个百分点,占GDP比重为38.9%,高于全国0.2个百分点;第三产业同比增长9.4%,高于全国1.7个百分点,占GDP比重为61.1%,高于全国4.6个百分点。具体如表1所示。

表1　　　　　　　　2017年全市第一季度GDP构成与贡献

指标名称		绝对值(亿元)	增长(%)	构成(%)	构成同比变动(百分点)	对GDP增长的贡献率(%)	对GDP拉动点数(百分点)
地区生产总值(GDP)		4584.27	8.6	100	—	100	8.6
分产业	第一产业	1.72	-3.6	—	0	0	0
	第二产业	1780.66	7.3	38.9	-0.7	35.8	3.1
	#先进制造业	1244.78	7.9	27.2	—	25.6	2.2
	第三产业	2801.89	9.4	61.1	0.7	64.2	5.5
	#现代服务业(预计)	1968.99	10.6	43.0	1.0	50.8	4.4

I. 闻鸡起舞，2017 年 4 月 21 日、24 日、25 日　深圳市第一季度经济形势分析会

续表

	指标名称	绝对值（亿元）	增长（%）	构成（%）	构成同比变动（百分点）	对GDP增长的贡献率（%）	对GDP拉动点数（百分点）
分行业	农林牧渔业	1.80	-3.6	—	0	0	0
	工业	1648.59	7.3	36.0	-0.7	32.8	2.82
	建筑业	135.68	8.7	3	0.1	3.1	0.26
	商业	536.82	3.5	11.7	-0.8	5.2	0.45
	营利性服务业	533.41	14.8	11.6	0.4	19.1	1.64
	#信息传输、软件和信息技术服务业	328.50	17.5	7.2	0.4	13.7	1.18
分行业	金融业	749.32	15.0	16.3	1.1	26.7	2.29
	房地产业	410.85	-7.9	9	-1	-7.3	-0.63
	交通运输、仓储和邮政业	130.62	6.1	2.8	-0.1	2.1	0.18
	非营利性服务业	437.19	18.9	9.6	1	18.3	1.57

第一季度，深圳经济增速高于 2014—2016 年同期水平，在珠三角 9 个地市、全国 4 个一线城市（上海 6.8%、北京 6.9%、广州 8.2%）均居首位。经济总量在全国、全省比重分别达 2.54%、23.58%，比上年同期分别提高 0.07 个、1.07 个百分点，在内地大中城市中暂居第五位，与广州的差距由上年同期的 230 亿元缩小至第一季度的 110 亿元左右，与天津差距由上年同期的 152 亿元缩小至第一季度的 83 亿元，超重庆的幅度由上年同期的 115 亿元扩大到第一季度的 278 亿元。与上年同期相比，经济增量达到 696.37 亿元，高于广州的 580 亿元左右、天津的 627.74 亿元、重庆的 534.01 亿元，也高于北京的 588.6 亿元，与上海的 697.45 亿元相当。

比较第一季度主要经济指标，深圳与全国、全省的增长变化既有相同，也有不同。固定资产投资额继续保持高速增长，增速达 24.3%，高于全国 15.1 个百分点，高于全省 11.8 个百分点。社会销售品零售总额同比增长 9.1%，高于上年同期 0.3 个百分点，但低于全国 0.9 个百分点，低于全省 1.4 个百分点。出口贸易额增速虽由负转正，同比增长 1.0%，高于上年同期 12.2 个百分点，但远低于全国平均水平，低于全国 15.4 个百分点。营利性服务业营业收入保持平稳增长，同比增长 23.9%，增速低于上年同期 2.7 个百分点，高于全省同期 2.8 个百分点。规模

以上工业增加值同比增长7.6%，高于全国0.8个百分点，高于全省0.5个百分点。具体如表2所示。

深圳好，有全国经济较好的大环境。第一季度全国GDP实现18.07万亿元，同比增长6.9%。对此，宁吉喆局长在接受央视采访时用了经济"成色"这个字眼。一般来说，在研判经济时并不常用，只有对经济增长充满自信时才会用。

近日，纽约联邦储备银行经济学家亨特·克拉克和马克西姆·平可夫斯基，以及哥伦比亚大学经济学教授夏威尔·萨拉-伊-马丁在美国财经网站"市场观察"发表研究成果，卫星图像的夜间灯光数据表明中国经济好于官方数据。

作为全国经济"重镇"，深圳市灯火如初，第一季度经济仍表现成色较足，增速保持领跑全国全省态势。全市生产总值同比提高0.2个百分点，增速连续三年保持"北上广深"四大一线城市首位。同时，连续五年高于全省平均水平，连续三年高于全国平均水平。

但深圳这一份较好经济成绩单背后，也仍存着"隐忧"。

同体量城市与深圳竞争日益激烈，你追我赶，近乎肉搏，特别是重庆经济增长高达10.5%，高于深圳近两个百分点。

一般公共预算收入按同口径增长10.9%，不仅低于上年同期的29.6%，也低于上年全年的15%，财政收入增幅的回落将可能影响到GDP中"八项财政支出"的后续财力。

华为终端外迁导致华为增加值增速由上年同期的56.9%降至今年第一季度的12.9%，对规模以上工业增加值增长贡献率由上年同期的102.6%降至今年第一季度的26%。与此同时，6627家规模以上工业企业有2995家负增长，下降面高达45.2%，工业增加值前十强有四家下降，接近一半。由于年初是华为生产淡季，且各项费用投入大，导致1—2月华为亏损80.52亿元，亏损额比上年同期的6.03亿元急剧扩大，导致1—2月全市规模以上工业企业利润总额（44.08亿元）同比下降54.1%，远低于全国的31.5%和全省的15.2%，增幅比上年同期（79.6%）大幅回落。

第一季度，全市工业出口交货值2506.78亿元，增长7.5%，增幅比上年同期的-5.5%和上年全年的-2.2%有较大提升，占全市出口总额比重为73.9%，比上年同期（71.4%）和上年全年（72.6%）分别提高2.5个、1.3个百分点。全市限额以上法人企业（包含批发和零售业法人企业）实现出口额402.23亿元，增长20.6%，高于全市一般贸易出口增速（-3.5%）24.1个百分点，占全市出口额比

I. 闻鸡起舞，2017年4月21日、24日、25日 深圳市第一季度经济形势分析会

表2　近五年第一季度全国、全省、全市主要经济指标情况

单位：亿元，%

		GDP 总量	GDP 增速	固定资产投资额 总量	固定资产投资额 增速	社会消费品零售总额 总量	社会消费品零售总额 增速	出口（亿美元） 总量	出口（亿美元） 增速	营利性服务业 总量	营利性服务业 增速	规上工业增加值 增速
2013年第一季度	全国	129747.00	7.7	58092.28	20.9	55451.00	12.4	5088.70	18.4	—	—	9.5
	全省	12612.88	8.5	3450.33	19.5	5954.47	11.0	1628.60	34.3	—	—	8.9
	全市	2750.91	9	361.29	10.8	1000.63	8.5	929.58	68.8	—	—	7.0
2014年第一季度	全国	140618.30	7.4	68321.71	17.6	62081.20	12.0	4913.10	-3.4	—	—	8.7
	全省	13636.91	7.2	3836.91	17.3	6658.45	11.3	1299.60	-20.2	—	—	8.1
	全市	2953.25	7.3	398.07	10.2	1067.43	6.7	561.63	-39.6	—	—	6.6
2015年第一季度	全国	150986.70	7	77511.25	13.5	70715.30	10.6	5139.30	4.7	—	—	6.4
	全省	14948.57	7.2	4520.27	17.8	7326.98	10.0	1329.90	2.4	761.29	12.2	7.4
	全市	3494.42	7.8	460.36	16.8	1078.10	1.0	561.10	-0.1	363.57	11.8	7.6
2016年第一季度	全国	161572.70	6.7	85842.83	10.7	78024.40	10.3	4639.30	-9.6	—	—	5.8
	全省	17272.24	7.3	5039.23	12.1	8162.07	9.8	1237.00	-7.0	929.98	22.6	6.9
	全市	3887.90	8.4	568.00	23.4	1193.51	8.8	498.00	-11.2	460.97	26.7	7.6
2017年第一季度	全国	180683.00	6.9	93777.00	9.2	85823.00	10.0	4827.92	16.4	—	—	6.8
	全省	19438.05	7.8	5679.23	12.5	9053.00	10.5	—	—	1211.59	21.1	7.1
	全市	4584.27	8.6	706.13	24.3	1302.63	9.1	492.09	1.0	621.89	23.9	7.6

·279·

重11.9%，比上年全年提高7.5个百分点。全市工业出口交货值与限额以上法人企业出口额合计2909.0亿元，同比增长9.1%，占出口总额比重85.8%。这说明，尚有14.2%的出口额为深圳以外地区企业的出口额，其增速低于全市出口平均水平，拉低了全市出口增速。具体如表3所示。

表3 2017年第一季度和2016年全市出口额、出口交货值、限额以上法人企业出口额情况

	2017年第一季度			2016年		
	绝对值（亿元）	同比增长（%）	占包含类别比重（%）	绝对值（亿元）	同比增长（%）	占包含类别比重（%）
进出口总额	5652.0	7.4	100.0	26307.01	-4.4	100
#出口总额	3392.4	7.2	60.0	15680.40	-4.5	59.6
#工业出口交货值	2506.8	7.5	73.9	11389.39	-2.2	72.6
#计算机、通信和其他电子设备制造业	1748.5	9.7	69.8	8150.51	0	71.6
#限额以上法人企业出口额	402.23	20.6	11.9	2038.31	4.4	4.4
工业出口交货值与限额以上法人企业出口额合计	2909.0	9.1	85.8	13427.70	-1.3	77.0

作为一线城市，深圳社会消费品零售总额总量偏小，在全国居第七位，位北上广津渝宁之后。由于受电商冲击，商业实体成本高企，经营艰难，出现特大型商业实体如新一佳倒闭，既须重视如阿里巴巴、京东等大型电商总部的引进，也须重视商业实体经济的发展。

外贸形势虽然好转，但增速低于全国以及大部分大中城市，既要重视外贸综合服务平台因现行政策面临的发展困境，也要重视工业企业及相关产业链外迁外溢所引发经济总量的流失，等等。

二 结构性问题

对"三业"（产业、行业、企业）增减之间，须有不同的经济洞察力。

这几年深圳经济增长一直领跑全国全省，一直被对标，处于经济聚光圈，这是它光鲜亮丽的一面，完全暴露于天下。但其经济结构出现的新变化，并不为人所关

注和更加重视。

（一）产业上，第二、第三产占比升降变化

2016年全年，第二、第三产业结构为39.5∶60.5，第三产业占比突破60%。今年第一季度，这一比例已"悄然"变化为38.9∶61.1。深圳市产业结构向第三产业转移速度逐步加快，五年间从2011年的53.6%提升到2016年年底的60.5%，提高了近7个百分点。第三产业比重的提升，主要在于产业转型升级，信息传输、软件和信息技术服务业等现代服务业快速增长；但其中不免有房价高速增长对第三产业占比提升的推动作用。可见，产业结构的变化，同时带来了经济稳定性的变化。

分产业来看，第二产业增加值1780.66亿元，同比增长7.4%，占GDP比重为38.9%，比上年同期下降0.7个百分点，比上年全年下降0.6个百分点。第三产业继续保持较快增长。第三产业增加值2801.89亿元，同比增长9.4%，占GDP比重达61.1%，比上年同期提高0.7个百分点，比上年全年提高0.6个百分点。

（二）行业上，增减补替新常态

工业平稳增长，批发和零售业、金融业、非营利性服务业增速显著提高，对GDP增长贡献异常突出，可持续性有待观察。房地产业出现负增长须填补经济缺口，交通运输、仓储和邮政业，住宿餐饮业及营利性服务业维持平稳增长。

工业稳增长中有高低。虽从增加值规模大小来看，排前五名行业分别为计算机、通信和其他电子设备制造业，电气机械和器材制造业，石油和天然气开采业，专用设备制造业以及电力、热力生产和供应业，增加值分别为991.13亿元、101.93亿元、66.78亿元、61.86亿元和59.43亿元，占规模以上工业增加值比重分别为59.5%、6.1%、4.0%、3.7%和3.6%。前五名行业占规模以上工业增加值比重合计达76.9%。而从增加值增速高低来看，增速最高的前五名行业分别为铁路、船舶、航空航天和其他运输设备制造，石油加工、炼焦和核燃料加工业，纺织业，专用设备制造业以及其他制造业，增速分别为26.2%、25.1%、24.1%、20.3%和15.5%，其中增速前四位行业均超过20%，高速增长。

批发和零售业增长高低有变。自2015年以来的9个季度中，批发和零售业增长首次突破"4"字头，增长4.3%。其中，批发业贡献突出，批发业商品销售额同比增长16.3%，高于上年同期12.5个百分点，高于上年全年11.2个百分点；对

GDP 增长的贡献率为 4.2%，高于上年同期 1.6 个百分点，高于去年全年 2.1 个百分点；拉动 GDP 增长 0.36 个百分点，高于上年同期 0.14 个百分点，高于上年全年 0.17 个百分点。

保险、证券对金融业增长支撑不一。在保险业、证券业快速增长的带动下，金融业增速高达 15.0%，比上年同期提高 4.1 个百分点，比上年全年提高 0.4 个百分点；对 GDP 增长的贡献率为 26.7%，比上年同期提高 6.7 个百分点，比上年全年提高 3.4 个百分点；拉动 GDP 增长 2.29 个百分点，比上年同期提高 0.61 个百分点，比上年全年提高 0.2 个百分点。其中，保费收入同比增长 46.2%，高于上年同期 8.1 个百分点，高于上年全年 16.6 个百分点。深圳地区证券交易额亦同比增长 46.2%，高于上年同期 26.6 个百分点，高于上年全年 12.5 个百分点；资本市场股票、基金交易分别下降 22.8%、35.5%，证券交易主要靠债券交易 15.9 万亿支撑，增速 70.7%，这也是一个较为异常的数据。金融机构本外币存、贷款余额保持平稳增长，增速分别为 11.0%、20.0%，对金融业增长贡献有所减弱。

非营利性服务业对 GDP 贡献显著。随着深圳市科学技术、节能环保、城乡社区的投入力度不断加大，财政八项支出合计增速近年来首次实现三位数增长，增速高达 115.6%，比上年同期提高 59.8 个百分点，比上年全年提高 81.8 个百分点，带动非营利性服务业增长 18.9%，对 GDP 增长贡献率高达 18.26%，拉动 GDP 增长 1.57 个百分点。

房地产业继续维持萧条冷清。受"10.4"房地产新政以及全国房地产市场回落影响，全市商品房销售面积增速自去年第三季度一路走低，今年第一季度增速仅为 -24.1%，比上年同期下降 80.2 个百分点，比上年全年下降 12.6 个百分点，直接造成房地产业增加值负增长。

（三）企业上，增长高低不一

工业百强企业。第一季度，百强工业企业工业增加值 1032.87 亿元，占全市工业比重 62%，比去年同期下降 0.4 个百分点；同比增长 10.5%；百强工业企业对全市工业贡献率 82.6%，比去年同期下降 18.0 个百分点；百强工业企业中出现负增长的有 21 家企业，比去年同期减少 23 家企业。其中，华为技术有限公司实现工业增加值 3517635 万元，同比增速由去年同期 56.9% 下降为 12.9%，对工业增长的贡献率由 102.6% 下降为 26.1%；中兴通讯股份有限公司实现工业增加值 1077150 万元，同比增速由去年同期 12.9% 下降为 -1.1%，对工业增长的贡献率

I. 闻鸡起舞，2017年4月21日、24日、25日 深圳市第一季度经济形势分析会

由11.3%下降为-0.8%；富泰华工业（深圳）有限公司实现工业增加值658635万元，同比增速由去年同期-15.9%扭转为-2.1%，对工业增长的贡献率由-11.5%扭转为-0.9%。

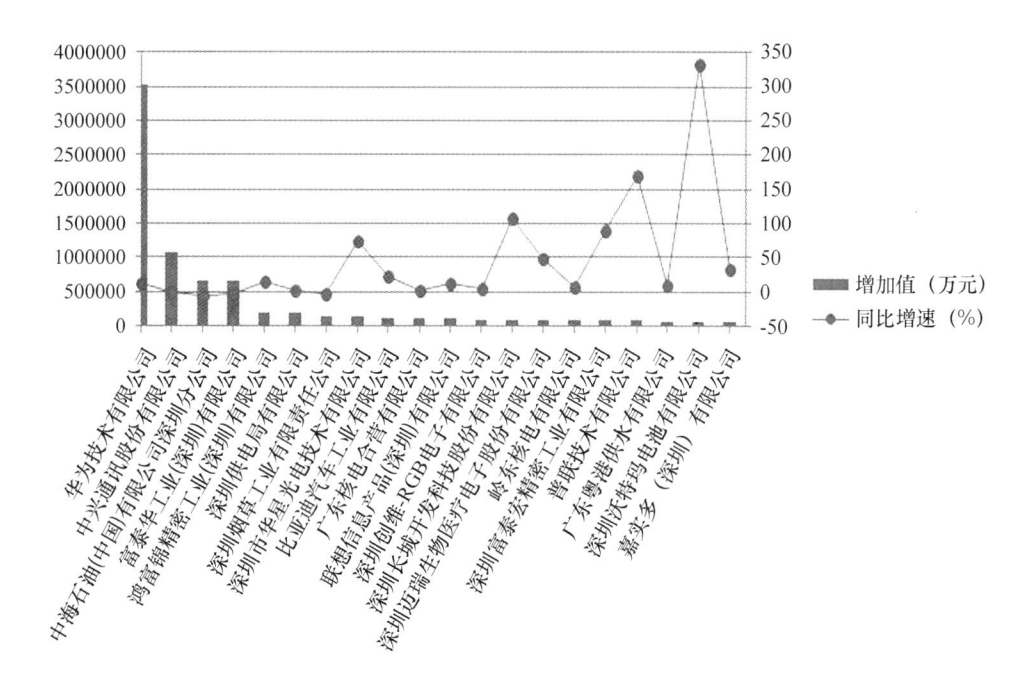

图1 第一季度工业企业20强情况

营利性服务业前20强企业。2017年第一季度，深圳市其他营利性服务业（3+2）实现营业收入621.9亿元，同比增长23.9%，增速符合"开门红"预期，高于广州和全省水平。大型企业是拉动营利性服务业增长的主要因素。如图1所示，营业收入20强企业共计实现营业收入291.9亿元，占46.9%，同比增长45.9%，高于全市平均22个百分点，拉动全市营利性服务业营业收入增长18.3个百分点。20强企业主要分布在互联网、软件和商务服务业。超10亿元企业有6家，其中4家为腾讯系公司。腾讯集团在去年高速增长的基础上，今年继续发力，增速达到41.1%，是深圳市营利性服务业增长的主要动力。腾讯系的科技、计算机、信息技术3家法人第一季度共实现增加值177.3亿元，增速也达40%以上。

商业前沿企业。批零住餐各行业排名前20企业中，批发业实现商品销售额1329.12亿元，占全市批发业商品销售额24.7%，同比增长25.6%，增速比全市高

·283·

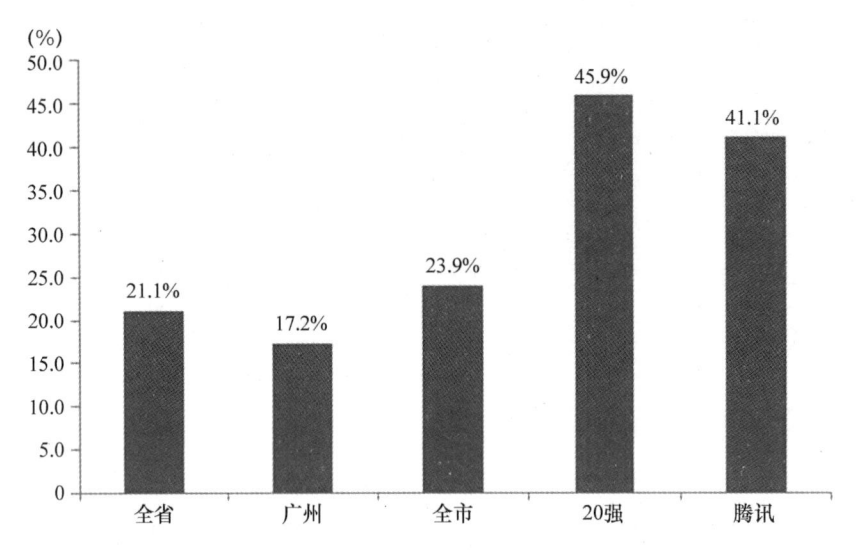

图2 其他营利性服务业营业收入增速对比

9.3个百分点;零售业实现商品销售额290.32亿元,占全市零售业商品销售额28.2%,同比增长6.4%,增速比全市高0.1个百分点;住宿业实现营业额12.39亿元,占全市住宿业营业额32.3%,同比增长8.3%,增速比全市高3.4个百分点;餐饮业实现营业额24.58亿元,占全市餐饮业营业额17.2%,同比增长9.8%,增速比全市高6.7个百分点。

三 把趋向问题

廓清经济增长方向与重点,以"一季比一季好"的经济波浪抵达全年目标。

以去年深圳GDP总量1.95万亿为例,换为GDP核算语言,即去年全市年底在库和新入库"四上企业"也近1.95万个,一个企业平均创造增加值1个亿,这是一个全市平均水平。同时表明若要拉动全市GDP增长一个百分点,须新形成增加经济成果195亿元。可见,推动深圳这个庞大的经济体稳进向前,既是一项系统性工程,也是一个精细活、工匠活,须务实求实,把脉经济,重视实体,激活企业细胞。从经济时序时间看,时不我待,只争朝夕,4月即将过去,5月逼近,"一季比一季好"的"双过半"时间任务窗口要求很快就要到来。

高度重视大企业对经济的拉动作用。第一季度,增加值排名前20位的企业(简称G20)共实现增加值1376.42亿元,占全市GDP比重为30.0%,预计全年

I. 闻鸡起舞，2017年4月21日、24日、25日 深圳市第一季度经济形势分析会

也将维持这一水平。其中，7家工业企业总量644.99亿元，占G20企业总量46.9%，占全市规模以上工业增加值总量达38.7%。G20中第一名仍为华为公司，其增加值为351.76亿元，占G20工业总量54.5%，占G20企业总量25.6%。9家金融企业实现增加值492.62亿元，占G20企业总量35.8%，占全市金融业总量65.7%。2家信息传输、软件和信息技术服务业企业增加值为178.83亿元，占G20企业总量13.0%，占全市营利性服务业增加值比重33.5%。2家交通运输企业实现增加值59.97亿元，占G20企业总量4.4%，占全市交通运输、仓储和邮政业总量45.9%。具体如图3所示。

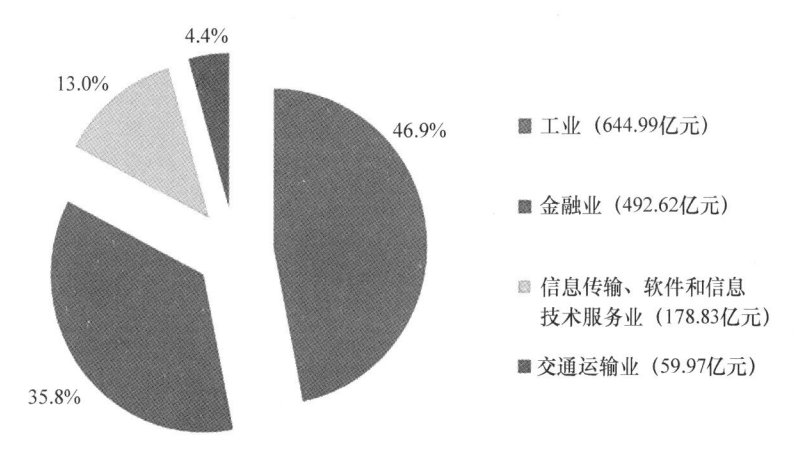

图3 G20企业总量份额

仍应借力固定资产投资拉动经济增长。2016年深圳固定资产投资4078亿元，在4个直辖市、15个副省级城市中排名第15位，仅高于济南（3974亿元）、厦门（2160亿元）、沈阳（1632亿元）、大连（1436亿元）。今年第一季度，全市固定资产投资706.13亿元，同比增长24.3%。较2月上涨1.6个百分点，较去年同期上涨0.9个百分点。本年完成投资额亿元以上项目93个，投资额合计256.54亿元，占全市固定资产投资比重为36.3%。无论是固定资产投资额，还是非房地产投资总额、工业投资总额以及工业技改总额，增速均达近五年来同期最高。固定资产投资额较近五年来最低值10.2%（2014年）提高了14.1个百分点，非房地产投资总额较近五年来最低值3.1%（2014年）提高了37.7个百分点，工业投资总额较近五年来最低值-47.8%（2013年）提高了122.5个百分点。投资保持快速增长，并处于合理区间。具体见表4。

表4 近五年第一季度全国、全省、全市固定资产投资情况

		固定资产投资额		1. 房地产		2. 非房地产		工业投资		#工业技术改造	
		总量（亿元）	增速（%）	总量（亿元）	增速（%）	总量（亿元）	增速（%）	总量（亿元）	增速（%）	总量（亿元）	增速（%）
2013年第一季度	全国	58092.28	20.90	13132.57	20.20	44959.71	21.72	24254.00	17.40	—	—
	全省	3450.33	19.50	1105.15	16.90	2345.18	17.30	1078.92	17.40	—	—
	全市	361.29	10.80	130.80	15.90	230.49	8.15	39.11	-47.80	—	—
2014年第一季度	全国	68321.71	17.60	15339.24	16.80	52982.47	17.84	27894.00	15.00	—	—
	全省	3836.91	17.30	1282.34	16.00	2554.56	-10.34	1145.91	15.00	—	—
	全市	398.07	10.18	160.49	22.69	237.58	3.08	49.67	27.00	—	—
2015年第一季度	全国	77511.25	13.50	16650.64	8.50	60860.61	14.87	30889.00	10.70	—	—
	全省	4520.27	17.80	1548.59	20.80	2971.68	16.33	1398.34	22.00	361.31	60.50
	全市	460.36	16.82	207.55	29.33	252.81	6.41	58.57	17.92	—	—

I. 闻鸡起舞，2017年4月21日、24日、25日 深圳市第一季度经济形势分析会

续表

<table>
<tr><th colspan="2"></th><th colspan="2">固定资产投资额</th><th colspan="2">1. 房地产</th><th colspan="2">2. 非房地产</th><th colspan="2">工业投资</th><th colspan="2">#工业技术改造</th></tr>
<tr><th colspan="2"></th><th>总量（亿元）</th><th>增速（%）</th><th>总量（亿元）</th><th>增速（%）</th><th>总量（亿元）</th><th>增速（%）</th><th>总量（亿元）</th><th>增速（%）</th><th>总量（亿元）</th><th>增速（%）</th></tr>
<tr><td rowspan="3">2016年第一季度</td><td>全国</td><td>85842.83</td><td>10.70</td><td>17676.62</td><td>6.20</td><td>68166.21</td><td>12.00</td><td>32971.00</td><td>6.70</td><td>—</td><td>—</td></tr>
<tr><td>全省</td><td>5039.23</td><td>12.10</td><td>1746.55</td><td>12.80</td><td>3292.69</td><td>10.80</td><td>1550.09</td><td>10.90</td><td>450.02</td><td>24.60</td></tr>
<tr><td>全市</td><td>568.00</td><td>23.38</td><td>278.23</td><td>34.05</td><td>289.78</td><td>14.62</td><td>70.97</td><td>21.17</td><td>—</td><td>—</td></tr>
<tr><td rowspan="3">2017年第一季度</td><td>全国</td><td>93777.00</td><td>9.20</td><td>19292.00</td><td>9.10</td><td>74485.00</td><td>9.27</td><td>34601.00</td><td>4.90</td><td>—</td><td>—</td></tr>
<tr><td>全省</td><td>5679.23</td><td>12.50</td><td>2004.11</td><td>14.70</td><td>3675.12</td><td>11.61</td><td>1792.33</td><td>15.60</td><td>637.83</td><td>41.70</td></tr>
<tr><td>全市</td><td>706.13</td><td>24.32</td><td>298.24</td><td>7.19</td><td>407.89</td><td>40.76</td><td>123.95</td><td>74.66</td><td>40.04</td><td>125.40</td></tr>
</table>

· 287 ·

从投资结构看，全市房地产投资增速低于全国、全省平均水平，非房地产投资增速高于全国、全省平均水平，高达40.8%，是拉动全市固定资产投资增长的主要引擎。但也存在速高量低情况，非房地产投资中的工业投资总量仍较低，占全国、全省工业投资比重既低于同期房地产投资占全国、全省比重，也低于同期非房地产投资占全国、全省比重。同时，反映创新驱动能力的工业技术改造投资虽增速高，但总量占全省、全国比重依然较低。具体见图4。

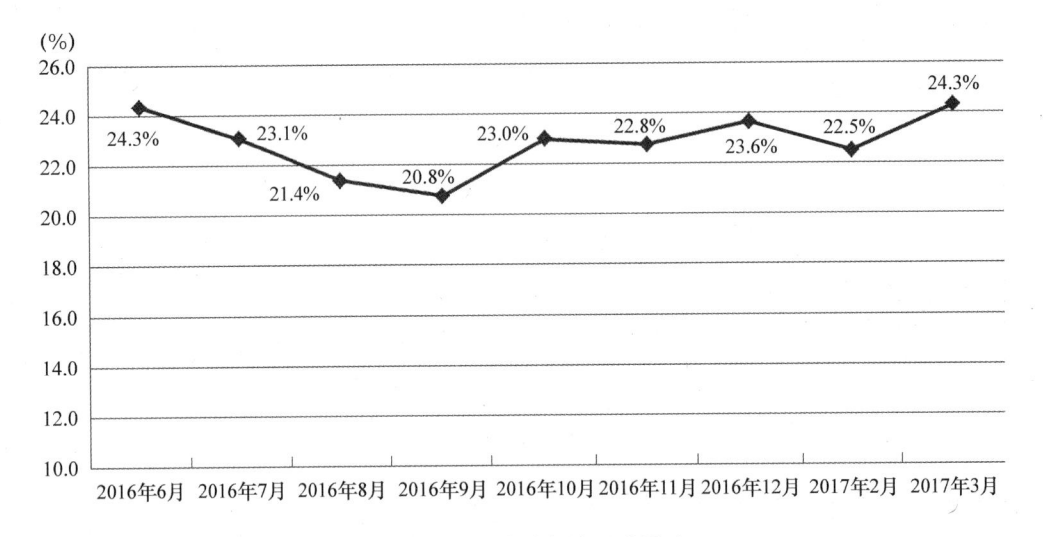

图4 全市固定资产投资同比增速

投资前20强项目投资额合计为103.46亿元，占全市固定资产投资比重为14.7%。其中，工业项目6个，投资额合计为41.37亿元，占全市工业投资比重为33.4%；工业技改项目3个，投资额合计为13.3亿元，占全市工业技改投资比重为33.2%。

工业投资第一季度投资额为123.95亿，同比增长74.7%，较2月上涨18.3个百分点。工业投资项目中，前十个项目投资之和为51.75亿，所占比重为41.8%。从行业分类看，电子信息业投资占工业投资比重最大。工业技改投资为40亿，同比增长125.4%，其原因：一是受到大型工业技改项目带动，排名前五的技改项目投资总额为17.5亿，占比43.8%；二是去年同期基数低，为17.7亿。具体如图5所示。

从固定资产投资率来看，发达国家一般处于18%—25%。深圳市第一季度固

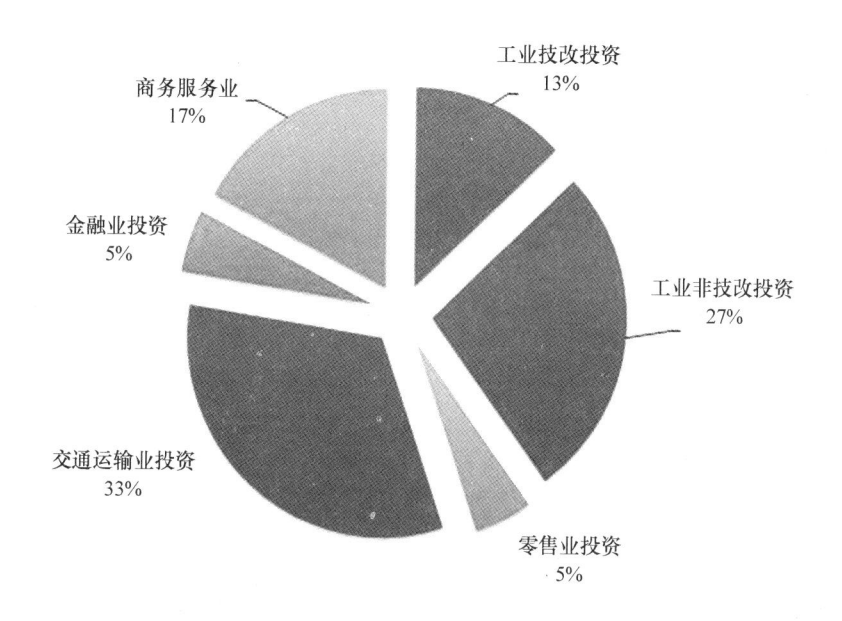

图 5　第一季度完成投资前 20 强项目行业分类情况

定资产投资率为 15.5%，较 2016 年度有所下降（2016 年为 20.9%），说明深圳市第一季度 GDP 对固定资产投资的依赖度较小，固定资产投资效益较好。从 2016 年数据来看，全国固定资产投资率为 80.2%，广东省投资率为 41.5%，从城市来看，一线城市投资率在 30% 左右，其他重点城市如重庆、天津、西安、郑州等城市投资率高达 80% 以上，说明这些城市的 GDP 增长非常依赖投资的拉动（见表 5）。相对于全国、广东省及其他重点城市，深圳 GDP 结构相对较好，对固定资产投资依赖度不高，显示固定资产投资效益较高。

表 5　2016 年固定资产投资率情况

省市	GDP（亿元）	固定资产投资额（亿元）	固定资产投资率（%）
全国	744127	596501	80.2
广东省	79512	33009	41.5
深圳	19493	4078	20.9
北京	24899	8462	34.0

续表

省市	GDP（亿元）	固定资产投资额（亿元）	固定资产投资率（%）
上海	27466	6756	24.6
广州	19611	5704	29.1
重庆	17559	17361	98.9
武汉	11913	7093	59.5
天津	17885	14629	81.8
郑州	7994	6999	87.5
南京	10503	5534	52.7
杭州	11050	5842	52.9
西安	6257	5191	83.0

关注新增企业对经济增长的"注入效应"。各区、各部门联动抓"四上"单位入库工作成效明显。新挖掘的规模以上工业、限额以上批发零售业和住宿餐饮业、规模以上服务业法人单位新增企业多数处于高速增长期，对拉动行业指标长红起到重要作用。

第一季度，960家新增工业企业实现增加值57.63亿元，同比增长33.2%，占规模以上工业增加值比重为3.5%，而对规模以上工业增长贡献率却高达11.7%。新增工业前20强企业实现增加值19.53亿元，同比增长112.8%，占规模以上工业增加值比重1.2%，而对规模以上工业增长贡献率却高达7.7%。前20强中的艾维普思、万普拉斯、禾苗通信、金佰汇、鼎智通讯、金泰兴等企业均实现200%以上的超速增长。

第一季度，批发业新增1125家企业，实现商品销售额973.55亿元，同比增长44.1%，增速比全市高27.8个百分点；零售业新增140家企业，实现商品销售额61.43亿元，同比增长49.8%，增速比全市高43.5个百分点；住宿业新增17家企业，实现营业额1.09亿元，同比增长53.4%，增速比全市高48.5个百分点；餐饮业新增74家企业，实现营业额3.22亿元，同比增长11.3%，增速比全市高8.2个百分点。

第一季度，全市纳入统计的新增规模以上服务业企业共877家，占总体单位数的17.6%；877家新增企业实现营业收入126.1亿元，同比增长42.8%，对全市规模以上服务业营业收入增长贡献率为21.2%。其中，其他营利性服务业企业为528

家，占60.2%，实现营业收入91.9亿元，占全市其他营利性服务业收入的14.8%，对其他营利性服务业营业收入增长的贡献率为28.0%，带动其他营利性服务业营业收入增长6.7个百分点。新入库企业中，亿元以上企业有16家，其中腾讯信息技术、世纪腾华、普联软件、佰仟金融服务等企业贡献较大，合计拉动其他营利性服务业营业收入增长4.8个百分点。

适当重返制造业点位，推动实体经济发展。随着深圳用地空间限制和生产成本提升、工业生产环节外迁，二产增速下降，其占比退出过快，会引发产业"空心化"。通过观察体量超过或接近深圳的几个城市产业结构和经济增长，特别是工业占GDP比重对GDP增速影响，有趣地发现工业占GDP比重越小，GDP增速越低，特别是工业占GDP比重降至某个"关口"，GDP增速也会下降一个增长"梯次"。当北京、广州、上海、深圳、天津工业占GDP比重分别降至20%、30%、40%、40%、40%以下时，其GDP增速开始步入个位数。相反，当北京、广州、上海、深圳、天津工业占GDP比重保持在20%、30%、40%、40%、40%以上时，其GDP增速也保持两位数。由此可以推断，工业占GDP比重是经济增长个位数的"风向标"，重视工业生产及其在GDP中的比重，是经济增长尤其是先进制造业发展的"稳定器"。今年第一季度重庆GDP增长两位数，其中工业功不可没，规模以上工业增加值达1499.3亿，增长10.3%，占GDP比重34.8%。

可以这么说，企业、实业既是经济细胞，也是经济增长源头。唯有实业扎实参与进来，整体经济方可持续牢靠。

加强R&D持续投入与科技创新成果转化。2016年，深圳市R&D投入继续保持快速增长，科技创新成果转化进一步提高，对全市经济的拉动效应进一步凸显。以规模以上工业企业为例，2016年全市R&D投入1亿元以上的企业72家，R&D投入合计592亿元，增长11.4%。在R&D投入的催化下，2016年72家企业的新产品产值为7563亿元，增长14.0%，科技创新成果转化成效显著。新产品产值的快速增长带动了企业的跨越式发展，2016年72家企业实现主营业务收入11666亿元，增长14.4%，远超规模以上工业7.2%的平均增速；实现增加值3592亿元，增长15.7%，远超规模以上工业7.0%的平均增速，增加值绝对额占规模以上工业增加值的半壁江山，有力拉动了工业乃至全市经济的增长。

供给侧生产端改革与需求端发力相结合。PPI指数继续保持正增长，3月同比上涨2.8%，1—3月平均同比上涨2.7%。PPI继续保持正增长，意味着经济企稳止跌的基础在增强，各项政策的作用在进一步发挥，充分反映了供给侧结构性改革

| 科学度量 Two |

取得成效。同时，从 PPI 编制原理来看，深圳 PPI 中高技术产品权重占到七成，尤其是电子设备制造业，对深圳工业发展举足轻重，进一步显示深圳创新驱动发展动力迅速增强。具体如图 6 所示。

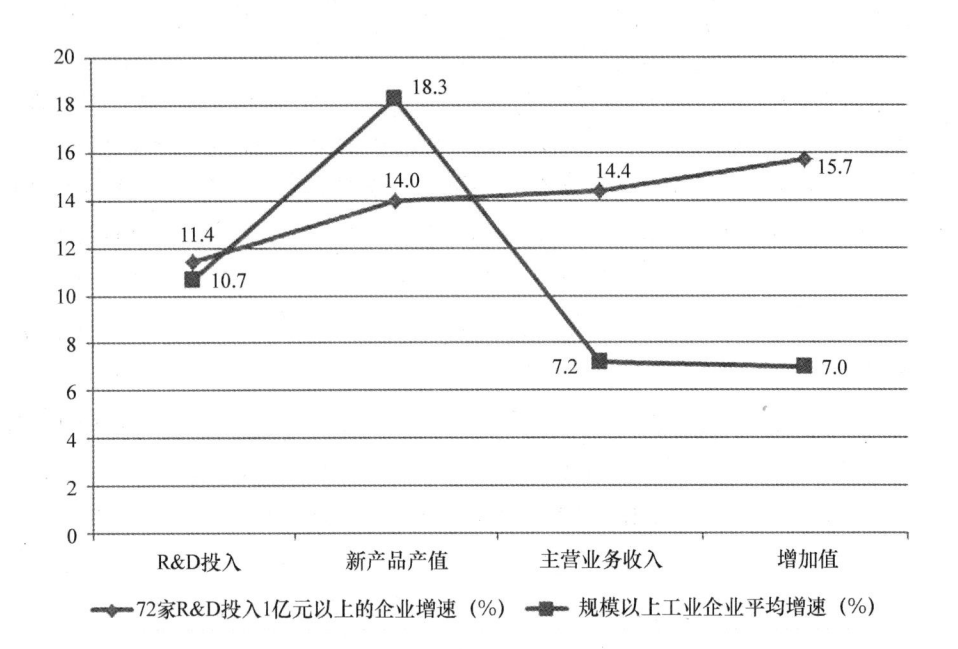

图 6　72 家 R&D 投入亿元以上企业与规模以上工业企业 R&D 投入产出对比

CPI 指数小幅上涨，3 月环比下降 0.2%，同比上涨 1.1%，1—3 月平均比去年同期上涨 1.4%。构成 CPI 八大类商品和服务的同比价格，呈"一降七涨"态势。其中，食品烟酒类价格同比下降 2.0%，影响 CPI 下降约 0.63 个百分点；其他七大类价格同比均上涨。

2017 年 3 月，深圳制造业 PMI 为 52%，环比上涨 0.7 个百分点，11 个分项指数普遍回暖。第一季度制造业 PMI 指数平均为 51.6%，高于去年同期 0.3 个百分点，国际经济持续复苏、市场需求改善等利好因素，助力第一季度制造业经济向好。深圳非制造业 PMI 为 56.3%，环比大幅上涨 1.6 个百分点，指数结束连续两月下跌态势，供给、需求两大要素齐头并进，非制造业重拾增长动力。

深圳供给侧生产端改革先于全国发力，使得 PPI 站上 100% 以上，引发需求端的生产产品与服务价格提升。一方面提高 GDP 现价总量，另一方面扣除价格因素，又影响不变价增长速度，全市经济发展势头总体平稳健康向上。具体如图 7—9 所示。

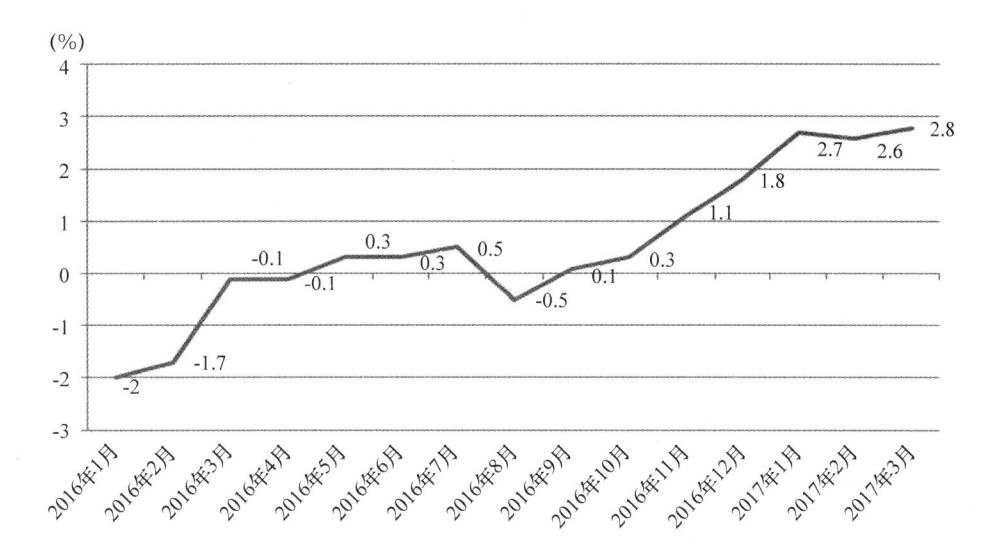

I. 闻鸡起舞，2017年4月21日、24日、25日 深圳市第一季度经济形势分析会

图7 深圳市PPI

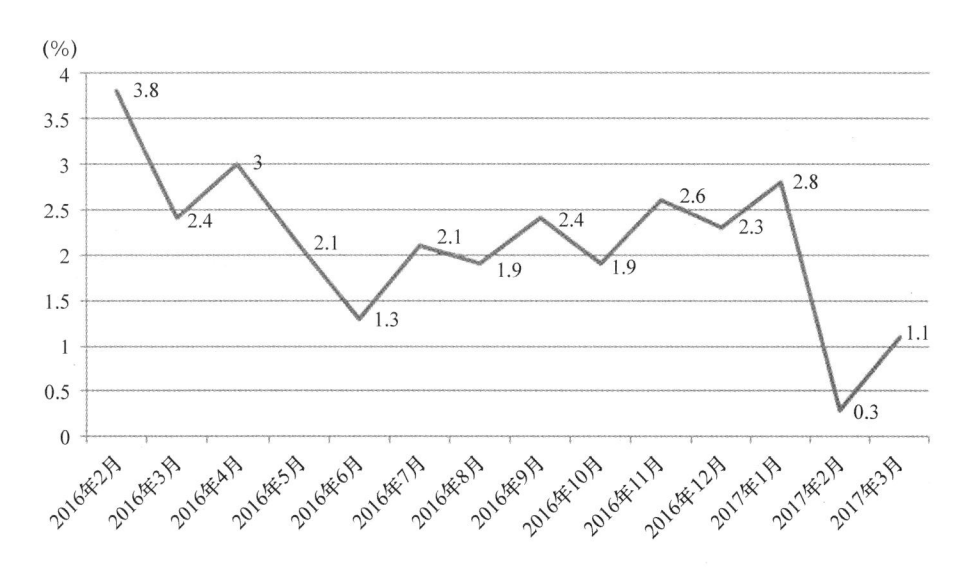

图8 深圳市月度CPI

与GDP核算直接相关，需要关注的四个问题。

全社会用电量增速回落，工业用电量负增长。2017年第一季度，全社会用电量161.12亿千瓦时，增长1.15%，比上年同期回落4.18个百分点。其中工业用电

·293·

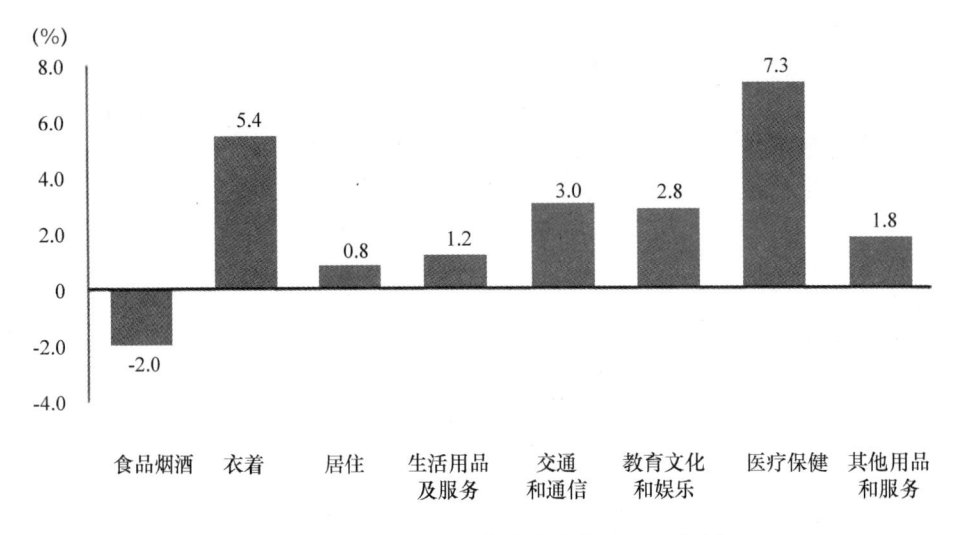

图9 2017年3月居民消费价格分类别同比涨跌幅

量93.48亿千瓦时，下降1.59%，降幅比1—2月有所收窄，但比上年同期和上年全年分别回落5.13个、3.09个百分点，主要是采矿业和电力、燃气及水的生产和供应业用电量分别为2.44亿千瓦时、9.22亿千瓦时，分别下降51.9%、29.2%，回落幅度较大。

房地产业调整的负面影响较大。自上年10月4日出台"深八条"后，深圳房地产市场进入调整阶段。第一季度商品房销售面积125.77万平方米，同比下降24.0%，比上年同期（56.1%）回落80.2个百分点；房地产开发投资额298.24亿元，同比增长7.2%，比上年同期（34.1%）回落26.9个百分点。随着近期全国多个城市严厉的调控政策落地，预计全年深圳市房地产形势不容乐观，对GDP负面影响较大。

"财政八项支出"的可持续性。第一季度，与GDP核算相关的"财政八项支出"完成628.54亿元，同比大幅增长115.6%，增幅较上年同期（55.8%）和上年全年（33.8%）分别提高59.8个、81.8个百分点，带动与之直接相关的非营利性服务业增加值增长，为全市经济持续稳健增长提供了强有力的支撑。若继续保持"财政八项支出"高位增长有一定难度，但同时也要看到"财政八项支出"所包含的教育、医疗卫生、社会保障等项目属于民生领域支出项目，在深入贯彻落实国家供给侧结构性改革的背景下，深圳市可继续加大投入力度，补齐短板，为全市经济增长提供支撑。

I. 闻鸡起舞，2017年4月21日、24日、25日 深圳市第一季度经济形势分析会

工业企业利润降幅较大，财务成本上升。1—2月，全市规模以上工业企业利润总额44.08亿元，同比下降54.1%，远低于全国的31.5%和全省的15.2%，比上年同期（79.6%）回落较大。主要原因是华为利润总额降幅较大，1—2月华为利润-80.52亿元，降幅较上年同期（-6.03亿元）扩大较多。经询问，第一季度一直是华为生产淡季，且年初各项费用投入大，影响利润。与此同时，1—2月，规模以上工业企业利息支出31.93亿元，同比增长31.4%，较上年同期（-0.2%）有较大攀升。

上述四个问题，其中的"财政八项支出"和房地产销售面积经测算，全年将影响GDP增长2个百分点以上，约减量492亿元。若"财政八项支出"全年增速降到30%，将影响GDP增速1.07个百分点、总量221.52亿元；房地产销售面积若全年负增长30%，则整体拉低GDP增速0.98个百分点，总量减少270.26亿元（从0%到-30%的影响）；若与第一季度-24.1%相比，下降5.9个百分点，将拉低GDP增速0.21个百分点、总量58.60亿元。

若"财政八项支出"和房地产销售面积两项指标全年分别增长30%和-30%（其他非规模以上工业指标保持第一季度增速），则全年要完成GDP 9.0%的增长，规模以上工业增速要到10.1%；若保费收入、证券交易额两项指标增速按去年全年完成值、其他非规模以上工业指标按今年第一季度计算，即保险、证券指标全年增速将比第一季度低，影响GDP增速继续向下0.47个百分点，则规模以上工业增速要到11.5%方能保证9.0%的GDP增速。针对上述不确定因素与主要指标变化，下面应精准把握经济工作的着力点。

积极关注经济运行中的新变化。第一季度，全市经济增速高于全年预期目标，其中金融业、营利性服务业、非营利性服务业增速均达到15%左右，固定资产投资保持两位数增长，规模以上工业、社消零、进出口增速均有所回升，这些都是经济运行中的积极因素。但同时也要看到，传统行业如批发和零售业、交通运输仓储和邮政业、住宿和餐饮业增加值分别增长4.3%、6.1%、-1.5%，房地产业-7.9%，均低于GDP增速，对GDP增长贡献率较小甚至起下拉作用。如何在保持现代服务业、先进制造业的良好发展的同时，激发并促进传统行业的转型发展，值得密切关注。

切实重视实体经济，精准服务企业。第一季度全国规模以上工业增加值增长6.8%，增幅同比提高1个百分点，而深圳规模以上工业增加值增长7.6%，增幅同比持平，同比提升幅度低于全国1个百分点，同时规模以上工业增速整整低于

GDP 一个百分点。大力促进实体经济尤其是工业实体经济的发展，特别是随着"八项支出"增速的逐步回落，其造成的 GDP 贡献缺口要由工业经济的进一步增长来弥补。同时，工业是全市财政的第一大税源，是财政"造血"的重要机体。继续加大对重点工业企业、重点项目的扶持力度，及时了解企业需求，倾听企业心声，甚至"一企一策"，精准服务。

降成本补短板，优化发展环境。尽管"营改增"等各项政策为企业降低不少成本，但企业经营环境仍须改善。1—2 月，全市规模以上工业企业管理费用上升 23.4%，财务费用上升 27%，其中利息支出上升 31.4%，生产要素成本上升过快，不利于产业迈向中高端。在外贸领域，第一季度全市进出口增长 7.4%，增速虽同比有较大回升，但仍低于全国的 21.8% 和全省的 15.4%；在出口方面，第一季度全市出口增长 7.2%，低于全国的 14.8% 和全省的 13.5%。采取切实措施，加大降成本补短板力度，优化经济发展环境，使内外需"三驾马车"更加协调发展，使全年经济逐季攀升，稳中向好，一季更比一季强。

季度分析是把脉经济、问计发展的重要时间节点，也是发挥体制机制优势、有的放矢推动经济发展、掌握经济主动的重要平台。每季分析，皆因反映描述而与经济形影相随。纵观这两年度的一年四季，经济复杂性、市场性和波动性都呈现在深圳，当前宏观的金融及证券去杠杆、房地产调控与国家汇率、贸易保护等因素交织在一起，也与深圳经济创新驱动、转型升级和产业企业外溢等此消彼长的内生因素交织。

面对这一情况，全市经济工作仍须贯彻中央、省委对经济工作的总安排总基调，在市委、市政府正确把控下，做到"稳中求进、以稳促进"，致力实体经济发展，服务重点企业，做大做强经济蛋糕，切实提高经济的安全边际、稳健性与增长动力，以实现"一季比一季好"的经济目标。

新闻通稿

2017年第一季度深圳市经济实现"开门红"

2017年第一季度，在深圳市委、市政府的坚强领导下，深圳积极践行新发展理念，主动适应和引领经济发展新常态，着力推进供给侧结构性改革，加快建设现代化国际化创新型城市和国际科技、产业创新中心，扎实开展"城市质量提升年"工作，着力打造深圳质量、深圳标准，主要经济指标好于预期，实现"开门红"。

一 主要经济指标表现良好

（一）经济稳定增长

初步核算并经广东省统计局审定，2017年第一季度全市生产总值4584.27亿元，按可比价格计算，比上年同期（下同）增长8.6%，增速高于全年预期目标0.1个百分点，分别高于全国全省1.7个、0.8个百分点，也高于2014—2016年同期水平，在珠三角及全国一线城市均居首位。分产业看，第一产业增加值1.72亿元，下降3.6%；第二产业增加值1780.66亿元，增长7.4%；第三产业增加值2801.89亿元，增长9.4%。

2017年，第二、第三产业结构由上年同期的39.5∶60.5调整为38.9∶61.1，三产占GDP比重同比提高0.7个百分点。第三产业中，批发和零售业增加值462.43亿元，增长4.3%；住宿和餐饮业增加值74.39亿元，下降1.5%；交通运输、仓储和邮政业增加值130.62亿元，增长6.1%；金融业增加值749.32亿元，增长15.0%；房地产业增加值410.85亿元，下降7.9%；其他服务业增加值970.60亿元，增长16.5%。

（二）规模以上工业保持平稳增长

2017年第一季度，全市规模以上工业增加值1668.28亿元，增长7.6%，增幅比1—2月提高0.5个百分点，与2015年、2016年同期持平，达2014年以来同期最大值，高于全国和全省0.8个、0.5个百分点。先进制造业和高技术制造业增长较快。第一季度，先进制造业和高技术制造业增加值分别为1244.78亿元和1091.84亿元，增幅分别为8.0%和9.2%，分别高于规模以上工业增加值增速0.4个和1.6个百分点，占规模以上工业增加值比重分别达到74.6%和65.4%。

（三）固定资产投资保持两位数增长

2017年第一季度，全市固定资产投资706.13亿元，增长24.3%，增幅高于全国和全省15.1个、11.8个百分点，比1—2月提高1.8个百分点，创2005年以来同期新高。非房地产开发投资增长较快。房地产开发投资298.24亿元，增长7.2%；非房地产投资407.89亿元，增长40.8%，其中基础设施投资完成156.42亿元，增长63.3%。第二产业投资增幅较高。第二产业投资123.89亿元，增长74.6%；第三产业投资582.14亿元，增长17.1%。尤其是由于大项目带动，工业投资和工业技改投资双双大幅增长，投资额分别为123.95亿元、40.04亿元，增幅分别达到74.7%和125.4%。

（四）社会消费品零售总额增幅明显回升

2017年第一季度，全市社会消费品零售总额1302.63亿元，增长9.1%，比1—2月提高1.0个百分点，创2014年以来同期新高。其中，批发和零售业1162.56亿元，增长9.4%；住宿和餐饮业140.07亿元，增长7.3%。商品销售额6417.04亿元，增长14.5%，同比提高9.6个百分点。前十大商品销售类别中有九类实现正增长。文化办公用品类增长51.1%，家用电器和音响器材类增长35.9%，书报杂志类增长25.7%，食品饮料烟酒类增长18.0%，日用品类增长12.1%，体育娱乐用品类增长11.3%，服装鞋帽针织类增长3.4%，通信器材类增长1.7%，汽车类增长0.4%，金银珠宝类下降0.2%。

（五）进出口实现由负转正

据海关统计，2017年第一季度全市进出口总额5651.99亿元，增长7.4%，增幅比1—2月提高3.2个百分点，比上年同期提高13.9个百分点。其中，出口总额3392.38亿元，增长7.2%，增幅比1—2月提高3.4个百分点，比上年同期提高13.0个百分点；进口总额2259.61亿元，增长7.6%，增幅比1—2月提高2.6个百分点,比上年同期提高15.0个百分点。

(六)规模以上服务业增势良好

据调查,2017年第一季度全市规模以上服务业(不含金融、房地产开发、批零住餐等行业,下同)实现营业收入1198.9亿元,增长17.5%,增速位居全省前列。主导产业驱动作用增强。交通运输仓储邮政业、信息传输软件和信息技术服务业、租赁和商务服务业三大主导行业保持平稳较快增长,分别实现营业收入310.9亿元、464.5亿元和203.0亿元,分别增长17.0%、26.1%和14.8%,拉动规模以上服务业营业收入增长16.4个百分点,合计实现利润总额400.6亿元,占全部规模以上服务业九成以上。

(七)财政收入增速回落,存贷款余额平稳增长

2017年第一季度,全市一般公共预算收入915.64亿元,按同口径增长10.9%,与上年同期相比出现回落;一般公共预算支出1110.01亿元,增长171.1%。

截至3月末,金融机构(含外资)本外币各项存款余额65707.69亿元,增长11.0%;金融机构(含外资)本外币各项贷款余额42277.10亿元,增长20.0%。

(八)居民消费价格温和上涨

2017年第一季度,居民消费价格(CPI)同比上涨1.4%。八大类商品及服务价格"一降七升",食品烟酒类下降1.3%,衣着类上涨5.6%,居住类上涨1.1%,生活用品及服务类上涨1.6%,交通和通信类上涨2.0%,教育文化和娱乐类上涨3.4%,医疗保健类上涨7.7%,其他用品和服务类上涨2.2%。

二 新经济动能不断增强

(一)新增企业增添新动力

2017年第一季度,规模以上工业新增960家,实现增加值57.63亿元,增长33.2%,高于全市25.6个百分点;批发业新增1125家,实现商品销售额973.55亿元,增长44.1%,高于全市27.8个百分点;零售业新增140家,实现商品销售额61.43亿元,增长49.8%,高于全市43.5个百分点;住宿业新增17家,实现营业额1.09亿元,增长53.4%,高于全市48.5个百分点;餐饮业新增74家,实现

营业额3.22亿元，增长11.3%，高于全市8.2个百分点；规模以上服务业新增877家，实现营业收入126.1亿元，增长42.8%，高于全市25.3个百分点。

（二）新经济助力经济增长

2017年，新兴产业（七大战略性新兴产业和四大未来产业）保持较好增长势头，实现增加值1853.88亿元（已剔除行业间交叉重复），增长12.8%，高于上年同期的12.1%和上年全年的10.6%，占GDP比重达到40.4%，比上年同期提高0.4个百分点。其中，新一代信息技术产业增加值936.39亿元，增长11.2%；互联网产业增加值260.91亿元，增长19.3%；新材料产业增加值81.09亿元，增长11.7%；生物产业增加值56.56亿元，增长14.9%；新能源产业增加值118.64亿元，增长18.0%；节能环保产业增加值133.13亿元，增长17.4%；文化创意产业增加值505.32亿元，增长8.2%；海洋产业增加值93.84亿元，增长17.3%；航空航天产业增加值26.23亿元，增长25.2%；生命健康产业增加值16.27亿元，增长7.5%；机器人、可穿戴设备和智能装备产业增加值119.52亿元，增长19.6%。

新业态中195家供应链企业共创造增加值36.4亿元，占GDP的0.8%；新增1356家商业企业共创造增加值53.8亿元，占GDP比重1.2%。

新模式（主要是商业综合体及大个体）创造增加值114.10亿元，占GDP的2.5%，其中城市商业综合体21.7亿元，大个体92.4亿元。

总的来看，2017年第一季度深圳经济稳中有进，主要指标表现良好，为下一阶段发展打下良好基础。在下一阶段，要按照市委、市政府部署要求，深刻把握习近平总书记重要批示精神，以"四个坚持、三个支撑、两个走在前列"为统领，加快建设现代化国际化创新型城市和国际科技、产业创新中心，扎实推进"城市质量提升年"工作，争当供给侧结构性改革排头兵，推动整体经济持续健康发展。

附注：

（1）国内生产总值、规模以上工业增加值及其分类项目增长速度按可比价计算，为实际增长速度；其他指标除特殊说明外，按现价计算，为名义增长速度。

（2）2012年起，执行新的国民经济行业分类标准（GB/T 4754—2011），具体内容请参见国家统计局网站。

（3）规模以上工业统计范围为年主营业务收入2000万元及以上的工业企业。

（4）社会消费品零售总额统计中限额以上单位是指年主营业务收入2000万元

及以上的批发业企业（单位）、500 万元及以上的零售业企业（单位）、200 万元及以上的住宿和餐饮业企业（单位）。

（5）固定资产投资统计范围为计划总投资 500 万元以上的固定资产项目投资及所有房地产开发项目投资。

（6）进出口数据来源于深圳海关；一般公共预算收入数据来源于市财政委；CPI 数据来源于国家统计局深圳调查队。

（7）其他服务业是第三产业中除了交通运输仓储和邮政业、批发和零售业、住宿和餐饮业、金融业、房地产业之外的其他服务业，是现代服务业的重要组成部分，包括营利性服务业和非营利性服务业。营利性服务业包括信息传输软件和信息技术服务业、租赁和商务服务业、居民服务修理和其他服务业、文化体育和娱乐业；非营利性服务业包括科学研究和技术服务业、水利环境和公共设施管理业、教育、卫生和社会工作、公共管理社会保障和社会组织、国际组织。

（8）新兴产业之间有交叉重复情况，但新兴产业增加值合计数扣除了重复，因此各产业数据之和大于合计数。

（9）部分数据因四舍五入，存在总计与分项合计不等的情况。

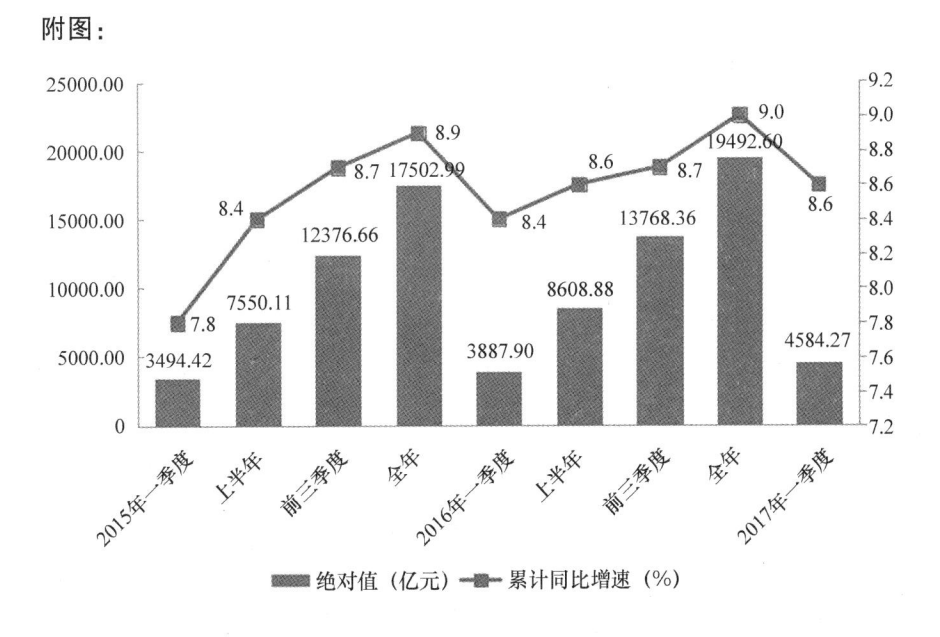

附图：

附图 1　2015—2017 年深圳 GDP 各季度累计总量及同比增速

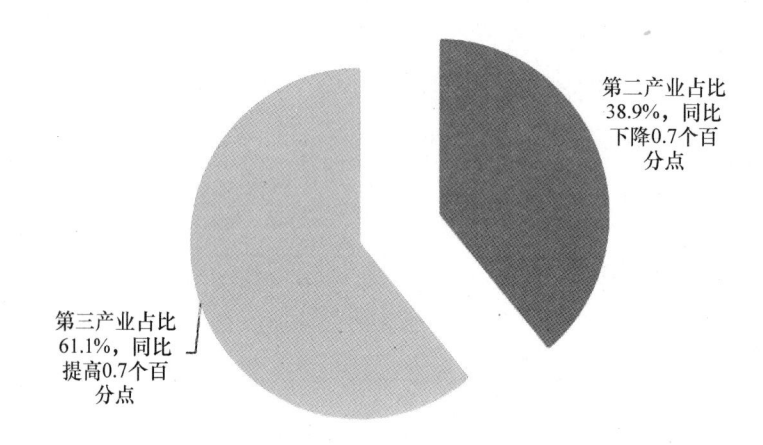

第二产业占比38.9%，同比下降0.7个百分点

第三产业占比61.1%，同比提高0.7个百分点

附图2 2017年第一季度深圳第二、第三产业构成变化

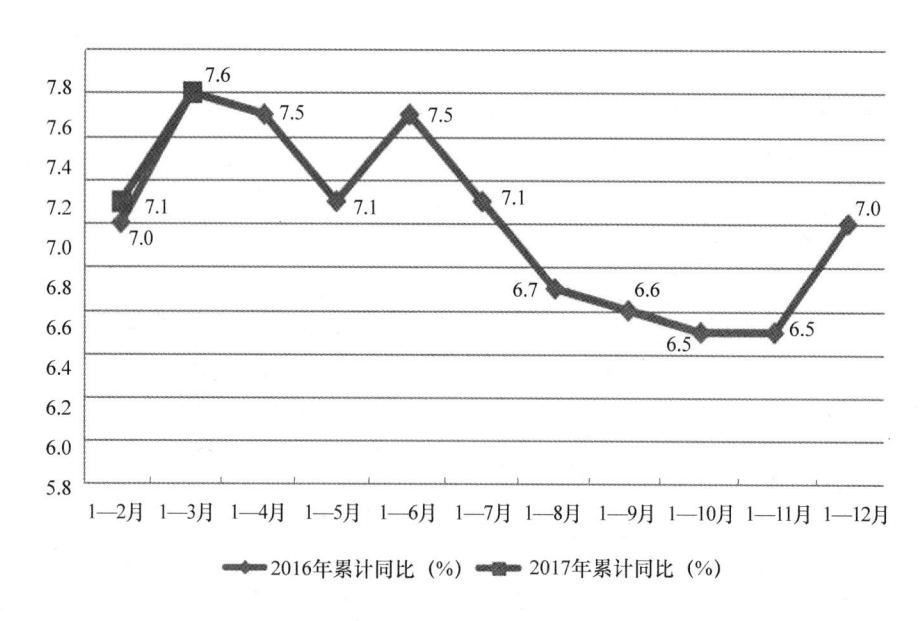

附图3 2016—2017年3月深圳规模以上工业增加值各月累计增速

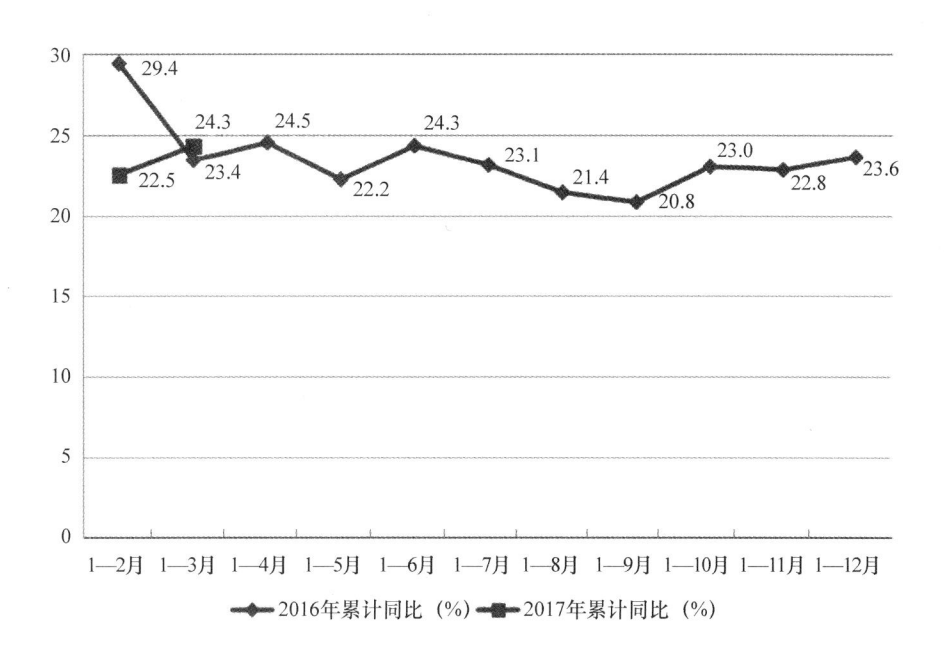

I. 闻鸡起舞，2017年4月21日、24日、25日 深圳市第一季度经济形势分析会

附图4 2016—2017年深圳固定资产投资各月累计增速

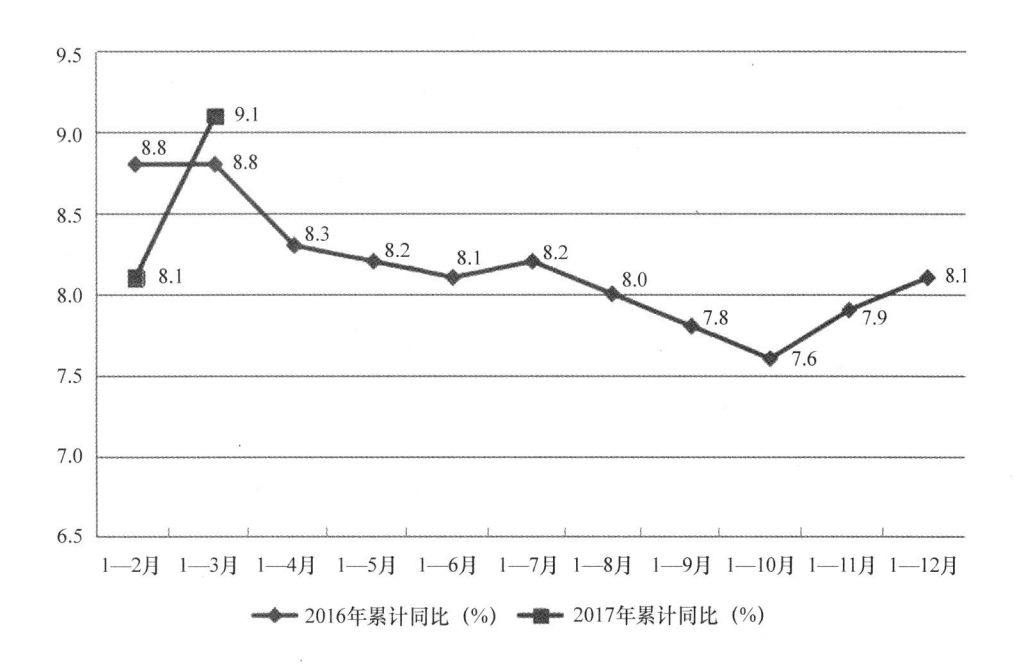

附图5 2016—2017年深圳社会消费品零售总额各月累计增速

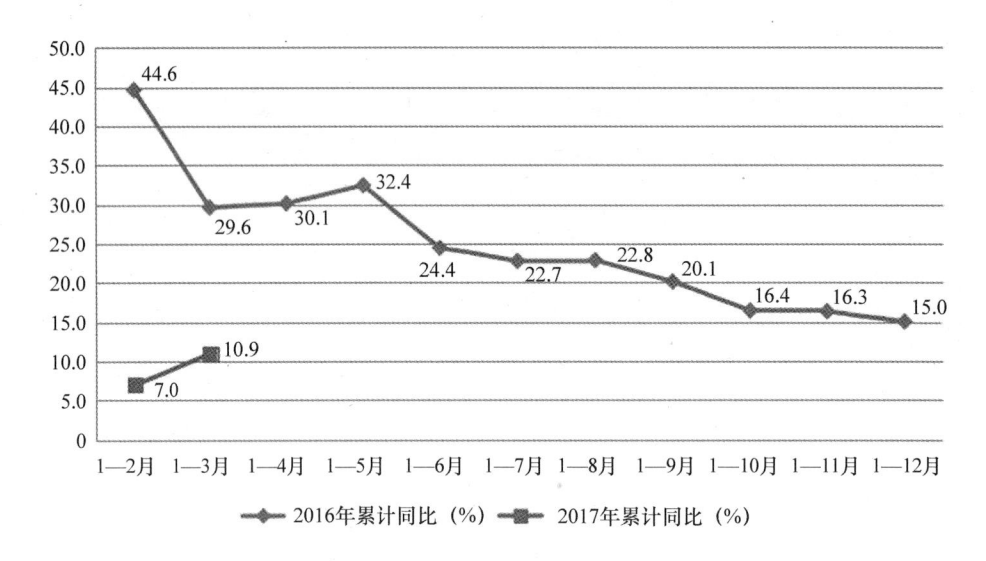

附图6 2016—2017年3月深圳一般公共预算收入各月累计增速

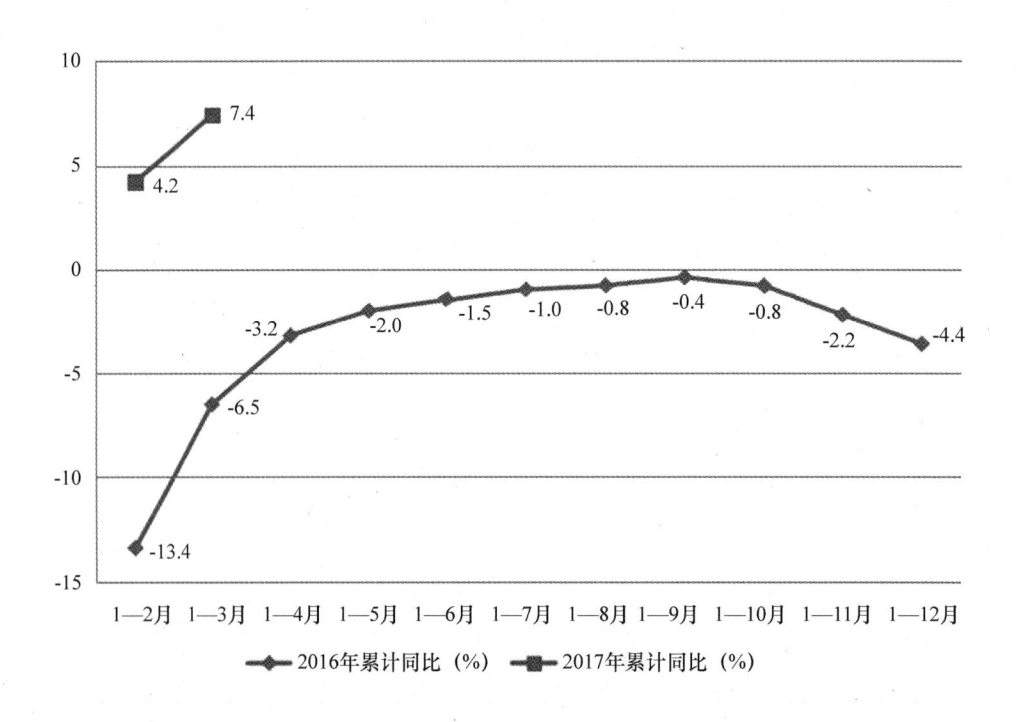

附图7 2016—2017年3月深圳进出口总额各月累计增速

I. 闻鸡起舞，2017年4月21日、24日、25日 深圳市第一季度经济形势分析会

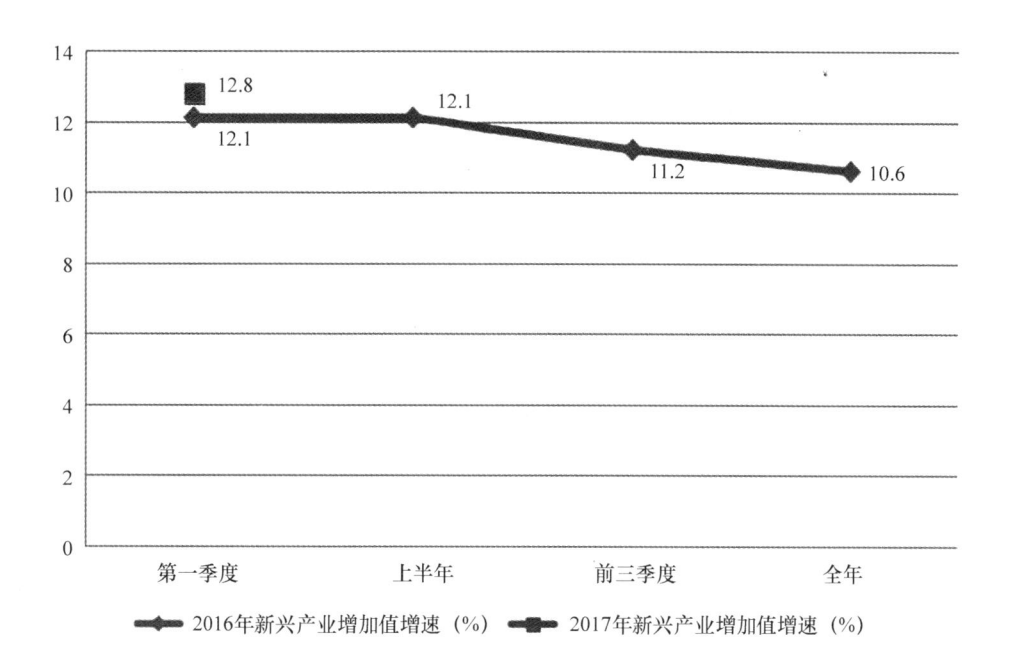

附图8 2016—2017年3月深圳新兴产业各季度累计增速

新闻报道

王伟中主持召开深圳一季度经济形势分析会

人民网 >> 深圳频道

王伟中主持召开深圳一季度经济形势分析会

2017年04月26日09:09　来源：深圳特区报

原标题：以习近平总书记重要批示精神为统领 全力以赴抓紧抓实抓好今年经济工作

　　4月25日下午，广东省委常委、深圳市委书记王伟中主持召开会议，研判全市一季度经济运行情况，部署下阶段经济工作。会议强调，要坚定不移以习近平总书记对广东工作的重要批示精神为统领，认真贯彻落实中央政治局会议和省有关会议关于经济工作的部署要求，坚持稳中求进工作总基调，全力以赴抓紧抓实抓好今年经济工作，努力以优异的成绩迎接党的十九大和省第十二次党代会胜利召开。市人大常委会主任丘海等市几套班子领导出席会议。

　　会议指出，今年以来，全市上下深入贯彻落实中央、省的部署，始终坚持稳中求进工作总基调，推动经济运行继续保持"稳中有进、稳中提质"态势，实现了一季度"开门红"。

　　会议强调，各级各部门要坚定不移以习近平总书记对广东工作的重要批示精神为统领，按照党中央关于经济工作的决策部署，坚持稳中求进工作总基调，贯彻落实新发展理念，坚持以提高发展质量和效益为中心，全面做好稳增长、促改革、调结构、惠民生、防风险各项工作。

会议指出，要坚持问题导向，居"高"思危，清醒认识供给侧和需求侧面临的压力和挑战，狠抓重点、持续攻坚，努力为全国全省发展大局提供强有力支撑。要紧紧抓住供给侧结构性改革这条主线，在质量、标准、品牌建设上下大力气，在实体经济发展上用真功夫，在民生领域加大投入，在深化改革上拿出实招，着力率先打造具有示范性、引领性的供给体系；要紧紧抓住创新这个核心，全面落实创新驱动发展战略，加快推进以科技创新为核心的全面创新，实行严格的知识产权保护制度，着力加快建设国际科技、产业创新中心；要紧紧抓住对外开放这个关键，主动配合国家编制粤港澳大湾区城市群发展规划，以更大力度推动前海蛇口自贸片区建设提速提效，进一步抓好外贸稳增长工作，着力在构建开放型经济新体制上取得更大突破；要紧紧抓住风险防范这一底线，防范好金融风险，促进房地产业平稳健康发展，抓好社会维稳和安全生产，着力营造更加和谐稳定的发展环境。

会议要求，各级各部门要优化作风、提高效率，切实加强党对经济工作的领导，进一步做好企业服务，不折不扣落实各项政策举措，以更加奋发有为的精神状态开创新局。要在一季度"开门红"的基础上再接再厉，按照二季度增速不低于一季度的要求，全力抓好二季度工作，确保二季度好于一季度、下半年好于上半年，圆满完成全年目标任务，以优异成绩迎接党的十九大和省第十二次党代会胜利召开。（记者 綦伟）

第三视角 -1

参加深圳市委2017年第一季度小范围经济形势分析会略纪

2017年4月24日下午,深圳市委举行小范围经济形势分析会,会议地点在市委后楼五楼中会议室,下午2:30会议开始。

会议一共用时3小时50分钟,从14:30开到18:20。此次汇报的特点是边汇报边讨论,汇报到哪讨论到哪。首先汇报的是发改,用时两个小时;第二汇报的是经信,用时20多分钟;第三汇报的是科创,用时20多分钟;第四汇报的是财政,用时30多分钟;我局是倒数第二个发言,只用8分钟,言简意赅,原因是书记下午6:30还有接待,时间不允许。

其他部门汇报时,当王书记听到"8.6%的增速是近四年最快的",他问:"8.6%的增速是全年下来最高的那个吗?"杨新洪局长回答:"书记,说的最高是同时期,都是第一季度的最高,年度的并不是最高。"当王书记听到"第一季度固定资产投资增长24.3%创2005年同期新高"时,书记眉头一皱,问道:"我们固投的水分大吗?"这时,发改委转向杨新洪局长,杨新洪局长笑着回答:"书记,我们这一块还是比较扎实的,上个月省里有个'双随机'抽查,抽到深圳固定资产投资这个项目,'双随机'到了我们市民中心,最后到龙岗区又随机抽了14家项目。14家都是代码,如果要选6,那带6的就全部出来,看完我们得出的结论基本上是准确的,小毛病动摇不了我们市数据的质量。"书记问:"有点小水分?"杨新洪局长接着说:"不是水分的问题,可能是资料、施工图缺一两项这么个问题,我们是首家,我最担心首家吃亏,我给他们说尺度上一定要最后来研判,后面他们反馈的时候对我们还是比较放心的。五月国家统计局要在

· 308 ·

I. 闻鸡起舞，2017年4月21日、24日、25日 深圳市第一季度经济形势分析会

广东巡查，请我们深圳做一个好的介绍，全部是正省级的，选一个副省级，上次我在北京特别给我说了做法和材料。"

财政委汇报后，统计局开始发言。杨新洪局长开始汇报："我就简单汇报两句。一是各部门的数字在没公布前尽量不要对外，内部掌握，因为省里和国家还没有发布，但给各部门手里的数是最新的。一般有个先后时间窗口，国家也是这样，国务院开完才公布，我们一般也是开完经济分析会后，我走流程报到艾市长那里。其他城市盯得也紧。二是简要提一提，有个书面材料，我们感到第一季度已经翻篇了，重要的是要立足第一季度居高思危，8.6%也不低，能够做到一季比一季好，是我们的取向。我们列了三个方面，第一个方面是主要指标表现良好，但也有隐忧。我们更突出的是隐忧，总量是4584.3亿元，这里面当时测的是8.5%强，为什么强？因为强过8.55%就是8.6%了。后面还有一些'开门红'的措施要加强，其中艾市长重点协调过，许市长亲自协调，由汕尾过来的6个亿，对深汕合作区，张虎市长也在盯着我做实这个事。"王书记说："现在到了打扫卫生，很干净的，刮箱底了。"杨新洪局长接着说："上周许书记还给我短信交流了一下，我还给他报告了这个情况。他还亲自给杨旭松市长挂电话。"艾市长接着说："许书记给我交代，不是有意看中汕尾那几个亿的GDP，是先把这个制度立起来，他是这个考虑，当然那6个亿对我们8.6%也有支撑。"杨新洪局长接着说："6个亿支撑很大，我们是4500亿，0.01个点就是4.5个亿，所以8.5%到8.6%里面也有这小小的因素。我们列了六七个方面，特别是房地产和金融，房地产一定要有量，银行为什么喜欢给房地产贷款，为什么存款和贷款都回来，我们国家广义货币量非常大，资金在寻求最安全的出路，所以房价调下来，但是量不能下来。还有一个非常敏锐的'八项支出'问题，我们还留了一点点，给省里沟通了，不要给我全算，省里也意识到这个问题，包括马省长不要全算，他也不让我们全算。第二个值得关注的问题是下一步重点关注经济运行变化、重视实体精准服务企业，我们高过8.6%的是第三产业，第三产业中的营利性服务业和非营利性服务业，营利性服务业以腾讯为代表支撑，非营利性服务业以'八项支出'为支撑，再一个就是金融保险，真正实体这一块还要居高思危，都低过8.6%，用什么来补，下半年这些要掉头，这些经济缺口量是值得重视的。第三个是营商成本也值得重视。根据这次会议精神，尤其是王书记的指示要求，我们回去消化一下，明天我们把一些新的判断尽可能从职能的角度提供给会议，做一个补充发言。"

| 科学度量 Two |

在整个汇报过程中，王伟中书记不断用眼神与杨新洪局长交流，就许多具体问题不断向杨新洪局长询问。

会议结束，杨新洪局长向王书记送来统计年鉴等统计资料。王书记还对杨新洪局长说，以后要向他请教。

快散会时，张虎常务副市长还说，大家回去以后的工作，要按照杨新洪提出的问题去做。

第三视角-2

参加深圳市委 2017 年第一季度大范围经济形势分析会略纪

2017 年 4 月 24 日，深圳市委举行小范围经济形势分析会后，4 月 25 日下午，深圳市委又举行了大范围经济形势分析会，会议地点在市委后楼常委会议室，下午 2:30 开始。

会议一共用时 4 小时 35 分钟，从 14:30 开到 19:05。主汇报的是发改，汇报非常全面，用时近 1 个小时；第二个汇报的是统计，用时半小时多；第三个汇报的是财政，用时快 40 分钟；第四汇报的是经信，用时 20 分钟；第五汇报的是金融办，用时半个小时。

杨新洪局长在整个汇报过程中，逻辑清晰，简明扼要，既看到成绩和变化，更注重"隐忧"和问题。王书记认真听，时而点头肯定，时而在材料上用心记，其中有三次互动，效果良好。汇报过程中，旁边的深圳卫视两个记者自始至终一直在翻看我局的汇报材料。汇报后，杨新洪局长外出去洗手间碰到投资推广署王有明、办公厅分管文字主任等部门领导，都对他说，书记表扬分析透、明、短。之后，临时又被深圳卫视拉出去采访，在没有什么准备的情况下，杨新洪局长回答大方、自然、从容、深刻，从经济成色、转型升级、质量效益、"三新"经济、居"高"思危等方面条分缕析、娓娓道来，如"体现了速度跟总量的双增长，在这当中，应该有过去深圳发展累积的一种表现，我们获得这样的一个成色的经济表现，应该有它背后的结构变化、质量变化，以及科技引领变化，特别是二三次产业当中，结构转型升级上，获得了经济质量跟效益的一个体现"；"特别是在新经济上的新产业、新业态、新商业模式的一些企业，它们都支撑着深圳经济的成色，经济上精准发力,让成色更加纯";"深圳是有基础、有后劲的一个情况,但是也需要我们更加地去把握好这个方向,更加精准地去发展实体经济,精准地去服务企业,扶持一批构成我们经济的重要骨干支撑"。之后,坪山新区吕玉印书记汇报他们区的发展情况时说:"规模以上工业增加值增长19.2%……主要特点呢,坪山主要是搞工业、实体经济,这也印证了刚才新洪局长对经济的发展态势的判断,应该说工业进入稳步增长态势。坪山60%的GDP是靠工业实现的,特别是主导产业发展态势非常好。坪山的主导产业是三个战略性新兴产业,一个是新能源,一个是生物医药,一个是新一代信息技术,这三个主导产业占到规模以上工业的70%以上,实现增加值同比增长58.4%……"

附件　杨新洪局长汇报详细情况

各位领导!下面主要从数据的表现、经济增长的逻辑做一个研判,不全对,主要汇报三点。

一　经济面的表现,首季开门红,但也有"隐忧"

全市总量4584.3亿元,包括深汕合作区的分成6个亿,观察经济基本面,刚刚发改委也做了一个相关数据的汇报,整个经济量跟全国全省比主要是跟前面城市的差距有缩小,跟后面的城市比拉大差距。从三驾马车来看,深圳是"一高两低",投资高,消费和出口相对低,相反全国是"两高一低"。深圳经济走势跟全国全省比经常有不同的走势,说明深圳经济的特点、深圳的市场决定了这个变化,这里面我们列了一张表,对指标的变化增减,全国全省的我们都列了出来。那么,这一季深圳好,好在全国经济转好这样一个大的经济环境,国家局宁局长在接受央视采访时用了经济"成色"这两个字,实际上6.9%这样一个变化,也可以定高点,也可以定低点,去年6.7%,整个四季的走势都是6.7%,有的6.71%,有的6.74%,这一次用"成色"这两个字,我想更强一点,从去年的6.7%跳了0.2个百分点,在2月和美国方面有过交流,春季的经济"成色"应该好于双方的数据,那么深圳作为一个重镇,已经连续五年高于全省平均水平,连续三年高于全国水平。这样一个相对增长比较高的位置上,是对我们处在一个大的经济环境的研判。

I. 闻鸡起舞，2017年4月21日、24日、25日 深圳市第一季度经济形势分析会

在经济"成色"背后，也有"隐忧"，工业占GDP比重达到34%；财政收入增速的回落可能会影响到今年"财政八项支出"的后续财力，保增长会有这样的一个因素。另外，华为终端外迁引发华为对工业增长的贡献由上年同期的102%，也就是说，去年第一季度整个工业里面华为支撑一百多，扣掉华为负增长，今年到了26%，同时6627家有2900多家将近3000家负增长，下降面达到45%，所以整个形势有增也有减，我们也要看到其对经济的制约。另外，出口交货这方面，4月21日永航秘书长做了批示，我们也认真地分析了，找到深圳之外的12%的出口额低于全市平均水平，拉低了全市出口增速。另外，作为一线城市，社会消费品零售总额既需要重视阿里巴巴、京东大型电商总部的引进，也需要重视商业实体的发展，这些都是值得考虑和重视的。另外，工业企业及相关产业的外迁外溢所引发的经济总量的流失，这也是一个隐忧。

二 结构性问题

对于结构性问题，我试着把握"三业"（产业、行业、企业）增减之间需要有不同的经济洞察力和观察。第二产业对经济的贡献率是35%，第三产业对经济的贡献率是64.2%，构成第二产业是38.9%，第三产业是61.1%，这就是产业之间的变化。实际我想说明的是，产业结构的变化也带来经济结构稳定性的变化，如果我们制造业越低，经济的稳定性就越差，或者表现出上下波动，所以我们在注重结构向第三产业转移速度的时候可能，也要注意相对一个程度。另外，从行业来看，工业稳增长的高低，有的行业表现好一些，有的行业差一点，批发零售业也有这个问题。第一季度批发业强一点，零售业差一点，也是反映深圳经济中心城市拉动的地方。而且，保险业、证券业、银行业支撑不一，保费是46.2%，昨天小范围分析的时候没找到原因，后来回去找到的是人寿保险增长比较快，就是在资本市场里面，股票、基金也不同，下降了22%、30%，支撑的是债券，债券交易达到70%。非营利服务业主要是"八项支出"达到115%，比去年提高幅度比较大，对GDP贡献率也非常醒目。当然，它的持续性是我们值得关注的一个问题。另外，房地产带来的包括税收、金融都有影响，也是影响GDP增长的一个因素。在企业上，百强工业企业也有增长好的，也有增长不好的，也有华为保持12%、13%这样一个增长，也有中海油、中兴通讯下降比较少的这样一个状况。营利性服务业里面，我列了腾讯科技、计算机、信息技术三

科学度量 Two

家法人第一季度一共实现增加值 177 亿元，增速达到 40% 以上，其中一家公司低一点，但是两家公司成长性非常好。

三 一个季度比一个季度好的经济波浪

从过去经济增长中发现一些重点，可用一个季度比一个季度好的经济波浪去实现全年的目标。

我这边算了一个账，去年是 1.95 万亿元，换成 GDP 语言来表达，去年年底我们在库编新入库的也接近 1.9 万家，一个企业平均创造 1 个亿增加值，这是全市的一个平均值。很多市领导到了企业，企业可能会说它有很多贡献，其实就有四项。我们按收入法一算，折旧、税收、劳动者报酬、企业盈余，一家达到 1 个亿，才达到全市平均水平，这是很直观的。这不单单是看一个税，还有折旧、劳动者报酬、企业盈余，这四项是收入法算 GDP 的一个考量。有时候我们跟领导去企业调研，企业会说它们的另外一面，GDP 是一个科学的考量，这叫四项一起来算，这是我正好算的一个。同时我们看到，拉动全市 GDP 1 个百分点，就需要取得经济成果 190 多个亿，按去年这样一个大的经济体量，这确实需要我们去做这样一个精细活和工匠活。务实求实，重视实体，激活企业细胞，可能现在从时间时序来看，时不我待、只争朝夕，4 月即将过去，5 月逼近，一季比一季好，这是书记在上上周的一个常委会上提出的"双过半"的任务时间窗口，很快就面临这样一个"双过半"任务、这样一个要求，所以我这边也未必成熟，只是点一点。一是高度重视大企业对经济增长的拉动作用。华为虽然终端走了，但是它的稳定作用还在。我这里列了增加值排名前 20 的企业，不分工业、商业，实现增加值第一季度是 1376 亿元，占全市 GDP 比重正好 1/3，估计全年也是这样一个水平。其中工业企业有 645 亿元，占 G20 将近一半，所以规模以上工业的保障和支撑作用是非常显著的。二是借力固定资产投资拉动经济增长，刚才发改委也列了，我们观察增速高，但是量还处在一个安全的投资率区间。我们现在还处在 20%、21% 左右。这时候，书记问："你刚才说到重视大企业拉动作用，华为外迁东莞全部完成，它还是第一位的？"杨新洪局长答："它还是第一位的，它还是增加值唯一一个过千亿的单位。"书记接着问："它现在还能占到规模以上工业 20% 以上吗？"杨新洪局长回答："大概还是 20%。"书记说："你接着说。"三是新增企业为经济增长保持较高增速。去年我们新入库一批企业，这些

Ⅰ. 闻鸡起舞，2017年4月21日、24日、25日 深圳市第一季度经济形势分析会

企业都是代表新经济，新产业、新业态、新商业模式，960家新增工业，虽然是57个亿，但是同比增长33%，高于原有工业平均增速，所以对新企业关注和扶持也是我们的一个关注点。另外，新增批发企业1125家，同比增速44.1%，批发企业对GDP拉动是比较好的；新增规模以上服务业877家，增幅42%。从这方面观察来说，新增企业是比较好的增长面，也是我们服务的一个重要对象。还有一个是，适当重返制造业推动实体经济发展，我个人观察过，一线城市也好，准一线城市也好，每当工业占比下到40%以下的时候，GDP一定达不到两位数，这几个城市里面只有重庆是10.2%，但是它的工业占比比较高。我早上测算过，它工业增长一个点，拉动GDP 0.98个点，也就是说，工业增长一个点，GDP也增长一个点，是10.5%跟10.3%这样一个速度关系。书记问："现在重庆还是投资拉动？主要是什么？结构上呢？"杨新洪局长回答："从GDP核算上，投资不是直接相关，从行业来说，工业是它的非常重头的一个行业。"书记问："重庆现在工业投资很大？"杨新洪局长回答："它的工业投资我倒是没有做深入的研究，我是从GDP构成来看，哪一块对它的经济增长拉动比较大，这个我们是从收入法，投资是从支出法，国家层面做的。"所以，适当重返制造业也是考虑经济安全性。企业实业是经济细胞，唯有实业扎实参与进来，经济方可持续。再一个就是，R&D持续投入与科技转化成果，我们这次列了72家主营业务收入增长速度要远远高于工业平均增长速度。在供给侧改革供给端与需求端的结合上，整个深圳的PPI一直保持正增长，意味着深圳整个经济企稳止跌增强。这一块还有利于我们GDP现价总量的加大，为什么我们去年和天津增速一样，但是总量和它们差距加大。总量按现价，增速按可比价，它们获得了速度，但是并没有获得质量。深圳整个质量问题带来价格提升，包括房地产行业，还有服务价格，使总量与广州拉近也是其中的一个因素。CPI也是"一降七涨"，供给需求端处于向上的势头。

另外，我们想提一提跟GDP核算直接相关的四个问题。

一是电量下降，这跟GDP核算考量指标相关；二是房地产调整的负面影响，预计今年房地产形势不容乐观，刚才发改委提到七十几的下降，我们这边还没这么大面积，这边商品房销售面积下降24%；三是"八项支出"的可持续性，我们也有一点观察窗口；四是企业利润的降幅，财务成本的上升，也值得去重视。上面四个问题，我们做了个测算。昨天财委做了一个"八项支出"30%的增速，还有房

地产面积下降到"30%"，这两个"30%"会影响到GDP两个点以上，我们测算出2.05个百分点，减少总量270个亿，所以这一块经济总量谁来支撑，我们单单用工业来支撑它，工业增速要达到10%，所以从影响上，各行业一起来看，才能把不确定因素与指标变化，如保费收入、债券比较的增减，都需要精准去把握它的着力点。

最后，是三个小建议。

一是积极关注经济运行的新变化，特别是跟GDP核算相关的23个核算指标，要经常看到它的积极因素，更要看到它的负增长；二是切实重视实体经济，精准服务企业；三是降低成本补短板，优化发展环境。

每一季度分析是反映经济问计发展的重要时间节点，也是发挥我们体制机制优势，有的放矢推动经济发展，掌握经济主动的重要底牌。每季分析跟经济形影如随，观察这两年深圳每个季度的经济发展都比较复杂，出现市场性、波动性。我们要坚定信心，观察此消彼长的因素的变化，做到稳中求进，以稳促进，致力实体经济发展，服务重点企业，做大做强经济蛋糕，提高经济的安全边际、稳定性、增长动力，以实现一季比一季好的经济目标。这是我们重点研判的，不一定准，供参考。这时候，书记问："1—2月，全市规模以上工业企业管理费用上升23.4%，财务费用上升27%，其中利息支出上升31.4%，怎么上升这么高？"杨新洪局长回答："这是我们工业财务效益表算出来的，这个季度财务表还没到，到了再测算一下是不是还有变化。"书记又问："企业管理费用上升27%？什么费用上升那么多？"经信委郭立民主任立刻回答："华为一家因素比较大，去年它亏7个亿，今年它亏78个亿。"书记又问："财务费用上升27%，这是流动资金不行啊？是什么因素造成的？利息支出也上升这么多，这都不正常。"这时一个领导回答："管理费用呢，这个不用太担心，华为影响因素比较大……"书记接着说："统计局的分析准备得很细、很全面，分析比较透，里面数据很丰富，他给了我一张表，我看了看，里面分行业的前三十大企业的、变化的、G20的，确实有助于分析经济结构和经济形势。有关部门，包括统计，要深入看一下，这个费用太高，运营成本太高，这还是规模以上企业，小企业呢？全国全省呢？下去后比一比，我们书记、省长，马省长在季度经济形势分析会上都提出来我们的成本不能高于山东、江苏、浙江。深圳算是一个比较高的城市了，还增长这么快，太吓人了，造成的原因是什么？"在经信委汇报结束后，根据工交处反馈回

> I. 闻鸡起舞，2017年4月21日、24日、25日 深圳市第一季度经济形势分析会

来的数据，杨新洪局长当场回答书记的提问："书记，我补充一下三项费用的情况，主要是华为44.6%，中兴19.3%，华星光电93.1%，大疆90.5%，管理费用是大企业带动，我们查到企业财务费用跟汇率变动和短期利息拆借。另外，华为我们测算了一下，是占规模以上工业的21.1%。这是我们补充汇报的两个数字。"

J. 盛夏时雨，2017年7月24日、30日和8月4日的经济形势分析，比任何往季都来得迟些，但这并不影响她的精彩

因果各有各表，苦尽甘来的却是不变的逻辑。喜见二季比一季更好，不仅是因为代市长陈如桂刚刚履新，还能望见市委书记王伟中先谋后定把握经济形势的个性风格。

这一过程，统计亦先谋跟进，先忧从容，主动优服。

数据发布后，犹如技在手，能在身，思在脑，从容过季。纵然双高强度头脑风暴，市政府经济分析两度进行，在24日下午之后，30日上午10点至下午1点半再次召开。而且，市委经济会又从晚上8点开至次日凌晨1点半，足见党政领导对地区经济增长的高度重视和把脉。

一季时光，一季付出，一衷经济，无论成色如何，却总是佛为心，道为骨，儒为表，大度看半年。三千年读史，不外功名利禄；九万里悟道，终归诗酒田园。

这当中，我们参与的全市党建创新大奖决赛获得工作创新一等奖。有人说，杨局表现得非常精彩、流畅、自然，真正的本色演出，没有多一秒、少一秒，答辩也很精彩！

也有人说，都是杨局运筹帷幄、亲历亲为的结果。观众评价他的答题环节是全场最生动、最到位、最精准的，他是我们学习的榜样！

还有位统计工作者说，这个活动展现了统计局的全新风貌。在杨局的领导下，统计局的党建、业务、队伍等各项工作得到质的提升，因而能在400多个节目中脱颖而出，荣获一等奖。这不仅是领导对今天台上那十分钟的肯定，更是对他对全局幕后千日之功、厚积薄发的点赞。这次活动的圆满成功，也是集体凝聚力持续增强的体现，以及领导向心力不断提升的因果。

杨局的展示气场强大，自信沉稳，言辞流畅，声情并茂，轰动全场。答辩环节更是逻辑清晰，思想深刻，全面翔实，穿透力强。所有的人，包括答辩领导属他的表现最出色、精彩，他轩昂的大家风范令邻里折服。

这一季，深圳经济"半年发布"，引发不少评论，以致7月29日下午中心组学习结束时，在市委后楼的走廊上，王伟中书记同笔者小聊几句。他说他看了26日深圳卫视新闻关于半年经济情况的采访，认为讲得很好，分析得很到位。

30日上午市政府党组扩大会上，陈如桂代市长也特别提到笔者接受电视采访时说得很精彩，慢条斯理，娓娓道来。会中休息时，与学峰副市长交流工作时，他说市长表扬他了。

多少季节多少变化，本个经济季是自2015年自己上任以来准备最为充分而又饱满纯青的一季。

一份迟来的爱，在本季如约而至。

四季，日生夜长

1/走出紧绷的时候
白天原谅了我，夜晚也原谅了我
风的呻吟在枝头上战栗
冬的不舍在不远处挥别
鹰的翅膀仿佛失落在天空
这一刻突然开心，让雨成为雨

2/没有告别，你就远走
不需要多久，我掉进云朵
风掠过时，忍住雷电的疼痛
声音袭来，雨滴落下

一季追求另一季卓越
四季在窗口日生夜长

3/年复一年，携带着时间
从晨曦到黄昏，不能忘记你的存在
入睡的时候，月亮被云层遮盖
雨声一直在窗外，一直未停止
冒着雾霾，穿过月坛南街
手中握着你的名字，想起了一场雨

4/蓦然盛开的花朵
窗口堆积着春的气息，落在脸上
一颗颗精灵，在夜色里舞蹈
暗香溢出，若隐若现
在呢喃里，
那么近，那么远

5/世间很多事
经历春夏秋冬，抬头的瞬间
忘了鲜为人知的故事
这时你点燃月亮
暮春的天空
不分日夜，轮守着一季又一季

6/花儿含苞待放
如你所愿，窗外的雨不停地下
每季夜的深处，都是不眠之夜
却不停地打开芬芳，真实一直弥漫着
桌子、键盘、屏幕
触摸着每季

7/夜的深处
被豢养的声音,从一颗心飘出来
那一刻找到善良
生命是如此璀璨
当每个季相互注视的时候,泪水悄然滑落
静静滋养着当季经济

发言稿-1

稳进向好亦存隐忧

——上半年深圳市经济运行状况分析

一 主要经济指标稳进向好

(一) 总体经济稳步增长

上半年深圳市GDP 9709.02亿元，比上年同期（下同）增长8.8%，增幅比一季度和上年同期均提高0.2个百分点，高于全国1.9个百分点。其中，第二产业增加值3743.45亿元，增长7.4%；第三产业增加值5961.33亿元，增长9.7%。第二、第三产业结构由上年同期的39.0:61.0调整为38.6:61.4，三产占GDP比重同比提高0.4个百分点。

工业、金融业、营利性服务业、非营利性服务业对经济增长贡献率较大，增加值分别为3523.39亿元、1489.59亿元、1141.73亿元、981.36亿元，增长7.6%、12.1%、15.4%、17.5%，占GDP比重分别为36.3%、15.3%、11.8%、10.1%；共拉动GDP增长8个百分点，分别是2.9个、1.8个、1.7个、1.6个百分点。建筑业、批发零售业、交通运输仓储和邮政业、住宿餐饮业、房地产业增加值分别为227.67亿元、969.14亿元、287.38亿元、159.64亿元、924.66亿元，占GDP比重分别为2.3%、10.0%、3.0%、1.6%、9.5%，对GDP增长贡献率分别为1.2%、6.1%、2.3%、-0.1%、-1.2%。

(二) 工业生产向好增长

全市规模以上工业增加值3596.30亿元，增长7.8%，增幅比一季度和上年同期提高0.2个、0.3个百分点，高于全国和全省0.9个、0.6个百分点。

工业高端化进展趋势良好。先进制造业（新口径）和高技术制造业增加值分别为2499.32亿元和2335.21亿元，增长10.2%和9.7%，分别比一季度提高2.2个和0.5个百分点，分别高于规模以上工业增加值增速2.4个和1.9个百分点，占规模以上工业比重为69.5%和64.9%。

工业"百强"企业贡献较大。工业"百强"正增长企业79家，实现增加值2206.96亿元，增长10.8%，高出规模以上工业增速3.0个百分点，占规模以上工业比重61.4%，对规模以上工业增长贡献率为81.4%。

（三）固定资产投资保持高位增长

全市固定资产投资2071.60亿元，增长30.6%，增幅比一季度和上年同期均提高6.3个百分点，高于全国22.0个百分点。

基础设施和非房地产开发投资较快增长。基础设施投资460.67亿元，增长45.5%；建安工程投资1270.67亿元，增长23.4%。房地产开发投资945.19亿元，增长25.3%；非房地产开发投资1126.41亿元，增长35.4%。工业和工业技改投资高位增长。工业投资320.25亿元，增长54.8%，其中工业技术改造投资140.00亿元，增长151.5%；第三产业投资1752.85亿元，增长27.1%。民间投资增速高于全国。民间投资1074.90亿元，增长23.5%，增幅高于全国16.3个百分点，占固定资产投资比重51.9%。

（四）消费市场有所回暖

全市社会消费品零售总额2773.91亿元，增长9.4%，增幅比一季度和上年同期提高0.3个、1.3个百分点，达今年以来最高增幅。其中，批发和零售业零售额2473.34亿元，增长9.7%；住宿和餐饮业300.58亿元，增长7.1%。

前十大商品销售类别中，有八类正增长。全市商品销售额14133.74亿元，增长13.1%，同比提高10.3个百分点。其中，文化增长42.8%，家用电器增长38.2%，食品增长20.4%，日用增长12.6%，体育娱乐增长11.8%，通信器材增长5.3%，书报增长4.6%，服装鞋帽增长4.4%，珠宝下降4.0%，汽车下降4.8%。

（五）规模以上服务业增势保持良好

规模以上服务业（不含金融、房地产开发、批零住餐等行业）营业收入

> J. 盛夏时雨，2017年7月24日、30日和8月4日的经济形势分析，比任何往季都来得迟些，但这并不影响她的精彩

3337.8亿元，增长17.5%，增速位居全省前列。主导产业驱动作用增强。交通运输仓储邮政业、信息传输软件和信息技术服务业、租赁和商务服务业三大主导行业平稳较快增长，分别实现营业收入852.1亿元、1270.3亿元和568亿元，分别增长19.1%、26.6%和11.1%，拉动规模以上服务业营业收入增长16.2个百分点，合计实现利润总额811.7亿元，占全部规模以上服务业九成以上。

二 新经济动能不断增强

（一）新增企业增添增长动力

新增规模以上工业企业949家，实现增加值117.70亿元，增长24.0%，高于全市16.2个百分点；新增限额以上批发业企业1122家，商品销售额2187.9亿元，增长32.9%，高于全市限额以上17.6个百分点；新增限额以上零售业企业143家，商品销售额138.3亿元，增长43.2%，高于全市限额以上31.8个百分点；新增规模以上服务业企业930家，营业收入400.9亿元，增长30.2%，高于全市12.7个百分点。

（二）新兴产业助力经济增长

全市新兴产业增加值3936.03亿元（已剔重），增长13.9%，分别高于一季度和上年同期1.1个和1.8个百分点，占GDP比重达40.5%，同比提高0.5个百分点。其中，新一代信息技术、互联网、新材料、生物、新能源、节能环保、文化创意、海洋、航空航天、生命健康、机器人、可穿戴设备和智能装备分别增长12.6%、18.4%、15.8%、18.0%、26.9%、16.6%、12.6%、19.1%、34.4%、10.6%和18.8%。

新业态中，195家供应链企业增加值70.8亿元，占GDP的0.7%；新增1356家商业企业增加值119.3亿元，占GDP的1.2%。

新模式创造增加值231.0亿元，占GDP的2.4%，其中城市商业综合体增加值44.2亿元，大个体增加值186.8亿元。

三 经济运行亦存隐忧

（一）经济增长中的行业、企业发展不平衡

在工业行业中，通信设备、计算机及其他电子设备制造业占规模以上工业增加

值达 57.9%。经济增长若集中依赖某个行业和某些企业，会存在一定的产业风险。在第三产业中，金融和房地产业两个行业合计占 GDP 比重将近四分之一，为 24.8%，受国家宏观政策影响，易引起经济波动。工业"百强"占规模以上工业比重为 61.4%，其中有 21% 的企业负增长，这对下半年全市工业增长产生不利影响。

（二）支撑 GDP 增长的工业比重下降值得重视

全市工业增加值 3523.39 亿元，增长 7.6%，占 GDP 比重的 36.3%，同比减少 0.3 个百分点，创历史同期新低（2011—2017 年上半年工业占 GDP 的比重分别为：44.4%、42.6%、41.4%、40.3%、38.7%、36.6%、36.3%）。

（三）工业用电量下滑不利规模以上工业增加值的核定

工业用电量 226.00 亿千瓦时，下降 2.0%，比一季度和上年同期分别回落 0.4 个和 5.5 个百分点，成为核减深圳规模以上工业增加值增速的不利因素。

（四）商品房销售面积持续负增长对 GDP 影响较大

全市商品房销售面积下降 13.4%，降幅比一季度收窄 10.7 个百分点，但同比回落 19.0 个百分点。房地产业增加值下降 1.4%，同比回落 9.4 个百分点，对 GDP 增长的贡献率为 -1.2%，同比回落 8.7 个百分点，下拉 GDP 增速 0.1 个百分点。因此，须密切关注房地产业对全市经济的负面影响及其带来的经济缺口，房地产负增长下拉 GDP 0.1 个百分点，影响近百亿增加值。

（五）收入增长放缓回落可能影响"财政八项支出"增速回落对 GDP 贡献的下降

一般公共预算收入按自然口径增长 5.2%（按同口径增长 12.3%），创 2010 年以来同期新低。一般公共预算收入增速回落，将影响"八项支出"的后续财力，进而影响到非营利性服务业及 GDP 的增长。上半年财政"八项支出"完成 1336.20 亿元，增长 68.8%，增幅比一季度回落 46.8 个百分点，延续自年初以来高位回落态势，对 GDP 的贡献也将下降。

（六）本外币存贷款增速持续回落影响到金融业增加值

全市金融机构（含外资）本外币存款余额增长 10.5%，比一季度回落 0.4 个

J. 盛夏时雨，2017年7月24日、30日和8月4日的经济形势分析，比任何往季都来得迟些，但这并不影响她的精彩

百分点，创今年以来各月增速次低；全市金融机构（含外资）本外币贷款余额增长17.8%，增幅成逐月回落走势。本外币存贷款增速作为GDP核算的重要指标，其持续回落须引起高度重视和关注。

（七）进出口增速低于全国全省和主要城市

全市进出口总额12325.32亿元，增长5.3%，其中出口7448.48亿元，增长6.1%；进口4876.83亿元，增长4.0%。进出口增速虽比上年同期（-1.5%）由负转正，但仍低于全国的19.6%、全省的14.1%、北京的26.0%、上海的18.7%、天津的11.4%。

四 下一步工作建议

（一）积极加强对传统行业提质增效

在看到金融业、营利性服务业、非营利性服务业以及先进制造业和高技术制造业平稳增长的同时，也要看到传统实体行业如批发和零售业、交通运输仓储和邮政业、住宿和餐饮业分别增长4.9%、6.5%、-0.7%，增加值增速均低于GDP增速，对GDP增长贡献率较小，分别为6.1%、2.3%、-0.1%。因此，应密切关注如何进一步激发并促进传统行业的转型发展。

（二）重视实体经济精准服务企业

规模以上工业增加值增长7.8%，虽同比提升0.3个百分点，但提升幅度低于全国同期0.6个百分点，也低于全市GDP 0.9个百分点。全市6629家规模以上工业中有2901家在下降，占比43.8%。随着"八项支出"增速的逐步回落，其对GDP的贡献须由工业来弥补。

（三）降成本补短板优化发展环境

1—5月全市规模以上工业企业管理费用上升16.7%，财务费用上升42.6%，其中利息支出上升29.5%，利润总额下降3.5%。由于经营成本高企，加上电商冲击，出现特大型商业实体如新一佳倒闭。为此，要采取切实措施，加大降成本补短板力度，优化经济发展环境。

（四）重视外迁外溢发展产生经济缺口，总部经济要有产业落地深圳

面对近年一些超大型企业外迁或向外布局产生经济缺口，在加强服务企业的同时，应着力在产业、交通、城市建设等方面下足真功夫，着眼长远考虑，扎实产业经济，更多更强吸引总部经济产业项目落户深圳。

发言稿-2

上半年经济·"七看"

上半年,深圳市经济总量攀爬,高位过坎,优于全国全省,总体稳进向好。全市实现 GDP 总量 9709.02 亿元,同比增长 8.8%,比一季度提高 0.2 个百分点,实现"一季比一季好"的目标要求。

一 增长看逻辑:一新二稳三强

上半年,全市第一、第二、第三产业增加值分别为 4.24 亿元、3743.45 亿元与 5961.33 亿元,同比分别增长 21.0%、7.4% 与 9.7%。其中,第二、第三产业占 GDP 比重分别为 38.6% 和 61.4%,第三产业占 GDP 比重同比提高 0.4 个百分点,比一季度提高 0.3 个百分点。新经济中的战略性新产业总量 3936.03 亿元,占比 13.9%,增长 13.9%。

(一) 一产"转正"新增长

第一产业增加值 4.24 亿元,增速高达 21.0%,实现近十年新高;对 GDP 增长的贡献率 0.1%,2012 年以来首次突破 0.05%。农林牧渔业增加值 4.45 亿元,同比增长 21.8%。

(二) 二产保持稳增长

"二产稳"得益于工业稳,上半年规模以上工业增速继续发力,增加值同比增长 7.8%,比上年同期提高 0.3 个百分点,比一季度提高 0.2 个百分点。其中,作为深圳市工业增长的主要拉动力,先进制造业实现增加值 2499.32 亿元,增长 10.2%,占工业增加值比重的 70.9%,对规模以上工业增长的贡献率达 89.4%,

对 GDP 增长的贡献率达 28.5%，拉动 GDP 增长 2.5 个百分点。

（三）三产表现强增长

"三产强"主要是由于现代服务业特别是以信息传输、软件和信息技术服务业为主的营利性服务业和以八项支出为主的非营利性服务业的拉动。其中，现代服务业增长 10.6%，占 GDP 比重的 43.4%，同比提高 0.9 个百分点，对 GDP 增长贡献率达到 50.3%，拉动 GDP 增长 4.4 个百分点。营利性和非营利性服务业分别实现增加值 1141.73 亿元和 981.36 亿元，增长 15.4% 和 17.5%，占 GDP 比重 11.8% 和 10.1%，较上年同期提高 0.5 个和 0.5 个百分点，对 GDP 增长的贡献率为 19.8% 和 17.7%。表 1 为深圳市二季度地区生产总值情况。

表 1　　深圳市 2017 年二季度地区生产总值情况

	指标名称	绝对值（亿元）	增长（%）	构成（%）	构成同比变动（百分点）	对 GDP 增长的贡献率（%）	对 GDP 拉动点数（百分点）
	地区生产总值（GDP）	9709.02	8.8	100	—	100	8.8
分产业	第一产业	4.24	21.0	0	0	0.1	0
	第二产业	3743.45	7.4	38.6	-0.4	34.2	3.0
	#先进制造业	2499.32	10.2	25.7	—	28.5	2.5
	第三产业	5961.33	9.7	61.4	0.4	65.7	5.8
	#现代服务业	4214.07	10.6	43.4	0.9	50.3	4.4
分行业	工业	3523.39	7.6	36.3	-0.3	33.1	2.91
	金融业	1489.59	12.1	15.3	0.3	21.0	1.85
	商业	1128.78	4.1	11.6	-0.7	6.0	0.52
	营利性服务业	1141.73	15.4	11.8	0.5	19.8	1.74
	#信息传输、软件和信息技术服务业	719.47	19.8	7.4	0.5	15.5	1.36
	房地产业	924.66	-1.4	9.5	-0.7	-1.2	-0.11
	非营利性服务业	981.36	17.5	10.1	1	17.7	1.55
	交通运输、仓储和邮政业	287.38	6.5	3	0	2.3	0.20
	建筑业	227.67	4.3	2.3	-0.1	1.2	0.11
	农林牧渔业	4.45	21.8	0	0	0.1	0

> J. 盛夏时雨，2017年7月24日、30日和8月4日的经济形势分析，比任何往季都来得迟些，但这并不影响她的精彩

二 势头看稳进：保持领先与同期攀升增长

（一）增速一直领先全国、全省

自2012年上半年开始，深圳GDP增速一直大幅领先于全国、全省平均水平。同时，自2016年一季度开始，深圳GDP增速与全国、全省增速差距基本维持稳定，高于全国增速约2个百分点，高于全省增速约1个百分点，并且每年呈现逐季走高的态势（见图1）。2017年上半年，深圳GDP增速高于全国1.9个百分点，高于全省1.0个百分点，均比一季度提高0.2个百分点。

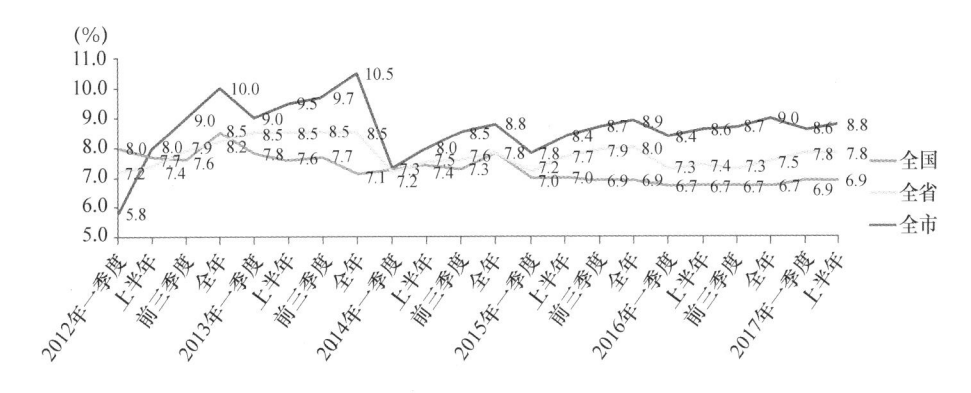

图1 2012—2017年全国、全省、全市各季度累计GDP增速

（二）近六年同期增速逐年上升

自2015年上半年以来，深圳各季度（累计）GDP增速一直保持在8.4%—9.0%（见表2）。2014年上半年、2015年上半年、2016年上半年以及2017年上半年GDP增速逐年上升，增速分别为8.0%、8.4%、8.6%以及8.8%。

表2　2012—2017年全国、省、全市各季度累计GDP情况　　单位：亿元，%

年份	季度累计区域	全国 总量	全国 增速	全省 总量	全省 增速	深圳 总量	深圳 增速	占全国比重	占全省比重
2012	一季度	103119	8.0	11510.80	7.2	2507.37	5.8	2.43	21.78
	上半年	220216	7.7	26200.92	7.4	5474.10	8.0	2.49	20.89
	前三季度	343553	7.6	40685.76	7.9	9123.37	9.0	2.66	22.42
	全年	532872	8.5	57067.92	8.2	12971.47	10.0	2.43	22.73

续表

年份	季度累计	全国 总量	全国 增速	全省 总量	全省 增速	深圳 总量	深圳 增速	占全国比重	占全省比重
2013	一季度	111128	7.8	12612.88	8.5	2750.91	9.0	2.48	21.81
	上半年	236961	7.6	28465.92	8.5	6013.77	9.5	2.54	21.13
	前三季度	370007	7.7	44471.53	8.5	10083.34	9.7	2.73	22.67
	全年	583197	7.1	62474.79	8.5	14572.67	10.5	2.50	23.33
2014	一季度	119271	7.3	13636.91	7.2	2953.25	7.3	2.48	21.66
	上半年	254436	7.4	30879.09	7.5	6460.78	8.0	2.54	20.92
	前三季度	396907	7.3	48130.36	7.6	10895.22	8.5	2.75	22.64
	全年	634043	7.8	67809.85	7.8	16001.82	8.8	2.52	23.60
2015	一季度	127581	7.0	14948.57	7.2	3494.42	7.8	2.74	23.38
	上半年	272177	7.0	34526.64	7.7	7550.11	8.4	2.77	21.87
	前三季度	424409	6.9	52522.38	7.9	12376.66	8.7	2.92	23.56
	全年	676708	6.9	72812.55	8.0	17502.99	8.9	2.59	24.04
2016	一季度	157691	6.7	17272.24	7.3	3887.90	8.4	2.47	22.51
	上半年	340637	6.7	37357.57	7.4	8608.88	8.6	2.53	23.04
	前三季度	529971	6.7	57061.17	7.3	13768.36	8.7	2.60	24.13
	全年	744127	6.7	79512.05	7.5	19492.60	9.0	2.62	26.20
2017	一季度	180683	6.9	19438.10	7.8	4584.27	8.6	2.54	23.58
	上半年	381490	6.9	41957.84	7.8	9709.02	8.8	2.55	23.14

三 积新看变化：正增长因素增多

（一）以创新引领的工业转型升级成效显现

1—6月，全市先进制造业增加值2499.32亿元，同比增长10.2%；高技术制造业增加值2335.21亿元，同比增长9.7%；先进（新口径）、高技术制造业增加值占规模以上工业增加值比重分别为69.5%、64.9%，领先于省内其他城市。智能装备产业总产值已增至数千亿元，领跑全国；创新设计使深圳品牌的各类产品走俏全球市场；生命健康、航空航天、机器人、新材料、新能源、可穿戴设备和智能设备等未来产业发展迅猛，继华为、中兴、比亚迪等一批知名实力品牌之后，大疆、光启、优必选、柔宇等一批企业已成为深圳市高端制造业的新兴力量。通过原

> J. 盛夏时雨，2017年7月24日、30日和8月4日的经济形势分析，比任何往季都来得迟些，但这并不影响她的精彩

始创新、设计创新、规模提升和技术升级改造等方式，先进、高技术制造业的基础不断夯实，后劲不断迸发，制造业劳动生产率不断提升。2016年，全市工业增加值率提升至26.25%，比全省高2.82个百分点；全省比上年下滑0.2个百分点，而全市比上年提高0.88个百分点，达到近六年以来市工业增加值率最高值。

（二）"工商房服"表现全面向好

一是工业增长稳中有进。上半年，全市规模以上工业增长7.8%，较一季度提高0.2个百分点，高于上年同期0.3个百分点；规模以下工业增长4.6%，比一季度提高1.1个百分点，高于上年同期0.8个百分点，对GDP的拉动点数较一季度提高0.1个百分点。二是商业增长低位回升。上半年，批发业商品销售额增长14.2%，高于上年同期12.7个百分点，但较一季度略有回落；而商业中，零售业商品销售额、住宿业营业额、餐饮业营业额三项指标增速较一季度分别提高3.1个、2.6个和0.3个百分点。批发和零售业、住宿和餐饮业上半年分别增长4.9%和-0.7%，较一季度提高0.6个和0.8个百分点，商业对经济增长贡献率为6.0%，拉动GDP增长0.52个百分点，比一季度提高0.07个百分点。三是房地产业降幅收窄。上半年，受房地产调控政策和货币政策影响，房地产业虽仍维持负增长，但降幅显著缩窄。商品房销售面积由一季度的-24.1%提高到-13.4%，降幅收窄10.7个百分点。房地产业上半年增长-1.4%，高出一季度6.5个百分点，对经济增长负影响由一季度的-0.63个百分点减少到上半年的-0.11个百分点，负拉动减少0.52个百分点。四是电信业务总量高位上蹿，助推营利性服务业继续提升。上半年，全市电信业务总量在一季度增长46.0%的高位上进一步提高到61.7%，弥补了规模以上其他营利性服务业营业收入小幅回落的影响，也拉动了营利性服务业增速再进0.6个百分点，达15.4%，对GDP增长贡献率为19.8%，拉动GDP增长1.7个百分点，高出一季度0.1个百分点。

（三）工业利润下降幅度收窄

1—5月，全市规模以上工业企业利润总额572.44亿元，同比下降3.5%，比1—4月降幅收窄0.2个百分点。其中，盈利企业4579家，利润总额684.80亿元，增长10.0%；亏损企业2079家，亏损总额112.36亿元，增长15.2%。从2016年以来的增长趋势看，利润总额在2017年2月大幅下降，触底反弹后下降幅度逐月

收窄（见图2）。

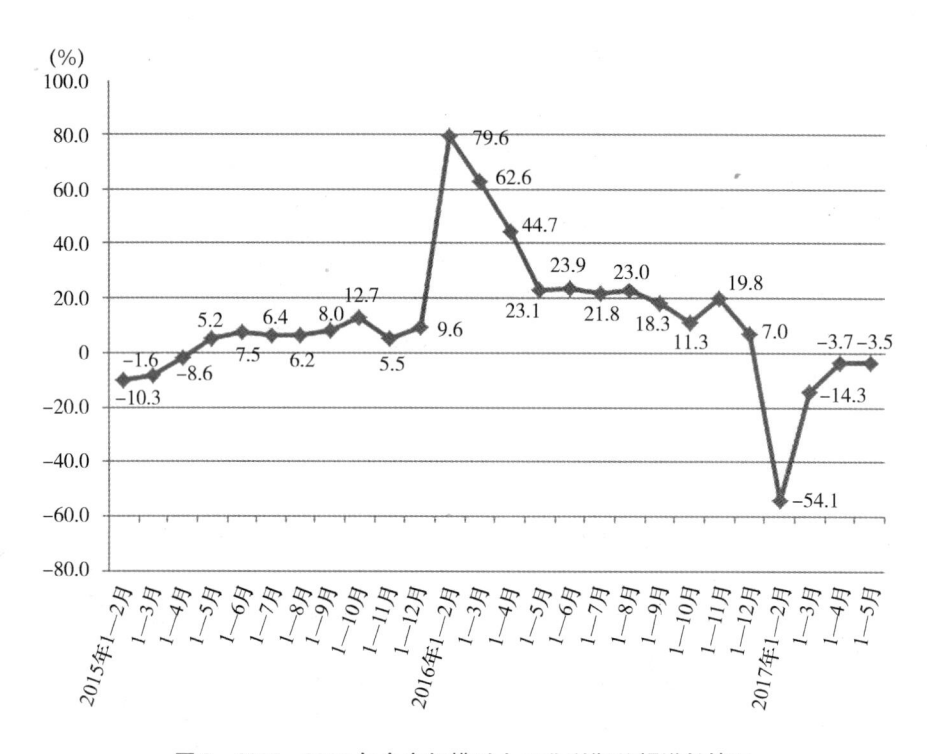

图2 2015—2017年全市规模以上工业利润总额增长情况

分行业看，计算机、通信和其他电子设备制造业利润总额下降21.1%，但其余各大类行业增长好于预期。1—5月，全市36个工业大类中，仅有13个行业大类出现利润负增长。全市实现利润总额排名前15大行业中，实现利润总额正增长的有14个（见表3）。

表3 1—5月全市工业分行业利润总额增长情况

行业名称	利润总额（亿元）	利润总额增速（%）
总计	572.44	-3.5
计算机、通信和其他电子设备制造业	250.18	-20.9
石油和天然气开采业	48.14	160.6
电力、热力生产和供应业	46.63	12.7

J. 盛夏时雨，2017年7月24日、30日和8月4日的经济形势分析，比任何往季都来得迟些，但这并不影响她的精彩

续表

行业名称	利润总额（亿元）	利润总额增速（%）
电气机械和器材制造业	39.93	16.5
专用设备制造业	39.07	75.4
医药制造业	18.84	18.2
铁路、船舶、航空航天和其他运输设备制造业	17.83	60.8
水的生产和供应业	16.73	44.3
通用设备制造业	16.07	29.5
文教、工美、体育和娱乐用品制造业	11.75	104.3
仪器仪表制造业	10.07	33.1
橡胶和塑料制品业	10.02	45.8
石油加工、炼焦和核燃料加工业	10.00	17.0
燃气生产和供应业	6.55	2.5
金属制品业	6.15	72.6
非金属矿物制品业	5.23	13.3
化学原料和化学制品制造业	4.16	-85.7
印刷和记录媒介复制业	4.14	9.1
酒、饮料和精制茶制造业	3.30	-15.3
烟草制品业	2.98	-18.4
农副食品加工业	2.93	-38.6
其他制造业	2.24	20.4
纺织业	2.11	134.4
有色金属冶炼和压延加工业	1.81	130.9
造纸和纸制品业	0.80	41.7
纺织服装、服饰业	0.71	-39.0
家具制造业	0.52	-46.7
黑色金属冶炼和压延加工业	0.39	602.5
金属制品、机械和设备修理业	0.38	46.3
皮革、毛皮、羽毛及其制品和制鞋业	0.22	-92.7
木材加工和木、竹、藤、棕、草制品业	0.05	-31.8
化学纤维制造业	0.04	132.3
废弃资源综合利用业	-0.01	-22.2
食品制造业	-0.36	73.6
开采辅助活动	-0.51	-291.7
汽车制造业	-6.65	-159.5

基础设施、工业投资与技改投资总量和增速均创近年新高。上半年，全市完成总投资2071.6亿元，其中基础设施460.67亿元，占总完成投资的22.2%；工业投资完成额320.25亿元，同比增长54.8%，占全市总投资的15.5%，增速全省第一（见图3）。全市集中开工一批重大工业项目，如华星光电第11代TFT-LCD及AMOLED新型显示器件465亿元等，由此拉动工业投资快速增长。

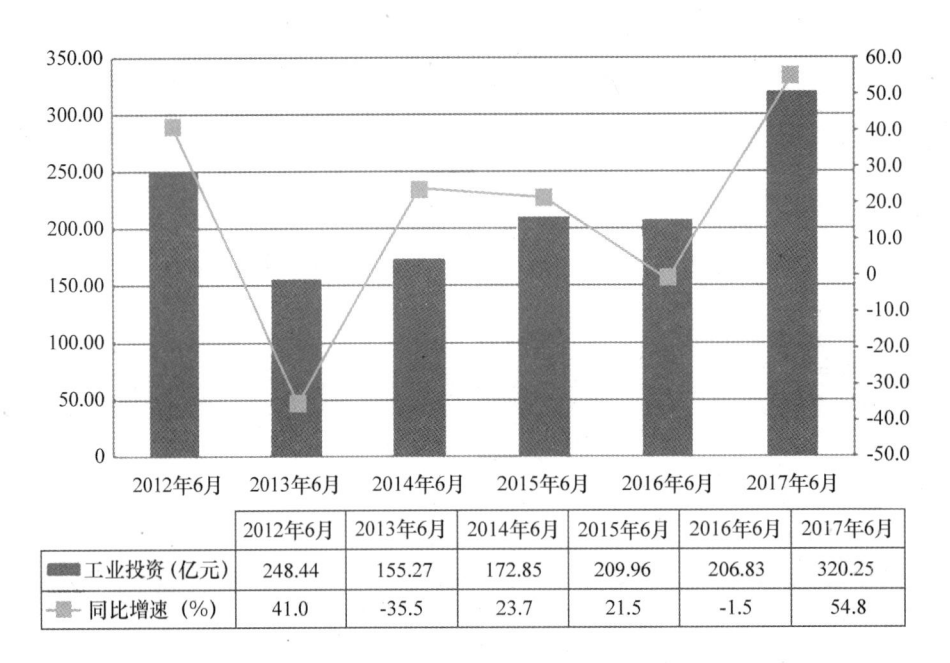

	2012年6月	2013年6月	2014年6月	2015年6月	2016年6月	2017年6月
工业投资（亿元）	248.44	155.27	172.85	209.96	206.83	320.25
同比增速（%）	41.0	-35.5	23.7	21.5	-1.5	54.8

图3 近六年工业投资上半年情况对比

上半年，全市工业技改投资完成额为139.99亿元，同比增长151.5%，占工业投资总额比重为43.7%，占全市总投资6.8%，增速全省第一。主要是有中芯国际12英寸集成电路106亿元、柔宇科技类6代柔性显示屏90亿元、沃特玛电池23亿元等大项目支撑。

（四）规模以上工业主要产品增长较好

1—6月，全市规模以上工业企业按照国家统计局制定的《规模以上工业产品产量目录》填报主要产品258个品种，同比增长4%。其中，产品产量同比增长145种，同比下降113种。主要产品增长情况为：工业机器人8131套，同比增长

J. 盛夏时雨，2017 年 7 月 24 日、30 日和 8 月 4 日的经济形势分析，比任何往季都来得迟些，但这并不影响她的精彩

14.0%；光纤 2481558 千米，同比增长 34.5%；服务器 70.36 万台，同比增长 49.7%；集成电路 99.87 亿块，同比增长 32.8%。新能源汽车 5900 辆，同比下降 81.0%；手机 1.49 亿台，同比下降 7.6%。

四 运行看支撑：影响经济增长因素强弱不一

（一）"实体经济"支撑明显

2017 年上半年，全市规模以上工业实现增加值 3596.30 亿元，比上年增长 7.8%。其中，先进制造业 2499.32 亿元，同比增长 10.2%，高技术制造业 2335.21 亿元，同比增长 9.7%，分别占规模以上工业 69.5%、64.9%，遥遥领先于省内其他城市。5 月换用新工业增加值率，带动全市工业内部行业结构变动，工业增长速度较上一年增加值率提高 0.5 个百分点（全省下降 0.3 个百分点）；6 月全市工业增速较采用旧增加值率提高 0.4 个百分点。

从个体贡献来看，工业经济稳定性有所增强。从"百强"工业数据来看，上半年华为工业增加值 773.04 亿元，同比增长 13.9%，对全市工业增长贡献率为 24.9%，而 2016 年上半年华为增速 46.2%，对全市工业贡献率高达 96.7%。这说明深圳市工业经济稳定性逐步增强，支撑工业增长动力由"一企独大"逐渐转变为"众人拾柴火焰高"。表现较为突出的是富士康集团，实现增加值 218.34 亿元，同比增长 10.5%，比上年同期提高 21.8 个百分点；对规模以上工业增长贡献率达到 6.5%，比上年同期提高 18 个百分点。

从行业结构来看，龙头企业引领行业增长，新兴产业对工业发展支撑作用仍须加强。全市前五大行业占全市规模以上工业增加值比重为 75.3%。其中，计算机、通信和其他电子设备制造业 57.9%，同比下降 2.6 个百分点；电气机械和器材制造业 6.8%，同比上升 0.9 个百分点；专用设备制造业 4.0%，同比上升 13.9 个百分点；电力、热力生产和供应业 3.7%，与上年持平；石油和天然气开采业 3.6%，同比下降 9.6 个百分点。

以华为、中兴、富士康、华星光电、联想、创维、康佳等为代表的深圳市支柱产业计算机、通信和其他电子设备制造业企业共 2092 家，占全市规模以上企业数的 31.6%。该行业比重降至六成以下，主要由于华为、中兴两家龙头企业增速放缓，同比分别下降 32.3 个、1.5 个百分点。

（二）商业运行态势良好

上半年，全市实现社会消费品零售总额 2773.91 亿元，同比增长 9.4%，增速创近 5 年来新高。其中，批发和零售业零售额 2473.33 亿元，占全市社消零 89.2%，同比增长 9.7%；住宿和餐饮业零售额 300.58 亿元，占全市社消零 10.8%，同比增长 7.1%。

一是网购零售额总量不断扩大，拉动社消零增长。上半年，通过互联网实现的商品零售额 137.06 亿元，占全市社消零 4.9%，比上年同期提高 3.2 个百分点，同比增长 46.7%，增速比上年同期高 26.6 个百分点，拉动全市社消零增速 1.7 个百分点，比上年同期高 1.4 个百分点。深圳市环球易购电子商务有限公司、深圳市分期乐网络科技有限公司等新的网络零售平台的出现，使得全市实物商品网购零售额占社消零比重不高的问题逐步得到改善（上半年两家均超 20 亿元）。

二是汽车零售额增速回归常态。经历 2015 年限购和 2016 年限外政策性因素影响的大波动，2017 年上半年汽车零售额增速回归常轨，实现商品零售额 368.28 亿元，占全市社消零 13.3%，同比增长 12.5%，增速比全市社消零高 3.1 个百分点，对社消零增长贡献率达到 17.2%。新能源乘用车国家补贴额度下调，对新能源汽车的销售造成一定的影响。

三是"吃、穿、烧、用"类商品零售额均有不同程度增长。上半年，吃类 237.9 亿元，占限额以上 13.4%，同比增长 5.2%；穿类 272.7 亿元，占限额以上 15.4%，同比增长 6.5%；烧类 144.4 亿元，占限额以上 8.1%，同比增长 8.8%；用类 1117.8 亿元，占限额以上 63.1%，同比增长 13.3%。

（三）工商业新增企业保持较好增长

全市 949 家新增工业企业实现增加值 117.70 亿元，同比增长 24.0%，对规模以上工业贡献率为 8.4%。批发业新增 1122 家，实现商品销售额 2187.9 亿元，同比增长 32.9%，增速比限额以上高 17.6 个百分点，对限额以上增长的贡献率为 47.2%；实现零售额 21.3 亿元，同比增长 59.3%，增速比限额以上高 44.2 个百分点，对限额以上零售额增长的贡献率为 35.8%。零售业新增 143 家，实现商品销售额 138.3 亿元，同比增长 43.2%，增速比限额以上高 31.8 个百分点，对限额以上增长的贡献率为 29.8%；实现零售额 120.8 亿元，同比增长 42.9%，增速比限额以上高 32.3 个百分点，对限额以上零售额增长的贡献率为 32.0%。

J. 盛夏时雨，2017年7月24日、30日和8月4日的经济形势分析，比任何往季都来得迟些，但这并不影响她的精彩

（四）营利性服务业（其他）领跑全省

营业收入达到1731.50亿元，同比增长22.8%，营收贡献率全省第一，达到52.1%。其中，互联网、软件业增长迅猛，贡献突出，实现营业收入1080.40亿元，占62.4%，同比增长31.7%，拉动行业增长11.7个百分点，贡献率为48.1%。

（五）民间投资稳步增长

上半年，全市民间投资额1074.9亿元，同比增长23.5%，占全市固定资产投资比重51.9%，逐月平稳增长（见图4）。

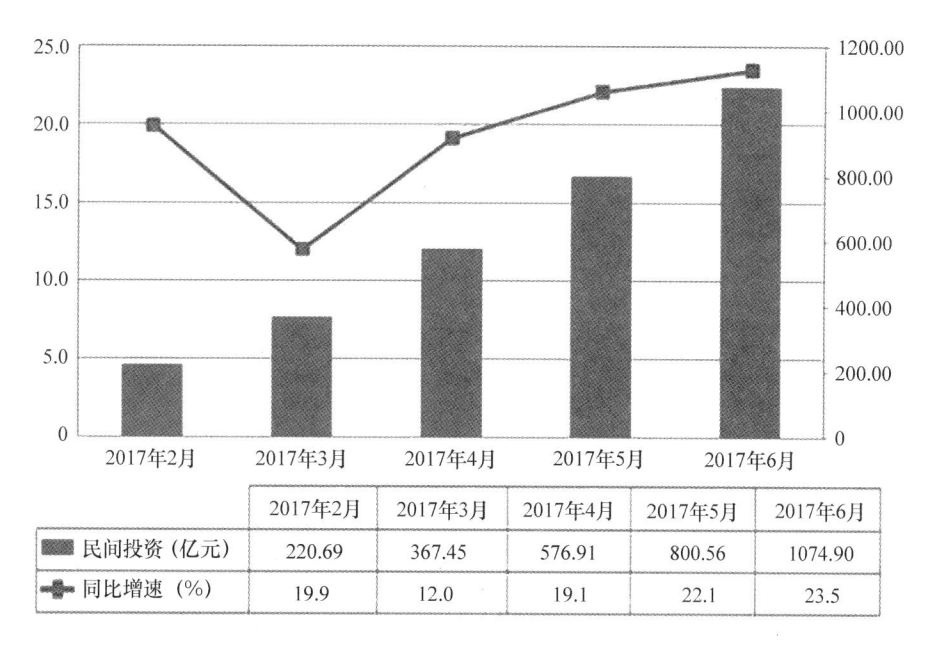

	2017年2月	2017年3月	2017年4月	2017年5月	2017年6月
民间投资（亿元）	220.69	367.45	576.91	800.56	1074.90
同比增速（%）	19.9	12.0	19.1	22.1	23.5

图4　2017年上半年民间投资情况

五　高位看基数：存在后续增长压力

全年经济增长压力集中在下半年。2012年以来，全市每年的经济增长均呈"前低后高、逐季攀升"走势，四个季度当季GDP逐季增加。这种季度走势，不断抬高下半年的基数。2016年下半年GDP占全年的比重超出上半年近11.6个百分点（见表4），2017年要完成市委、市政府全年经济增长任务，下半年的基数压力不容忽视。

表4　　　　　　　2016年深圳市各季度（当季）GDP占全年比重　　　　　　单位：%

	上半年			下半年		
	一季度	二季度	合计	三季度	四季度	合计
2016年	19.9	24.3	44.2	26.4	29.4	55.8

处于高位的核算指标或难以继续保持高速增长。核算指标是支撑GDP增长的具体动力，处于高位的核算指标增速虽对拉动GDP增长有很大贡献，但也应注意到：一方面，继续拔高增长难度将会很大；另一方面，也必将形成当期的高基数，给未来同期保持高增长带来很大压力。

表5　　　　　　　2017年上半年部分核算指标增长情况　　　　　　单位：%

序号	指标名称	一季度	上半年
1	财政预算八项支出增速	115.6	68.8
2	规模以上营利性服务业（其他）营业收入增速	23.9	22.8
3	深圳地区证券业交易额增速	46.2	26.5
4	保费收入增速	46.2	30.9
5	邮政业务总量增速	46.8	42.3
6	电信业务总量增速	46.0	61.7

如表5所示，上述6个核算指标增速均超过20%，已属于高速增长，保持增速继续提高难度很大。以财政八项支出为例，在2016年增速为63.4%的情况下，上半年保持增长68.8%相当不易，并将面临下半年内上年形成的高基数问题，还会形成下一年财政八项支出的较高基数。除此之外，规模以上营利性服务业（其他）营业收入增速、深圳地区证券业交易额增速、保费收入增速、邮政业务总量增速、电信业务总量增速5项指标，也同样面临高基数问题。

六　结构看"安全"：经济稳定性问题

（一）工业增加值占GDP比重有所下降

虽然深圳第二、第三产业结构继续维持"四六开"，工业增长平稳，但工业增加值占GDP比重较上年同期下降0.6个百分点，这对于壮大实体经济有一定

> J. 盛夏时雨，2017年7月24日、30日和8月4日的经济形势分析，比任何往季都来得迟些，但这并不影响她的精彩

的"隐忧"。

通过对体量与深圳相近几个城市的观察，随着工业增加值占GDP比重的下降，GDP增速也呈下降趋势。当上海的工业增加值占GDP比重由2008年的39.6%下降为2017年的26.0%，其GDP增速由9.7%下降为6.8%，增速下降达2.9个百分点；当广州的工业增加值占GDP比重由2008年的35.9%下降为2017年的26.1%，其GDP增速由12.5%下降为8.2%，增速下降达4.3个百分点；同样，深圳工业增加值占比由2008年的47.1%下降为2016年的36.9%，其GDP增速由14.5%下降为9.0%（见表6）。由此可基本推断，工业对稳定经济增长具有重要作用，工业增加值占GDP的比重可作为经济增长的"风向标"。重视工业生产以及确保其占GDP的比重，着实是经济"稳中求进"的"稳定器"。

表6　2008—2017年各主要城市工业增加值占GDP比重及GDP增速对比

年份	上海 工业增加值占GDP比重（%）	上海 GDP增速（%）	广州 工业增加值占GDP比重（%）	广州 GDP增速（%）	深圳 工业增加值占GDP比重（%）	深圳 GDP增速（%）	重庆 工业增加值占GDP比重（%）	重庆 GDP增速（%）
2008	39.6	9.7	35.9	12.5	47.1	14.5	36.9	16.5
2009	36.0	8.2	34.1	11.7	43.3	14.9	36.9	16.5
2010	38.0	10.3	33.9	13.2	43.3	17.1	36.2	17.4
2011	37.6	8.2	33.3	11.3	43.3	13.6	36.1	16.4
2012	35.2	7.5	31.5	10.5	41.2	10.0	36.6	13.6
2013	32.7	7.7	30.7	11.6	40.2	10.5	36.2	12.3
2014	31.2	7.0	30.3	8.6	39.8	8.8	36.3	10.9
2015	28.4	6.9	29.0	8.4	38.5	8.9	36.4	11.0
2016	26.0	6.8	27.4	8.2	36.9	9.0	34.4	10.7
2017年一季度	26.0	6.8	26.1	8.2	36.1	8.6	34.8	10.5
2017年二季度	27.0	6.9	—	—	36.3	8.8	—	—

（二）谨防出现"外壳经济"

总部经济是污染少、占地小、经济贡献大、税收贡献大的"产业"，对深圳市经济产业发展意义重大。但受工业用地供应减少、劳动力成本持续上涨等多重因素影响，相当一部分制造业企业已经或者筹备外迁生产基地。全市仅余"外壳"，而

无"里子","在深孵鸡、在外下蛋"现象时有发生,经济不安全因子增多。日前,特朗普宣布将7月17日定为"美国制造日",将7月16—22日定为"美国制造周",希望通过这一行动促进美国制造业发展,拓宽美国货销路。深圳市也应如此,不要蓝天下的"外壳经济",而要创新时空里的实体活力经济增长。

一是外迁影响全市工业增速。2017年上半年,东莞华为终端产值近1000亿,增速超过90%,预计全年仅华为一家企业外迁产值就超过2000亿,影响全市工业增速3.3%以上。全市工业多年来一直"前低后高",即年底增速高于年初,直到2015年和2016年这一规律被打破,全年增速不如年中或年初,其中最大原因就是产业尤其是华为等重点企业外迁。

二是总部产值外溢混杂现象较为普遍。6月底,省统计局来深核查工业数据质量,当场核实深圳市天珑移动技术有限公司的工业总产值涉深圳、河源两地报送,其余如分公司在外省如比亚迪汽车工业有限公司、中兴通讯股份有限公司等,省统计局未获核实与外地数据重复,但实际上也存在类似问题。

三是按产业活动单位统计将给全市工业带来很大挑战。国家统计局正准备推行按产业活动单位统计,总部企业外地分公司产值都将留在当地而无法计入深圳,全市将流失相当大的工业产值增加值,甚至可能动摇全国经济总量第四的地位。

(三)产品行业结构单一

2017年《规模以上工业产品产量目录》有577种,全市填报品种数量占国家目录的44.7%。其中,计算机、通信和其他电子设备制造业产品40种,电气机械和器材制造业产品39种,这两大行业的产品种类数量占全市产品种类的30.6%,反映出深圳市产品行业结构较单一,扛经济风险能力较弱,有必要通过产业升级引进碳纤维增强复合材料、碳纤维等新产品,大力发展生命健康产业等推动经济社会又快又好发展的新动力产业。同时,考虑淘汰铝合金、锌合金、铜材、铝材等增加值率低、污染严重的低端产业,抢占高端,培育新的经济增长点,构建优质的现代产业体系。

七 增减看回落:建议精准服务,重视外迁外溢问题

(一)证券、保险高位下降,金融业回落2.9个百分点

上半年,高速增长的证券交易额、保险收入指标较一季度回落10个百分点以

> J. 盛夏时雨，2017 年 7 月 24 日、30 日和 8 月 4 日的经济形势分析，比任何往季都来得迟些，但这并不影响她的精彩

上，金融业增速由一季度的 15.0% 回落到 12.1%，降低 2.9 个百分点。金融业对经济增长的贡献率为 21.0%，比一季度低 5.7 个百分点，拉动 GDP 增长 1.85 个百分点，比一季度减少 0.45 个百分点。下半年，随着金融业去杠杆的持续推进以及保费收入"前高后低"的走势影响，全年金融业可能存在进一步走低的可能。

（二）规模以上服务业增长存回落隐忧

一是营业收入处于第一、第二"四分位"的中小企业，同比营收增速均为负增长。从分行业营业收入"四分位"增速看，最高"四分位"营收占总体营收的 87%，而营业收入处于第一、第二"四分位"的中小企业，同比营收增速均为负增长，位于第三"四分位"的增速也仅在 3% 左右徘徊。全部 10 个行业的营收增长都是依靠大型企业营业收入的增长来拉动。二是腾讯高速增长背后隐藏风险。腾讯集团是深圳市规模以上服务业龙头企业，地位等同于工业的华为。第二季度，腾讯 5 家企业（腾讯计算机、腾讯科技、财付通科技、网域计算机和世纪凯旋）共实现营业收入 509.8 亿元，同比增长 49.6%，较上月高 9.3 个百分点，占全市营利性服务业（其他）营收 29.4%，贡献率为 52.6%。扣除腾讯后，全市纳入 GDP 核算的营利性服务业（其他）增速仅为 14.2%，下降 8.6 个百分点。腾讯所在的南山区，其营利性服务业（其他）营收一半来自腾讯，贡献率超过 70%。腾讯所占比重过大，其生产波动势必对南山、全市乃至全省服务业经济带来影响。自 2016 年年初以来，腾讯月均增速超过 40%，特别是"王者荣耀"游戏业务投入市场后，2017 年其第二季度增速达到历史最高点。但因"王者荣耀"被点名，腾讯市值一度引发较大波动，预计将对第三季度、全年增速有所影响。

（三）进出口增速减缓

1—6 月，全市进出口总额 12325.32 亿元，持续转正，同比增长 5.3%。与第一季度相比，下降 2.1%，下降幅度大于广东、低于全国。

（四）十强连锁超市、百货"五升五降"

上半年，全市十强连锁超市、百货实现商品零售额 320.98 亿元，占全市社消零 11.6%，同比增长 0.1%。在"互联网 +"的冲击下，传统超市、百货难以出现高速增长。华润万家、天虹商场、深圳茂业商厦、深圳岁宝百货、沃尔玛（深圳）百货 5 家企业有不同程度的增长，沃尔玛深国投百货、深圳岁宝连锁商业、

深圳市人人乐商业、深圳市百佳华百货等5家企业有不同程度的下降。

总的来看,2017年深圳市上下齐心协力,可望实现"一季比一季好"的目标要求,继续对标前缩后扩。从全市统计规律上看,前低后高的基数会带来下半年的增长压力。结合深圳市经济发展实际,仍须密切关注影响经济增长的因素与内生动力问题。就转型升级而言,没有最高级,只有产业与行业的安全层级,应持续在服务产业、壮大实体经济上下真功夫。

为此,建议在做强做大产业中,营造优质营商环境,深化"放、管、服"改革,施以精准服务,切实重点关注和扶持那些"权重大、经济新、成长快"的三类企业,真正做到"强恒强,优更优,新继新,快保快,弱化强",迎难不难。例如,在工业"百强"企业中,下降的企业上半年为19家,同比减少18家,这在很大程度上受益于市区联动挂点精准服务企业和相关部门有效产业政策的支持。但对下降幅度较大的"百强"企业,仍应予以跟进服务,如宇龙计算机下降46.8%,艾默生网络能源下降30.8%,硕诺科技下降28.7%,新百丽鞋业下降24.3%,辉烨通讯技术下降19%等,以期通过更有针对性的政策措施和更精细化服务,使这些影响全市经济增长的企业,下降面收窄或转负为正。

重视外迁外溢发展产生的经济缺口,总部经济要有产业落地深圳。面对近年来一些超大型企业外迁或向外布局产生的经济缺口,在加强服务企业的同时,应着力在产业、交通、城市建设等方面下足真功夫,着眼长远考虑,扎实产业经济,吸引总部经济产业项目落户深圳。

经济发展先忧从容,须有不断的"忧患"意识与"过招"能力,方得一方经济增长。多少季节多少变,经济晴雨江郎眼,得六顺强前一季,坐七看八望九,季季不松方年丰。

发言稿-3

补充汇报三句

第一句，半年经济运行：稳进向好

产业行业中的主要经济指标处于7%、8%、9%增长极，总量构成呈"四个1/4"经济象限，新经济、原关外地区增长空间较大；从趋势上说，一季比一季好，同期好于全国全省和自身近三年。

上半年全市经济总体稳进向好，如表1所示。

如表1所示，分行业看，计算机、通信和其他电子设备制造业利润总额下降9.2%，但降幅比1—5月大幅减少11.7个百分点。若剔除华为影响，增速将负转正，大幅提至35.2%，全市规模以上企业利润总额增速也将从2.1%大幅提至25.6%。1—6月，全市36个工业大类中，仅有14个行业大类出现利润负增长。其中，全市实现利润总额排名前15大行业中，除计算机、通信和其他电子设备制造业外，其余行业均实现利润总额正增长。

表1　　深圳市2017年第二季度地区生产总值情况

地区生产总值(GDP) 产业	指标名称	绝对值（亿元）	增长（%）	构成（%）	构成同比变动（百分点）	对GDP增长的贡献率（%）	对GDP拉动点数（百分点）
		9709.02	8.8	100	—	100	8.8
分产业	第一产业	4.24	21.0	0	0	0.1	0
	第二产业	3743.45	7.4	38.6	-0.4	34.2	3.0
	#先进制造业	2499.32	10.2	25.7	—	28.5	2.5
	第三产业	5961.33	9.7	61.4	0.4	65.7	5.8
	#现代服务业	4214.07	10.6	43.4	0.9	50.3	4.4

续表

地区生产总值(GDP)产业	指标名称	绝对值（亿元）	增长（%）	构成（%）	构成同比变动（百分点）	对GDP增长的贡献率（%）	对GDP拉动点数（百分点）
分行业	工业	3523.39	7.6	36.3	-0.3	33.1	2.91
	金融业	1489.59	12.1	15.3	0.3	21.0	1.85
	商业	1128.78	4.1	11.6	-0.7	6.0	0.52
	营利性服务业	1141.73	15.4	11.8	0.5	19.8	1.74
	#信息传输、软件和信息技术服务业	719.47	19.8	7.4	0.5	15.5	1.36
	房地产业	924.66	-1.4	9.5	-0.7	-1.2	-0.11
	非营利性服务业	981.36	17.5	10.1	1	17.7	1.55
	交通运输、仓储和邮政业	287.38	6.5	3	0	2.3	0.20
	建筑业	227.67	4.3	2.3	-0.1	1.2	0.11
	农林牧渔业	4.45	21.8	0	0	0.1	0

（一）主要经济指标稳进7%、8%、9%增长极

全市生产总值9709.02亿元，增长8.8%。第二产业增加值3743.45亿元，增长7.4%；第三产业增加值5961.33亿元，增长9.7%。规模以上工业增速继续发力，增加值同比增长7.8%。作为深圳市工业增长的主要拉动力，先进制造业2690.40亿元，增长10.2%。社会消费品零售总额2773.91亿元，同比增长9.4%，增速创近5年来新高，其中批发和零售业2473.33亿元，同比增长9.7%，住宿和餐饮业300.58亿元，同比增长7.1%。现代服务业4214.07亿元，增长10.6%，对GDP增长贡献率达到50.3%，拉动GDP增长4.4个百分点。

（二）总量份额构成呈"四个1/4"经济象限

在全市GDP总量中，先进制造业绝对值占GDP的25.7%，金融业和房地产业合占24.8%，营利性服务业和非营利性服务业、交通运输仓储和邮政业合占24.9%，传统工商业占24.5%。

（三）新经济、原关外地区增长空间较大

新兴产业（七大战略性新兴产业和四大未来产业）保持较好增长势头，实现

> J. 盛夏时雨，2017年7月24日、30日和8月4日的经济形势分析，比任何往季都来得迟些，但这并不影响她的精彩

增加值3936.03亿元（已剔除行业间交叉重复），增长13.9%，分别高于第一季度和上年同期1.1个与1.8个百分点，占GDP比重达到40.5%，比上年同期提高0.5个百分点；原关内、关外地区GDP总量各占全市经济"半壁江山"（原关内50.6%），但原关外整体增速高于关内，高于全市平均水平，原关内仅有南山高于全市平均水平。

（四）一季比一季好

第二季度GDP增长8.8%，好于预期0.1个百分点，比第一季度提高0.2个百分点。二、三产业占GDP比重分别为38.6%和61.4%，第三产业占GDP比重同比提高0.4个百分点，比第一季度提高0.3个百分点。

规模以上工业企业利润984.86亿元，同比增长2.1%，扭转2017年以来的持续负增长态势（见图1）。6629家规模以上企业中，亏损企业1965家，亏损总额109.7亿元，企业数和亏损额分别比1—5月下降5.5%和2.4%。利润总额增速在2011年2月触底反弹后逐渐趋好。

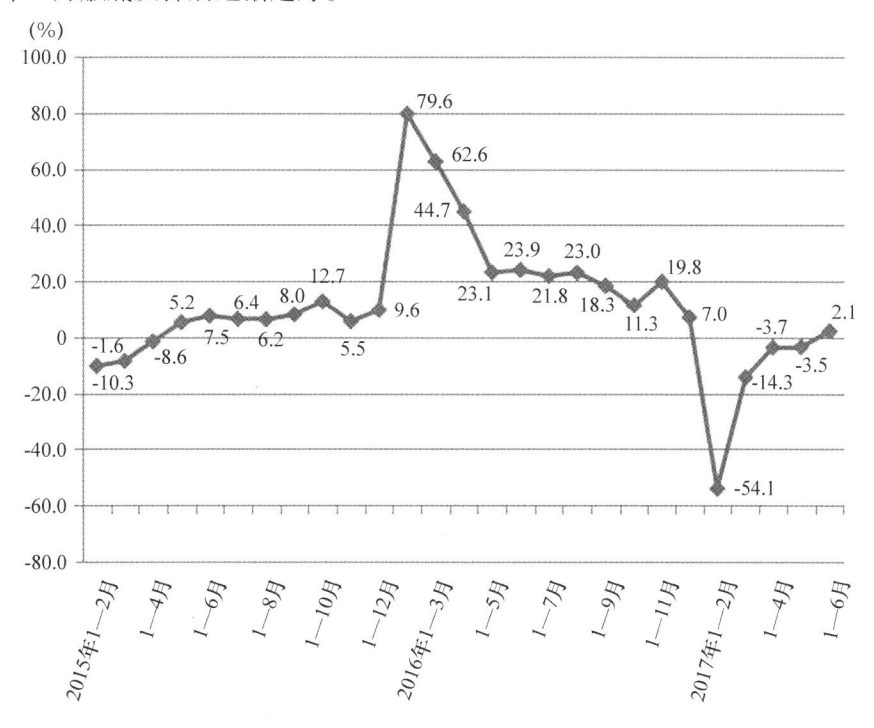

图1 2015—2017年全市规模以上工业利润总额增长情况

表2　　1—6月全市工业分行业利润总额增长情况

指标名称	利润总额 1—6月（亿元）	上年同期（亿元）	增减（%）
总计	984.86	964.77	2.1
计算机、通信和其他电子设备制造业	553.13	609.04	-9.2
电力、热力生产和供应业	57.29	53.18	7.7
石油和天然气开采业	56.20	25.67	119.0
电气机械和器材制造业	55.32	43.36	27.6
专用设备制造业	49.19	32.47	51.5
医药制造业	24.09	21.71	11.0
通用设备制造业	23.24	17.24	34.8
铁路、船舶、航空航天和其他运输设备制造业	23.03	14.18	62.4
水的生产和供应业	22.02	15.11	45.8
文教、工美、体育和娱乐用品制造业	17.49	5.71	206.1
仪器仪表制造业	15.45	11.52	34.0
石油加工、炼焦和核燃料加工业	11.73	10.01	17.2
橡胶和塑料制品业	11.43	9.43	21.2
金属制品业	8.61	4.53	89.9
燃气生产和供应业	7.56	7.41	2.1
汽车制造业	7.24	16.84	-57.0
非金属矿物制品业	5.87	6.28	-6.6
印刷和记录媒介复制业	5.38	5.27	2.2
化学原料和化学制品制造业	5.22	29.83	-82.5
农副食品加工业	4.31	5.64	-23.5
酒、饮料和精制茶制造业	4.31	4.36	-1.1
烟草制品业	3.72	4.33	-14.1
其他制造业	2.93	2.52	16.3
纺织业	2.63	1.50	74.7
有色金属冶炼和压延加工业	1.90	0.80	136.7
纺织服装、服饰业	1.59	1.84	-13.8
家具制造业	1.27	1.39	-9.0
造纸和纸制品业	1.13	0.69	63.2

J. 盛夏时雨，2017 年 7 月 24 日、30 日和 8 月 4 日的经济形势分析，比任何往季都来得迟些，但这并不影响她的精彩

续表

指标名称	利润总额 1—6 月（亿元）	上年同期（亿元）	增减（%）
金属制品、机械和设备修理业	0.83	0.58	44.0
皮革、毛皮、羽毛及其制品和制鞋业	0.67	0.89	-24.5
黑色金属冶炼和压延加工业	0.33	0.08	319.6
木材加工和木、竹、藤、棕、草制品业	0.08	0.09	-8.6
废弃资源综合利用业	0.08	0.01	639.0
化学纤维制造业	0.04	0.07	-34.6
食品制造业	-0.08	0.35	-122.8
开采辅助活动	-0.38	0.83	-145.8

（五）同期好于全国全省和自身近三年

自 2012 年上半年开始，全市 GDP 增速一直大幅领先于全国、全省平均水平，每年呈现逐季走高的态势。上半年，全市 GDP 增速高于全国 1.9 个百分点，高于全省 1.0 个百分点，均比第一季度提高 0.2 个百分点（见图 2）。

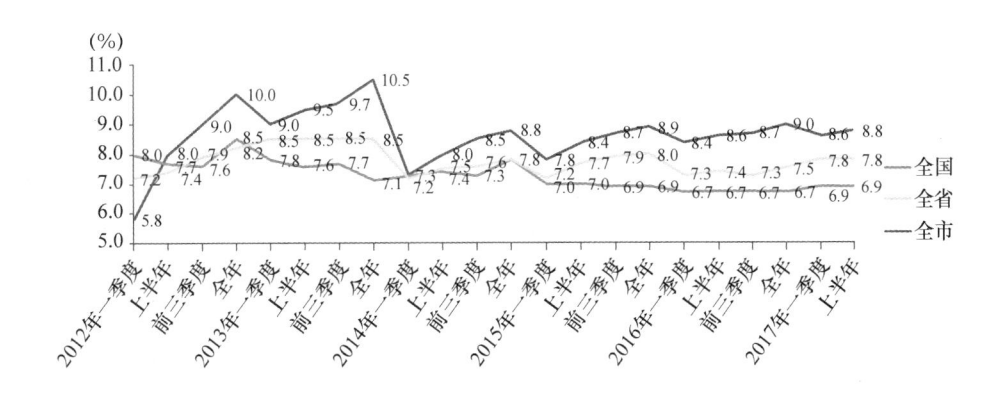

图 2　2012—2017 年全国、全省、全市各季度累计 GDP 增速（%）

自 2015 年上半年以来，全市各季度（累计）GDP 增速一直保持在 8.4%—9.0%（见表 3）。2014 年上半年、2015 年上半年、2016 年上半年以及 2017 年上半年，GDP 增速逐年上升，增速分别为 8.0%、8.4%、8.6% 以及 8.8%。

表3　　　　2012—2017年全国、全省、全市各季度累计GDP情况　　　　单位：亿元，%

年份	季度累计	全国 总量	全国 增速	全省 总量	全省 增速	深圳 总量	深圳 增速	占全国比重	占全省比重
2012	一季度	103119	8.0	11510.80	7.2	2507.37	5.8	2.43	21.78
2012	上半年	220216	7.7	26200.92	7.4	5474.10	8.0	2.49	20.89
2012	前三季度	343553	7.6	40685.76	7.9	9123.37	9.0	2.66	22.42
2012	全年	532872	8.5	57067.92	8.2	12971.47	10.0	2.43	22.73
2013	一季度	111128	7.8	12612.88	8.5	2750.91	9.0	2.48	21.81
2013	上半年	236961	7.6	28465.92	8.5	6013.77	9.5	2.54	21.13
2013	前三季度	370007	7.7	44471.53	8.5	10083.34	9.7	2.73	22.67
2013	全年	583197	7.1	62474.79	8.5	14572.67	10.5	2.50	23.33
2014	一季度	119271	7.3	13636.91	7.2	2953.25	7.3	2.48	21.66
2014	上半年	254436	7.4	30879.09	7.5	6460.78	8.0	2.54	20.92
2014	前三季度	396907	7.3	48130.36	7.6	10895.22	8.5	2.75	22.64
2014	全年	634043	7.8	67809.85	7.8	16001.82	8.8	2.52	23.60
2015	一季度	127581	7.0	14948.57	7.2	3494.42	7.8	2.74	23.38
2015	上半年	272177	7.0	34526.64	7.7	7550.11	8.4	2.77	21.87
2015	前三季度	424409	6.9	52522.38	7.9	12376.66	8.7	2.92	23.56
2015	全年	676708	6.9	72812.55	8.0	17502.99	8.9	2.59	24.04
2016	一季度	157691	6.7	17272.24	7.3	3887.90	8.4	2.47	22.51
2016	上半年	340637	6.7	37357.57	7.4	8608.88	8.6	2.53	23.04
2016	前三季度	529971	6.7	57061.17	7.3	13768.36	8.7	2.60	24.13
2016	全年	744127	6.7	79512.05	7.5	19492.60	9.0	2.62	26.20
2017	一季度	180683	6.9	19438.10	7.8	4584.27	8.8	2.54	23.58
2017	上半年	381490	6.9	41957.84	7.8	9709.02	8.8	2.55	23.14

第二句，下半年GDP相关指标增长：高位过坎

主要面临"五高"：2016年形成基数高，下半场（年）经济份额高，增长速度相对高，多项指标落点高，影响因素关联度高。

（一）2016年形成基数高

2016年，全市GDP总量已超过1.94万亿元（见表4）。2017年的经济增长是

> J. 盛夏时雨，2017年7月24日、30日和8月4日的经济形势分析，比任何往季都来得迟些，但这并不影响她的精彩

建立在全市GDP总量近2万亿元的高基数上，与过去相比，GDP每增长一个点需要的总量更多。现在，全市GDP每增长1个百分点的增量，在不考虑价格因素的情况下，相当于5年前1.7个百分点、10年前3.3个百分点的增量。经济规模越大，增长的难度也越大。

表4　　　　　　　　2014—2016年全市GDP总量、增速及增量　　　　　单位：亿元，%

年份	GDP总量	当年GDP增量	GDP增速
2014	16001.82	1429.15	8.8
2015	17502.86	1501.04	8.9
2016	19492.60	1989.74	9.0

（二）下半场（年）经济份额高

近几年，全市每年的经济增长均呈"前低后高、逐季攀升"走势，四个季度当季GDP逐季增加。这种季度走势，抬高了下半年的基数，将年度经济增长目标任务的完成压力集中在下半年。2016年下半年，GDP占全年的比重为55.8%，超出上半年近11.6个百分点，2017年要完成市委、市政府全年经济增长9.0%左右的任务，下半年的基数压力不容忽视（见表5）。

表5　　　　　2015—2016年深圳市各季度（当季）GDP占全年比重　　　　单位：%

	上半年			下半年		
	一季度	二季度	合计	三季度	四季度	合计
2015年	20.0	23.1	43.1	27.6	29.3	56.9
2016年	19.9	24.3	44.2	26.4	29.4	55.8

（三）增长速度相对高

2014年以来，在全国、全省经济增速整体放缓的背景下，深圳市经济增长逆势上升，每年提升0.1个百分点。前三年全市有较快的经济增长，使得2017年增长一个百分点的代价越来越大。上半年，全市经济增长继续保持高于2014—2016年同期水平（见表6），继续保持位于"北上广深"四大一线城市首位。

表6　　　　　全国、广东、深圳 2014—2016 年 GDP 增速　　　　单位：%

年份 区域	2014	2015	2016
全国	7.8	6.9	6.7
广东	7.8	8.0	7.5
深圳	8.8	8.9	9.0

（四）多项指标落点高

证券、保险高位下降，金融业回落 2.9 个百分点。高速增长的证券交易额、保险收入指标较一季度回落 10 个百分点以上，金融业增速由一季度的 15.0% 回落到 12.1%，降低 2.9 个百分点。下半年，随着金融业去杠杆的持续推进以及保费收入"前高后低"的走势影响，全年金融业可能存在进一步走低的可能。

（五）规模以上服务业增长存高位回落隐忧

其中，营业收入处于第一、第二"四分位"的中小企业同比营收增速均为负增长，全部 10 个行业的营收增长都是依靠大型企业营业收入增长来拉动。二季度，腾讯系 5 家企业（腾讯计算机、腾讯科技、财付通科技、网域计算机和世纪凯旋）共实现营业收入 509.8 亿元，同比增长 49.6%，较上月高 9.3 个百分点，占全市营利性服务业（其他）营收 29.4%，贡献率 52.6%。但因"王者荣耀"被点名后，腾讯市值一度引发较大波动，预计将对三季度、全年增速有所影响。

固定资产投资增速收窄。上半年固定资产投资额 2071.6 亿元，同比增长 30.6%，比 1—5 月回落 2.7%。下半年还面临 2016 年的较高基数，料将继续回落。

进出口增速减缓。1—6 月，深圳市进出口总额 12325.32 亿元，持续转正，同比增长 5.3%。与一季度相比下降 2.1%，下降幅度大于广东、低于全国。

十强连锁超市、百货"五升五降"。上半年全市十强连锁超市、百货实现商品零售额 320.98 亿元，占全市社消零 11.6%，同比增长 0.1%，在"互联网＋"的冲击下，传统超市、百货难以出现高速增长。华润万家、天虹商场、深圳茂业商厦、深圳岁宝百货、沃尔玛（深圳）百货等 5 家企业有不同程度的增长，沃尔玛深国投百货、深圳岁宝连锁商业、深圳市人人乐商业、深圳市百佳华百货等 5 家企业有不同程度的下降。

影响因素关联度高。从 23 个季度 GDP 核算指标看，规模以上工业增加值、规

> J. 盛夏时雨，2017年7月24日、30日和8月4日的经济形势分析，比任何往季都来得迟些，但这并不影响她的精彩

模以上营利性服务业营业收入（其他）、本外币存款余额、商品房销售面积和财政八项支出等指标增速是影响GDP增速的五个最大指标。

从上述五个指标上半年的走势看，规模以上工业增速稳中略进，发挥了"稳定器"的作用；规模以上其他营利性服务业增速、本外币存款余额增速略有回落；商品房销售面积降幅大为收窄，但仍然负增长，对GDP增长呈负拉动；财政八项支出增速高位回落。

此外，四项交通运输周转量指标增速较低，水路运输总周转量增速负增长2.9%，公路、航空、铁路运输总周转量增长均为个位数，且在5%左右。虽单个指标对GDP影响程度较低，但此四项指标均提升一个百分点，对全市GDP增速的影响约为0.02个百分点，也须加以关注。

第三句，着眼未来发展：先忧从容

一忧产业结构不够稳定；二忧"外壳经济"出现；三忧外迁外溢产业企业过快。

（一）忧产业结构不够稳定

虽然全市第二、第三产业结构继续维持"四六开"，工业增长平稳，但工业增加值占GDP比重较上年同期下降0.6个百分点，这对于壮大实体经济有一定的"隐忧"。

通过对体量与全市相近的几个城市观察，随着工业增加值占GDP比重的下降，GDP增速也呈下降趋势。当上海的工业增加值占GDP比重由2008年的39.6%下降为2017年的26.0%，其GDP增速由9.7%下降为6.8%，增速下降达2.9个百分点；当广州的工业增加值占GDP比重由2008年的35.9%下降为2017年的26.1%，其GDP增速由12.5%下降为8.2%，增速下降达4.3个百分点。同样，全市工业增加值占比由2008年的47.1%下降为2016年的36.9%，其GDP增速由14.5%下降为9.0%。由此可基本推断，工业对稳定经济增长具有重要作用，工业增加值占GDP比重可作为经济增长的"风向标"。重视工业生产以及确保其占GDP中的比重，着实是经济"稳中求进"的"稳定器"。就转型升级而言，没有最高级，只有产业与行业的安全层级，应持续在服务产业、壮大实体经济上下真功夫。

表7　2008—2017年各主要城市工业增加值占GDP比重及GDP增速对比（%）

年份	北京 工业增加值占GDP比重	北京 GDP增速	上海 工业增加值占GDP比重	上海 GDP增速	广州 工业增加值占GDP比重	广州 GDP增速	深圳 工业增加值占GDP比重	深圳 GDP增速	天津 工业增加值占GDP比重	天津 GDP增速
2008	19.2	9.1	39.6	9.7	35.9	12.5	47.1	14.5	50.9	16.5
2009	19.0	10.2	36.0	8.2	34.1	11.7	43.3	14.9	48.2	16.5
2010	19.6	10.3	38.0	10.3	33.9	13.2	43.3	17.1	47.8	17.4
2011	18.8	8.1	37.6	8.2	33.3	11.3	43.3	13.6	48.0	16.4
2012	18.4	7.7	35.2	7.5	31.5	10.5	41.2	10.0	47.5	13.8
2013	18.0	7.7	32.7	7.7	30.7	11.6	40.2	10.5	46.3	12.5
2014	17.6	7.3	31.2	7.0	30.3	8.6	39.8	8.8	45.0	10.0
2015	16.1	6.9	28.4	6.9	29.0	8.4	38.5	8.9	42.2	9.3
2016	15.6	6.7	26.0	6.8	27.4	8.2	36.9	9.0	40.5	9.0
2017年一季度	15.6	6.9	26.0	6.8	26.1	8.2	36.1	8.6	41.8	8.0
2017年上半年	14.5	6.8	27.0	6.9	27.1	7.9	36.3	8.8	41.1	6.9

忧"外壳经济"出现。总部经济是污染少、占地小、经济贡献大、税收贡献大"产业"，对深圳市经济产业发展意义重大。但受工业用地供应减少、劳动力成本持续上涨等多重因素影响，其中相当一部分制造业企业已经或者筹备外迁生产基地。深圳市仅余"外壳"，而无"里子"，"在深孵鸡、在外下蛋"现象时有发生，经济不安全因子增多。美国产业空心化严重，新兴产业又难以突破。目前，特朗普宣布将7月17日定为"美国制造日"，将7月16日至22日定为"美国制造周"。美国的再工业化，简单讲就是替代进口，依托北美巨大内需自产自销。深圳市也应坚持依托实体思路，不要蓝天下的"外壳经济"，而要创新时空里的实体活力经济增长。

目前，国家统计局正准备推行按产业活动单位统计，总部企业外地分公司产值都将留在当地而无法计入深圳，深圳市将流失相当大的一部分工业产值增加值，甚至可能动摇全国经济总量第四的地位。

忧外迁外溢产业企业过快。外迁影响全市工业增速。今年上半年东莞华为终端产值近1000亿，增速超过90%，其2016年增速68%，预计全年仅华为一家企业

> J. 盛夏时雨，2017年7月24日、30日和8月4日的经济形势分析，比任何往季都来得迟些，但这并不影响她的精彩

外迁产值就超过2000亿，相当半个2016年的深圳华为、可能1/3的2017年总华为经济总量，影响全市工业增速3.3%以上。深圳市工业多年来一直"前低后高"，即年底增速高于年初，直到2015年和2016年这一规律被打破，全年增速不如年中或年初，其中最大原因就是产业尤其是华为等重点企业外迁。产值外溢混杂现象较为普遍。6月底省统计局来深核查工业数据质量，当场核实深圳市天珑移动技术有限公司的工业总产值涉深圳、河源两地报送，其余如分公司在外省如比亚迪汽车工业有限公司、中兴通讯股份有限公司等，省统计局未获核实与外地数据重复，但实际上也存在类似问题。

为此，建议在做强做大产业中营造优质营商环境，深化"放、管、服"改革，施以精准服务，切实重点关注和扶持"权重大、经济新、成长快"这三类企业，真正做到"强恒强，优更优，新继新，快保快，弱化强"，迎难不难。如，在工业百强企业中下降的企业上半年为19家，同比减少18家，这在很大程度上受益于市区联动挂点精准服务企业和相关部门有效产业政策的支持。但对下降幅度较大的百强企业仍应引起进一步予以跟进服务，如宇龙计算机下降46.8%，艾默生网络能源下降30.8%，硕诺科技下降28.7%，新百丽鞋业下降24.3%，辉烨通讯技术下降19%等企业，以期通过更有针对性的政策措施和更精细化服务，使这些拖累全市增长的企业下降面收窄或转负为正。

同时，重视外迁外溢发展产生经济缺口，总部经济要有产业落地深圳。面对近年一些超大型企业外迁或向外布局产生经济缺口，在加强服务企业的同时，应着力在产业、交通、城市建设等方面下足真功夫，着眼长远考虑，扎实产业经济，更多更强吸引总部经济产业项目落户深圳。

经济发展先忧从容，需有不断的"忧患"意识与"过招"能力，方得一方经济增长。多少季节多少变，经济晴雨江郎眼，得六顺强前一季，坐七看八望九，季季不松方年丰。

新闻通稿

2017年上半年全市经济稳进向好

上半年，在深圳市委、市政府的坚强领导下，全市上下认真学习贯彻习近平总书记系列重要讲话和批示精神，坚持稳中求进工作总基调，以推进供给侧结构性改革为主线，积极践行新发展理念，以"四个坚持、三个支撑、两个走在前列"为统领，加快建设现代化国际化创新型城市和国际科技、产业创新中心，全力打造社会主义现代化先行区，主要经济指标好于预期，全市经济稳进向好。

一 主要经济指标稳进向好

（一）经济稳步增长

初步核算并经广东省统计局审定，上半年全市生产总值9709.02亿元，按可比价计算，比上年同期（下同）增长8.8%，增幅比一季度和上年同期均提高0.2个百分点，高于全国和全省1.9个、1.0个百分点。分产业看，第一产业增加值4.24亿元，增长21.0%；第二产业增加值3743.45亿元，增长7.4%；第三产业增加值5961.33亿元，增长9.7%。

第二、第三产业结构由上年同期的39.0:61.0调整为38.6:61.4，三产占GDP比重同比提高0.4个百分点。第三产业中，批发和零售业增加值969.14亿元，增长4.9%；住宿和餐饮业增加值159.64亿元，下降0.7%；交通运输、仓储和邮政业增加值287.38亿元，增长6.5%；金融业增加值1489.59亿元，增长12.1%；房地产业增加值924.66亿元，下降1.4%；其他服务业增加值2123.09亿元，增长16.3%。

（二）工业生产向好增长

上半年，全市规模以上（下同）工业增加值3596.30亿元，增长7.8%，增幅

J. 盛夏时雨，2017年7月24日、30日和8月4日的经济形势分析，比任何往季都来得迟些，但这并不影响她的精彩

比一季度提高0.2个百分点，创2017年以来最高增幅，比上年同期提高0.3个百分点，与2015年同期持平，达2014年以来同期最大值，高于全国和全省0.9个、0.6个百分点。其中，股份制企业增长9.1%，外商及中国港澳台商投资企业增长5.3%。

前十行业有八行业正增长。前十大行业增加值3094.20亿元，占规模以上工业增加值比重86.0%。其中，除了石油和天然气开采业、金属制品业有所下降外，其他八大行业均有不同程度的增长，特别是前三大行业计算机及其他电子设备制造业增长8.6%，电气机械和器材制造业增长9.1%，专用设备制造业增长17.4%。

工业高端化进展趋势良好。先进制造业（新口径）和高技术制造业增加值分别为2499.32亿元和2335.21亿元，增幅分别为10.2%和9.7%，分别比一季度提高2.2个、0.5个百分点，分别高于规模以上工业增加值增速2.4个、1.9个百分点，占规模以上工业增加值比重分别达到69.5%和64.9%。

工业"百强"企业贡献较大。工业"百强"企业增加值2206.96亿元，增长10.8%，高出规模以上工业增加值增速3.0个百分点，占规模以上工业增加值比重61.4%，对规模以上工业增长贡献率为81.4%。

（三）固定资产投资增速连续3个月保持在30%以上

上半年，全市固定资产投资2071.60亿元，增长30.6%，增幅比一季度和上年同期均提高6.3个百分点，高于全国22.0个百分点。

基础设施和非房地产开发投资较快增长。基础设施投资460.67亿元，增长45.5%；建安工程投资1270.67亿元，增长23.4%。房地产开发投资945.19亿元，增长25.3%；非房地产开发投资1126.41亿元，增长35.4%。

工业和工业技改投资高位增长。工业投资320.25亿元，增长54.8%，其中工业技术改造投资140.00亿元，增长151.5%；第三产业投资1752.85亿元，增长27.1%。

民间投资增速高于全国。民间投资1074.90亿元，增长23.5%，增幅高于全国16.3个百分点，占固定资产投资比重51.9%。

（四）消费市场持续回暖

上半年，全市社会消费品零售总额2773.91亿元，增长9.4%，增幅比一季度提高0.3个百分点，达2017年以来最高增幅，比上年同期提高1.3个百分点，创

2013 年以来同期新高。其中,批发和零售业零售额 2473.34 亿元,增长 9.7%;住宿和餐饮业 300.58 亿元,增长 7.1%。

前十大商品销售类别中,有八类实现正增长。上半年,全市商品销售额 14133.74 亿元,增长 13.1%,同比提高 10.3 个百分点。其中,文化办公用品类增长 42.8%,家用电器和音响器材类增长 38.2%,食品饮料烟酒类增长 20.4%,日用品类增长 12.6%,体育娱乐用品类增长 11.8%,通信器材类增长 5.3%,书报杂志类增长 4.6%,服装鞋帽针织类增长 4.4%,金银珠宝类下降 4.0%,汽车类下降 4.8%。

(五) 规模以上服务业增势良好

据调查,二季度全市规模以上服务业(不含金融、房地产开发、批零住餐等行业)实现营业收入 3337.8 亿元,增长 17.5%,增速位居全省前列。

主导产业驱动作用增强。交通运输仓储和邮政业、信息传输软件和信息技术服务业、租赁和商务服务业三大主导行业保持平稳较快增长,分别实现营业收入 852.1 亿元、1270.3 亿元和 568 亿元,分别增长 19.1%、26.6% 和 11.1%,拉动规模以上服务业营业收入增长 16.2 个百分点,合计实现利润总额 811.7 亿元,占全部规模以上服务业九成以上。

(六) 进出口增幅有所回升

据海关统计,上半年全市进出口总额 12325.32 亿元,增长 5.3%,增幅虽比一季度回落 2.1 个百分点,但比 1—5 月提高 1.0 个百分点,比上年同期提高 6.8 个百分点,达 2017 年以来次高增速。其中,出口总额 7448.48 亿元,增长 6.1%,增幅比 1—5 月提高 0.9 个百分点,比上年同期提高 7.4 个百分点;进口总额 4876.83 亿元,增长 4.0%,增幅比 1—5 月提高 1.1 个百分点,比上年同期提高 5.7 个百分点。

(七) 一般公共预算收入平稳增长

上半年,全市一般公共预算收入 1845.75 亿元,按同口径增长 12.3%,比一季度提高 1.4 个百分点,按自然口径增长 5.2%,比一季度提高 2.4 个百分点;一般公共预算支出 2395.30 亿元,增长 60.3%,比一季度回落 110.8 个百分点。

> J. 盛夏时雨，2017年7月24日、30日和8月4日的经济形势分析，比任何往季都来得迟些，但这并不影响她的精彩

（八）本外币存贷款增速有所回落

截至6月末，全市金融机构（含外资）本外币存款余额68058.96亿元，增长10.5%，比一季度回落0.5个百分点；全市金融机构（含外资）本外币贷款余额43433.82亿元，增长17.8%，比一季度回落2.2个百分点。

（九）CPI涨幅持续低位运行

6月，全市居民消费价格总水平（CPI）同比上涨1.4%，其中食品价格下降0.4%，非食品价格上涨1.8%，消费品价格上涨1.4%，服务价格上涨1.4%；环比微涨0.2%，其中食品价格上涨0.8%，非食品价格上涨0.1%，消费品价格上涨0.1%，服务价格上涨0.4%。

二 新经济动能不断增强

（一）新增企业增长较快

上半年，新增规模以上工业企业949家，实现增加值117.70亿元，增长24.0%，高于全市16.2个百分点；新增限额以上批发业企业1122家，实现商品销售额2187.9亿元，增长32.9%，高于全市限额以上17.6个百分点；新增限额以上零售业企业143家，实现商品销售额138.3亿元，增长43.2%，高于全市限额以上31.8个百分点；新增限额以上住宿业企业17家，实现营业额2.3亿元，增长48.2%，高于全市限额以上40.5个百分点；新增限额以上餐饮业企业74家，实现营业额6.3亿元，下降2.5%，低于全市限额以上8.5个百分点；新增规模以上服务业企业930家，实现营业收入400.9亿元，增长30.2%，高于全市12.7个百分点。

（二）新经济助力经济增长

新兴产业（七大战略性新兴产业和四大未来产业）保持较好增长势头，上半年实现增加值3936.03亿元（已剔除行业间交叉重复），增长13.9%，分别高于一季度和上年同期1.1个和1.8个百分点，占GDP比重达到40.5%，比上年同期提高0.5个百分点。其中，新一代信息技术增加值1921.67亿元，增长12.6%；互联网468.56亿元，增长18.4%；新材料182.02亿元，增长15.8%；生物122.61亿元，增长18.0%；新能源286.67亿元，增长26.9%；节能环保285.28亿元，增

长 16.6%；文化创意 1014.73 亿元，增长 12.6%；海洋产业 192.62 亿元，增长 19.1%；航空航天 55.70 亿元，增长 34.4%；生命健康 40.04 亿元，增长 10.6%；机器人、可穿戴设备和智能装备 267.55 亿元，增长 18.8%。

新业态中，195 家供应链企业共创造增加值 70.8 亿元，占 GDP 的 0.7%；新增 1356 家商业企业共创造增加值 119.3 亿元，占 GDP 比重为 1.2%。

新模式（主要是商业综合体及大个体）创造增加值 231.0 亿元，占 GDP 比重为 2.4%，其中城市商业综合体增加值 44.2 亿元，大个体增加值 186.8 亿元。

总的来看，上半年全市经济稳中有进、稳中向好，主要指标表现良好，为下半年经济持续健康发展打下良好基础。但也要看到，国内外不确定性因素依然较多，要居高思危。下阶段，要按照市委、市政府部署要求，更加紧密地团结在以习近平同志为核心的党中央周围，深刻把握习近平总书记重要指示批示精神，以"四个坚持、三个支撑、两个走在前列"为统领，加快建设现代化国际化创新型城市和国际科技、产业创新中心，全力打造社会主义现代化先行区，争当供给侧结构性改革排头兵，推动整体经济持续健康发展。

附注：

（1）国内生产总值、规模以上工业增加值及其分类项目增长速度按可比价计算，为实际增长速度；其他指标除特殊说明外，按现价计算，为名义增长速度。

（2）2012 年起，执行新的国民经济行业分类标准（GB/T 4754—2011），具体内容请参见国家统计局网站。

（3）规模以上工业统计范围为年主营业务收入 2000 万元及以上的工业企业。

（4）社会消费品零售总额统计中，限额以上单位是指年主营业务收入 2000 万元及以上的批发业企业（单位）、500 万元及以上的零售业企业（单位）、200 万元及以上的住宿和餐饮业企业（单位）。

（5）固定资产投资统计范围为计划总投资 500 万元以上的固定资产项目投资及所有房地产开发项目投资。

（6）进出口数据来源于深圳海关；一般公共预算收入数据来源于市财政委；CPI 数据来源于国家统计局深圳调查队。

（7）其他服务业是第三产业中除了交通运输仓储和邮政业、批发和零售业、住宿和餐饮业、金融业、房地产业之外的其他服务业，是现代服务业的重要组成部分，包括营利性服务业和非营利性服务业。营利性服务业包括信息传输软件和信息

> J. 盛夏时雨，2017年7月24日、30日和8月4日的经济形势分析，比任何往季都来得迟些，但这并不影响她的精彩

技术服务业、租赁和商务服务业、居民服务修理和其他服务业、文化体育和娱乐业；非营利性服务业包括科学研究和技术服务业、水利环境和公共设施管理业、教育、卫生和社会工作、公共管理社会保障和社会组织、国际组织。

（8）新兴产业之间有交叉重复情况，但新兴产业增加值合计数扣除了重复，因此各产业数据之和大于合计数。

（9）部分数据因四舍五入，存在总计与分项合计不等的情况。

附图：

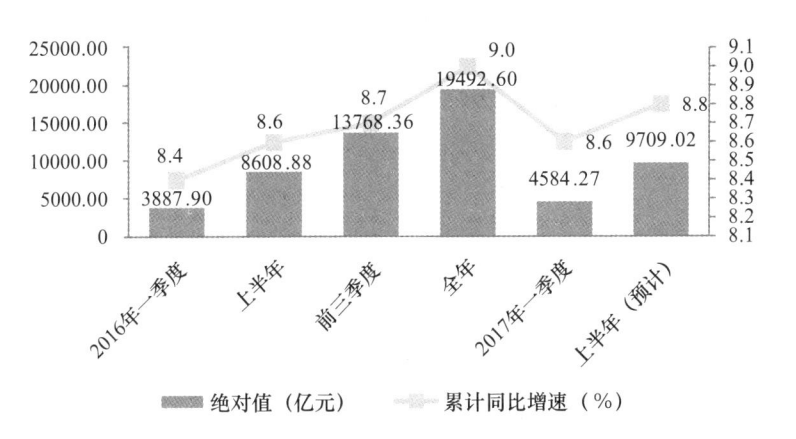

附图1　2016—2017年深圳GDP各季度累计总量及同比增速

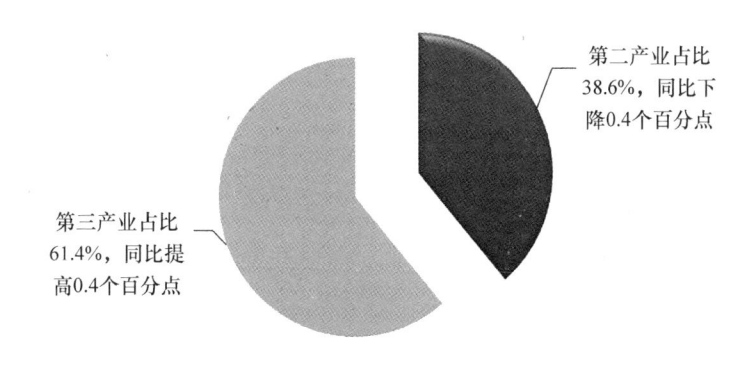

附图2　2017年上半年深圳第二、第三产业构成变化

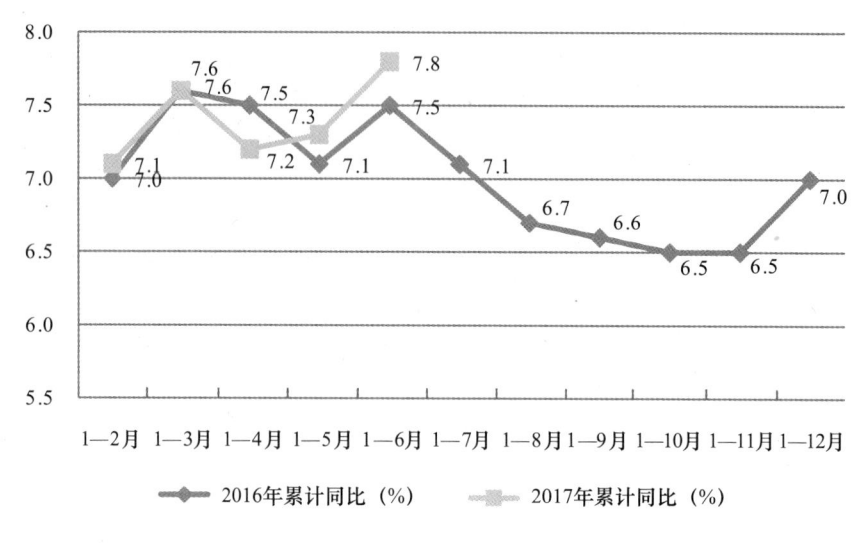

附图3 2016—2017年深圳规模以上工业增加值各月累计增速

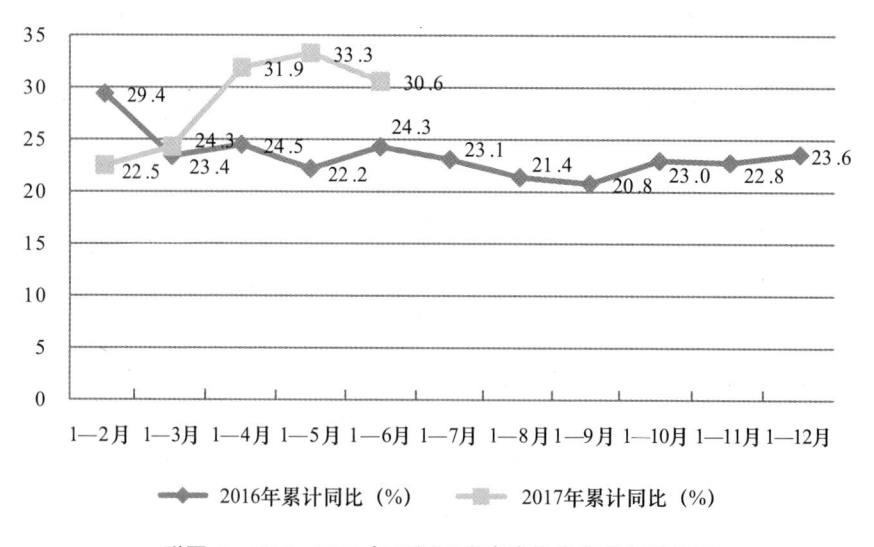

附图4 2016—2017年深圳固定资产投资各月累计增速

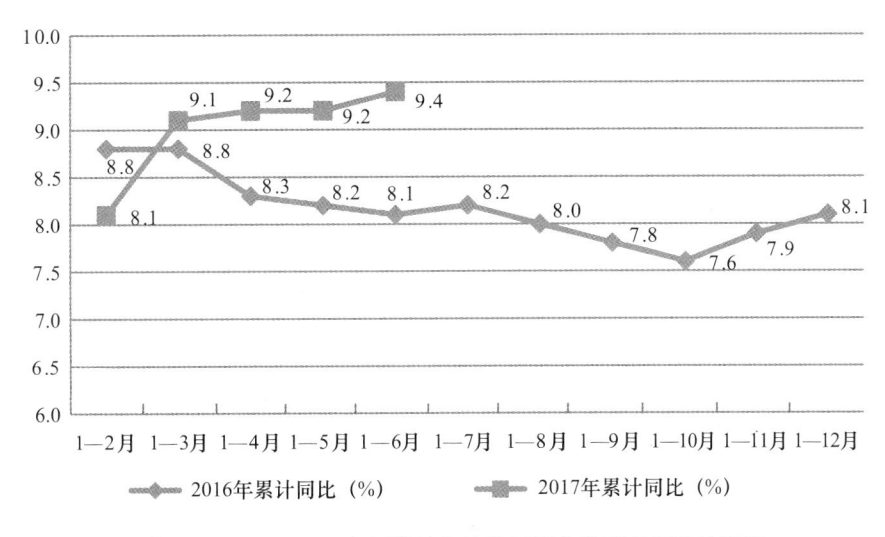

J. 盛夏时雨，2017 年 7 月 24 日、30 日和 8 月 4 日的经济形势分析，比任何往季都来得迟些，但这并不影响她的精彩

附图 5 2016—2017 年深圳社会消费品零售总额各月累计增速

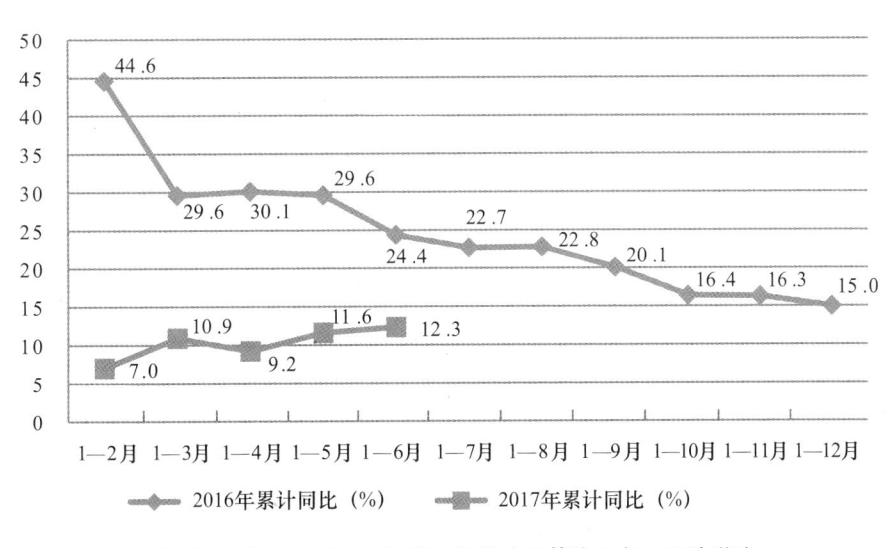

附图 6 2016—2017 年深圳一般公共预算收入各月累计增速

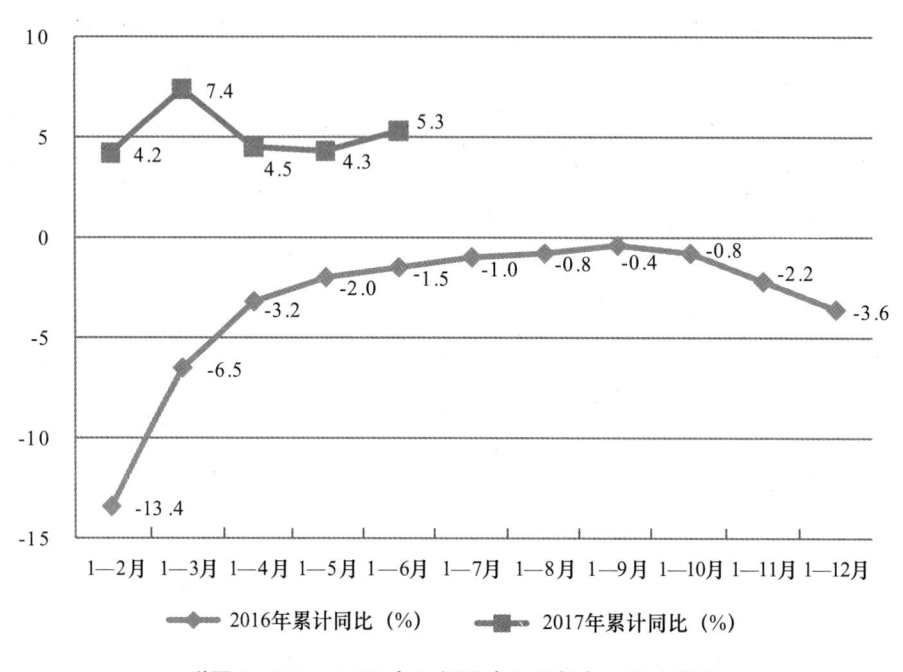

附图7 2016—2017年深圳进出口总额各月累计增速

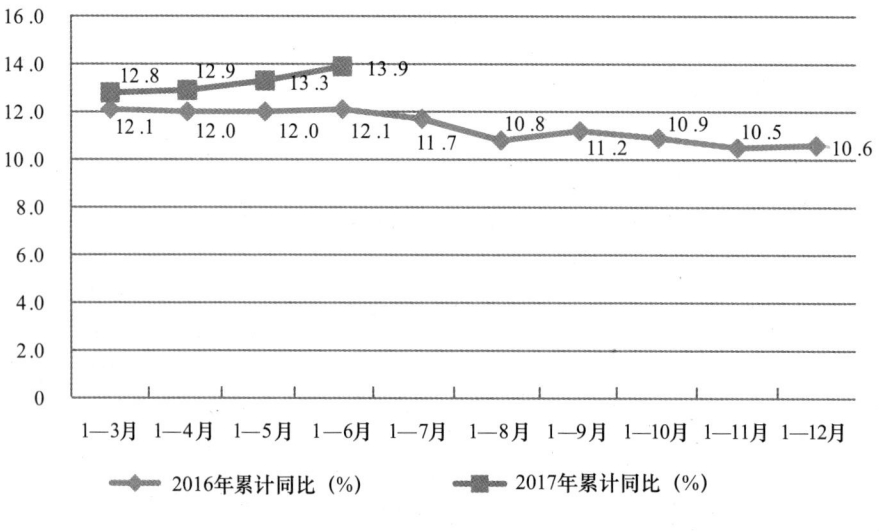

附图8 2016—2017年深圳新兴产业各季度累计增速

上半年深圳经济稳进向好

深圳商报

SHENZHEN ECONOMIC DAILY

2017年7月27日 星期四

深圳上半年经济增长8.8%

全市生产总值达9709亿元；主要经济指标好于预期、稳中向好

- 金融业增加值达1489.59亿元，增长12.1%
- 规模以上工业增加值增幅今年来最高
- 固定资产投资增速超30%
- 新兴产业增加值增长13.9%，占GDP的比重达40.5%
- 消费品市场持续回暖，达今年以来最高增幅
- 规模以上服务业增长向好
- 进出口增幅有所回升
- 一般公共预算收入平稳增长

BRIEF

壮大实体经济 政协委员支招
昨日，深圳市政协六届十二次常委会议"壮大实体经济"专题协商会议召开。深圳商报记者 钟华登 摄

创新驱动发展 深圳企业巡礼
帮中小微企业破解融资难题
宝安区金融超市：打造一站式综合金融服务平台，实现金融超市全天候"不落幕"

地铁12号线计划设站33座
起自左炮台站，终至海上田园东站；计划2022年通车

"重磅人物"现身 谣言不攻自破
"红通"逃犯裴文贵海外"爆料"真相再调查

深圳本地戏剧暑期能量爆发
最新创作10台戏剧这个暑期集中上演

央企集聚宝安 发展势头强劲
央企"扎堆"2017宝安产业发展博览会

深新传媒举行挂牌暨战略发布会

深化媒体融合 推动文化创新

第十九届国际植物学大会

深圳绿化向天空借地

植物与建筑的友好"对话"首次亮相IBC

深圳全城热恋植物学

中科院仙湖植物园与覃严俸云植物保种中心携手

建生物多样性保育平台

让实体经济成为深圳的"取胜之匙"

财经观察

本报评论员 胡蓉

上半年深圳GDP同比增8.8%

深圳经济"半年报"发布；代市长陈如桂表示，将做大做强实体经济

晶报讯 昨日，在市政协大展十二次常委会议上，深圳市委副书记、代市长陈如桂介绍了全市上半年经济社会运行情况、城市建设管理情况、民生实事推进情况以及目前关注和思考的有关问题，并就粤港澳大湾区规划、人才引进、城市营商环境、城市管理精细、重大项目建设等问题，和政协委员进行交流。

今年以来，全市上下深入贯彻习近平总书记对广东、深圳工作的重要批示指示精神，落实省委、省政府对市委的决策部署，按照中央推进工作总基调和省第十二次党代会决策部署，在市委的正确领导下，紧紧围绕市两会确定的目标任务，统筹做好稳增长、促改革、育新动、惠民生、防风险各项工作，实现了有速度、有质量、有效益的发展。上半年，深圳全市生产总值达9709.02亿元，同比增长8.8%，增幅比一季度和上年同期均提高0.2个百分点。

陈如桂表示，深圳将深入贯彻习近平总书记对广东、深圳工作的重要批示指示精神，落实省委、省政府对市委的决策部署，加快建设社会主义现代化先行区和国际科技、产业创新中心，积极推进深港合作，携手共建粤港澳大湾区。与此同时，努力打造国际一流的营商环境，做大做强实体经济，加快城市基础设施建设，更加注重民生保障等，以新的业绩为全省落实"四个坚持、三个支撑、两个走在前列"的要求作出更大贡献，以优异成绩迎接党的十九大胜利召开。

陈如桂说，政府工作离不开广大政协委员的关心支持，希望市政协和各位委员对政府工作和经济社会发展多提宝贵意见，共同把深圳这座现代化城市建设得更加美好，让市民更加热爱这座城市。

发布

上半年全市生产总值（亿元）
9709.02
同比增长
8.8%

工业生产等向好增长

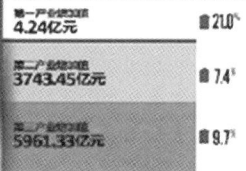

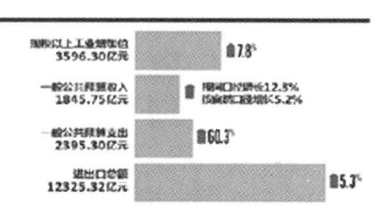

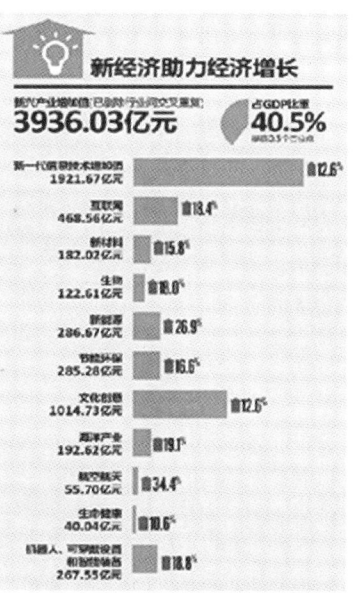

- 第一产业增加值 4.24亿元 ↑21.0%
- 第二产业增加值 3743.45亿元 ↑7.4%
- 第三产业增加值 5961.33亿元 ↑9.7%
- 规模以上工业增加值 3596.30亿元 ↑7.8%
- 一般公共预算收入 1845.75亿元 ↑12.5%
- 一般公共预算支出 2395.30亿元 ↑60.3%
- 进出口总额 12325.32亿元 ↑5.3%

消费市场持续回暖

- 全市社会消费品零售总额 2773.91亿元 ↑9.4%
- 全市商品销售额 14133.74亿元 ↑12.1%
- 文化办公用品类 ↑42.8%
- 家用电器和音像器材类 ↑30.7%
- 食品饮料烟酒类 ↑20.4%
- 日用品类 ↑12.5%
- 体育娱乐用品类 ↑11.5%
- 通讯器材类 ↑5.2%
- 书报杂志类 ↑4.8%
- 服装鞋帽针纺织品类 ↑4.4%
- 金银珠宝类 ↑4.0%
- 汽车类 ↑4.8%
- 6月全市居民消费价格总水平(CPI) 同比上升 1.4%
- 食品价格 ↑2.4%
- 非食品价格 ↑1.2%
- 消费品价格 ↑1.0%
- 服务价格 ↑1.6%

新经济助力经济增长

- 新兴产业增加值 3936.03亿元 占GDP比重 40.5%
- 第一代信息技术基础设施 1921.67亿元 ↑12.6%
- 互联网 468.56亿元 ↑18.4%
- 新材料 182.02亿元 ↑15.8%
- 生物 122.61亿元 ↑18.0%
- 新能源 286.67亿元 ↑26.9%
- 节能环保 285.28亿元 ↑16.5%
- 文化创意 1014.73亿元 ↑12.6%
- 海洋产业 192.62亿元 ↑19.1%
- 航空航天 55.70亿元 ↑34.4%
- 生命健康 40.04亿元 ↑10.6%
- 机器人、可穿戴设备和智能装备 267.55亿元 ↑18.8%

深圳上半年GDP同比增长8.8%

新兴产业保持较好增长势头，实现增加值3900多亿元，增长13.9%

深圳特区报讯（深圳报业集团记者 周元春 甘霖 胡秋娟）昨天，市政协召开六届十二次常委会议。会议举行了"壮大实体经济"专题协商会。委员们在深入调研的基础上，就深圳实体经济存在问题和现状，以及如何通过破除瓶颈、优化发展空间，加强部分创新和金融支持等积极建言。市委副书记、代市长的陈如桂通报深圳上半年经济社会发展情况。市政协主席戴北方主持会议。市委常委、宣传部长李小甘等市领导出席会议。

陈如桂介绍了全市上半年经济社会运行情况。城市建设管理情况，民生实事项目进展情况等上半年当前经济形势和存在的有关问题，开发重点大项目区域、人才引进、加强营商环境、改善市容市貌、重大项目规划等问题，征求委员意见和建议。

今年以来，全市上下深入贯彻习近平总书记对广东、深圳工作的重要批示指示精神，按照中央和中央政治局常委会议精神和省第十二次党代会部署，在市委的正确领导下，紧紧围绕深圳全市党代会的部署任务，坚持稳中求进工作总基调，加强供给侧结构性改革，调整和、谋新发展、抓改革、抓新发展。上半年，深圳经济社会发展保持较好的良好的发展势头，重点领域和关键环节出现新亮点。地区生产总值达到9709.02亿元，同比增长8.8%，增幅比一季度和上年同期均提高0.2个百分点。

陈如桂说，深圳将深入学习贯彻习近平总书记对广东、深圳工作的重要批示指示精神，着力落实市委六届七次全会工作部署，大力推进制度创新、科技创新、产业创新等，改变发展合作，并开创改革发展新天地。与此同时，努力打造国际一流的营商环境，做大做强实体经济，加快发展战略性新兴产业，加强新型基础设施建设，更加注重民生改善，以新的更大作为，迎接党的十九大胜利召开。

陈如桂说，政府工作离不开广大委员的关心支持。希望市政协和各位委员继续对市政府的重点工作，城市建设管理、民生实事项目进展情况等经济社会发展重大问题，建言献策，共同推动深圳基业腾飞。

戴北方表示，本次专题协商会筹备很充分，委员们深入各行各业、调查研究，提出的问题都抓住关键问题、对照建议的针对性也比较强，进一步反映了市委市政府的思想、意见、建议，进一步增强了委员履职尽责的自觉性。要上下一条心，深入贯彻落实习近平总书记对广东、深圳工作的重要批示指示精神，结合实施全国经济工作重点和市委市政府决策部署，提高认识，各方携手、共同努力，进一步把深圳的经济发展好、实体经济搞好。

李小甘表示，听了"壮大实体经济"专题协商会的发言，委员们紧扣壮大实体经济这一主题，熟读了许多有价值、有分量的建议。他希望市政府有关部门结合工作实际，对委员们的意见、建议认真研究、积极采纳，扎实推进实体经济发展壮大。李小甘说，要贯彻落实习近平总书记关于做大做强实体经济重要讲话精神，按照市委市政府决策部署，深入推进供给侧结构性改革，大力夯实实体经济发展的基础，大力激发创新创业活力、培育新实体经济新动能，加快推进全方位对外开放，拓展实体经济发展的新空间，全面强化营商环境发展的新优势。

会议学习了广东省第十二次党代会精神。市政协常务副主席刘润华、副主席张骅、王璞、庄聪生、徐友军、廖军、王大平、王花、市政府秘书长李廷忠、市政协秘书长翟剑凤列席会议。

副市长艾学峰、市政府副秘书长刘韦华、陈福荣、王璞、刘昂辉、徐友军、廖军、王大平、王花、市政府秘书长李廷忠、市政协秘书长翟剑凤列席会议。

数读 深圳市上半年主要经济指标

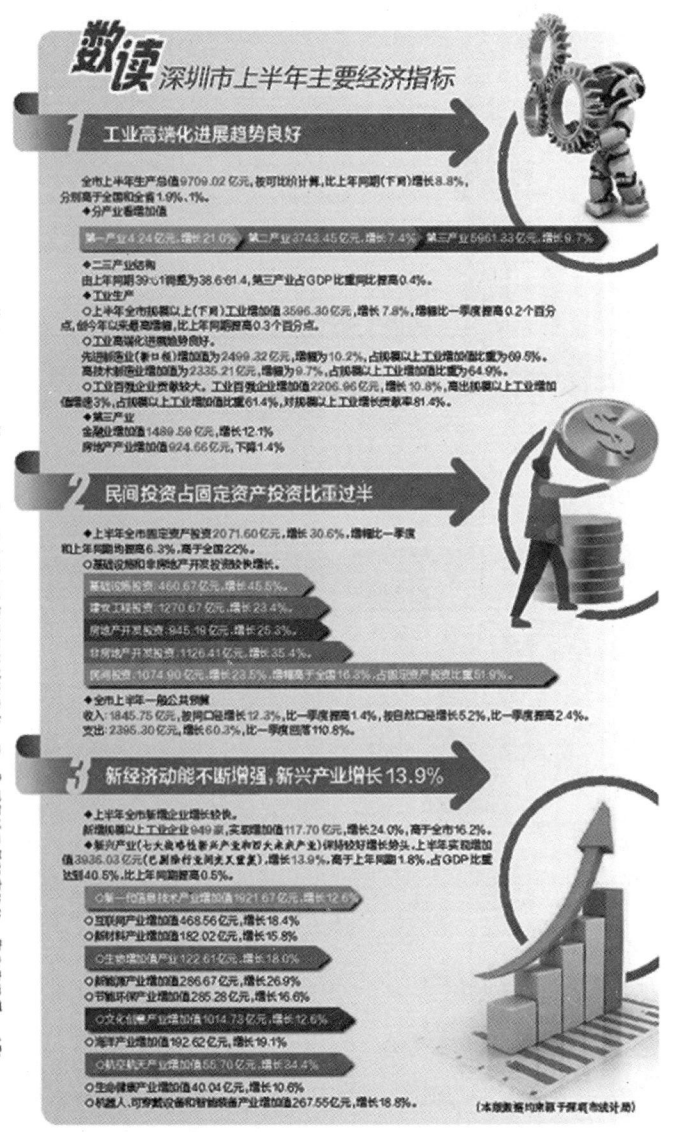

1 工业高端化进展趋势良好

全市上半年生产总值9709.02亿元，按可比价计算，比上年同期（下同）增长8.8%，分别高于全国和全省1.9%、1%。

◆分产业看增加值

第一产业4.24亿元，增长21.0% 第二产业3743.45亿元，增长7.4% 第三产业5961.33亿元，增长9.7%

◆二三产业结构

由上年同期39%上调至38.6:61.4，第三产业占GDP比重同比提高0.4%。

◆工业生产

○上半年全市规模以上（下同）工业增加值3596.30亿元，增长7.8%，增幅比一季度提高0.2个百分点，比今年以来最高值、比上年同期高0.3个百分点。

○工业高端化进展趋势良好。

先进制造业（海关口径）增加值2499.32亿元，增长10.2%，占规模以上工业增加值比重为69.5%。高技术制造业增加值2335.21亿元，增长9.7%，占规模以上工业增加值比重64.9%。

○工业百强企业增加值2206.96亿元，增长10.8%，高出规模以上工业增加值增速3%，占规模以上工业增加值61.4%，对规模以上工业增长贡献率81.4%。

◆第三产业

金融业增加值1489.59亿元，增长12.1%
房地产业增加值924.66亿元，下降1.4%

2 民间投资占固定资产投资比重过半

◆上半年全市固定资产投资2071.60亿元，增长30.6%，增幅比一季度和上年同期提高6.3%，高于全国22%。

○基础设施和房地产开发投资较快增长。

基础设施投资460.67亿元，增长45.5%
建安工程投资1270.67亿元，增长23.4%
房地产开发投资945.18亿元，增长25.3%
保障房开发投资1126.41亿元，增长35.4%
民间投资1074.90亿元，增长23.5%，增幅比全国16.3%，占固定资产投资比重51.9%。

◆全市上半年一般公共预算

收入1845.75亿元，按可比口径增长12.3%，比一季度提高1.4%，按自然口径增长5.2%，比一季度提高2.4%。
支出2395.30亿元，增长60.3%，比一季度回落110.8%。

3 新经济动能不断增强，新兴产业增长13.9%

◆上半年全市新增企业增长较快。

新增规模以上工业企业949家，实现增加值117.70亿元，增长24.0%，高于全市16.2%。
◆新兴产业（七大战略性新兴产业和四大未来产业）保持较好增长势头，上半年实现增加值3936.03亿元（已剔除行业间关联重复算），增长13.9%，高于上年同期1.8%，占GDP比重达到40.5%，比上年同期高0.5%。

○新一代信息技术产业增加值1921.67亿元，增长12.6%
○互联网产业增加值468.56亿元，增长18.4%
○新材料产业增加值182.02亿元，增长15.8%
○生物医药产业增加值712.61亿元，增长18.0%
○新能源产业增加值286.67亿元，增长26.9%
○节能环保产业增加值285.28亿元，增长16.6%
○文化创意产业增加值1014.73亿元，增长12.6%
○海洋产业增加值192.62亿元，增长19.1%
○航空航天产业增加值55.70亿元，增长34.4%
○生命健康产业增加值40.04亿元，增长10.6%
○机器人、可穿戴设备和智能装备产业增加值267.55亿元，增长18.8%

（本版数据均来源于深圳市统计局）

上半年深圳GDP同比涨8.8%

市政协召开六届十二次常委会议

深圳都市报讯 据深圳特区报报道，昨天，市政协召开六届十二次常委会议。会议举行了"壮大实体经济"专题协商会，委员们在听人调研的基础上，就深圳实体经济所存在的问题和挑战，以及如何通过减税降费、保障发展空间、加强现代化金融支持等集建言。

代市长陈如桂介绍了全市上半年经济社会运行情况、城市建设管理情况、民生实事推进情况以及目前关注和思考的有关问题，并就粤港澳大湾区规划、人才引进、城市营商环境、城市管理治理、重大项目建设等问题，与政协委员进行交流。市政协主席戴北方主持会议，市委副书记、政法委书记李华楠列席会议。上半年，深圳全市生产总值9709.02亿元，同比增长8.8%，增幅比一季度和上年同期均提高0.2个百分点。

副市长艾学峰，市政协副职刘润华、彭彩表、王璞、乔恒利、徐友军、秦华、王大平、王宏，市政府秘书长李廷忠，市政协秘书长胡拴同参加会议。

（周元春 甘霖）

- 进出口总额 12325.32亿元，增长5.3%
- 居民消费上涨1.4%
- 工业增加值 3596.30亿元，增长7.8%
- 固定资产投资 2071.60亿元，增长30.6%
- 生产总值 9709.02亿元，同比增长8.8%

（深圳市统计局公布）

央企今年年底前将完成公司制改制

据新华社电 国务院办公厅日前印发《中央企业公司制改制工作实施方案》，明确今年年底前，国务院国资委监管的中央企业及其各级子企业，除中央金融、文化企业外，应全部改制为按照《中华人民共和国公司法》登记的有限责任公司或股份有限公司。

实施方案给出了明确时间表：2017年年底前，除中央金融、文化企业外，国务院国资委监管的中央企业及其各级子企业，应全部改制为按照《中华人民共和国公司法》登记的有限责任公司或股份有限公司。这意味着69户央企集团和3200户央企子企业必须在半年时间内完成从全民所有制改制的"变身"。

"改革就是要从全民所有制时代，将央企带入全面公司制时代。"中国企业研究院首席研究员李锦说。

2016"深圳双拥"年度人物揭晓

深圳都市报讯（记者 雷健 通讯员 常俊翔）"八一建军节即将到来之际，"2016《深圳双拥》年度人物"昨晚揭晓。26日市政府召开新闻发布会，揭晓"2016《深圳双拥》年度人物"获奖名单。

深圳航院BTT创业平台董事长庆芳等10人荣获"2016《深圳双拥》年度人物"，深圳团市委教育机关办公室主任陈鸣等10人荣获"2016《深圳双拥》年度人物"提名奖"，深圳市福田区外国语小学校长苏梅等9人荣获"2016《深圳双拥》年度人物"人道奖"。

住建部称将立法明确 房屋租购同权

据新华社电 刚刚闭幕的中共中央政治局会议强调，要稳定房地产市场，坚持政策连续性稳定性，加快建立长效机制。为了实现百姓安居梦想，我国着力构建"租购并举"房地产市场供应体系，打造多层次住房结构，多角度保障不同群体的住房需求。

住建部有关负责人说，将通过立法明确租赁当事人的权利义务，保障当事人的合法权益，建立健全租赁市场各方面的制度，促使使租房居民在基本公共服务方面与购房居民享有同等对待。

住有所居 满足"新市民"住房需求

我国流动人口达2.45亿，每年新就业的大学生700万左右。一庞大人口净流入大中城市新增，住房租赁需求旺盛。调查显示家庭租住比例偏低，但租赁房屋品质不高、有归化、规模化住房租赁企业不够发达，制约着住房租赁市场的发展。

据初步统计，我国规模化住房租赁企业市场份额仅占2%左右，而发达国家成熟市场20%－30%的比例，差距相当大。

住建部等9部门日前联合印发关于在人口净流入大中城市加快发展住房租赁市场的通知，要求人口净流入大中城市要支持和国有企业设立为住房租赁企业，都政府部门机构化、规模化住房租赁企业发展，广州、深圳、南京等12个城市成为首批试点。

清华大学房地产研究所所长刘洪玉说，培育和发展住房租赁市场，是解决新市民住房需求的一项重要举措，通过立法给予购房租赁市场的健康供给，能够让租房居民更方便自由地选择和享受各种基本公共服务方面与购房居民享有同等待遇。

保障权益 规范租赁市场发展秩序

长期以来，我国租房市场不规范，存在大量"黑中介"、"二房东"、"霸王条款"，随意提价、房租欠费，不通过市场等乱象，住房租赁市场制度及市场体系不完善，成为我国住房市场上"购租"较弱，大多数人难以租到的重要原因。

日前中国国规范住房租赁条例公开征求意见，住房租赁的家租赁方在加快出台。住房通过过场多种多样举措稳定房租金，对住房租赁实施风险监管。此外，广州市近日率先推出"租购同权"，赋予符合条件的承租人子女享有就近入学等公益服务权益等，以促进住房租赁市场的发展，促进和形成多元化的一项重要举措。

住建部有关负责人说，将通过立法，明确租赁当事人的权利义务，保障当事人的合法权益，建立健全租赁市场各方面的制度，使通过租赁房屋居住的市民在基本公共服务方面与购房居民享有同等待遇。

第二

深圳"互联网+交通"指数全国名列前茅

26日，高德地图发布《中国互联网+交通 城市指数研究报告》，设置了"智能出行""智慧交通"政务影响力"三大指数及二十七个分类指标，调研全国100个主要城市，用大数据和模型对城市交通运行业互联网的效果进行评价。数据报告显示，排三位主要城市的"互联网+交通"影响力均为最高，深圳紧随北京之后排名第二位，广州位居第三位。值得关注的是，深圳是"智能出行"发展最好的城市之一，2017年上半年自行车出行占比由2015年的6%上升至10.7%。

（深圳晚报）

63人

"善心汇"成员非法聚集多人涉嫌犯罪被拘

北京警方透露，针对近日部分"善心汇"成员赴京非法聚集一事，公安机关迅速处置，有效维护相关地区、人群的社会秩序。对个别挑头滋事，起不从事劳者聚众非法聚集行为的犯罪嫌疑人坚决依法处理。截至7月26日，63名相关嫌犯人因涉嫌聚众扰乱公共场所秩序被依法刑拘，4名涉嫌罪等4名涉嫌违法行为人员被依法公共场所秩序被行政拘留。

（新华社）

深圳地铁2017年上半年零星专项备件竞争性谈判采购项目

谈判公告

☆ 项目内容：采购2017年上半年零星专项备件竞争性谈判采购项目等221项物资及质保等相关服务。

☆ 详细谈判公告请进入深圳地铁网站（http://www.szmc.net）网页点击"招标招商"栏目查询招标信息。

☆ 领取谈判文件时间：2017年7月21日至7月28日

☆ 联系人：王工 0755-88959194

深圳市地铁集团有限公司运营总部

深圳地铁1、2、3、5号线车站自动扶梯增设扶手带安全挡板项目

招标公告

☆ 项目内容：对1、2、3、5号线114个车站的845台自动扶梯增设扶手带安全挡板。

☆ 详细招标公告请进入深圳地铁网站（http://www.szmc.net）网页点击"招标招商"栏目查询招标信息。

☆ 领取招标文件时间：2017年7月21日至8月3日

☆ 联系人：赵工 0755-88960178

深圳市地铁集团有限公司运营总部

第三视角-1

杨新洪接受深圳卫视访谈时对经济形势的分析与研判

从整个经济增长逻辑上看,行业构成都存在"稳进向好"。整个产业业态中,创新的因素特别是一些高新技术企业带来的工业增加值,现代服务业带来的增加值,也都出现了不同程度的较好增长。可以说,实体经济在这方面的支撑,也相当明显。

深圳早于全国其他地方进行创新引领,从企业本身的机构、产品的转换,都看得出企业的转型升级,应对市场上也是非常可喜的。如果持续往这个方向走,深圳经济增长的基础跟发展前景,会有一个非常正向的势头。

从"三驾马车"来看,投资增速是非常好,消费也出现了一些回暖的迹象。另外,进出口也出现了正增长,反映了工业企业或者进出口企业的出口交货值出现增长回升。

因此,要在动能转换上提高经济竞争力,在精准服务企业上做大做强,一定要把注意力放在产业、实业上。这会有利于整个深圳经济迈出更加纵深的步子,跨入新的增长阶段。

第三视角 –2

参加深圳市政府 2017 年上半年经济形势分析会略纪

接深圳市府办通知，市政府上半年经济形势分析会定于 7 月 24 日（星期一）下午在市民中心会议室召开，由陈如桂代市长主持，参会人员主要包括如桂、学峰和廷忠、吴优同志，市府办、发改委、经信委、科创委、财政委、规土委、国税局、地税局、统计局、金融办、市政府政研室主要负责同志。市发改委主汇报 20 分钟，统计局 10 分钟，其他单位 8 分钟。此次发言排序经历一个"小插曲"，市府办财金处首次发通知时，把统计局放到倒数发言，后来经过杨新洪局长"据理力争"，市府办财金处重发通知，把统计局提前到第二个发言。廷忠秘书长表示，适当的时候把统计局放到第一个发言，共同努力。

这次会议有如下三大变化：一是座次上由原来的市长坐于长形会议桌的中间位置，改为各部门负责同志依次坐于市长对面一侧；二是发改委和统计局发言之后，改由市长提问，相关部门回答，甚至抢答，即使当时回答不出，可稍后给市长递送答案小纸条；三是会议分为上半场、下半场，中间休息 10 分钟。

陈如桂代市长极具亲和力，笑容满面地走进门。会议先由发改委汇报，大概用时 50 分钟。结束后，陈如桂代市长说："下面还有谁补充？"然后看了看杨新洪局长，说："好，统计局！"杨新洪局长汇报说："市长，刚才发改委汇报用了 50 分钟，我严格按照 10 分钟来汇报（实际上连汇报带讨论用时 30 分钟），我们思考的有七个字，前面四个字是'稳进向好'，后面三个字是'也隐忧'。对于'向好'，我们前两个部分做了汇报，主要经济指标稳进向好，一个就是 GDP 稳步增长，实现市委、市政府'一季比一季好'的目标，跳了 0.2 个百分点。结构变化是三产提高了 0.4 个百分点，一产实现稳步增长，以前是负增长，这次农业普查实现了量上的4个亿,增幅比较好。"这时陈如桂代市长说:"4个亿?肯定不止4个亿吧?"杨新洪局长说:"是4.2个亿,它原来是比较少,关内基本上是没有多少,有一些是进入加工、工业中流通了,就种了一些草莓、养一些鱼塘,有一些连猪、鸭都不能养了。"大家都笑了,会场气氛非常活跃。杨新洪局长继续汇报说:"另一个就是行业里的变化,工业、金融业、营利性服务业、非营利性服务业对GDP的贡献率比较大,相对来说发挥了'稳定器'的作用,其他行业也分别有支撑。目前来说,发布的几个大城市,如北京市是6.8%,天津是6.9%,上海是6.9%,全国也是基本和一季度持平。所以,我们统计有一个研判,这些(行业)应该高于全国和全省,虽然全省数据还没发布。第二个向好是,工业向好增长比一季度提高的百分点比较明显,工业前十个行业有八个行业是正增长;工业高端化方面,先进制造业和高技术制造业的增加值都高过工业增幅,一个是10.2%,一个是9.7%,体现了创新对工业的贡献。另外,工业'百强'有79家是正增长,共实现增加值2207亿元,高出整个规模以上工业增加值增速3个百分点。固定资产投资保持较高位置上的增长,为30.6%。原来我们预判的是调到30%以下,出来这个数字要比预期好。"杨新洪局长接着说:"这里面也有一些基础设施项目的支持,如6号线、8号线、10号线,也有一些产业总部的支撑,特别是关外的几个区,如龙岗、坪山、宝安,包括机场等,都形成比较好的支撑。消费市场方面,刚才发改委也汇报了,是9.4%,比预计的9.2%还好0.2个百分点。"这时陈如桂代市长问道:"你这是增加值增长9.4%,是吧?"杨新洪局长回答:"不是,9.4%是社消零。"陈如桂代市长继续问:"你看规模以上工业7.8%,数额是3596亿元,这个是增加值吗?"杨新洪局长回答:"这个是增加值。"陈如桂代市长看着《统计快报》继续说:"我现在想问的是消费中的批发、零售等属于?"杨新洪局长回答说:"是的,这里面有交叉,比如社消零里面,批发企业也在里面。"陈如桂代市长纠正说:"我是说社会总消费算进GDP中的这一块。"杨新洪局长继续说:"算在GDP中的这一块我们分四个指标来算。"批发是14.2%,社消零里面增长是9.4%,正好也是重叠9.4%。陈如桂代市长继续说:"我的意思是这样,在社会消费里面已经有个指数了,如增长9.4%,增长11%,但是并不是消费的每一块都算进GDP,如批发、酒店等,现在算进GDP这一块增长多少?"杨新洪局长回答:"消费这一块我们还没有算进这个,因为进出口地区是算不出来的。如果要直接回答这个问题,批发业增速是14.2%,它对GDP的贡献是0.03%,也就是GDP 8.4%中不到0.4个点;零售业有9.4%的增速,它的贡献是0.025%,在GDP 8.4%中不到0.2个点;再加

J. 盛夏时雨，2017年7月24日、30日和8月4日的经济形势分析，比任何往季都来得迟些，但这并不影响她的精彩

上住餐3.4%，它的贡献率是0.0007%，在GDP 8.4%中不到0.02个点，住宿业的更小，增长7.5%，贡献率是0.0021%，总的算下来大概影响是0.7个点。"艾市长接着说："这一块说得太细了，消费影响GDP最大的就是批发。"陈如桂代市长接着说："我看了一些报告，新兴消费增长10%、11%，但是有些没参与GDP统计进来的，就是一个指数测试。"杨新洪局长接着说："它是一个研判。"陈如桂代市长立刻回应："对，就是研判，就是通过调查得出来的。但是纳入GDP统计的包括批发、酒店，这一块增长多少？"杨新洪局长回答："9.4%。"陈如桂代市长说："9.4%，这和你刚才说的一样啊？"杨新洪局长回答："是一样的，正好是一样，GDP中零售业增长9.4%，正好与社消零的9.4%一致。"陈如桂代市长说："那非常高，非常好！这一块增长得不错。"艾市长呼应说："确实是近年来少有。"陈如桂代市长接着说："我也请教一下，像广州社消零增长11%、12%，且一直处于这个水平，但是算进GDP中的部分是8.8%、8.9%，但是我们社消零增速比广州低，而能有效算进GDP的部分增长比广州高很多。"杨新洪局长接着说："我们增速比较高，但是它的影响权重比较小，就0.02%，是比较低的，是因为我们工业占得比广州多，挤压了它的比重。"陈如桂代市长接着说："从消费法算，那就算的（比重）很大了。"杨新洪局长说："那是另外一种算法，我们基本就没去算'三驾马车'，主要是进出口那一块算不准。"艾市长接着说："算GDP的消费增长是多少？"杨新洪局长回答："算入GDP的，就是按照四项来算。"陈如桂代市长接着说："从消费法算GDP算得很散，三产里面还有几块。"杨新洪局长接着说："从最终消费来看，深圳低于全国和全省，最终消费支出偏低，一般都用支出法来算。当然，这有点专业，市长也是研究很深的。"杨新洪局长继续汇报："为什么（社消零）会增长九点多呢？是因为十大类别中有八大类实现正增长，回暖迹象比较明显。另外，规模以上服务业增速也比较好。"

杨新洪局长继续汇报："新经济这块我们梳理了，新增企业新纳入的增长比较好，工业增长24%，批发增长32%，零售业增长43%，住宿增长48%，但是规模比较小，这就表示新增企业成长性比较好。战兴这一块，刚才发改委也汇报了。"这时艾市长说："2016年，统计局和其他几个部门合作，抓了入库，也就是新增限额以上规模以上企业入库工作，2016年增量是前两三年的总和，这对2017年的增长起了很大作用。"陈如桂代市长又询问了相关政策，杨新洪局长回答："因为鼓励政策，新增企业成长得比较好，市场也比较准。"艾市长接着说："主要是各个区给政策，关键还是靠做工作，符合限额以上规模以上条件的要把它入库。"陈如

桂代市长接着说:"在中山的时候,企业个转企……"杨新洪局长接着说:"很难,个体企业转法人是很难的,它给你要政策,要各种人才、住房、子女等,要给很多支持。"

杨新洪局长继续汇报第三、第四部分:"第三、第四部分集中在隐忧。一是工业比重的下降值得重视,在23个核算指标中,唯独工业影响0.35个百分点,也就是增长1个点的工业,可以实现GDP 0.35个百分点,过去还更高,2015年和2016年是0.38个点。对此,我们也对区内和市外的情况做了分析,区内工业比重高的,如南山、龙岗、坪山,GDP增速高过全市,相反,福田、罗湖、盐田都低过全市水平。另外,从北京、上海、广州来看,也是工业强、GDP强,中国香港、新加坡也是这样。所以,工业比重的下降可能会减弱对GDP的支撑,也就是经济的稳定性和安全性与此直接关联。"艾市长接着说:"工业比重的下降,一个原因就是外迁。"陈如桂代市长接着说:"过去普遍认为,服务业比重提高,发展质量就会提升。"杨新洪局长笑着说:"实际上,我就是想纠正这样的观点,在国家局挂职时经常和核算司讨论,对于深圳转型升级成功没成功,我说不好回答。服务业是抓不住的东西,带来的是无形服务,但是工业转移比较难,时间也比较长,比较稳定。在服务业中,一些做交易、金融的,它跑来跑去。这种工业特别是先进制造业的稳定性,应该是经济的一个'晴雨表'。另外,工业用电量实际上包括采矿业、电力燃气及水的生产和供应业,制造业是正增长,但是加一块是负增长,负增长跟GDP关联的是核定上会是一个不利的因素,核减,目前这一套GDP核算的因素。对于商品房的销售面积,这个数字我们的口径更好一点,是290万平方米,同比下降13.4%,放在核算角度来说,每下降一个点,影响GDP大概0.04个百分点,下降13.4%影响GDP大概是0.4—0.5个百分点,所以我们做了测算,下半年如果继续向下,可能会影响100个亿的总量。"这时市长问:"算GDP是按照销售面积还是……"杨新洪局长接着说:"是按照销售面积,不是按价,但是最后年度核算时会做一个衔接,基本上还是准确的。它没有财务指标,用物量指标做季度核算。"这时陈如桂代市长问:"一直以来,都是用商品房销售面积来核算?"杨新洪局长回答:"对,而且是以新商品房的销售面积来核算。二手房已经变成另外一个经济活动,变成服务业的经济活动,这是生产环节,100亿是个什么样的概念?我们2016年规模以上企业平均增加值一个亿,如果缺了100个亿,要找100家这样的工业企业来补。如果往上涨,这个影响又低一点,如0.02个百分点,就是增长影响0.02,往下是翻一倍。而且,收入增长放缓回落,可能影响'财政八项支出'

| J. 盛夏时雨，2017年7月24日、30日和8月4日的经济形势分析，比任何往季都来得迟些，但这并不影响她的精彩 |

增速回落对 GDP 贡献的下降。一直保持这样一个高度可能也有难度，我们算过，每回落 10 个点，影响 GDP 大概 0.3 个点。我们一季度是 100 多个点，到了上半年是 68，还是向下走的态势。此外，是本外币存贷款增速持续回落会影响到金融业增加值的核算，存款每增长一个点，影响 0.05 个，也就是 2 个点下降，影响 GDP 0.1 个点；贷款增长 1 个点，影响 GDP 0.03 个点，也就是增长 3 个点，影响 GDP 1 个点。因为有回落这个苗头，我们要预见这个变化。最后一个就是，进出口增速低于全国全省和主要城市，这看起来跟 GDP 没有关系，反映了 23 个指标中有几个指标受影响。其中一个就是水上运输跟公路运输的周转量。水上运输是下降的，下降 2.9%，在 GDP 中虽然量很小，但也还是有影响。水上运输大概影响 0.0035 个点，公路运输是增长 2.2%，铁路运输是增长 6%，大概都低于 GDP 的平均增速。"这时陈如桂代市长问："我想问一下，水上运输占交通运输的比例应该不大吧？"杨新洪局长回答："不大。"陈如桂代市长接着说："那主要靠公路、铁路？"杨新洪局长回答说："对，铁路比较大，我们没有直接测算它的量，但是它影响的点是 0.028 个，就是它曾和正拿给 10 个点，才到 0.2 个点，整体来说影响不大，是个小因素。跟农业有点类似，但比农业强一点。下一步工作重点，一是积极加强对传统行业提质增效，除了先进制造业和现代服务业，我们觉得传统服务业里面还有点空间；二是重视实体经济精准服务企业，6629 家工业企业里面，下降面还有四十多，负增长的还有四十多，这些都是我们要关注的，工业撑起来了，力度可能会大一点，特别是'八项支出'要回落，宏观政策调整回落的指标，需要生产性的指标顶上；三是降成本补短板，优化发展环境，最近国务院在做，我在国家局挂职时在牵头做营商环境评价指标，很快要上国务院的会上讨论，是用四十多个指标来评价，营商环境是一个。"

接着，杨新洪局长音量稍微提高说："市长，另外我再特别报告一句，就是近半年深改组也对统计进行了相关改革，特别是对统计环境的一些要求有了变化。"杨新洪局长刚讲到这个话题，胡雪涛同志就拿着统计局已经提前准备好的印有"内容部分涉密，会后回收"字样、共计两页 A4 纸的相关材料〔包括中共中央办公厅、国务院办公厅《关于深化统计管理体制改革提高统计数据真实性的意见》（中办发〔2016〕76 号）、《中华人民共和国统计法》中有关规定、《中华人民共和国统计法实施条例》中有关规定〕向与会市领导和各部门领导分发。杨新洪局长手里拿着一份这样的材料，继续汇报："这是一个内部件，有些部门对数字的需求，面对的新要求可能与过去不一样，也请大家理解和支持。我在国家局时也很想

科学度量 Two

听一听，到底要怎么运作。实际上，总理离全国发布早两天知道这个数字，提前报告这个事，我们司与司之间很想知道对方（数字），都是点到不说。我参加数据分析会，手机都要交出来，然后再签保密协议，对内从严，对外也列了一些不得对外提供不利于也就是能够推算的数字，所以管理上从上到下都有更高的要求。另外，统计的独立性，不是我们要独立，而是上面要求独立。如果国家来查，有关统计关口上的一些内容都是比较敏感的，可能会引起一个大的震荡。"这时艾市长插话："他说的这个意思，有的数字是公布的就可以直接用，有些没有公布的可能要技术上处理一下。"

本次分析会，会风比较民主，氛围比较热烈，甚至出现抢答。杨新洪局长不仅汇报了经济稳进向好，更是汇报了好中有忧，提醒应该注意的问题。特别是为市长解答社消零有多少算入GDP这一问题，更是细致入微，在分析工业占GDP比重不能过低这一问题后，也扭转了市长在这一问题上的认识，为市委、市政府决策出了实力。会场上，陈如桂代市长也体现了对杨新洪局长、对深圳统计的重视。

第三视角 -3

杨新洪在深圳市委常委会上研判经济运行献计未来发展，精彩发言得到与会同志一致好评

8月4日上午，广东省委常委、深圳市委书记王伟中主持召开市委常委会议，听取市政府党组关于2017年上半年深圳经济形势分析报告。

市统计局党组书记、局长杨新洪在会上做了补充汇报。他生动剖析了产业行业构成和经济运行趋势，点题上半年经济运行稳进向好；紧扣GDP相关指标研判发展逻辑，直指下半年稳增长主旋律；冷静着眼经济发展不稳定因素，客观献计献策未来发展思路着力点。

杨新洪发言简洁、生动，有针对性，得到与会同志的一致好评。多位领导、同志面对面高度评价，杨洪常委说："每次新洪的发言都有新东西，不一样，看到了数据背后的经济增长与本质，非常好！"市发改委王宏彬主任说："还是你那个发言精彩！"投资推广署王有明署长说："能把数据背后的逻辑说得这么有生气，难能可贵，佩服！"

会后午餐时，与会常委点评会上六家部门发言时，一致赞扬杨新洪说得精彩，都是干货，与王伟中书记总结讲话精神对路、对脉、对接，很不容易，十分难得。

K. 春华秋实，2017年10月27日、11月2日的经济形势分析会

　　实就实在，这是一个与上季的经济增长率平季。市委的季度经济分析会下了一次又一次预通知，最后在11月2日下午召开。季后跨月召开比任何一季都来得晚，这体现了市委对全市经济总览与年度预期的淡定从容，充满睿智与穿透力。

　　历来是报喜容易报忧难。

　　第三季与第二季持平，却在难易之间。

　　预定的功课一样地做，一版二版三版，总是不能够偷懒；先外市委、市政府"两办"、发改委、经信委、财委、金融办提供数据，但催数现象已好了很多；静下心来，打磨最后市委经济分析这一版本，亦犹如市委安排节奏从容一般，经历思考、沉淀、研判、动手与打磨各道工序，不慌不乱。当然，更是举重若轻，当家者自知，局外人自迷。

　　说实在的，每季下来，都要耗费自己很多的功力，非努力便可到达。所不同的是，时间来得晚一点，变得不像前几季，总是有一个夜晚要在办公室度过。

　　走过这一季，也就是说，在红塔楼里，自己度过了三个季度的经济分析，已经变得越来越难能可贵。

　　面对这一季经济分析，还有一个不同，就是主要指标数据在

分析会之前的 27 日在市统计局的外网上提前发布。选在星期天的上午,是为了让发布的时间低调,减弱关注度。但是,深圳卫视还是到局里来采访,保持着职业操守。

如同世间秋收,这也是一个平实的经济季。

不过,依然可以洞见数据背后的经济起伏,尽可能叙说变化的逻辑关系与故事。

一季又一季,没有休止符的经济季,会一直走在路上。

而当下很确定,这一季将画上一个句号,资鉴自己与所有愿见者。

秋风萧瑟,也许美不胜收。

会议通知

深圳市人民政府办公厅

关于研究前三季度经济形势的会议通知

各有关单位：

定于10月27日（星期五）下午4:30，在市民中心C5112会议室，**陈如桂**市长主持召开会议，分析研究前三季度经济运行情况、当前经济运行中存在的问题，部署下一步工作。现将有关事项通知如下：

一、参加人员

（一）市长、副市长、市政府党组成员。

（二）市政府办公厅负责同志，市发展改革委、经贸信息委、科技创新委、财政委、规划国土委、统计局、金融办、市政府政研室主要负责同志；市前海管理局负责同志。

（三）各区政府、新区管委会主要负责同志。

二、会议议程

（一）市发展改革委、统计局、经贸信息委依次汇报（市发展改革委汇报时间8分钟，市统计局、经贸信息委各6分钟）。

（二）市前海管理局重点汇报招商引资和创新情况，南山区政府重点汇报重大项目落地、简政放权情况（各6分钟）。

（三）市领导发言。

（四）如桂同志讲话。

三、其他事项

（一）请各单位于10月27日（星期五）上午10:00前将参会人员名单（姓名、职务、手机号码）发送手机短信至18665995575。如主要负责同志不能参会，请在报名时注明原因。

（二）请各汇报单位提前准备汇报材料，并于10月27日（星期五）上午10:00前发送邮件至2323958268@qq.com。

深圳市人民政府办公厅
2017年10月26日

（联系人：代浩然，88128129，18665995575）

市委常委会议通知

六届第一〇七次

中共深圳市委办公厅会议处　　　　　　2017年11月1日

2017年11月2日（星期四）下午2:30，在市委会议楼四楼常委会议室，召开市委常委会议，议题如下：

一、传达学习全省领导干部会议、省委常委会议和李希同志的重要批示精神（请伟中同志传达，2:30-3:00）；

二、讨论市委办提交的《关于进一步规范市委常委会议列席人员和听会人员范围的有关要求（送审稿）》（请裴蕾同志汇报，时间5分钟，由市委办准备材料，3:00-3:20）；

三、听取2017年前三季度我市经济形势分析报告（请市发改委吴曲波同志汇报，时间20分钟，请市统计局、经信委、科创委、财政委、金融办主要负责同志补充汇报，由上述单位准备材料，3:20-5:50）；

四、研究有关案件（请市纪委孟昭文同志汇报，由市纪委准备材料，5:50-6:00）。

请市委常委出席。

请市人大常委会、市政协主要领导，副市长，李廷忠、裴蕾同志，市委办、督查室、市府办有关负责同志列席**全部议题**；

请林超金、孙波、刘平生、林扬同志，市纪委、组织部、宣传部、统战部、政法委，市市场监管委、公安局各一位负责同志，市委台办、机关工委、教育工委、国资委党委、编办，市发改委、经信委、科创委、财政委、规土委、人居委、交委、卫计委、安监局、前海管理局，各区、新区、深汕特别合作区各一位主要负责同志列席**第一议题**；

请各区、新区、深汕特别合作区各一位主要负责同志列席**第二议题**；

请孙波、林扬同志，市发改委、经信委、科创委、财政委、规土委、市场监管委、交委、人力资源局、文体旅游局、审计局、国资委、住建局、水务局、地税局、统计局、金融办、前海管理局、投资推广署、深圳海关、国税局、人民银行中心支行、深圳供电局，各区、新区、深汕特别合作区各一位主要负责同志列席**第三议题**；

请市纪委、组织部有关负责同志列席**第四议题**。

注：1. 请市领导安排好工作，确保参加，因特殊原因需请假的，请报伟中同志批准，并告知市委办会议处（联系人：刘大海，电话：88133149、13609611770，传真：88113159）。

2．请各单位按要求安排人员参会，并于11月1日（星期三）下午5:00前报名。

3．请第一议题列席人员提前10分钟到会议室，其他议题列席人员提前30分钟到候会室等候。会议期间请所有参会人员将手机存放在保密柜内，严禁带入会场。

[请即办理]

市委常委会议（六届第一〇七次）报名表

姓　名	工作单位及职务	联系电话

主要负责同志请假事由（仅在通知要求主要负责同志列席情况下填写）：

会议处联系电话：88133149

会议处传真电话：88113159

注意事项

一、市委常委会议审议决策过程中，原则上各单位汇报人员为主要负责同志，若主要负责同志因故不能参会，会前应向市委办公厅说明情况，由分管负责同志汇报；

二、除工作需要外，汇报单位可带一名工作助手，其余参会人员一律不带随员。工作助手在涉及本单位的议题开始时入场，汇报结束后应立即离场；

三、对于需要报道的会议内容，请市主要媒体列席。列席人员应相对固定，一般为负责政务报道的部门负责人，摄影、摄像工作人员留存资料时间为会议正式开始后半小时内，任务完成后立即离场；

四、会议无关人员一律不得进入常委会议室，如确有急件或急需请示市领导的事项，由负责常委会会务工作的市委办公厅工作人员代为呈报转告。

市委办公厅会议处

发言稿-1

2017年前三季度深圳市经济运行情况

前三季度统计数据显示：初步核算，深圳市生产总值15408.62亿元（含深汕特别合作区），按可比价计算，比上年同期（下同）增长8.8%；规模以上工业增加值5680.07亿元，增长9.7%；固定资产投资3501.98亿元，增长31.1%；社会消费品零售总额4342.80亿元，增长9.1%；进出口总额19674.29亿元，增长6.4%，其中出口总额11764.80亿元，增长5.9%；一般公共预算收入2582.21亿元，同口径增长7.2%；居民消费价格平均上涨1.3%。全市经济持续稳定增长。

一 主要经济指标稳定增长

（一）经济稳步增长

前三季度全市生产总值15408.62亿元，增长8.8%，增幅与上半年持平，比上年同期提高0.1个百分点，高于全国、全省1.9个、1.2个百分点。分产业看，第一产业增加值13.14亿元，增长25.6%；第二产业增加值5961.57亿元，增长9.3%；第三产业增加值9433.91亿元，增长8.4%。第二、第三产业结构由上年同期的38.6∶61.4调整为38.7∶61.3（见图1）。

从GDP结构看，与上半年相比，第三产业增速比上半年减少1.3个百分点，占GDP比重也相应比上半年回落0.2个百分点。其中，回落幅度较大的是金融业和非营利性服务业。金融业增加值增长7.2%，比上半年回落4.9个百分点，占GDP比重为14.9%，回落0.4个百分点，对GDP增长的贡献由上半年的21.0%降低到12.8%；非营利性服务业从上半年的增长17.5%回落到增长12.9%，占GDP比重从上半年的10.1%降至9.3%，对GDP增长的贡献从17.7%下降到12.7%。

| 科学度量 Two

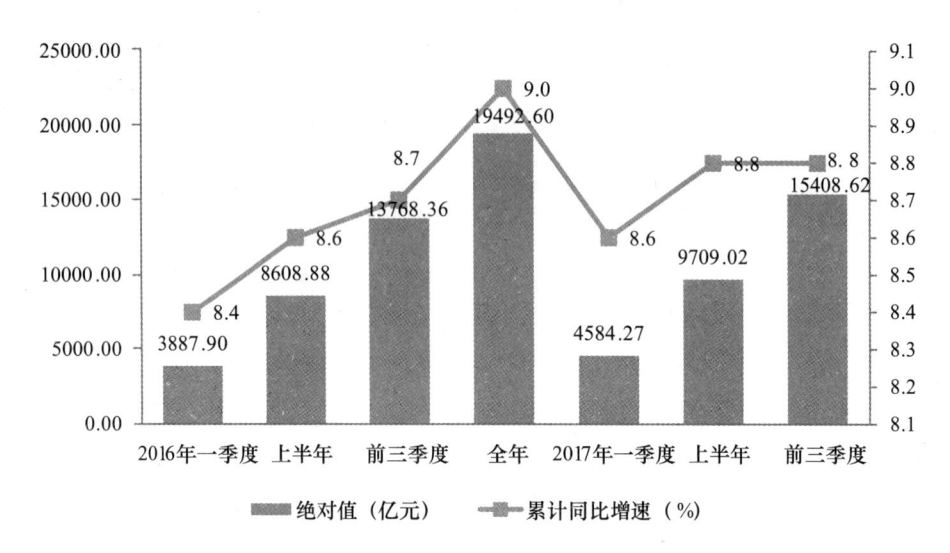

图 1　2016—2017 年深圳 GDP 各季度累计总量及同比增速

批发零售住宿餐饮业、交通运输仓储和邮政业、营利性服务业增速比上半年有所加快，占 GDP 比重均不同程度提高，批零业从 10.0% 提高到 10.3%，住餐业从 1.6% 提高到 1.8%，交通运输仓储和邮政业从 3.0% 提高到 3.1%，营利性服务业从 11.8% 提高到 12.2%。

GDP 总量和增速与北京、上海、天津、重庆、广州五大城市相比，总量居上海、北京、广州后第四位，增速居重庆后第二位，深圳 GDP 总量与排名第三的广州差距缩小至 100.44 亿元。前三季度，上海 21617.52 亿元，增长 7.0%；北京 19569.80 亿元，增长 6.8%；广州 15509.06 亿元，增长 7.3%；重庆 14309.18 亿元，增长 10.0%；天津 13449.50 亿元，增长 6.0%。工业、金融业、营利性服务业及非营利性服务业对经济增长贡献较大。其中，工业增加值为 5597.66 亿元，增长 9.4%，占 GDP 比重 36.3%；金融业增加值 2298.47 亿元，增长 7.2%，占 GDP 比重 14.9%；营利性服务业增加值 1875.83 亿元，增长 16.9%，占 GDP 比重 12.2%；非营利性服务业 1432.35 亿元，增长 12.9%，占 GDP 比重 9.3%。四个行业共拉动 GDP 增长 7.7 个百分点。建筑业、批发零售业、交通运输仓储和邮政业、住宿餐饮业、房地产业增加值分别为 376.14 亿元、1580.76 亿元、477.64 亿元、270.52 亿元、1485.49 亿元，增速分别为 7.0%、4.7%、8.6%、0.5%、0.7%，占 GDP 比重分别为 2.4%、10.3%、3.1%、1.8%、9.6%。五大行业共拉动 GDP 增长 1.1 个百分点。具体如表 1 所示。

K. 春华秋实，2017年10月27日、11月2日的经济形势分析会

表1　2017年1—3季度深圳生产总值情况

	绝对值（亿元）			构成（%）		累计比上年增减（%）		增长速度	贡献率（%）	拉动点数（%）
	本年当期	本年累计	上年同期累计	本年累计	上年累计	构成	增长速度			
地区生产总值	5678.34	15408.62	13798.01	100.0	100.0	—		8.8	100.0	8.8
农林牧渔业	5.62	13.77	10.95	0.1	0.1	0		24.8	0.2	0
工业	2063.52	5597.66	5010.41	36.3	36.3	0		9.4	40.3	3.5
建筑业	147.18	376.14	328.83	2.4	2.4	0		7.0	1.9	0.2
批发和零售业	610.45	1580.76	1485.77	10.3	10.8	-0.5		4.7	5.9	0.5
交通运输、仓储和邮政业	190.16	477.64	418.45	3.1	3.0	0.1		8.6	3.1	0.3
住宿和餐饮业	110.01	270.52	257.08	1.8	1.9	-0.1		0.5	0.1	0
金融业	808.45	2298.47	2084.50	14.9	15.1	-0.2		7.2	12.8	1.1
房地产业	559.96	1485.49	1399.50	9.6	10.1	-0.5		0.7	0.7	0.1
其他服务业	1182.99	3308.17	2802.53	21.5	20.3	1.2		15.2	35.0	3.1
营利性服务业	733.59	1875.83	1586.98	12.2	11.5	0.7		16.9	22.3	2.0
非营利性服务业	449.40	1432.35	1215.55	9.3	8.8	0.5		12.9	12.7	1.1
第一产业	5.43	13.14	10.36	0.1	0.1	0		25.6	0.2	0
第二产业	2206.09	5961.57	5328.29	38.7	38.6	0.1		9.3	42.2	3.7
第三产业	3466.82	9433.91	8459.36	61.2	61.3	-0.1		8.4	57.6	5.1

（二）工业生产加快发展

前三季度，全市规模以上（下同）工业增加值5680.07亿元，增长9.7%，增幅比上半年加快1.9个百分点，创2017年以来最高增幅，比上年同期提高3.1个百分点，高于全国和全省3.0个、2.5个百分点，达2012年以来同期最大值（见图2）。

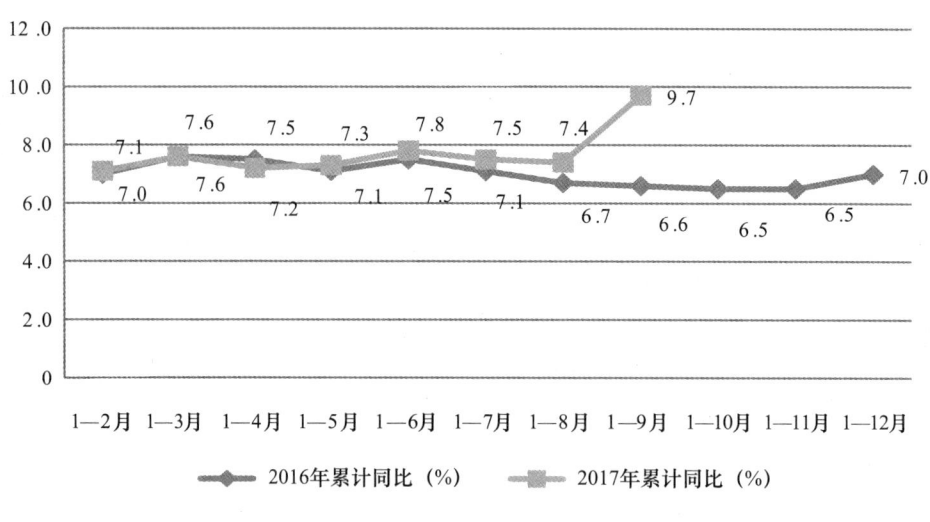

图2 2016—2017年深圳规模以上工业增加值各月累计增速

前十行业，有八行业正增长。前十大行业增加值4879.77亿元，占规模以上工业增加值比重85.9%。其中，除石油和天然气开采业、金属制品业有所下降外，其他八大行业均有不同程度的增长。前四大行业中，计算机、通信和其他电子设备制造业增长11.0%，电气机械和器材制造业增长10.2%，电力、热力生产和供应业增长5.1%，专用设备制造业增长24.9%。工业高端化发展趋势良好。先进制造业（新口径）和高技术制造业增加值分别为3954.42亿元和3675.00亿元，增幅分别为12.6%和12.4%，分别比上半年提高2.4个、2.7个百分点，分别高于规模以上工业增加值增速2.9个、2.7个百分点，占规模以上工业增加值比重分别达到69.6%和64.7%，对全市规模以上工业增长的贡献率为88.6%和81.2%。

工业"百强"企业贡献较大。工业"百强"企业实现增加值3483.86亿元，增长13.7%，高于规模以上工业增速4.0个百分点，对全市规模以上工业增长的贡献率达83.2%，拉动全市规模以上工业增速8.1个百分点，占规模以上工业比重达61.3%。

（三）固定资产投资持续高位增长

前三季度，全市固定资产投资3501.98亿元，增长31.1%，增幅比上半年和上年同期加快0.5个、10.3个百分点，高于全国23.6个百分点（见图3）。

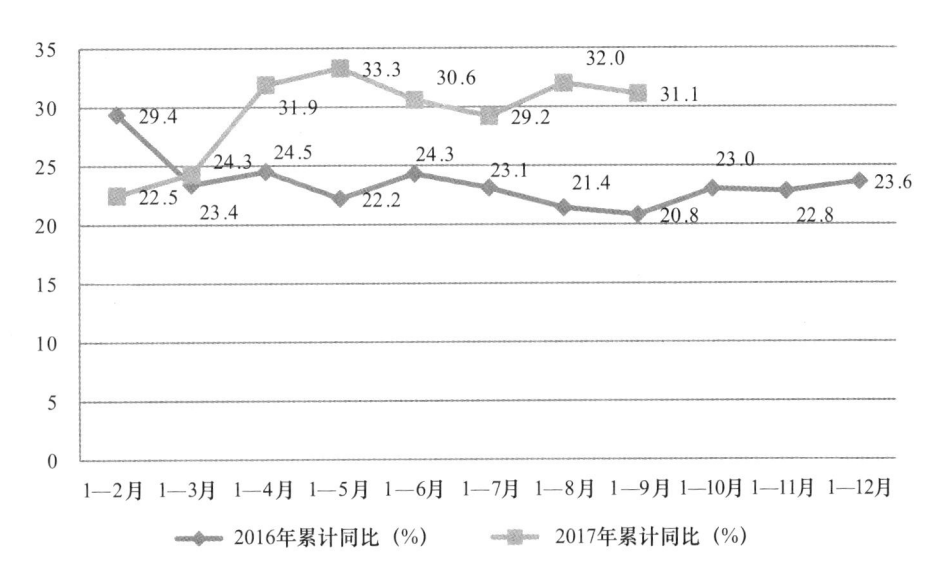

图3 2016—2017年深圳固定资产投资各月累计增速

从主要领域看，城市基础设施投资755.63亿元，增长39.5%，增速比上半年回落6.0个百分点；房地产开发投资1554.32亿元，增长28.4%，增速比上半年提高3.1个百分点；工业投资595.08亿元，增长55.8%，增速比上半年提高1.0个百分点。从产业看，第二产业投资592.38亿元，增长54.5%；第三产业投资2909.01亿元，增长27.2%。从经济主体看，国有经济投资859.92亿元，增长42.6%；非国有经济投资2642.06亿元，增长27.8%，其中民间投资1828.14亿元，增长33.6%，增速比上半年提高10.1个百分点，高于全国27.6个百分点，占固定资产投资比重52.2%。

(四) 消费市场平稳增长

前三季度，全市社会消费品零售总额4342.80亿元，增长9.1%，增幅比上半年回落0.3个百分点，比上年同期提高1.3个百分点，创2014年以来同期新高（见图4）。

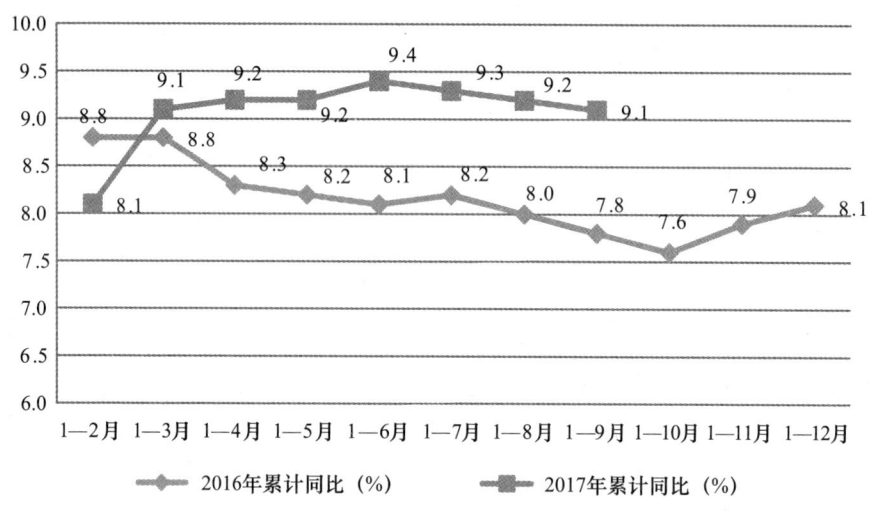

图4　2016—2017年深圳社会消费品零售总额各月累计增速

分行业看，批发和零售业零售额达3861.78亿元，增长9.4%；住宿和餐饮业481.03亿元，增长6.9%。从商品类别看，前十大商品销售类别中，有九类实现正增长，其中家用电器和音响器材类、文化办公用品类增长较快，分别增长48.8%和26.8%。

(五) 规模以上服务业增势良好

前三季度，全市规模以上服务业（不含金融、房地产开发、批零住餐等行业）实现营业收入5677.80亿元，增长18.6%，增速位居全省前列。主导产业驱动作用增强。交通运输仓储和邮政业、信息传输软件和信息技术服务业、租赁和商务服务业三大主导行业保持平稳较快增长，分别实现营业收入1472.50亿元、2148.20亿元和936.90亿元，分别增长19.0%、26.8%和12.1%，拉动规模以上服务业营业收入增长16.5个百分点，合计实现利润总额1476.70亿元，占全部规模以上服

(六) 进出口增幅缓慢回升，利用外资金额持续增长

据海关统计，前三季度全市进出口总额19674.29亿元，增长6.4%，增幅比上半年提高1.1个百分点，比上年同期提高6.8个百分点。其中，出口总额11764.80亿元，增长5.9%，增幅比上半年下降0.2个百分点，比上年同期提高7.0个百分点；进口总额7909.49亿元，增长7.0%，增幅比上半年提高3.0个百分点，比上年同期提高6.3个百分点。

前三季度，全市外商直接投资金额60.47亿美元，增长19.0%，增幅比2016年同期提高21.4个百分点。

(七) 一般公共预算收入及存贷款增速有所回落

前三季度，全市一般公共预算收入2582.21亿元，按同口径增长7.2%，增幅比上半年回落5.1个百分点；按自然口径增长2.5%，比上半年回落2.7个百分点。一般公共预算支出3197.13亿元，增长24.9%，比上半年回落35.4个百分点。

2017年9月末，全市金融机构（含外资）本外币存款余额66918.81亿元，增长6.4%，增幅比上半年回落4.1个百分点；全市金融机构（含外资）本外币贷款余额45028.26亿元，增长16.0%，比上半年回落1.8个百分点。

(八) 居民消费价格低位运行，居民可支配收入持续增长

前三季度，全市居民消费价格（CPI）同比上涨1.3%，呈持续低位运行态势。其中，服务价格上涨1.7%，消费品价格上涨1.1%。构成CPI的八大类商品和服务价格除食品烟酒类持平，其余同比均上涨。其中，医疗保健类价格上涨6.7%，衣着类价格上涨4.1%，教育文化和娱乐类价格上涨2.6%，交通和通信类价格上涨1.7%，生活用品及服务、其他用品和服务、居住类价格分别上涨1.6%、1.3%和0.3%。

前三季度，深圳居民人均可支配收入为40930.32元，比2016年同期增加3305.02元，名义增长8.8%，扣除价格因素实际增长7.4%。深圳人均可支配收入名义增速均低于全国和全省0.3个百分点；实际增速低于全国0.1个百分点，低于全省0.2个百分点。

二 经济发展新动能不断积聚

(一) 新增企业为经济注入新动力

前三季度,新增规模以上工业企业951家,占规模以上工业家数的14.3%,实现增加值247.87亿元,增长77.6%;新增限额以上批发业企业1122家,实现商品销售额3521.00亿元,增长29.9%,高于全市限额以上16.7个百分点;新增限额以上零售业企业143家,实现商品销售额217.80亿元,增长43.7%,高于全市限额以上33.5个百分点;新增限额以上住宿业企业17家,实现营业额3.50亿元,增长46.0%,高于全市限额以上36.9个百分点;新增限额以上餐饮业企业74家,实现营业额9.40亿元,增长8.0%,高于全市限额以上0.6个百分点;新增规模以上服务业企业930家,实现营业收入661.50亿元,增长27.1%,高于全市8.5个百分点。

(二) 新兴产业成为经济增长的重要支撑

新兴产业(七大战略性新兴产业和四大未来产业)前三季度实现增加值6269.66亿元(已剔除行业间交叉重复),增长14.6%,分别高于上半年和上年同期0.7个、3.4个百分点,占GDP比重达到40.7%。其中,新一代信息技术产业增加值3029.11亿元,增长12.3%;互联网产业增加值742.01亿元,增长20.9%;新材料产业增加值306.71亿元,增长17.3%;生物产业增加值204.22亿元,增长20.1%;新能源产业增加值474.70亿元,增长14.5%;节能环保产业增加值463.58亿元,增长15.7%;文化创意产业增加值1576.08亿元,增长15.1%;海洋产业增加值284.39亿元,增长17.4%;航空航天产业增加值104.74亿元,增长40.2%;生命健康产业增加值64.03亿元,增长13.7%;机器人、可穿戴设备和智能装备产业增加值425.50亿元,增长17.8%(见图5)。

(三) 新经济业态及模式不断发展

新业态中,195家供应链企业共创造增加值110.80亿元,占GDP的0.7%;新增1356家商业企业,共创造增加值185.60亿元,占GDP比重1.2%。

新模式(主要是商业综合体及大个体)创造增加值362.30亿元,占GDP比重2.4%,其中城市商业综合体增加值69.20亿元,大个体增加值293.10亿元。

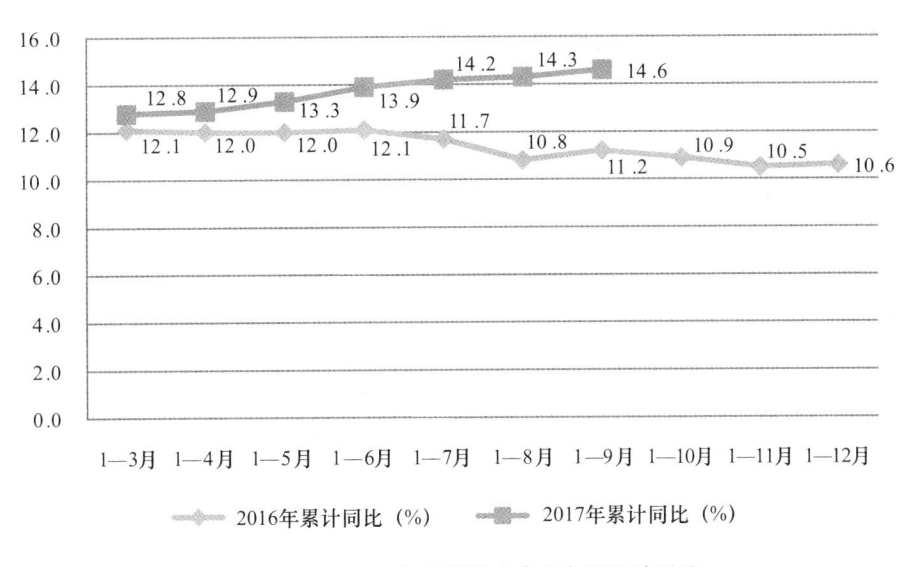

图 5　2016—2017 年深圳新兴产业各月累计增速

三　经济运行存在的问题

（一）本外币存贷款增速持续回落

9月末，全市金融机构（含外资）本外币存贷款增速双双回落，创2017年以来各月增速新低。其中，全市金融机构（含外资）本外币存款余额增长6.4%，比上半年回落4.1个百分点（2—9月累计增速分别为12.0%、11.0%、10.1%、12.2%、10.5%、8.0%、6.9%、6.4%）；全市金融机构（含外资）本外币贷款余额增长16.0%，比上半年回落1.8个百分点（2—9月累计增速分别为22.6%、20.0%、19.3%、18.4%、17.8%、17.4%、16.1%、16.0%）。相对应，前三季度金融业增加值增速迅速回落，由上半年的12.1%跌至7.2%，占GDP比重由上半年的15.3%下降至14.9%，对GDP增长贡献率由21.0%下降至12.8%，拉动GDP点数由1.8个百分点下降至1.1个百分点。金融机构（含外资）本外币存贷款增速作为GDP核算的重要指标，2017年以来持续回落的态势亟须引起高度重视和关注。

（二）证券交易额、保费收入、铁路运输总周转量等增速不同程度回落

前三季度，证券交易额增长6.9%，比上半年回落19.6个百分点，比2016年同期回落17.4个百分点；保费收入增长24.4%，比上半年回落6.5个百分点，比2016年同期回落9.7个百分点；邮政业务总量增长39.7%，比上半年回落2.6个百分点，比2016年同期回落21.1个百分点；铁路运输总周转量增长5.7%，比上半年回落0.3个百分点，比2016年同期回落1.1个百分点。作为GDP核算的主要指标，这些指标增速的回落情况也须引起关注。

（三）商品房销售面积持续负增长对GDP影响较大

前三季度，全市商品房销售面积457.69万平方米，下降11.4%，降幅比上半年（-13.4%）收窄2.0个百分点，比上年同期（-4.2%）加深7.2个百分点。前三季度，房地产业增加值1485.49亿元，增长0.7%，比2016年同期（3.7%）回落3.0个百分点；对GDP增长的贡献率为0.7%，比上年同期（3.7%）回落3.0个百分点；拉动GDP点数0.1个百分点，比上年同期（0.3个百分点）回落0.2个百分点。房地产业对全市经济的负面影响及带来的经济缺口，也是下阶段需要重点关注的问题。

（四）"财政八项支出"持续高位增长面临较大压力

受三季度全市一般公共预算收入增速持续回落影响，"财政八项支出"呈回落趋势。前三季度，"财政八项支出"共完成1981.44亿元，增长36.4%，增幅比一季度、上半年分别回落79.2个、32.4个百分点。"财政八项支出"的持续回落进一步影响到深圳市非营利性服务业及GDP增速，未来仍将面临较大压力。

四 几点建议

（一）继续加强实体经济发展

及时掌握各行业龙头骨干企业、总部企业、产业链核心环节企业生产经营状况，建立高成长性企业快速支持机制，积极加强对传统行业提质增效，重视实体经济精准服务企业，降成本补短板，优化发展环境。采取各项措施，在产业用房、科技金融、人才安居、政府服务等方面给予优先支持，切实有效促进实体经济发展。

（二）进一步提高经济运行效益和质量

2017年以来，一般公共预算收入增速持续回落，前三季度低于经济增长速度。

工业企业生产经营出现存货增加、成本上升、利润率降低等问题。1—8月，规模以上工业企业利润总额1159.55亿元，增长0.9%，分别比全国、全省低20.7个和13.9个百分点。主营业务收入利润率6.69%，同比回落0.53个百分点。产成品存货增长13.9%，高于2016年同期11.8个百分点。下一阶段，要进一步落实降低实体经济企业成本的具体措施。着力降低企业用电成本，拓宽企业融资渠道，降低企业融资成本。加大面向中小微企业的担保增信、风险补偿、贷款贴息等政策支持。

（三）核算指标保持强的强、弱的补强

从GDP核算23个指标分析，与上半年及2016年三季度相比，部门统计指标中的本外币存贷款余额、证券、保险、财政八项支出、邮政、铁路运输总周转量等指标增幅均不同程度回落，这些都将直接影响全市GDP核算任务的实现。因此，要完成全年经济增长预期目标任务，需要各部门通力协作，共同完成。

（四）须重视产业、企业及区域发展不平衡问题

从行业看，工业内部37个行业大类，有10个行业增加值下降。第三产业中，金融和房地产业增速同比分别回落8.0个和3.0个百分点，两个行业增加值合计占GDP比重由上年同期的25.2%回落到24.5%。从企业看，深圳市经济发展中，大企业支撑作用明显，工业"百强"企业增加值占规模以上工业比重61.3%，但仍有18%的企业负增长。金融房地产业受国家宏观政策影响较大，亦较易引起经济波动。前三季度，金融房地产业拉动GDP增长点数由上年同期的2.5个百分点降低到1.2个百分点。从投资看，固定资产投资高于全市平均增速的有4个区，坪山区、光明新区、宝安区和南山区分别为59.1%、41.4%、35.4%和31.7%。

总的来看，前三季度全市经济保持平稳增长态势，为实现全年经济发展预期目标打下良好基础。但也要看到，经济运行过程中，不确定性因素依然较多，特别是面临2016年四季度工业、批零住餐业、财政八项支出、房地产销售面积、本外币存贷款基数较高的统计因素等问题，须积极主动谋划，加以应对。

下一阶段，要以党的"十九大"精神为统领，按照市委、市政府部署要求，坚持以推进供给侧结构性改革为主线，加快建设现代化国际化创新型城市和国际科技、产业创新中心，全力打造社会主义现代化先行区，狠抓政策落实改革落地，保持经济平稳增长势头，努力达到全市经济增长预期目标。

发言稿-2

"三个在哪里":数据背后的经济及其他

如何看待2017年以来深圳市经济基本面的变化,从统计数据背后看经济,主要有"三个在哪里":一是增长在哪里;二是压力在哪里;三是着力点在哪里。

一 增长在哪里:出现"实转强"积极变化,有力支撑经济稳定增长

前三季度,全市实现GDP总量15408.62亿元(含深汕特别合作区),同比增长8.8%,与上半年持平,比2016年同期提高0.1个百分点,比全国、全省分别高出1.9个、1.2个百分点,对全省1—9月GDP增长贡献率达28%。与上半年相比,全市经济保持稳定增长势头,主要表现为实体经济增长走稳,主要指标数据出现明显改善。第二产业占GDP比重达38.7%,较上半年和2016年同期均提升0.1个百分点;对GDP增长贡献率达42.2%,比上半年提升8个百分点;拉动GDP增长3.7个百分点,比上半年提升0.7个百分点。这些数据变化表明,实体经济出现增强动能,支持全市经济保持稳定增长。

1—9月全市GDP增长8.8%,高于这一平均速度,分产业看,第二产业增长达9.3%,高出0.5个百分点。分行业看,农业(含深汕合作区)增长24.8%,高出16个百分点;工业增长9.4%,其中规模以上工业增长9.7%,高出0.9个百分点;营利性服务业增长16.9%,其中信息传输、软件和信息技术服务业增长21.6%,高出12.8个百分点;非营利性服务业增长12.9%,高出4.1个百分点。分区看,高于全市GDP 8.8%增速的区有坪山、光明、龙岗、宝安、南山、龙华及深汕特别合作区。具体如表1所示。

表1　　　　　　　　深圳市2017年前三季度地区生产总值主要构成

指标名称		绝对值（亿元）	增长（%）	构成（%）	构成同比变动（百分点）	对GDP增长的贡献率（%）	对GDP拉动点数（百分点）
地区生产总值（GDP）		15408.62	8.8	100	—	100	8.8
分产业	第一产业	13.14	25.6	0.1	0	0.2	0
	第二产业	5961.57	9.3	38.7	0.1	42.2	3.7
	#先进制造业	3954.42	12.6	25.7	—	34.3	3.0
	第三产业	9433.91	8.4	61.2	-0.1	57.6	5.1
	#现代服务业	6678.01	9.1	43.3	0.2	44.1	3.9
分行业	工业	5597.66	9.4	36.3	0	40.3	3.5
	金融业	2298.47	7.2	14.9	-0.2	12.8	1.1
	商业	1851.28	4.1	12.1	-0.6	6.0	0.5
	营利性服务业	1875.83	16.9	12.2	0.7	22.3	2.0
	#信息传输、软件和信息技术服务业	1164.80	21.6	7.6	0.7	16.8	1.5
	房地产业	1485.49	0.7	9.6	-0.5	0.7	0.1
	非营利性服务业	1432.35	12.9	9.3	0.5	12.7	1.1
	交通运输、仓储和邮政业	477.64	8.6	3.1	0.1	3.1	0.3
	建筑业	376.14	7.0	2.4	0.1	1.9	0.2
	农林牧渔业	13.77	24.8	0.1	0	0.2	0

具体细看主要行业增长如下。

（一）规模以上工业企业有力支撑经济增长

前三季度，全市规模以上工业增加值5680.07亿元（含深汕特别合作区），同比增长9.7%，高于2016年同期3.1个百分点，比上半年提高1.9个百分点，比一季度提高2.1个百分点，呈逐季走强态势。拉动增长的积极因素主要有：

1. 先进制造业和高技术制造业保持较快增长

先进制造业（新口径）增加值3954.42亿元，同比增长12.6%，对全市规模以上工业增长的贡献率达88.6%；高技术制造业增加值3675.00亿元，同比增长12.4%，贡献率达81.2%；先进、高技术制造业增速分别高于全市规模以上工业增速2.9个和2.7个百分点，占比69.6%和64.7%。

2. 重点、新增工业企业支撑力显著

工业"百强"企业实现增加值3483.86亿元，占规模以上工业比重达61.3%，同比增长13.7%，高于规模以上工业增速4.0个百分点，对全市规模以上工业增长的贡献率达83.2%，拉动全市规模以上工业增速8.1个百分点。2017年，全市新增规模以上工业企业951家，占规模以上工业企业数的14.3%，实现增加值247.87亿元，增长77.6%，对规模以上工业增长的贡献率为19.7%，拉动规模以上工业增长1.9个百分点。

3. 规模以上工业企业增加值下降面收窄

在6638家规模以上工业企业中，2889家企业增加值负增长，占比43.5%；2016年同期负增长企业占比为52.0%，企业下降面收窄8.5个百分点。从工业"百强"企业看，1—9月工业"百强"企业增加值负增长的企业数18家，占比18%，比2016年同期减少了14家，重点企业下降面收窄，有力助推2017年规模以上工业增速稳步提升。从工业内部行业看，全市覆盖的37个工业行业大类中，11个行业增加值负增长，比2016年同期减少7个行业；2017年负增长行业占全市规模以上工业的比重为9.0%，比2016年同期下降3.6个百分点（见表2）。

表2　　　　　　　1—9月规模以上工业分大类行业增加值及增速

序号	行业	增加值（亿元）	增加值2016年同期（亿元）	占规模以上工业比重（%）	增速（%）	对规模以上工业增长的贡献率（%）	对GDP增长的贡献率（%）
1	石油和天然气开采业	176.98	144.19	3.1	-9.2	-2.7	-1.0
2	有色金属矿采选业	0	0.28	0	0	-0.1	0
3	开采辅助活动	6.02	7.37	0.1	-16.5	-0.2	-0.1
4	农副食品加工业	22.85	19.45	0.4	8.4	0.3	0.1
5	食品制造业	10.85	10.32	0.2	5.3	0.1	0
6	酒、饮料和精制茶制造业	33.19	30.31	0.6	11.2	0.7	0.3
7	烟草制品业	41.87	39.92	0.7	4.4	0.4	0.2
8	纺织业	20.30	16.46	0.4	20.7	0.7	0.3
9	纺织服装、服饰业	49.78	53.21	0.9	-9.1	-1.0	-0.4
10	皮革、毛皮、羽毛及其制品和制鞋业	28.45	31.40	0.5	-8.7	-0.6	-0.2

K. 春华秋实，2017年10月27日、11月2日的经济形势分析会

续表

序号	行业	增加值（亿元）	增加值2016年同期（亿元）	占规模以上工业比重（%）	增速（%）	对规模以上工业增长的贡献率（%）	对GDP增长的贡献率（%）
11	木材加工和木、竹、藤、棕、草制品业	2.58	2.47	0	4.2	0	0
12	家具制造业	28.36	27.20	0.5	−2.0	−0.1	0
13	造纸和纸制品业	30.38	30.19	0.5	−3.5	−0.2	−0.1
14	印刷和记录媒介复制业	49.95	38.59	0.9	13.7	1.1	0.4
15	文教、工美、体育和娱乐用品制造业	76.55	76.69	1.3	−1.2	−0.2	−0.1
16	石油加工、炼焦和核燃料加工业	22.49	19.65	0.4	8.5	0.3	0.1
17	化学原料和化学制品制造业	39.93	34.46	0.7	12.8	0.9	0.3
18	医药制造业	83.75	63.69	1.5	19.6	2.6	1.0
19	化学纤维制造业	1.84	1.55	0	16.8	0.1	0
20	橡胶和塑料制品业	156.43	145.66	2.8	4.4	1.3	0.5
21	非金属矿物制品业	69.68	53.79	1.2	24.7	2.7	1.0
22	黑色金属冶炼和压延加工业	5.44	5.01	0.1	−3.1	0	0
23	有色金属冶炼和压延加工业	6.20	4.91	0.1	2.7	0	0
24	金属制品业	107.88	99.29	1.9	−3.1	−0.7	−0.3
25	通用设备制造业	129.10	116.48	2.3	12.8	3.1	1.2
26	专用设备制造业	232.46	182.11	4.1	24.9	9.3	3.6
27	汽车制造业	85.18	84.55	1.5	1.0	0.2	0.1
28	铁路、船舶、航空航天和其他运输设备制造业	66.75	37.74	1.2	68.8	5.4	2.1
29	电气机械和器材制造业	394.93	343.37	7	10.2	7.2	2.8
30	计算机、通信和其他电子设备制造业	3266.52	2866.57	57.5	11.0	64.6	25.0
31	仪器仪表制造业	85.78	79.86	1.5	5.9	1.0	0.4
32	其他制造业	30.99	25.36	0.5	15.4	0.8	0.3

续表

序号	行业	增加值（亿元）	增加值2016年同期（亿元）	占规模以上工业比重（%）	增速（%）	对规模以上工业增长的贡献率（%）	对GDP增长的贡献率（%）
33	废弃资源综合利用业	0.14	0.21	0	-30.4	0	0
34	金属制品、机械和设备修理业	8.42	7.91	0.1	5.7	0.1	0
35	电力、热力生产和供应业	244.51	232.54	4.3	5.1	2.5	1.0
36	燃气生产和供应业	17.49	17.20	0.3	1.2	0	0
37	水的生产和供应业	46.05	42.89	0.8	4.2	0.4	0.2

4. 规模以上工业主营收入和利润持续增长

1—8月，主营业务收入17344.56亿元，同比增长7.6%，较上年同期提高3.8个百分点，比1—7月提高0.2个百分点，继续保持去年以来的稳中有升态势；利润总额1159.55亿元，同比增长0.9%，增速自今年六月首次转正后已连续三个月保持正增长。其中，6630家规模以上工业企业中亏损企业1849家，亏损企业数比1—7月下降3.9%；如剔除华为公司影响，全市规模以上企业利润总额增速将从0.9%大幅提高至18.2%，计算机、通信和其他电子设备制造业的行业利润增速将从-6.8%大幅提高至36.3%。

（二）规模以上营利性服务业（其他下同）保持支撑经济韧性

1—8月，规模以上营利性服务业营收2920.1亿元，同比增长23.5%，比1—5月提高0.7个百分点，高于全省平均增速0.2个百分点。从全省情况来看，深圳对全省经济增长的拉动作用较为明显。1—8月广东省规模以上营利性服务业营收达到6003.4亿元，深圳占48.6%，营收规模全省排名第一，广州位列第二，深圳和广州为全省仅有的两个营收规模达到千亿级城市，百亿级城市为东莞和珠海；其余城市为十亿级和亿级城市。从营收贡献率来看，深圳、广州和珠海贡献率排名前三，分别为49%、34.8%和6.9%，分别拉动全省增长11.4个、8.1个和1.6个百分点；深圳增速每提高1个百分点，拉动全省增长0.49个百分点，贡献十分明显。

（三）全市规模以上营利性服务业主要受互联网和相关服务业、软件和信息技术服务业拉动

两个行业营收同比分别增长55.7%、23.9%，分别拉动营利性服务业增长13.1个、5.6个百分点。以腾讯系为代表的重点企业呈现出"大企业快增长"势头。腾讯系十家企业分布在互联网、软件业、商务服务业和文化业，1—8月营收合计为961.2亿元，同比增长58.4%，拉动全市营利性服务业增长15个百分点。爆发式增长在以深圳华控赛格为代表的营收5000万以下的部分成长型企业中不断涌现，1—8月营收增速翻倍的成长型企业有88家。以南山区为代表的服务业大区出现快速增长，作为全市唯一营利性服务业规模过千亿的行政区，1—8月南山区达1797亿元，占全市总量的61.5%，拉动全市增长17.1个百分点。

（四）新兴产业（七大战略性新兴产业和四大未来产业）拉动全市经济增长

前三季度实现增加值6269.66亿元（剔除重），增长14.6%，高于上年同期3.4个百分点，占GDP比重达到40.7%，比一季度提高0.3个百分点。其中，新一代信息技术增加值3029.11亿元，增长12.3%；互联网742.01亿元，增长20.9%；新材料306.71亿元，增长17.3%；生物204.22亿元，增长20.1%；新能源474.70亿元，增长14.5%；节能环保463.58亿元，增长15.7%；文化创意1576.08亿元，增长15.1%；海洋284.39亿元，增长17.4%；航空航天104.74亿元，增长40.2%；生命健康64.03亿元，增长13.7%；机器人、可穿戴设备和智能装备425.50亿元，增长17.8%。

（五）经济基本面里投资一枝独秀

三季度全市固定资产投资3501.98亿元，同比增长31.1%；增速同比提高10.3个百分点，比二季度提高0.5个百分点。其中，基础设施投资755.34亿元，同比增长39.4%；建安工程投资2041.07亿元，同比增长22.8%。

（六）受大项目带动，工业与技改投资呈现大幅增长

工业投资595.08亿元，同比增长55.8%。其中，技改274.35亿元，同比大幅增长113.6%；前20名项目投资额之和为526.82亿元，占全市固定资产投资比重为15.0%。城市更新改造投资为721.83亿元，同比增长40.3%，高于固定资产投资增速9.2个百分点。具体如表3所示。

表3　　　　　　　　　2017年三季度固定资产投资完成情况

指标名称	1—3季度累计（亿元）	累计同比（±%）
固定资产投资额	3501.98	31.1
#基础设施	755.34	39.4
#建安工程	2041.07	22.8
1. 按管理渠道分		
（1）房地产开发项目	1554.32	28.4
（2）非房地产开发项目	1947.66	33.4
2. 按注册登记类型分		
（1）国有经济	859.92	42.6
（2）中国港澳台	362.15	13.5
（3）外资	113.02	-28.9
（4）其他经济	2166.89	36.3
#民间投资	1828.14	33.6
3. 按产业类别分		
（1）第一产业	2.86	102178.6
（2）第二产业	591.69	54.3
（3）第三产业	2907.42	27.1
4. 按行业类别分		
（1）工业投资	595.08	55.8
#工业技术改造	274.35	113.6
（2）交通运输、仓储和邮政业	356.86	16.2
（3）批发和零售业	23.29	72.3
（4）住宿和餐饮业	3.18	-43.2
（5）房地产业	1863.26	29.3

（七）房地产开发投资两位数增长

1—9月完成投资1554.32亿元，同比增长28.4%，增速比上月提高1.0个百分点，创本年新高。从构成情况看，建安工程在总量上占据房地产开发投资主导地位，占比58.2%；设备工器具购置费23.91亿元，同比增长56.5%；其他费用投资626.33亿元，同比增长68.6%，其中土地购置费为475.76亿元，占其他费用投资的76.0%（见图1）。

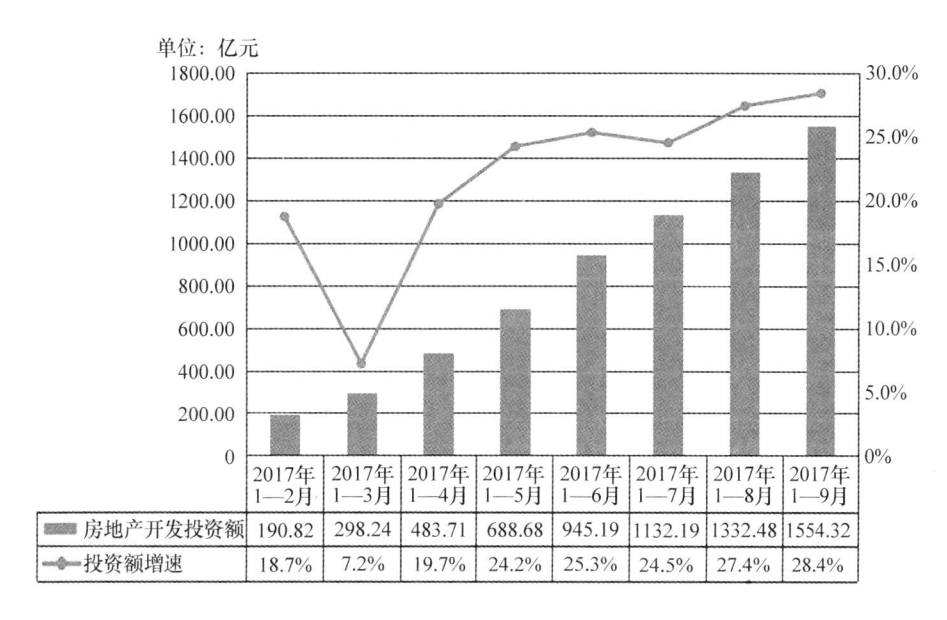

K. 春华秋实，2017年10月27日、11月2日的经济形势分析会

时期	房地产开发投资额	投资额增速
2017年1—2月	190.82	18.7%
2017年1—3月	298.24	7.2%
2017年1—4月	483.71	19.7%
2017年1—5月	688.68	24.2%
2017年1—6月	945.19	25.3%
2017年1—7月	1132.19	24.5%
2017年1—8月	1332.48	27.4%
2017年1—9月	1554.32	28.4%

图1 房地产开发投资走势

（八）重点区域投资增速快、占比大

南山区投资732.17亿元，同比增长31.7%，占全市固定资产投资比重最大，达到20.9%，拉动全市投资增长6.5个百分点；其中，自贸区（含前海片区和蛇口片区）327.52亿元，增长28.6%，占南山区比重44.7%，占全市比重9.4%，拉动全市投资增长2.9个百分点。宝安600.13亿元，增长35.4%，占全市比重17.1%，拉动全市投资增长5.3个百分点。龙岗区592.70亿元，增长26.2%，占全市比重16.9%，拉动全市投资增长5.3个百分点。坪山区264.19亿元，增长59.1%，增速为各区最高。具体如表4所示。

表4　　　　　　　　2017年1—3季度各区固投完成情况

区域	1—3季度投资额（亿元）	占全市固投比重（%）	同比增长（%）	拉动全市投资增长百分点（%）
全市合计	3501.98	—	31.1	—
罗湖区	158.57	4.5	24.5	1.4
福田区	279.88	8.0	22.3	2.5
南山区	732.17	20.9	31.7	6.5

续表

区域	1—3季度投资额（亿元）	占全市固投比重（%）	同比增长（%）	拉动全市投资增长百分点（%）
宝安区	600.13	17.1	35.4	5.3
龙岗区	592.70	16.9	26.2	5.3
盐田区	102.95	2.9	23.0	0.9
光明新区	293.00	8.4	41.4	2.6
坪山区	264.19	7.5	59.1	2.3
龙华区	430.45	12.3	25.9	3.8
大鹏新区	47.93	1.4	4.0	0.4

二 压力在哪里：深圳面临大环境与自身增长规律"瓶颈"

从深圳与大环境经济长周期看，通过观察1980—2016年GDP增长轨迹，北京、上海、深圳的GDP增速走势相仿，GDP增速越来越趋近于全国平均水平，速度在逐步减缓（见图2）。

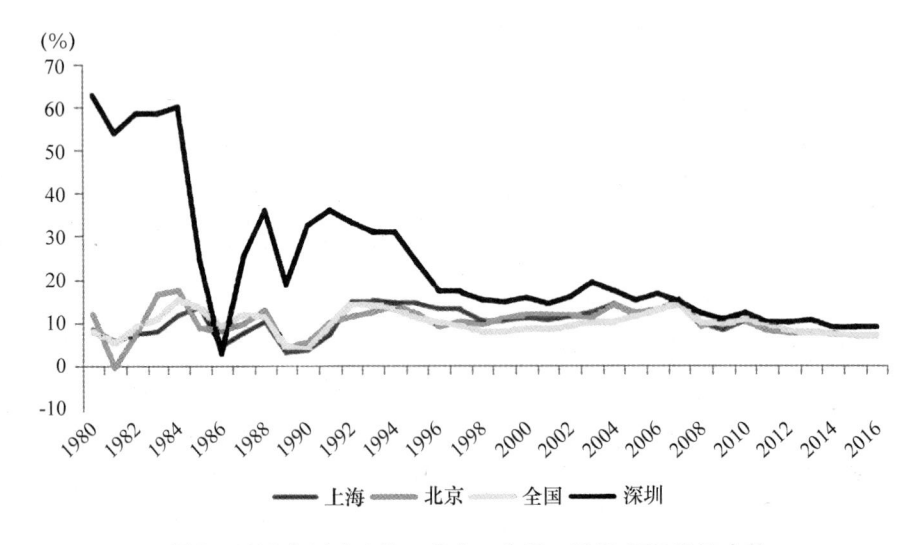

图2 1980年以来上海、北京、全国、深圳GDP增速走势

数据表明，1980—1985年、1986—1990年、1991—1995年为超高速增长阶段，GDP均保持在20%以上的增速。1996—2000年、2001—2005年为增速加速

下滑阶段,但年均增速仍保持在10%以上。2001—2015年为增速平稳下滑阶段,年均增速保持9.5%左右。依此研判,2016—2020年全市增速将继续保持平稳下滑趋势,年均GDP增速可能落在7.5%—8.5%。具体情况见表5。

表5　　　　深圳市GDP同比增速、均值及方差(1980—2016年)

年份	GDP同比增速(%)	GDP平均增速(%)	GDP平均增速方差
1980	62.7	52.3	169.0
1981	53.8		
1982	58.4		
1983	58.3		
1984	59.9		
1985	24.5		
1986	2.7	22.4	139.0
1987	25.4		
1988	35.9		
1989	18.7		
1990	32.5		
1991	36.0	30.9	16.3
1992	33.2		
1993	30.9		
1994	30.9		
1995	23.8		
1996	17.2	16.0	0.9
1997	16.9		
1998	15.2		
1999	14.7		
2000	15.7		
2001	14.3	16.3	3.0
2002	15.8		
2003	19.2		
2004	17.3		
2005	15.1		

续表

年份	GDP 同比增速（%）	GDP 平均增速（%）	GDP 平均增速方差
2006	16.6		
2007	14.8		
2008	12.1	13.3	4.3
2009	10.8		
2010	12.4		
2011	10.0		
2012	10.0		
2013	10.5	9.5	0.4
2014	8.8		
2015	8.9		
2016	9.0		

注：1980—1985 年为 6 年间隔，2011—2016 年为 6 年间隔。

GDP 增速趋平的背后，是当下和未来几年可能会面临的问题，集中表现为"四个带来"。

（一）抑制资产泡沫带来直接压力

资产泡沫主要集中在金融和房地产行业。中央"挤泡防风险"，这深刻影响着深圳，涉及深圳经济约 25% GDP 的权重。换句话说，资本市场与房地产市场的朝夕之间，影响深圳 GDP 增减的因子是 1/4。

1. 金融业增长速度不断走低

受"脱虚向实"宏观政策影响，1—9 月金融业增加值 2298.47 亿元，同比增长 7.2%，比上半年回落 4.9 个百分点，占 GDP 比重从 15.3% 降至 14.9%，对 GDP 增长的贡献从 21.0% 降至 12.8%，拉动 GDP 增长点数由 1.9 个降至 1.1 个百分点。若扣掉保费收入增长 24.4% 的正向作用，金融业仅增长 4.8%。

未来进一步去产能、去杠杆、挤泡沫，可能加剧过去若干年累积的金融风险，证券业、保费收入、银行存贷款均面临回落趋势。证券业 1—9 月交易额增速仅为 3.1%，比三季度核算该行业 1—8 月增速进一步下降 3.8 个百分点，影响 GDP 增速 0.1 个百分点，全年证券交易增长十分不容乐观。全年保费收入增速将从 1—8 月的 24.4% 回落到 20% 左右，本外币存贷款余额同样存在继续回落压力。

2. 房地产影响经济增长显现

伴随 2016 年"深八条"和 2017 年金融调控政策出台,加之 2017 年竣工开售新楼盘减少,开发商捂盘惜售,三季度全市商品房销售面积 457.69 万平方米,同比下降 11.4%。

2016 年 6 月,龙华单价地王和光明总价地王相继产生,刺激楼市升温。在深圳最严商品房限购政策前夕,9 月深圳楼市成交量一波井喷,单月销量达 86 万平方米,比 2017 年月均 47.8 万平方米销量超出 38 万平方米。2016 年月底销售高峰出现在 12 月,达 90 多万平方米。具体见图 3。

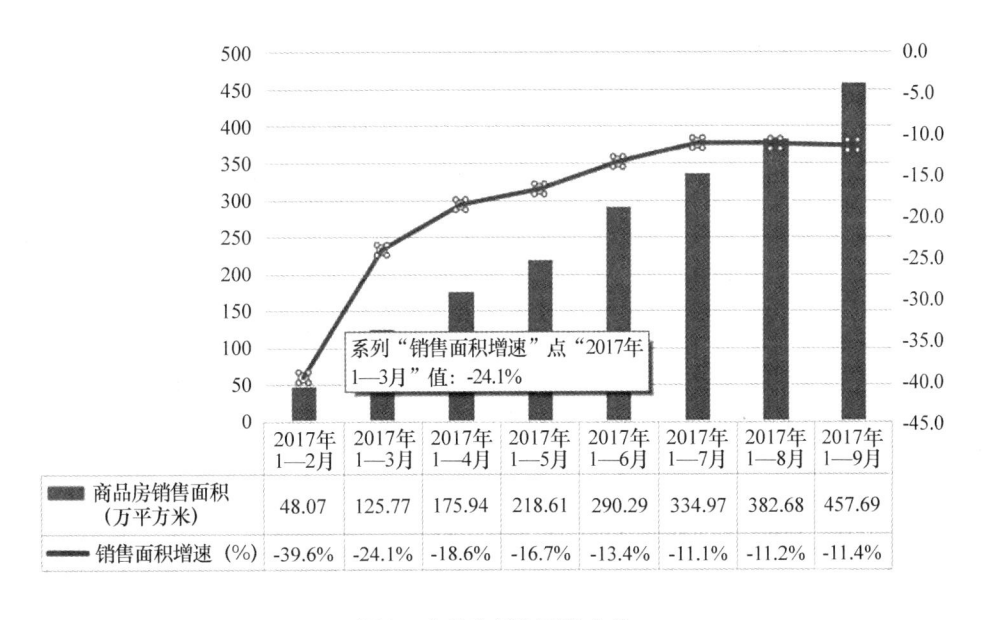

	2017年1—2月	2017年1—3月	2017年1—4月	2017年1—5月	2017年1—6月	2017年1—7月	2017年1—8月	2017年1—9月
商品房销售面积（万平方米）	48.07	125.77	175.94	218.61	290.29	334.97	382.68	457.69
销售面积增速（%）	-39.6%	-24.1%	-18.6%	-16.7%	-13.4%	-11.1%	-11.2%	-11.4%

图 3　商品房销售面积走势

可见,在全国"挤泡防风险"这个当头,深圳经济不可能再从中获得红利,相反,必须补缺这两大因素带来相应经济指标的总量缺口。

（二）经济结构轻资产因素带来不稳定性挑战

受土地、人工、税负、融资等生产成本上涨影响,工业主营业务利润增长仍然不高,不少制造业企业转向房地产、金融领域,以"辅业创收"弥补"主业歉收",更甚者直接搬迁至市外。当前全市三产增速回落显现新情况、新问题,导致三产增长贡献整体减速弱化。与上年比,占 GDP 比重下降 0.1 个百分点,增速下降 1.9 个百分点；与上半年比，占比下降 0.2 个百分点，增速下降 1.3 个百分点。

1. "财政八项支出"高位增长不可持续

1—9 月全市"财政八项支出"同比增长 36.4%，增速较上半年回落 32.4 个百分点。据了解，在各项支出均按年初计划顺利推进完成情况下，全年"财政八项支出"预计增长 30%，又将比三季度回落 6.4 个百分点，这会影响全年 GDP 增速 0.3 个百分点。此外，2017 年一季度"财政八项支出"增速高达 115.6%，已形成 2018 年一季度的基数，压力很大，须充分考虑。

2. 营利性服务业面临不平衡与增速趋缓压力

1—8 月，全市互联网和相关服务业增长 46.1%，软件和信息技术服务业 18.2%，租赁和商务服务业 12.1%。三大行业规模以上服务业企业营业收入增速与平均增速 23.5% 相比，呈"两低一高"态势。腾讯系前三强企业所在的互联网和相关服务业成为拉动增长的主要因素，贡献率达 55.7%，高于其他两行业总和，体现行业发展的不平衡。

与北上广等服务业发达城市比较，未来深圳营利性服务业同样面临增速趋缓压力。2017 年 1—8 月，北京、上海、广州和深圳营利性服务业营业收入分别为 10232.7 亿元、7860.4 亿元、2265.8 亿元和 2920.1 亿元，同比增速分别为 9.8%、9%、21.1% 和 23.5%。从中可以看出，营利性服务业总量较大的北京和上海面临着增长趋缓压力，增速呈个位数；相比之下，规模较小的广州和深圳保持较快增长，但当经历快速增长达到当前北上水平时，也将面临增速趋缓压力。目前，从全国城市一级看，深圳市营利性服务业营收规模排在第三位，与北京和上海在总量上仍存在较大差距。

3. 交通运输业低位增长

水上、航空运输总周转量低于 1% 增长，公路周转量低于 4%、铁路周转量低于 6% 运行，对三产拖累影响须引起进一步重视。

（三）GDP 相关核算指标回落带来的缺口

批发业商品销售额 18561.11 亿元，同比增长 12.0%，增幅比上半年回落 2.2 个百分点。其直接表现在供应链企业贡献率下降，1—9 月商品销售额 2785.65 亿元，占批发业 15.0%，同比增长 6.6%，比全市批发业商品销售额增速低 5.4 个百分点，比上年同期低 6.2 个百分点。对批发业增长的贡献率为 8.6%，比上年同期低 90.8 个百分点。供应链企业销售额同比增速不高，与近期国家税务、海关部门开展税务检查、退税核查工作影响有一定关系。涉税问题影响严重的信利康、朗华、川能、创捷、中兴5家外贸供应链企业的销售额合计下降200亿元，拉低批发业增长1.2个百分点。

部分大型企业商品销售额增速回落，拉动力减弱。其中，中农网、华明国际贸易、大生农业集团、大生农资、北方联合铝业商品销售额同比分别增长11.2%、275.2%、26.7%、70.3%、-3.5%，与上半年相比增速分别下降53.2个、614个、142.8个、1950.1个、23.8个百分点。同时，对全市商品销售额的拉动力也在减弱，分别比上半年下降0.44个、0.28个、0.27个、0.22个、0.17个百分点，合计下降1.38个百分点。大面积企业经营下滑对全市批发业商品销售额增长也有较大影响，1—9月全市有1892家限额以上法人企业商品销售额负增长，占全部限额以上法人企业的40.5%。

（四）深圳经济"前小后大"基数带来的压力

若实现全年GDP增长8.9%左右，四季度当季GDP总量须达6600亿元左右，占全年GDP总量须超过30%，比时序比重25%高出5个多百分点。受基数前小后大影响，且有部分指标预计趋势会较1—9月进一步走低，四季度GDP总量与增长压力同时并存。

从工业增加值来看，四季度分量最重，占比超过33%。全年规模以上工业增长的压力集中在四季度，且2016年全年规模以上工业增速较前三季度提升0.4个百分点。在2017年前三季度规模以上工业增长9.7%的较快较高增长下，2017年四季度规模以上工业增长压力不容忽视。

从固定资产投资来看，2016年全年4078.16亿元，仅四季度当季便增加1407.90亿元，基数较大。2017年全市固投目标总额为4974亿元，同比增长22.0%，要实现该目标，2017年四季度单季须增加投资1472亿元。

三　着力点在哪里：围绕全年增长要求，紧盯后两个月可持续经济增长点

第四季度已过一个月，要完成全年经济增长8.9%左右的目标，必须紧盯后两个月的指标变化，积极服务促进可持续经济增长点发力。

重点关注影响经济总量与速度增长的重点企业。在当下经济增长中，认清经济

结构，扬长避短，方能廓清经济增长方向。每个经济板块上的增长极不同，决定经济着力点也不一样，应做到胸中有数，关注支撑经济增长的相关产业行业企业。

（一）工业方面，"四抓一稳一提"

一是抓强抓新稳增速。继续巩固和增强优势产业。全市先进制造业，高技术制造业，通信设备、计算机及其他电子设备制造业增加值占规模以上工业增加值的比重分别为69.6%、64.7%和57.5%，增速分别高于全市平均增速2.9个、2.7个和1.3个百分点。这些行业是全市工业转型升级和经济质量提升的主导产业，应进一步加大对工业重点企业政策资金和资源要素的倾斜力度，增强重点工业企业对工业增长的稳定器作用。

高技术企业拉动作用大。2017年前三季度新增规模以上工业企业拉动全市工业增长1.9个百分点，这些企业既有"下转上"企业，也有本年新建投产入库企业。四季度到明年，需要继续加大招商引资政策，汇聚、吸引科技发展前沿领域高成长型实体企业落户深圳。同时，部门间要加强合作和配合，及时将掌握的高成长型新企业、达到规模以上标准的规模以下企业的相关信息反馈给统计部门跟进入库。

二是抓负抓后提增速。1—9月，工业"百强"企业中有18家同比负增长，对全市规模以上工业的增速贡献率为–18.1%，拉低全市规模以上工业增速近1.8个百分点（见表6）。

表6　　　　　　　　工业"百强"中负增长企业名单　　　　　　　单位：%

序号	企业名称	所在区	增速
1	富泰华工业（深圳）有限公司	龙华	–21.2
2	中海石油（中国）有限公司深圳分公司	南山	–13.1
3	比亚迪汽车工业有限公司	坪山	–6.0
4	深圳创维–RGB电子有限公司	宝安	–4.8
5	联想信息产品（深圳）有限公司	福田	–3.8
6	岭澳核电有限公司	大鹏	–11.2
7	康佳集团股份有限公司	南山	–1.3
8	深圳市天珑移动技术有限公司	南山	–2.0
9	艾默生网络能源有限公司	宝安	–25.2
10	伯恩光学（深圳）有限公司	龙岗	–7.5
11	宇龙计算机通信科技（深圳）有限公司	南山	–61.8

续表

序号	企业名称	所在区	增速
12	联想系统集成（深圳）有限公司	福田	-13.2
13	旭硝子显示玻璃（深圳）有限公司	光明	-5.9
14	方大集团股份有限公司	南山	-7.7
15	深圳市东方亮彩精密技术有限公司	宝安	-4.1
16	新百丽鞋业（深圳）有限公司	龙华	-19.3
17	吉田拉链（深圳）有限公司	宝安	-0.5
18	丽晶维珍妮内衣（深圳）有限公司	光明	-15.9

除负增长"百强"企业外，全市还有18家"百强"企业增速低于全市规模以上工业平均水平（见表7）。

表7　　　　工业"百强"中低于全市平均增速企业名单　　　　单位：%

序号	企业名称	所在区	增速
1	中兴通讯股份有限公司	南山	1.6
2	鸿富锦精密工业（深圳）有限公司	龙华	5.1
3	深圳供电局有限公司	罗湖	2.7
4	深圳烟草工业有限责任公司	龙华	4.6
5	岭东核电有限公司	大鹏	2.8
6	深圳长城开发科技股份有限公司	福田	1.8
7	比亚迪精密制造有限公司	龙岗	0.6
8	比亚迪股份有限公司	大鹏	9.0
9	广东大鹏液化天然气有限公司	大鹏	1.5
10	深圳妈湾电力有限公司	南山	4.3
11	深圳市中兴微电子技术有限公司	南山	4.2
12	兴英科技（深圳）有限公司	宝安	4.9
13	富士施乐高科技（深圳）有限公司	龙华	0.2
14	深圳市广前电力有限公司	南山	1.6
15	深圳能源集团股份有限公司东部电厂	大鹏	2.3
16	西门子（深圳）磁共振有限公司	南山	9.6
17	深圳市水务（集团）有限公司	福田	6.3
18	史丹利百得精密制造（深圳）有限公司	宝安	6.1

工业"百强"企业对全市工业经济增长影响大，应长期坚持、重点关注负增长和低增长企业，开展企业生产经营困难帮扶行动，采取有力措施，切实帮助企业解决实际困难，并在人才保障、产业用地上出台扶持政策，为企业发展创造条件，减轻这些企业对工业增加值速度的拖累。

（二）营利性服务业方面，找准目标，补齐短板

密切关注辖区重点企业发展情况，跟踪监测2017年以来营业收入增速同比下降幅度较大的重点企业，做细做实统计工作。稳住重点企业发展势头，服务好以腾讯系企业为代表的重点大型企业，确保这些企业继续保持稳健快速发展。以国家出台政策大力支持生活性服务业、文化和体育产业发展为契机，做大做强居民服务、修理和其他服务业，文化、体育和娱乐业两大门类行业蛋糕，为营利性服务业的快速发展贡献新动能。

（三）商业方面，促进大型商贸企业做大做强

加大力度引进B2B电商平台、跨境电商平台，为全市批发业商品销售额的增长积蓄后力。重点关注对全市指标增长影响大的企业，加大对新增企业和重点企业的业务指导与政策扶持力度，有针对性地采取措施，确保源头数据质量。

四 统计环境新变化：今非昔比，要求更高、更严、更实

国家统计局将于2019年实施生产总值全国统一核算。6月26日，中央深改组第三十六次会议审议通过《地区生产总值统一核算改革方案》。实施地区生产总值统一核算后，将由省统计局依照统一的核算方案直接核算各地市GDP数据及分行业增加值。统一核算改革将以第四次全国经济普查为契机，经普数据将成为基数，须高度重视并扎实做好深圳市第四次全国经济普查。

（一）法人统计向产业统计转变

国家统计局决定从第四次全国经济普查开始，将"法人单位经营地"统计原则改为"产业活动单位经营地"统计原则。因此，须高度重视总部在深圳、产业在外地的现象，在制定招商引资政策时，不仅要求新引进的企业总部带有行业实

体，还要鼓励现有总部实体产业向深圳倾斜，法人与产业活动单位"同城同在"，引导企业分公司在深注册法人。

国民经济行业分类新标准经国家标准委委员会批准，10月1日正式实施。新分类标准的出台，为部门统计提供新的标准规范。部门统计调查中的调查对象、调查范围等内容，有的需要做相应的调整；部门制定的与行业分类相关的统计分类标准，也将随之进行调整。全市各产业主管部门应密切关注上级主管部门统计改革动态，及时与市统计部门协调，相应地对市级部门统计调查项目进行调整适应。

（二）有案必查，异常必查

6月26日，中央深改组第三十六次会议审议通过《统计违纪违法责任人处分处理建议办法》。会议强调，统计、组织和纪检监察部门要加强配合，各司其职，各负其责，严格按照党纪政纪有关规定对违纪违法责任人做出严肃处理。全市党政领导和统计系应严守统计法律法规要求，牢固树立法治统计意识，防范和惩治统计造假、弄虚作假，坚持对统计违法行为"零容忍"。

五 一点想法：宜适当调低增长速度预期，切实为调结构强质量提供时空

2017年，全市GDP总量将达2.12万亿左右，考虑到R&D支出在年底纳入GDP核算，全年GDP总量将在2.18万亿元左右。从我国目前GDP总量超过2万亿元的北京、上海两市的经济增速走势看，北京于2014年经济总量过2万亿，当年GDP增速7.3%；上海于2012年GDP总量超过2万亿，当年GDP增速7.5%；广州2017年GDP总量也将到2万亿，全年GDP增长目标为8%左右。

综合相关情况，深圳市GDP增速过2万亿元后，基数越大，经济每增长一个点的难度将更高。

若2018—2020年全市GDP增速逐年下降0.2个百分点，即2018年保持8.6%的增速，2019年保持8.4%的增速，2020年保持8.2%的增速，全市将很有可能在2019年年底提前一年实现第六次党代会提出的GDP总量达到2.6万亿的目标。

从长远来看，全市应着眼发展"三新"产业。这在未来五至十年将成为趋势，市场潜在价值更大。2017年，国家统计局在金砖五国杭州会和中国统计开放日上发布了全国"三新"产业增加值10万多亿，占全国2016年GDP总量14%多。新

增长点会有很大的发展前景，深圳在这一比例方面比全国高得多。同时，深圳市还占有位于粤港澳大湾区中心位置的有利条件，可积极借助"一带一路"对外配置经济发展空间。

供给侧结构性改革与经济转型升级期难免会产生阵痛，深圳已走在前面。在2017年全市实现GDP总量2.18万亿左右的基础上，即使全市GDP增速呈下降趋势，只要今后三年年均增速保持在6.7%以上，也能在2020年实现GDP 2.6万亿的目标。

因此，可考虑在2017年完成全年GDP 8.9%左右增长目标的基础上，适当降低后几年增长目标，为党的十九大提出的建立现代化经济体系和提升经济新动能与发展质量提供空间。

附表1　　2017年全市GDP增长8.9%左右测算各分项指标情况　　单位：%

序号	指标名称	1—9月实际完成值（含深汕）	全年目标	涉相关部门及区
1	农林牧渔业增加值增速	24.8	25.0	市经贸信息委 各区
2	规模以上工业增加值增速	9.7	9.7	市经贸信息委 各区
3	规模以下工业增加值增速	5.3	5.0	市经贸信息委 各区
4	建筑业增加值可比价增速	7.0	9.0	市住房建设局 各区
5	批发业商品销售额增速	12.0	14.0	市经贸信息委 各区
6	零售业商品销售额增速	9.7	10.0	市经贸信息委 各区
7	住宿业营业额增速	8.8	9.0	市文体旅游局 各区
8	餐饮业营业额增速	4.9	7.0	市经贸信息委 各区
9	铁路运输总周转量增速	5.7	7.0	市交通运输委
10	公路运输总周转量增速	3.2	8.0	市交通运输委

K. 春华秋实，2017年10月27日、11月2日的经济形势分析会

续表

序号	指标名称	1—9月实际完成值（含深汕）	全年目标	涉相关部门及区
11	水上运输总周转量增速	0.1	7.0	市交通运输委
12	航空运输总周转量增速	0.8	9.8	市交通运输委
13	邮政业务总量增速	39.7	40.0	深圳邮政管理局
14	金融机构本外币存款余额增速	6.4	10.0	金融办 人行深圳市中心支行
15	金融机构本外币贷款余额增速	16.0	17.0	金融办 人行深圳市中心支行
16	深圳地区证券交易额增速（错月）	6.9	8.9	金融办 深圳证监局 深圳证交所
17	保费收入增速（错月）	24.4	21.0	金融办 深圳保监局
18	商品房销售面积增速	-11.4	-11.0	市规划国土委 市住房建设局 各区
19	房地产业从业人员劳动报酬增速	21.0	21.0	市规划国土委 市住房建设局 各区
20	房地产业单位从业人员增速	12.0	12.0	市规划国土委 市住房建设局 各区
21	电信业务总量增速	75.1	65.0	深圳通信管理局
22	营利性服务业（其他）营业收入增速（错月）	23.5	26.0	市经贸信息委 市文体旅游局 市科创委 各区
23	财政预算八项支出合计增速	36.4	36.0	市财政委 各区

附表2　　实现全年规模以上工业增长9.7%左右须重点关注企业　　单位：%

序号	单位名称	增加值增速	所在区
1	富泰华工业（深圳）有限公司	-21.2	龙华
2	中海石油（中国）有限公司深圳分公司	-13.1	南山
3	比亚迪汽车工业有限公司	-6.0	坪山
4	深圳创维-RGB电子有限公司	-4.8	宝安
5	联想信息产品（深圳）有限公司	-3.8	福田
6	岭澳核电有限公司	-11.2	大鹏
7	康佳集团股份有限公司	-1.3	南山
8	深圳市天珑移动技术有限公司	-2.0	南山
9	艾默生网络能源有限公司	-25.2	宝安
10	伯恩光学（深圳）有限公司	-7.5	龙岗
11	宇龙计算机通信科技（深圳）有限公司	-61.8	南山
12	联想系统集成（深圳）有限公司	-13.2	福田
13	旭硝子显示玻璃（深圳）有限公司	-5.9	光明
14	方大集团股份有限公司	-7.7	南山
15	深圳市东方亮彩精密技术有限公司	-4.1	宝安
16	新百丽鞋业（深圳）有限公司	-19.3	龙华
17	吉田拉链（深圳）有限公司	-0.5	宝安
18	丽晶维珍妮内衣（深圳）有限公司	-15.9	光明
19	深圳海油工程水下技术有限公司	-19.1	南山
20	招商局重工（深圳）有限公司	-28.2	南山
21	理光（深圳）工业发展有限公司	-25.6	福田
22	华润三九医药股份有限公司	-5.9	龙华
23	深圳辉烨通讯技术有限公司	-17.9	宝安
24	深圳市海派通讯科技有限公司	-35.9	南山
25	深圳市双翼科技股份有限公司	-26.8	宝安
26	理光高科技（深圳）有限公司	-9.8	宝安
27	硕诺科技（深圳）有限公司	-35.5	南山
28	昱科环球存储产品（深圳）有限公司	-34.6	坪山
29	友联船厂（蛇口）有限公司	-1.7	南山
30	摩比天线技术（深圳）有限公司	-14.5	南山
31	环胜电子（深圳）有限公司	-53.1	南山

K. 春华秋实，2017年10月27日、11月2日的经济形势分析会

续表

序号	单位名称	增加值增速	所在区
32	深圳市大富科技股份有限公司	-9.8	宝安
33	深圳市康冠技术有限公司	-19.7	龙岗
34	深圳市中诺通讯有限公司	-45.8	龙华
35	深圳市保千里电子有限公司	-11.8	龙华
36	深圳市海普瑞药业股份有限公司	-7.6	南山
37	才众电脑（深圳）有限公司	-4.7	盐田
38	合众服饰（深圳）有限公司	-9.3	龙华
39	深圳市福瑞祥电器有限公司	-13.2	光明
40	国药集团致君（深圳）制药有限公司	-1.2	龙华
41	深圳市海滨制药有限公司	-7.6	盐田
42	深圳市开发微电子有限公司	-39.2	福田
43	深圳崇达多层线路板有限公司	-7.3	宝安
44	深圳市百纳威电子股份有限公司	-20.0	宝安
45	深圳市中核海得威生物科技有限公司	-14.2	南山
46	深圳市鸿合创新信息技术有限责任公司	-35.1	坪山
47	联能科技（深圳）有限公司	-1.1	宝安
48	山特电子（深圳）有限公司	-0.8	宝安
49	深圳伟嘉家电有限公司	-18.1	宝安
50	深圳天诚家具有限公司	-3.2	龙华
51	深圳市华森科技股份有限公司	-26.9	宝安
52	深圳市世鼎通信科技有限公司	-32.6	宝安
53	深圳市能源环保有限公司	-2.5	南山
54	深圳市华荣科技有限公司	-25.5	龙华
55	深圳青岛啤酒朝日有限公司	-9.4	宝安
56	深圳日海通讯技术股份有限公司	-8.4	南山
57	深圳市耀群实业有限公司	-15.9	龙岗
58	深圳市卓翼科技股份有限公司	-21.8	南山
59	新安电器（深圳）有限公司	-11.6	宝安
60	深圳市捷佳伟创新能源装备股份有限公司	-41.8	龙岗
61	深圳市卫光生物制品股份有限公司	-9.8	光明
62	深圳市金洲精工科技股份有限公司	-5.1	龙岗

续表

序号	单位名称	增加值增速	所在区
63	兆赫电子（深圳）有限公司	-41.5	光明
64	深圳小辣椒科技有限责任公司	-24.2	南山
65	深圳国威电子有限公司	-65.3	罗湖
66	日月元科技（深圳）有限公司	-22.7	宝安
67	深圳市建升科技股份有限公司	-13.2	福田

附表3　实现全年营利性服务业（其他）增长26%左右须重点关注企业

序号	单位名称	行业归属	1—8月营收降幅范围	所在区
1	深圳市小牛在线互联网信息咨询有限公司	信息传输、软件和信息技术服务业	30%以上	南山
2	深圳市芯智科技有限公司	信息传输、软件和信息技术服务业	30%以上	南山
3	深圳万里通网络信息技术有限公司	信息传输、软件和信息技术服务业	10%—30%	南山
4	华强方特（深圳）电影有限公司	信息传输、软件和信息技术服务业	30%以上	南山
5	深圳中兴力维技术有限公司	信息传输、软件和信息技术服务业	30%以上	南山
6	深圳市金锐显数码科技有限公司	信息传输、软件和信息技术服务业	10%—30%	南山
7	深圳市迅锐通信有限公司	信息传输、软件和信息技术服务业	30%以上	南山
8	深圳市中兴软件有限责任公司	信息传输、软件和信息技术服务业	0—10%	南山
9	深圳市保千里科技有限公司	信息传输、软件和信息技术服务业	30%以上	南山
10	神州数码信息服务股份有限公司	信息传输、软件和信息技术服务业	30%以上	南山

K. 春华秋实，2017 年 10 月 27 日、11 月 2 日的经济形势分析会

续表

序号	单位名称	行业归属	1—8 月营收降幅范围	所在区
11	深圳日月星光传媒有限公司	租赁和商务服务业	30% 以上	南山
12	深圳市房多多网络科技有限公司	信息传输、软件和信息技术服务业	10%—30%	南山
13	深圳市一达通企业服务有限公司	租赁和商务服务业	30% 以上	南山
14	万魔声学科技有限公司	信息传输、软件和信息技术服务业	30% 以上	南山
15	深圳万兴信息科技股份有限公司	信息传输、软件和信息技术服务业	30% 以上	南山
16	华建国际实业（深圳）有限公司	租赁和商务服务业	30% 以上	福田
17	深圳市小牛普惠投资管理有限公司	租赁和商务服务业	30% 以上	福田
18	深圳市平安置业投资有限公司	租赁和商务服务业	30% 以上	福田
19	深圳九龙福科技发展有限公司	租赁和商务服务业	10%—30%	福田
20	深圳市广播电影电视集团	文化、体育和娱乐业	10%—30%	福田
21	深圳报业集团地铁传媒有限公司	租赁和商务服务业	30% 以上	福田
22	深圳云杉世界信息技术有限公司	信息传输、软件和信息技术服务业	30% 以上	福田
23	深圳市农牧实业有限公司	租赁和商务服务业	10%—30%	福田
24	深圳市星海假期国际旅行社有限公司	租赁和商务服务业	30% 以上	福田
25	广东百合蓝色火焰文化传媒公司	租赁和商务服务业	10%—30%	福田
26	深圳市赛格电子商务有限公司	信息传输、软件和信息技术服务	30% 以上	福田
27	华视传媒集团有限公司	租赁和商务服务业	30% 以上	福田
28	深圳市深华国际旅行社有限责任公司	租赁和商务服务业	30% 以上	罗湖
29	深圳市新景界东旭国际旅行社有限公司	租赁和商务服务业	30% 以上	罗湖
30	深圳市捷旅国际旅行社有限公司	租赁和商务服务业	10%—30%	龙岗

注：若上述企业营业收入四季度增速较三季度均分别提升 5 个、10 个和 20 个百分点，其增量将分别拉动全市营利性服务业营业收入增长 0.45 个、0.89 个和 1.79 个百分点。

附表4　　实现全市批发业增长14%左右须重点关注企业　　单位：亿元，%

序号	单位名称	1—9月商品销售额	上年同期商品销售额	同比减少销售额	同比增速	所在区
1	深圳融禾资源科技有限公司	0.20	82.14	-81.94	-99.8	福田
2	深圳市信利康供应链管理有限公司	144.84	217.95	-73.11	-33.5	福田
3	比亚迪汽车销售有限公司	175.16	243.05	-67.89	-27.9	坪山
4	深圳景天勤业商贸有限公司	74.34	141.15	-66.81	-47.3	福田
5	深圳川能供应链管理有限公司	28.12	81.13	-53.01	-65.3	福田
6	深圳市前海泽为石油化工有限公司	6.97	59.7	-52.73	-88.3	南山
7	深圳嘉晟供应链股份有限公司	22.73	57.71	-34.98	-60.6	福田
8	深圳市创捷供应链有限公司	54.08	82.17	-28.09	-34.2	福田
9	深圳联想海外控股有限公司	2.49	29.82	-27.33	-91.6	南山
10	深圳市金沙世纪矿业有限公司	0	26.88	-26.88	-100.0	福田
11	深圳硕禾贸易有限公司	0.20	27.02	-26.82	-99.3	福田
12	深圳润宝有色金属有限公司	18.95	42.74	-23.79	-55.7	福田
13	沃尔玛（中国）投资有限公司	462.11	485.67	-23.56	-4.9	福田
14	深圳市爱施德股份有限公司	320.92	343.88	-22.96	-6.7	福田
15	深圳迈科金属有限公司	49.52	71.94	-22.42	-31.2	福田
16	山东石化海益供应链有限公司	2.16	24.15	-21.99	-91.1	南山
17	深圳市怡明科技有限公司	4.16	25	-20.84	-83.4	福田
18	深圳市海润富投资发展有限公司	4.60	24.96	-20.36	-81.6	福田
19	深圳市中兴供应链有限公司	16.88	35.77	-18.89	-52.8	南山
20	深圳中电投资股份有限公司	101.40	118	-16.6	-14.1	福田
21	联想（深圳）电子有限公司	42.35	56.65	-14.3	-25.2	南山
22	深圳市庆鹏石油化工经销有限公司	8.72	22.66	-13.94	-61.5	福田
23	深圳市物产国际贸易有限公司	4.44	18.26	-13.82	-75.7	南山
24	深圳市朗华供应链服务有限公司	108.98	121.69	-12.71	-10.4	福田
25	深圳市前海中钰石油化工有限公司	16.41	27.69	-11.28	-40.7	南山
26	深圳市空港油料有限公司	14.28	25.39	-11.11	-43.8	宝安
27	深圳市志瑞首饰有限公司	0	10.82	-10.82	-100.0	罗湖
28	深圳前海润宝国际能源有限公司	6.57	16.65	-10.08	-60.5	南山

K. 春华秋实，2017 年 10 月 27 日、11 月 2 日的经济形势分析会

附表5　　　　　　实现全市零售业增长 10% 左右须重点关注企业　　　　单位：亿元，%

序号	单位名称	1—9月商品销售额	上年同期商品销售额	同比减少销售额	同比增速	所在区
1	深圳市大胜机电设备有限公司	0.34	5.31	-4.97	-93.6	宝安
2	深圳市大兴宝德汽车销售服务有限公司	17.29	21.46	-4.17	-19.4	宝安
3	深圳酷动数码有限公司	6.97	10.27	-3.30	-32.1	福田
4	深圳沃尔玛百货零售有限公司	82.26	85.00	-2.74	-3.2	福田
5	广东澳康达二手车经销有限公司	1.87	4.53	-2.66	-58.7	罗湖
6	深圳市顺丰电子商务有限公司	5.79	8.04	-2.25	-28.0	南山
7	深圳市汇天源机电设备有限公司	3.40	5.51	-2.11	-38.3	福田
8	深圳市佳鸿贸易发展有限公司	0.10	2.06	-1.96	-95.1	宝安
9	深圳玛丝菲尔时装股份有限公司	11.48	13.39	-1.91	-14.3	龙华
10	深圳市三维都灵汽车销售服务有限公司	1.23	3.07	-1.84	-59.9	福田
11	深圳市奥德汽车贸易有限公司	4.48	6.25	-1.77	-28.3	罗湖
12	深圳市百佳华百货有限公司	11.18	12.85	-1.67	-13.0	宝安
13	深圳市里程国际汽车车会有限公司	0.91	2.48	-1.57	-63.3	福田
14	深圳市恒泰昌汽车销售服务有限公司	1.09	2.60	-1.51	-58.1	龙华
15	深圳通利华汽车贸易有限公司	0.16	1.63	-1.47	-90.2	罗湖
16	深圳金环怡投资有限公司	1.93	3.34	-1.41	-42.2	宝安
17	深圳前海腾邦保税跨境电子商务有限公司	5.06	6.45	-1.39	-21.6	南山
18	深圳市飞驰游艇有限公司	0	1.34	-1.34	-100.0	福田
19	深圳市圣达汽车销售服务有限公司	1.46	2.68	-1.22	-45.5	南山
20	深圳海王食品有限公司	0.50	1.71	-1.21	-70.8	南山
21	深圳市龙南汽车贸易有限公司	0.82	2.00	-1.18	-59.0	龙华
22	深圳市富迅通贸易有限公司	0.59	1.72	-1.13	-65.7	龙华
23	深圳市宝骏汽车销售服务有限公司	7.54	8.63	-1.09	-12.6	罗湖

附表6　　　　　　　　　继续关注2017年三季度投资额前20名项目

序号	单位名称	项目名称	本年完成投资（万元）	占全市固投比重（%）	所在区
1	深圳市华星光电半导体显示技术有限公司	第11代TFT-LCD及AMOLED新型显示器件生产线项目	897337	2.6	宝安
2	深圳航空有限责任公司	波音空客飞机及模拟机购置项目	395392	1.1	宝安
3	深圳市宝安区环保水务工程建设管理中心	茅洲河流域宝安片区水环境综合整治工程	390100	1.1	宝安
4	深圳市地铁集团有限公司	深圳市轨道交通10号线工程	344101	1.0	福田、龙岗、龙华
5	深圳市地铁集团有限公司	深圳国际会展中心配套市政项目	317746	0.9	宝安
6	深圳市招华国际会展发展有限公司	深圳国际会展中心	315000	0.9	宝安
7	中芯国际集成电路制造（深圳）有限公司	中芯国际12英寸集成电路生产线项目	302546	0.9	坪山
8	深圳市地铁集团有限公司	深圳市轨道交通6号线工程	297994	0.9	光明、龙华、宝安
9	深圳市前海景兴商业服务有限公司	前海国际金融中心T201-0089宗地	235789	0.7	南山
10	深圳市前海开发投资控股有限公司	前海交易广场项目	216043	0.6	南山
11	深圳柔宇显示技术有限公司	类6代柔性显示屏生产线项目	208500	0.6	龙岗
12	深圳市前海开发投资控股有限公司	前海合作区二单元05街坊0305地块项目	175426	0.5	南山
13	深圳市前海景兴物业管理有限公司	前海国际金融中心T201-0088宗地	173818	0.5	南山
14	深圳市投资控股有限公司	深圳湾创新科技中心	158035	0.5	南山
15	深圳市特区建设发展集团有限公司	留仙洞总部基地1街坊	155974	0.4	南山

K. 春华秋实，2017年10月27日、11月2日的经济形势分析会

续表

序号	单位名称	项目名称	本年完成投资（万元）	占全市固投比重（%）	所在区
16	深圳龙岗区启迪协信科技园发展有限公司	启迪协信科技园	153400	0.4	龙岗
17	深圳市外环高速公路投资有限公司	深圳外环高速公路深圳段一期工程（深圳沙井至观澜段和龙城至坪地段）	138531	0.4	宝安、龙岗、光明、龙华
18	深圳市前海开发投资控股有限公司	前海自贸大厦项目	133298	0.4	南山
19	深圳前海中粮发展有限公司	中粮资本前海项目	132581	0.4	南山
20	深圳市地铁集团有限公司	深圳市轨道交通8号线工程	126625	0.4	盐田、罗湖
合计			5268236	15.0	

附表7　　**继续关注2017年三季度建筑业前30名企业增长情况**

序号	单位名称	占建筑业比重（%）	同比（现价）（%）	贡献率（%）	所在区
1	中建钢构有限公司	4.9	27.2	8.7	南山
2	中国华西企业有限公司	4.1	7.2	2.3	福田
3	深圳广田集团股份有限公司	3.6	18.0	4.5	罗湖
4	深圳市建筑工程股份有限公司	2.9	11.1	2.4	福田
5	中铁隧道集团三处有限公司	1.2	10.8	2.2	南山
6	中电建水环境治理技术有限公司	1.5	0	22.4	宝安
7	深圳市中邦（集团）建设总承包有限公司	1.3	−16.0	−3.4	罗湖
8	深圳市宝鹰建设集团股份有限公司	1.6	1.9	0.3	福田
9	中建深圳装饰有限公司	1.4	6.0	0.8	罗湖
10	深圳市市政工程总公司	1.3	15.3	1.7	龙华
11	深圳市科源建设集团有限公司	1.5	19.3	2.0	福田
12	深圳市博大建设集团有限公司	1.5	−2.8	−0.3	福田
13	深圳市奇信建设集团股份有限公司	1.7	12.0	1.2	福田

续表

序号	单位名称	占建筑业比重（%）	同比（现价）（%）	贡献率（%）	所在区
14	深圳市洪涛装饰股份有限公司	1.8	3.9	0.4	罗湖
15	深圳中铁二局工程有限公司	1.9	-34.8	-5.8	南山
16	深圳市建工集团股份有限公司	2.0	-11.6	-1.4	福田
17	深圳市中装建设集团股份有限公司	2.0	8.8	0.9	罗湖
18	银广厦集团有限公司	2.1	-13.4	-1.6	福田
19	中铁建大桥工程局集团第二工程有限公司	2.1	-18.7	-2.4	盐田
20	深圳瑞和建筑装饰股份有限公司	2.1	613.1	8.4	罗湖
21	中国南海工程有限公司	1.9	82.5	3.9	罗湖
22	深圳市三鑫幕墙工程有限公司	1.8	-0.2	0	南山
23	深圳市福田建安建设集团有限公司	1.8	96.2	4.0	福田
24	中交天航南方交通建设有限公司	1.7	181.6	5.0	福田
25	深圳市建艺装饰集团股份有限公司	2.0	22.6	1.4	福田
26	深圳市方大建科集团有限公司	1.9	12.5	0.8	南山
27	深圳时代装饰股份有限公司	1.9	67.3	2.9	福田
28	深圳市深装总装饰股份有限公司	2.0	48.9	2.3	福田
29	中铁港航局集团深圳工程有限公司	2.0	7.2	0.5	南山
30	深圳市亚泰国际建设股份有限公司	2.1	31.1	1.6	福田

附表8　关注2017年四季度房地产预计销售面积较大项目情况

序号	项目名称	预计销售面积（平方米）	企业名称	所在区
1	景和园	200000.00	深圳市信义房地产开发有限公司	龙岗
2	金域上郡花园	70000.00	深圳市和诚鸿业发展有限公司	龙岗
3	爱联旧改—恒大城市之光	33000.00	深圳市万京投资有限公司	龙岗
4	融湖世纪花园一期	55000.00	深圳市鼎宏投资发展有限公司	龙岗
5	公园里花园二期	50000.00	深圳市聚龙湾投资发展有限公司	龙岗
6	万科时代广场	40000.00	深圳市龙城广场房地产开发有限公司	龙岗
7	万科公园里三期	22000.00	深圳市聚龙湾投资发展有限公司	龙岗

K. 春华秋实，2017年10月27日、11月2日的经济形势分析会

续表

序号	项目名称	预计销售面积（平方米）	企业名称	所在区
8	中环阳光星苑	20000.00	深圳市喀斯特中环星苑置业有限公司	龙岗
9	大族河山花园一期	8000.00	深圳市大族基业房地产开发有限公司	龙岗
10	西乡商业中心旧城旧村改造项目（又名：前城滨海花园）	128884.10	深圳市宏发房地产开发有限公司	宝安
11	中粮69区工业园城市更新项目（又名：中粮创芯研发中心）	93441.05	深圳市创芯置业有限公司	宝安
12	拾悦里雅居	88670.00	深圳市凯德丰投资有限公司	宝安
13	湾景商务中心	64630.00	深圳市金颐投资发展有限公司	宝安
14	红湾盛园	29517.88	深圳市尖沙咀上和房地产开发有限公司	宝安
15	龙光商业大楼	144300.00	深圳市骏腾置业有限公司	坪山
16	万科云城	50000.00	深圳市万科云城房地产开发有限公司	南山
17	深圳湾科技生态园	30000.00	深圳湾科技发展有限公司	南山
18	华润城润府	30000.00	华润置地（深圳）有限公司	南山
19	深湾汇云中心	20000.00	深圳市地铁集团有限公司	南山
20	卓越前海项目	15000.00	深圳前海卓越汇康投资有限公司	南山
21	龙光玖钻	30000.00	深圳市龙光骏景房地产有限公司	龙华
22	深圳北（龙华）商务中心项目二期	25000.00	深圳市鸿荣源实业有限公司	龙华
23	大浪龙胜建设路工业区城市更新项目	20000.00	深圳市鸿荣源房地产有限公司	龙华
24	华盛峰荟名庭	6000.00	深圳市金洪实业投资发展有限公司	龙华
25	阳基御龙山家园	5000.00	深圳市富上佳房地产有限公司	龙华
26	观光站综合体项目	40000.00	深圳市凯丰实业有限公司	光明
27	中粮云景国际项目	3000.00	中粮地产（深圳）实业有限公司	光明
28	公明商业中心	1400.00	深圳市天荣盛房地产有限公司	光明
29	招商开元中心一期	20000.00	深圳市德瀚投资发展有限公司	罗湖

续表

序号	项目名称	预计销售面积（平方米）	企业名称	所在区
30	兰江山第二期	12689.00	深圳城盛房地产开发有限公司	福田
31	深业上城	5000.00	深圳市科之谷投资有限公司	福田
32	陶柏莉花园	2000.00	深圳市承翰信息咨询有限公司	大鹏
33	半山悦海	2000.00	深圳市盐田港置业有限公司	盐田
合计		1364532.03		

新闻通稿

2017年1—3季度深圳市经济运行稳定增长

2017年以来，在深圳市委、市政府的坚强领导下，全市上下深入贯彻落实习近平总书记系列重要讲话和批示精神，积极践行新发展理念，紧紧围绕"五位一体"总体布局和"四个全面"战略布局，坚持以推进供给侧结构性改革为主线，加快建设现代化国际化创新型城市和国际科技、产业创新中心，全力打造社会主义现代化先行区，全市经济稳中向好态势持续发展。

一 主要经济指标稳定增长

（一）经济稳步增长

初步核算并经广东省统计局核定，前三季度全市生产总值15408.62亿元（含深汕特别合作区），按可比价计算，比上年同期（下同）增长8.8%，增幅与上半年持平，比上年同期提高0.1个百分点，高于全国1.9个百分点。分产业看，第一产业增加值13.14亿元，增长25.6%；第二产业增加值5961.57亿元，增长9.3%；第三产业增加值9433.91亿元，增长8.4%。

第二、第三产业结构为38.7:61.2。第三产业中，批发和零售业增加值1580.76亿元，增长4.7%；住宿和餐饮业增加值270.52亿元，增长0.5%；交通运输、仓储和邮政业增加值477.64亿元，增长8.6%；金融业增加值2298.47亿元，增长7.2%；房地产业增加值1485.49亿元，增长0.7%；其他服务业增加值3308.17亿元，增长15.2%。

（二）工业生产加快发展

前三季度，全市规模以上（下同）工业增加值5680.07亿元，增长9.7%，增幅比上半年加快1.9个百分点，创2017年以来最高增幅，比上年同期提高3.1个百分点，达2012年以来同期最大值，高于全国3.0个百分点。其中，股份制企业增长12.3%，外商及中国港澳台商投资企业增长5.2%。

前十行业有八行业正增长。前十大行业增加值4879.77亿元，占规模以上工业增加值比重85.9%。其中，除石油和天然气开采业、金属制品业有所下降外，其他八大行业均有不同程度的增长。前四大行业计算机及其他电子设备制造业增长11.0%，电气机械和器材制造业增长10.2%，电力、热力生产和供应业增长5.1%，专用设备制造业增长24.9%。

工业高端化发展趋势良好。先进制造业（新口径）和高技术制造业增加值分别为3954.42亿元和3675.00亿元，增幅分别为12.6%和12.4%，分别比上半年提高2.4个、2.7个百分点，分别高于规模以上工业增加值增速2.9个、2.7个百分点，占规模以上工业增加值比重分别达到69.6%和64.7%。

工业"百强"企业贡献较大。工业"百强"企业实现增加值3483.86亿元，增长13.7%，高于规模以上工业增速4.0个百分点，对全市规模以上工业增长的贡献率达83.2%，拉动全市规模以上工业增速8.1个百分点，占规模以上工业比重达61.3%。

（三）固定资产投资增速持续高位增长

前三季度，全市固定资产投资3501.98亿元，增长31.1%，增幅分别比上半年和上年同期加快0.5个、10.3个百分点，高于全国23.6个百分点。其中，基础设施投资755.34亿元，增长39.4%。房地产开发投资1554.32亿元，增长28.4%；非房地产开发投资1947.66亿元，增长33.4%。

工业和工业技改投资大幅增长。工业投资595.08亿元，增长55.8%，其中工业技术改造投资274.35亿元，增长113.6%；第三产业投资2907.42亿元，增长27.1%。

民间投资占比持续过半。民间投资1828.14亿元，增长33.6%，增幅高于全国 27.6 个百分点，占固定资产投资比重 52.2%。

商品房屋销售面积 457.69 万平方米，下降 11.4%，降幅比上年同期加深 7.2 个百分点。

（四）消费市场继续较快增长

前三季度，全市社会消费品零售总额 4342.80 亿元，增长 9.1%，增幅比上半年回落 0.3 个百分点，比上年同期提高 1.3 个百分点，创 2014 年以来同期新高。其中，批发和零售业零售额 3861.78 亿元，增长 9.4%；住宿和餐饮业 481.03 亿元，增长 6.9%。

前十大商品销售类别中，有九类实现正增长。前三季度，全市商品销售总额 21969.76 亿元，增长 11.6%，比上半年回落 1.5 个百分点，比上年同期提高 9.0 个百分点。其中，家用电器和音响器材类增长 48.8%，文化办公用品类增长 26.8%，体育娱乐用品类增长 17.2%，日用品类增长 12.8%，食品饮料烟酒类增长 11.6%，书报杂志类增长 7.0%，服装鞋帽针织类增长 5.0%，通信器材类增长 1.8%，金银珠宝类增长 1.2%，汽车类下降 4.7%。

（五）规模以上服务业增势良好

前三季度，全市规模以上服务业（不含金融、房地产开发、批零住餐等行业）实现营业收入 5677.80 亿元，增长 18.6%。

主导产业驱动作用增强。交通运输仓储和邮政业、信息传输软件和信息技术服务业、租赁和商务服务业三大主导行业保持平稳较快增长，分别实现营业收入 1472.50 亿元、2148.20 亿元和 936.90 亿元，分别增长 19.0%、26.8% 和 12.1%，拉动规模以上服务业营业收入增长 16.5 个百分点，合计实现利润总额 1476.70 亿元，占全部规模以上服务业九成以上。

（六）进出口增幅缓慢回升

据海关统计，前三季度全市进出口总额 19674.29 亿元，增长 6.4%，增幅比上半年提高 1.1 个百分点，比上年同期提高 6.8 个百分点。其中，出口总额 11764.80 亿元，增长 5.9%，增幅比上半年下降 0.2 个百分点，比上年同期提高 7.0 个百分点；进口总额 7909.49 亿元，增长 7.0%，增幅比上半年提高 3.0 个百分点，比上年同期提高 6.3 个百分点。

（七）一般公共预算收入及本外币存贷款增速有所回落

前三季度，全市一般公共预算收入 2582.21 亿元，按同口径增长 7.2%，增幅比上半年回落 5.1 个百分点；按自然口径增长 2.5%，比上半年回落 2.7 个百分点。一般公共预算支出 3197.13 亿元，增长 24.9%，比上半年回落 35.4 个百分点。

截至 9 月末，全市金融机构（含外资）本外币存款余额 66918.81 亿元，增长 6.4%，增幅比上半年回落 4.1 个百分点；全市金融机构（含外资）本外币贷款余额 45028.26 亿元，增长 16.0%，比上半年回落 1.8 个百分点。

（八）居民消费价格温和上涨

前三季度，全市居民消费价格同比上涨 1.3%。其中，服务价格上涨 1.7%，消费品价格上涨 1.1%。分类别看，食品烟酒价格持平，衣着价格上涨 4.1%，居住价格上涨 0.3%，生活用品及服务价格上涨 1.6%，交通和通信价格上涨 1.7%，教育文化和娱乐价格上涨 2.6%，医疗保健价格上涨 6.7%，其他用品和服务价格上涨 1.3%。

（九）居民可支配收入持续增长

前三季度，深圳居民人均可支配收入为 40930.32 元，比 2016 年同期增加 3305.02 元，名义增长 8.8%，扣除价格因素实际增长 7.4%。深圳人均可支配收入名义增速均低于全国和全省 0.3 个百分点；实际增速低于全国 0.1 个百分点，低于全省 0.2 个百分点。

二 新经济动能不断增强

（一）新增企业增长势头迅猛，贡献显著

前三季度，新增规模以上工业企业 951 家，占规模以上工业企业数的 14.3%，实现增加值 247.87 亿元，增长 77.6%；新增限额以上批发业企业 1122 家，实现商品销售额 3521.00 亿元，增长 29.9%，高于全市限额以上 16.7 个百

分点；新增限额以上零售业企业143家，实现商品销售额217.80亿元，增长43.7%，高于全市限额以上33.5个百分点；新增限额以上住宿业企业17家，实现营业额3.50亿元，增长46.0%，高于全市限额以上36.9个百分点；新增限额以上餐饮业企业74家，实现营业额9.40亿元，增长8.0%，高于全市限额以上0.6个百分点；新增规模以上服务业企业930家，实现营业收入661.50亿元，增长27.1%，高于全市8.5个百分点。

（二）新兴产业成为经济增长的重要支撑

新兴产业（七大战略性新兴产业和四大未来产业）保持较好增长势头。前三季度，新兴产业实现增加值6269.66亿元（已剔除行业间交叉重复），增长14.6%，分别高于上半年和上年同期0.7个和3.4个百分点，占GDP比重达到40.7%。其中，新一代信息技术产业增加值3029.11亿元，增长12.3%；互联网产业增加值742.01亿元，增长20.9%；新材料产业增加值306.71亿元，增长17.3%；生物产业增加值204.22亿元，增长20.1%；新能源产业增加值474.70亿元，增长14.5%；节能环保产业增加值463.58亿元，增长15.7%；文化创意产业增加值1576.08亿元，增长15.1%；海洋产业增加值284.39亿元，增长17.4%；航空航天产业增加值104.74亿元，增长40.2%；生命健康产业增加值64.03亿元，增长13.7%；机器人、可穿戴设备和智能装备产业增加值425.50亿元，增长17.8%。

新业态中，195家供应链企业共创造增加值110.80亿元，增长6.6%，占GDP的0.7%；新增1356家商业企业，共创造增加值185.60亿元，增长30.6%，占GDP比重达1.2%。

新模式（主要是商业综合体及大个体）创造增加值362.30亿元，增长11.5%，占GDP比重达2.4%。其中，城市商业综合体增加值69.20亿元，增长17.0%；大个体增加值293.10亿元，增长10.3%。

总的来看，前三季度全市经济运行稳定增长，主要指标表现良好，为更好地实现全年经济发展预期目标打下良好基础。但也要看到，国内外的发展环境依然错综复杂，经济运行中存在一些不确定因素。下一阶段，要以党的十九大精神为统领，按照市委、市政府部署要求，狠抓各项政策措施落实，全力做好稳增长、调结构、惠民生等各项工作，推动整体经济持续健康发展。

附注：

（1）国内生产总值、规模以上工业增加值及其分类项目增长速度按可比价计算，为实际增长速度；其他指标除特殊说明外，按现价计算，为名义增长速度。

（2）2012年起，执行新的国民经济行业分类标准（GB/T 4754—2011），具体内容请参见国家统计局网站。

（3）规模以上工业统计范围为年主营业务收入2000万元及以上的工业企业。

（4）社会消费品零售总额统计中，限额以上单位是指年主营业务收入2000万元及以上的批发业企业（单位）、500万元及以上的零售业企业（单位）、200万元及以上的住宿和餐饮业企业（单位）。

（5）固定资产投资统计范围为计划总投资500万元以上的固定资产项目投资及所有房地产开发项目投资。

（6）进出口数据来源于深圳海关，一般公共预算收入数据来源于市财政委，CPI数据来源于国家统计局深圳调查队。

（7）其他服务业是第三产业中除了交通运输仓储和邮政业、批发和零售业、住宿和餐饮业、金融业、房地产业之外的其他服务业，是现代服务业的重要组成部分，包括营利性服务业和非营利性服务业。营利性服务业包括信息传输软件和信息技术服务业、租赁和商务服务业、居民服务修理和其他服务业、文化体育和娱乐业；非营利性服务业包括科学研究和技术服务业、水利环境和公共设施管理业、教育、卫生和社会工作、公共管理社会保障和社会组织、国际组织。

（8）新兴产业之间有交叉重复情况，但新兴产业增加值合计数扣除了重复，因此各产业数据之和大于合计数。

（9）部分数据因四舍五入，存在总计与分项合计不等的情况。

K. 春华秋实，2017 年 10 月 27 日、11 月 2 日的经济形势分析会

附图：

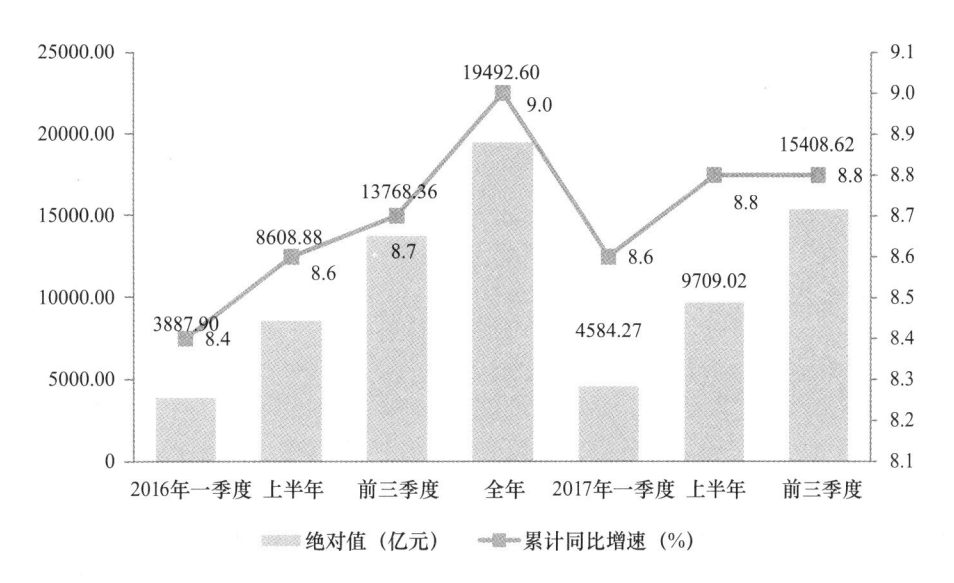

附图 1　2016—2017 年深圳 GDP 各季度累计总量及同比增速

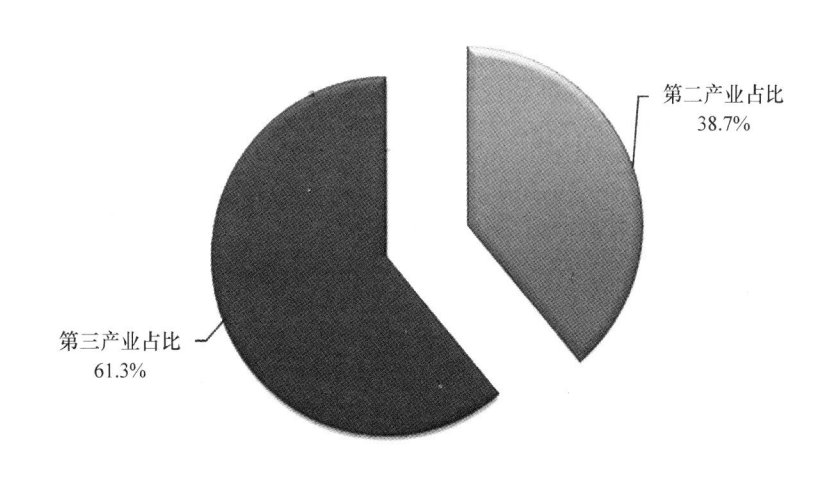

附图 2　2017 年前三季度深圳第二、第三产业构成比例

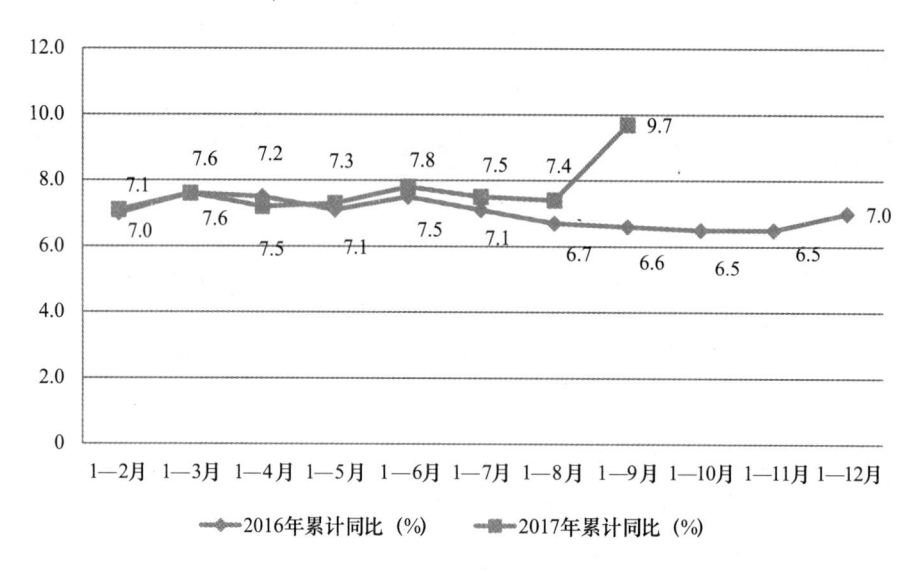

附图3　2016—2017年深圳规模以上工业增加值各月累计增速

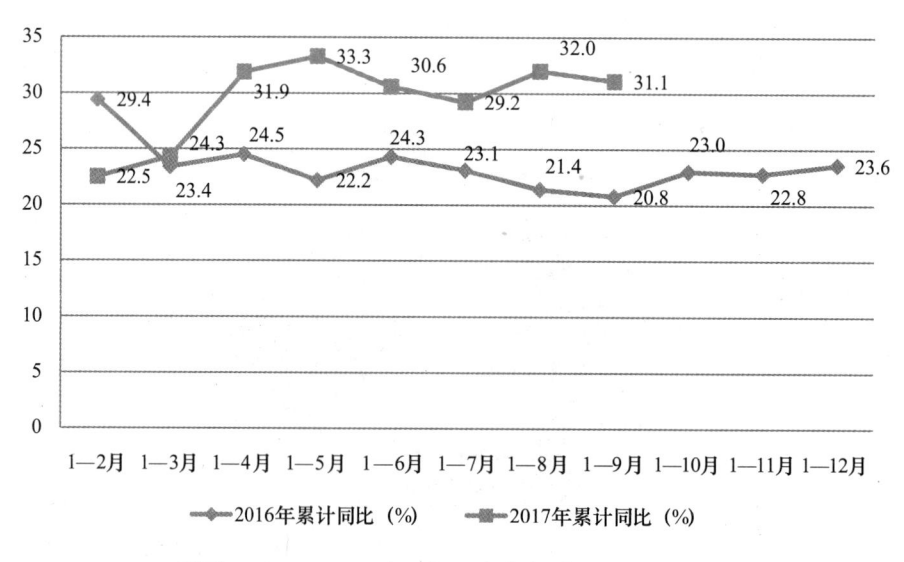

附图4　2016—2017年深圳固定资产投资各月累计增速

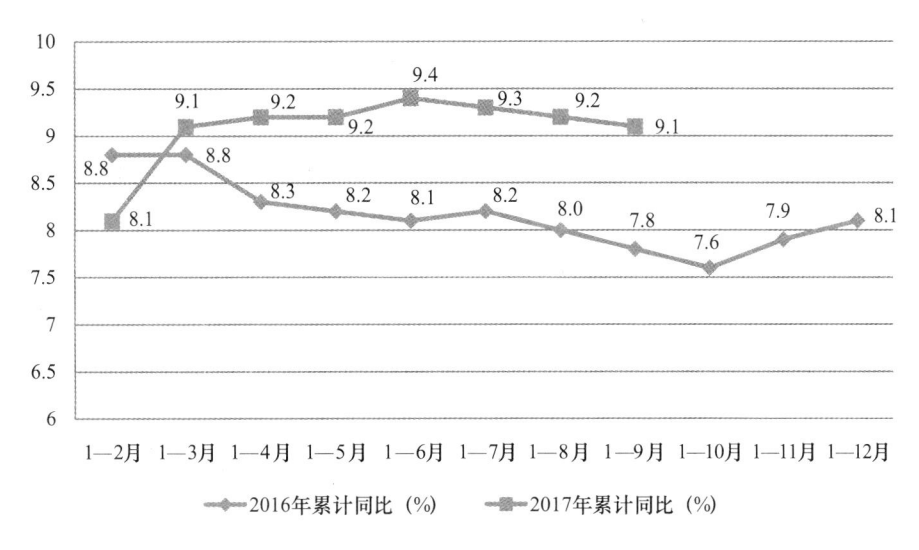

附图5 2016—2017年深圳社会消费品零售总额各月累计增速

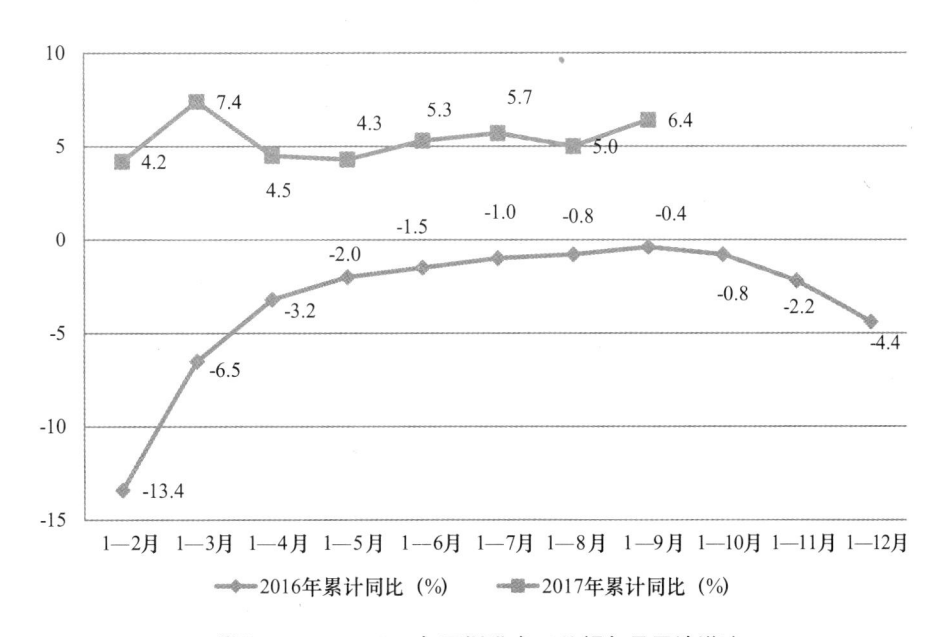

附图6 2016—2017年深圳进出口总额各月累计增速

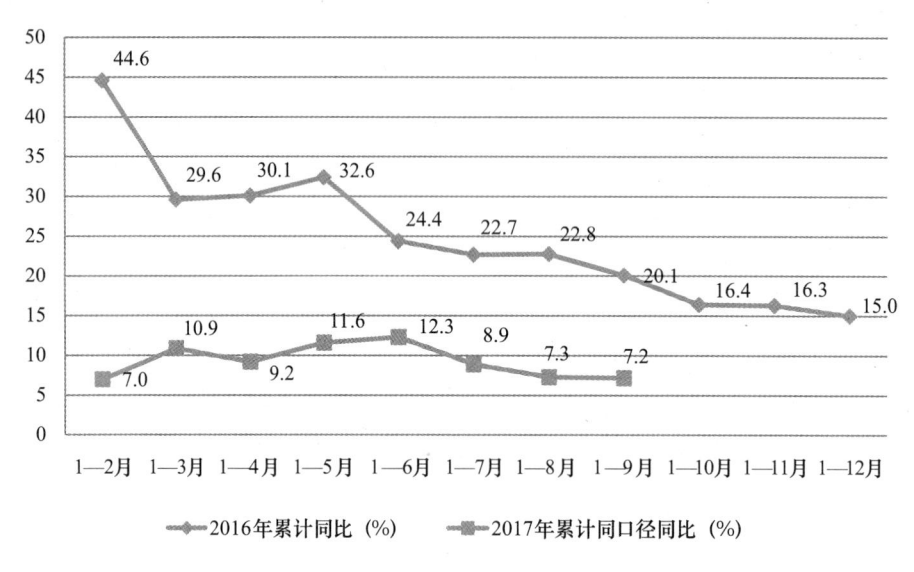

附图7 2016—2017年深圳一般公共预算收入各月累计增速

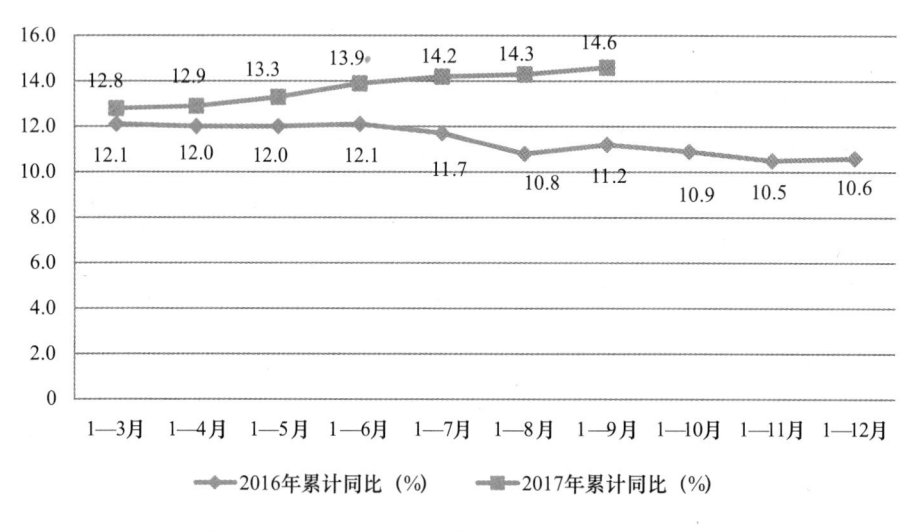

附图8 2016—2017年深圳新兴产业各月累计增速

新闻报道

深圳特汇报

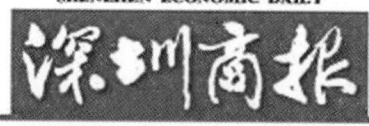

国家监察体制改革试点全国推开

中共中央办公厅印发试点方案，将实现对所有行使公权力的公职人员监察全覆盖

学习贯彻党的十九大精神

《深圳商报》今起推出专题报道——

深圳人心中的新时代

迈上新征程，走在最前列
——新时代深圳如何走在最前列系列评论之一

十八届中央纪律检查委员会向中国共产党第十九次全国代表大会的工作报告

上海等3省市党委主要负责同志职务调整

深圳前三季度经济增长8.8%

中国杯帆船赛精彩落幕

关于鹿丹村片区综合改造工程产权调换房屋有关看房选房事项的通告

深圳市鹿丹村片区综合改造管理办公室
2017年10月30日

第三视角-1

杨新洪接受深圳卫视采访,解读2017年1—9月全市经济形势

10月29日,深圳市统计局党组书记、局长杨新洪接受深圳卫视采访,解读2017年1—9月全市经济形势。

杨新洪指出,2017年以来,深圳市在新产业、新业态、新商业模式领域,涌现了一批新经济代表企业。新增的商业企业、供应链企业以及规模以上营利性服务企业,其发展增速均高过GDP增速。全市经济运行的主题主线,体现了党的十九大提出的"建立现代化经济体系"这一新时代新征程上的新要求。

第三视角-2

杨新洪在深圳市委常委会议上宣讲统计违纪违法责任人处分处理建议办法[*]

11月2日，深圳市统计局党组书记、局长杨新洪参加市委常委会议，向市委、市政府主要领导汇报三季度经济形势分析。

汇报中，杨新洪介绍了国家统计局按党的十九大精神研究部署《统计违纪违法责任人处分处理建议办法》（以下简称《办法》）情况，并对《办法》主要条款进行解读。杨新洪指出，《办法》是党中央对防范和惩治统计造假弄虚作假做出的又一项重大决策部署，对于从根本上提高统计数据真实性具有极其重要意义。2016年以来，党中央高度重视统计工作，先后颁布《全面深化统计管理体制改革提高统计数据真实性的意见》《统计法实施条例》等重要文件、法规。10月18日，习近平总书记在党的十九大报告中明确提出"完善统计体制"这一新时代新征程上的新要求，充分表明统计工作和统计数据质量在经济社会发展和国家治理现代化中的重要性。

杨新洪的介绍得到市委书记王伟中的热烈回应，他要求全市各级各部门要深刻认识统计违纪违法行为的危害性，把思想和行动进一步统一到党中央、国务院关于防范和惩治统计违法行为的严格要求上来，增强执纪问责统计违纪违法责任单位和

---

[*] 雨巷的春天，
　　有花折伞在走来走去，
　　芭蕉叶子的雨滴声响，
　　唤醒了往日时光里的遇见邂逅，
　　没有忧愁，
　　有的，
　　是从远方飘来的泥土芳草味和一声声春歌。
　　明媚的春天，您好！
　　　　　　　　——杨新洪

K. 春华秋实，2017年10月27日、11月2日的经济形势分析会

责任人的责任意识、问责意识与担当意识，自觉落实执行《办法》。

杨新洪在会上关于2017年前三季度全市经济形势运行的分析也得到与会同志的一致好评。基于经济基本面变化，他从统计数据背后述说经济逻辑，精准剖析增长点、压力点，客观研判未来三年发展路径，给产业行业企业发展提出中肯建议，得到各区主管尤其是福田、罗湖、南山区委书记的高度评价。